航空券にホテルをプラスで、
ホテル代が最大全額OFF!

※AIR+割は、全ての航空券＋ホテル予約に適用されるものではありません。割引金額は、弊社サイト上で「個別に予約した場合」と「同時に予約した場合」の各金額を比較してご確認ください。

エクスペディアで航空券だけ予約するなんてもったいない！

新メンバープログラム

世界の旅を +VIP 待遇で!

モバイル・タブレットアプリ
限定クーポン提供中!!

PC・モバイル
エクスペディア 検索

カナダ大好きスタッフと一緒に作るカナダの旅

専門店というからには「カナダ通 ✌」であり続けたい。

リアルなアドバイスがあってこそ
あなたが本当に満足できる
カナダでの過ごし方が見えてくるもの。
私たちは
「生きた情報で、きめ細かいサポートを」の
モットー通り、スタッフ自らが
頻繁にカナダへ出向き、常に"今のカナダ"を把握。
旬の情報を提供しながら、お客様それぞれの
ご希望に応じたプランづくりを
行っています。

プリンスエドワード島へ

レイクオハラに感動

のんびり休日

イチ押し！のスキーナ号

黄金色の秋ロッキー

だからこそ可能なオーダーメイドの旅

 カナダ旅行専門店
カナディアンネットワーク

〒105-0001 東京都港区虎ノ門1-3-6 彩翠ビルB1F
東京都知事登録旅行業第3-3632号

TEL.03-3593-8090　FAX.03-3593-8070

Check! **www.canadiannetwork.co.jp**

まずはお気軽にご相談を
★ご来店の際は、ゆったりとご相談していただくため、お時間のご予約をおすすめいたします。

お見積り作成は無料で

営業時間　月〜金 10:00〜18:20 （土日祝休業）

東京メトロ銀座線虎ノ門駅
1番、4番出口から徒歩1分
霞ヶ関駅A12出口からは
虎ノ門交差点方面徒歩5分
PRONTOの地下1Fです

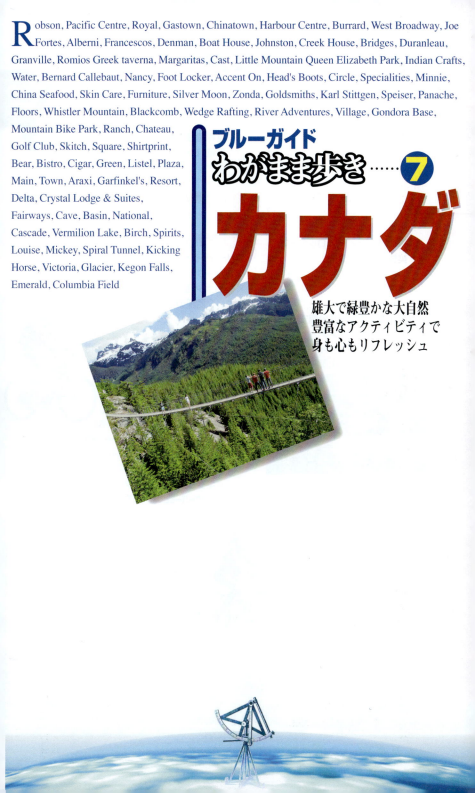

Robson, Pacific Centre, Royal, Gastown, Chinatown, Harbour Centre, Burrard, West Broadway, Joe Fortes, Alberni, Francescos, Denman, Boat House, Johnston, Creek House, Bridges, Duranleau, Granville, Romios Greek taverna, Margaritas, Cast, Little Mountain Queen Elizabeth Park, Indian Crafts, Water, Bernard Callebaut, Nancy, Foot Locker, Accent On, Head's Boots, Circle, Specialities, Minnie, China Seafood, Skin Care, Furniture, Silver Moon, Zonda, Goldsmiths, Karl Stittgen, Speiser, Panache, Floors, Whistler Mountain, Blackcomb, Wedge Rafting, River Adventures, Village, Gondora Base, Mountain Bike Park, Ranch, Chateau, Golf Club, Skitch, Square, Shirtprint, Bear, Bistro, Cigar, Green, Listel, Plaza, Main, Town, Araxi, Garfinkel's, Resort, Delta, Crystal Lodge & Suites, Fairways, Cave, Basin, National, Cascade, Vermilion Lake, Birch, Spirits, Louise, Mickey, Spiral Tunnel, Kicking Horse, Victoria, Glacier, Kegon Falls, Emerald, Columbia Field

ブルーガイド
わがまま歩き……7
カナダ

雄大で緑豊かな大自然
豊富なアクティビティで
身も心もリフレッシュ

ブルーガイド
わがまま歩き……❼ **カナダ** Canada

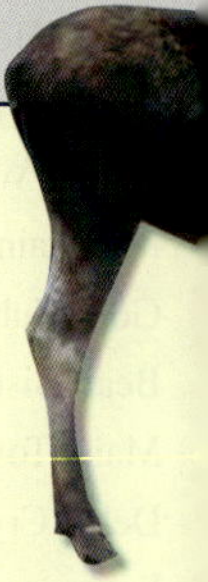

C O N T E N T S

MAP カナダ全図 ……………… 6
カナダ基本情報 ………… 8

特集1 **Nature Canada**
自然体験スポット・ベスト3
…………… 13

カナダ西部ベスト1
❋**夏のカナディアン・ロッキーで**
爽快ハイキング①② ……… 14
レイクルイーズとサンシャイン・
メドウ

カナダ東部ベスト1
❋**アルゴンキン州立公園で**
カヌーとハイキング ……… 18
カヌーキャンプ/ハイキング/トラ
ベルガイド/ミニ知識

アトランティック・カナダ ベスト1
❋**ニューファンドランド島セントジョン**
ズで、氷山&ホエール・ウォッチング
………………… 26
セントジョンズ/ウィットレス湾/セン
ト・メアリーズ岬

特集2 魅惑のカナダ
❋**VIA鉄道カナディアン号で**
ジャスパーへ ………… 28
VIA鉄道おすすめルート …… 31

❋**世界遺産の旅**
恐竜、ロッキー、街歩き …… 32
カナダの世界遺産 ………… 35

カナダ周遊モデルコース
………………… 36

カナダ西部
ブリティッシュ・コロンビア州と
アルバータ州 ………………… 37
MAP カナダ西部 ………… 38
カナダ西部のアウトライン … 40
バンクーバー(BC) …… 42
街を知る ……………… 42
バンクーバーへの交通 …… 43
おすすめスポットベスト10… 44
MAP バンクーバー …… 46
MAP バンクーバー中心部 …… 48
空港から市内へ ……… 50
市内交通……………… 54
街歩き ………………… 59
見どころ ……………… 61
ツアー&アクティビティ …… 72
❋**キツラノ×イエールタウン**… 74
❋**バンクーバー&ビクトリアで庭園巡り**…76
ショップ ……………… 79
レストラン ………… 83
ナイトスポット ………… 87
ホテル ……………… 88
カナダのスキーを体験… 92
ウィスラー(BC) …… 94
ビクトリア(BC) …… 100
ナナイモ(BC) …… 110
カムループス(BC)……… 112
ケロウナ(BC) ……………… 114

街歩き携帯版
切りとり超ワイドマップ
バンクーバー中心部
トロント／モントリオール

カルガリー（AB） ……………… 117
バッドランド（AB） ……………… 124
エドモントン（AB）…………… 126

カナディアン・ロッキー … 131
ロッキー自然図鑑 …………… 134
カナナスキス（AB） …………… 136
キャンモア（AB） ……………… 138
バンフ（AB） ………………… 140
レイクルイーズ（AB） ………… 150
DRIVE アイスフィールド・パークウェイ … 158
ジャスパー（AB） ……………… 162
日帰りハイキング案内 ………… 172

極北
ユーコン準州、ノースウエスト準州、
ヌナブト準州 ………………… 179
極北のアウトライン ………… 180
ホワイトホース（YT）………… 182
ドーソンシティ（YT） ………… 183
イエローナイフ（NT） ……… 184

カナダ中部
サスカチュワン州とマニトバ州 187
カナダ中部のアウトライン … 188
レジャイナ（SK） …………… 190
ウィニペグ（MB） …………… 194

カナダ東部 I
オンタリオ州 ………………… 199
オンタリオ州のアウトライン … 200
トロント ………………… 204
街を知る ……………………… 204
トロントへの交通 …………… 204
空港から市内へ …………… 205
市内交通…………………… 206

街歩き………………………… 209
見どころ……………………… 210
MAP トロント中心部 …………… 211
MAP ダウンタウン ………………… 212
ツアー&アクティビティ…… 216
ショップ ……………………… 216
レストラン …………………… 218
ホテル ………………………… 220
DRIVE メープル街道 …………… 222
ナイアガラフォールズ ……… 226
ナイアガラ・オンザレイク …… 233
キングストン ………………… 236
オタワ………………………… 239

カナダ東部 II
ケベック州 …………………… 249
ケベック州のアウトライン … 250
モントリオール ……………… 252
ロレンシャン ………………… 264
ケベックシティ ……………… 266

アトランティック・カナダ
（カナダ沿海州）
プリンス・エドワード・アイランド州、
ノバ・スコシア州、ニュー・ブランズ
ウィック州、ニューファンドランド&ラ
ブラドール州 ………………… 277
アトランティック・カナダのアウトライン … 278
プリンス・エドワード島（PEI）…… 280
シャーロットタウン（PEI）…… 281
赤毛のアンの世界を訪ねる …… 286
キャベンディッシュ（PEI） …… 289
ハリファックス（NS）………… 290
フレデリクトン（NB）………… 294
セントジョン（NB）…………… 298
セントジョンズ（NF）………… 301

トラベルインフォメーション〈日本編〉……………… 305

旅の準備
- 旅のスタイル ……………… 306
- 航空券の手配 ……………… 307
- カナダ国内の交通手段 …… 308
- ホテルの予約 ……………… 309
- 出発日検討カレンダー …… 310

旅の必需品
- パスポートとビザ ………… 312
- 海外旅行傷害保険 ………… 313
- 旅のお金を準備する ……… 314

旅の持ち物
- 服装/常備薬/手荷物 ……… 316
- 携帯電話 …………………… 318

情報収集 ……………………… 319

空港に行く
- 成田国際空港 ……………… 320
- 東京国際空港（羽田空港）… 322
- 関西国際空港 ……………… 323
- 中部国際空港 ……………… 324
- 出国手続きの流れ ………… 325
- 空港利用の裏ワザ ………… 326

トラベルインフォメーション〈カナダ編〉……………… 327

- カナダ入国 ………………… 328
  - バンクーバー …………… 328
  - トロント ………………… 329
- カナダ出国 ………………… 330
- カナダの国内交通 ………… 333
  - 飛行機 …………………… 334
  - 鉄道 ……………………… 336
  - 長距離バス ……………… 337
  - レンタカー ……………… 338
- 旅行中の服装と生活様式 … 340
- 電話とWi-Fi事情 ………… 341
- 郵便事情 …………………… 342
- カナダでの買い物 ………… 343
- カナダでの食事 …………… 344
- カナダの宿泊事情 ………… 346
- カナダの習慣とマナー …… 347
- 旅の安全と健康管理 ……… 348
- カナダの歴史 ……………… 350
- カナダの文化と経済 ……… 352
- 旅行会話 …………………… 354
- ショッピング用語 ………… 360
- さくいん …………………… 362
- 追っかけ最新情報 ………… 367

とっておき情報
- 「JCBプラザ」を活用しよう …… 12
- 芸術家ビル・リード ……………… 63
- スカイトレインでバンクーバー郊外へ… 63
- 快適に走るミニ・フェリー ……… 64
- チューリップフェスティバル …… 78
- バンクーバーのテイクアウト事情… 82
- ミニ・フェリーでプチ旅行 …… 104
- シーニック・マリン・ドライブへ … 105
- ビーバー街道をゆく …………… 116
- バンフ直行の格安シャトルバス … 118
- クマへのマナーを忘れずに …… 154
- 雪上車に乗って氷河の上へ …… 160
- 氷河のなりたち／水陸両用車でオタワ市内観光 ……………… 242
- グロス・モーン国立公園 ……… 303

本音でガイド
- 快適お値打ちホテルは中心部外 … 89
- ロッキーの国立公園と州立公園 … 132
- ヌナブト準州 …………………… 185
- カナダでオーロラ観賞 ………… 186
- ケベック料理を召し上がれ …… 275

街角ワンショット
- サクラの下でピクニック ……… 61
- 湖でダイビング？ ……………… 164
- ウインタールード ……………… 241
- ストリート・アートに遭遇!? … 255
- アンダーグラウンド・シティ … 259
- オルレアン島の田園風景 ……… 272

この本の使い方

●データ記号

- 🚗 レンタカー(車)
- ✈ 飛行機
- 🚕 タクシー
- 🚆 列車
- 🚌 バス
- 🚢 船

- 住 住所
- ☎ 電話
- Fax ファックス
- URL ホームページ
- 営 商業施設の営業時間
- 開 公共施設の開館時間
- 休 休業日
- $ 料金
- 数 部屋数
- 他 その他

- ✈ 飛行機
- 🚆 列車
- 🚌 バス
- 🚢 船
- 🚕 タクシー
- 🚗 レンタカー(車)
- MAP 地図
- 行き方 行き方
- 場所 場所

●通貨記号

C$はカナダ・ドル、¢はカナダ・セント。C$1＝100¢。2016年2月時点で、旅行者が購入できるC$1は、約94円です。

●地図記号

- H …ホテル
- R …レストラン
- S …ショップ
- N …ナイトスポット
- M …美術館
- 〒 …郵便局
- P …駐車場
- ♀ …バス停
- 文 …学校
- ✈ …空港
- ✚ …病院
- ⛪ …キリスト教会
- 卍 …仏教寺院
- ☪ …イスラム教会
- ❓ …観光案内所
- ⛳ …ゴルフ場
- ▲ …山
- ……… 地下鉄
- ──── 鉄道

● この色の建物はホテル
● この色の建物はショッピングセンター
● この色の建物は主な見どころ

巻頭切りとりMAP、
赤わくと青わく＝表と裏の法則

切りとりMAPは、表面の地図の周囲が赤わく、裏面の地図の周囲が青わくになっています。それぞれの観光ポイントやお店の記事中で、

●切りとり-15、p.29-A
ここが赤だと表面地図の15の位置にめざす物件があります。
また、29ページのAの位置にもめざす物件があることを示します。

●切りとり-30、p.153-A
ここが青だと裏面地図の30の位置にめざす物件があります。
また、153ページのAの位置にもめざす物件があることを示します。

◎ホテルガイドページでの各宿泊料金は、夏期を基準にしています。Ⓢ＝シングル、Ⓣ＝ツイン、Ⓓ＝ダブル。ホテルの料金ランクA～Eは税別のツインの室料を基準に評価を加味しています。
◎レストランガイドページの料金は単品でオーダーした場合の税別料金です。予算ランクA～Eはメインディッシュ1品の税別の料金を基準にしています。ショップの物品料金は税別を表記しています。
◎料金、営業時間、定休日、電話番号、交通機関の時刻など、この本の各種データは2015年9～12月取材のものです。取材後の変更も予想されますので、重要な事項はそのつど、現地のインフォメーションなどでお確かめください。なお、開館時間・営業時間、定休日なども夏期を基準にしています。

これだけは知っておきたい カナダ基本情報

▶**正式国名** カナダCANADA
語源は先住民の「村落」を意味する単語「Kanata」が変化し、Canadaになったという説が有力。
▶**カナダ国旗** メープルリーフを中央に配した赤白赤の旗。カエデはシュガーメープル（サトウカエデ）という種類。
▶**首都** オタワ　OTTAWA
▶**面積** 9,970,610km²　世界第2位の面積を誇る。水面積率8.9％。日本の27倍。
▶**人口** 35,749,600人（2015年）。人口密度3.41人/km²。カナダ人の80％はアメリカとの国境から200km以内に住んでいる。
▶**政治／元首／首相** 立憲君主制・議院内閣制・二院制／イギリス女王（エリザベス2世）／ジャスティン・トルドーJustin Trudeau首相（第29代）
▶**言語** 英語とフランス語。なお、ヌナブト準州ではイヌイット語も英語とともに公用語。
▶**宗教** カトリック系キリスト教43％、プロテスタント系キリスト教29％、その他12％、無宗教16％。
▶**民族（人種）** イギリス系28％、フランス系23％、その他のヨーロッパ系15％、ネイティブカナディアン（先住民族）2％、その他のアジア系カナダ人、アフリカ系、アラブ系が6％、混血が26％。
▶**日本からのフライト時間** バンクーバーまで直行便で約9時間、トロントまで直行便で約12時間、カルガリーまで約10時間。

●**カナダあれこれ**
◇**世界一** ウラン鉱（1万トン、世界一、世界シェア29.2％）、天然ガス（6565千兆ジュール、世界3位）、カリ塩鉱（820万トン、世界一、世界シェア30.9％）。
◇**世界初** 電話機の発明（アレクサンダー・グラハム・ベルが1876年特許を取得）。
◇**日本で有名なカナダ人** オスカー・ピーターソン（ジャズピアニスト）、ブライアン・アダムス（ミュージシャン）、キアヌ・リーブス（俳優）、ジム・キャリー（俳優）、マイケル・J・フォックス（俳優）、グレン・グールド（クラシック・ピアニスト）、セリーヌ・ディオン（ミュージシャン）。
◇**カナダが舞台の物語** 『赤毛のアン』。
◇**企業・ブランド** ボンバルディエ（Bombardier Inc.）航空機、ハーレクイン（出版社）。
◇**日本とカナダ（バンクーバー）の税込み値段比較**（カッコ内は東京の値段）2015年10月調べ
マクドナルドのビッグマック／C$5.25（320円）。スターバックスのコーヒー／Tall：C$1.90（320円）、Grande：C$2.25（360円）、Vinte：C$2.55（400円）

カナダの通貨

左上から、C$100、50、20、10、5の紙幣。同じ大きさなので間違えないように。新札も旧札も流通している

コインは左上から右へ、C$2、1、¢25。下段左から¢10、5の5種類がある。

◇**カナダドル換算レート**（2016年2月現在）

C$1	94円	C$50	4,700円
C$3	282円	C$70	6,580円
C$5	470円	C$100	9,400円
C$7	658円	C$150	14,100円
C$10	940円	C$700	65,800円
C$15	1,410円	C$1,000	94,000円

C$1＝94円

● 通貨

通貨単位　カナダドルC$　C$１＝約94円

◇**両替**　カナダ国内では空港や街中の両替所、銀行、ホテルで両替ができる。一般的にレートがいいのは空港の両替所、悪いのはホテルと言われる。レートがよく思えても手数料が高い場合がある。銀行も交換レートがまちまちで、同じ銀行でも支店が違うと手数料や両替制限額に違いがある（→p.314）。

なお、トラベラーズチェックはそのまま支払いに使える。お釣りは現地通貨なので買い物の際に現金化するのもいい。

● チップ

カナダや欧米では、チップは「受けたサービスに対する御礼」という意味がある。払ったほうがいいのはホテルやレストラン、タクシー、荷物を運んでもらった場合など。

レストランなどで料金をカードで支払う場合、明細書の空欄に自分で「TIP」と書いて金額を記入し、代金との合計金額を書き込む。現金で支払う場合は、代金を払った後に妥当な金額のチップをテーブルの上に置いておく。ただしチップの盗難トラブルもあるので、できるだけウエイターやウエイトレスに「サンキュー」と言って渡す方がよい。

食後の後にチップを

● チップの目安　単位はC$（カナダドル）

ホテル	ベルボーイ	荷物１つにつき	１〜２
	客室係	１晩ベッド１台	１〜２
	ルームサービス	料金の15％程度	
	アイロンなどを持ってきてもらった	１程度	
飲食	レストラン、カフェ（夕食）	料金の15〜20%	料金／チップ額 10／1.50　20／3　30／4.50　40／6　50／7.50　60／9　70／10.50　80／12　90／13.50　100／15
	レストラン（朝・昼食）	料金の10〜15％程度	
	セルフサービスの店ファストフード	不要	
交通	空港・駅のポーター	荷物１つにつき	１〜２
	タクシー	料金の10〜15％　短距離の場合でも最低	１

◇**料金にチップが含まれることも**　ホテルや観光客の多い場所では、請求書にチップ代としてサービス料約15％が加算されている場合がある。請求書はよく見てサービス料が記載されているかを確認しよう。サービス料が含まれているか、スタッフに聞いても構わない。

なおサービスに不満があればチップを払わなくてもよい。その際はマネージャーを呼んで受けたサービスに文句があることを伝え、請求書の額面を訂正してもらう。チップをテーブルに置く場合も同様で、サービスが悪ければチップは少なくてもよい。

● 祝祭日

カナダの祝祭日にはイベントやライトアップ、花火が行われるなど、普段と違った装いが見られる。カナダ人と一緒に「特別な日」を楽しもう。

日付	日本語表記	英語表記	フランス語表記
１月１日	元日	New Year's Day	Jour de l'An
イースターの直前の金曜日	聖金曜日	Good Friday	Vendredi saint
イースターの次の日	復活祭の月曜日	Easter Monday	Lundi de Pâques
５月25日の直前の月曜日（※1）	ビクトリア女王誕生祭	Victoria Day	Fête de la Reine
７月１日（※2）	カナダ・デー	Canada Day	Fête du Canada
９月の第１月曜日	レイバー・デー（労働者の日）	Labour Day	Fête du travail
10月の第２月曜日	感謝祭	Thanksgiving Day	Action de grâces
11月11日（※3）	リメンブランス・デー（英霊記念日）	Remembrance Day	Jour du souvenir
12月25日	クリスマス	Christmas	Noël
12月26日	ボクシング・デー	Boxing Day	Lendemain de Noël

※1　ビクトリア女王の誕生日。ケベック州ではこの日を「パトリオット（愛国者）の祝日（Journée Nationale des Patriotes）」として祝う。
※2　1867年７月１日カナダ連邦となったことを記念するカナダの建国記念日。７月１日が日曜日の場合は７月２日となる。
※3　第一次世界大戦終結の記念日。州によっては祝日ではないところもある。

イベントで披露されたスコティッシュダンス

●ビジネスアワー

◇**商店やレストラン** 営業時間は店によって異なる。商店は9:00～10:00頃開店、18:00頃閉店する。都市中心部のショッピングセンターは21:00頃まで営業、レストランは10:00～11:00頃開店、22:00～23:00の閉店が多い。

◇**銀行** 営業時間は平日9:00～17:00が一般的だが、場所によっては夜遅くまでやっていたり土曜も営業していたりと、まちまち。日曜・祝日は休みとなる。またATMは基本的に24時間利用可能。両替所の営業時間は店によって異なり、空港や駅では乗り物の到着時間に合わせているところが多い。

◇**郵便局** 平日8:00～17:45、土曜10:00～14:00、日曜・祝日休みが一般的だが、場所によって営業時間は異なる。

●度量衡

長さはセンチ、メートル、重さはグラム、キロで日本と同じだが、一般的には長さをフィート、インチ、重さはパウンド（ポンド）などで表す人が多い。レストランなどでは、ステーキのサイズを10oz（オンス、1oz＝1/16パウンド＝約26.35g）などと示されている。

●気候

国土の南北は北緯41度から北極圏、東西は太平洋沿岸から大西洋沿岸までと広大だ。そのため、地域によって気候の差が激しい。

特に冬季の気温はかなり下がるので、防寒着をしっかりと整えておこう。

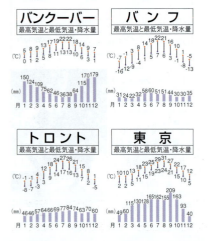

●飲料水／喫煙

カナダは水資源が豊富で、環境汚染も少ないため、水道水は安心して飲める。山岳エリアなどでミネラル分が多いこともある。

カナダは禁煙の風潮が強く、公共の場はほとんど禁煙。ホテルでは禁煙の客室と喫煙可の客室が区分され、全室禁煙のホテルもある。パブやバーは喫煙可あるいは喫煙スペースがあることが多いが、全面禁煙の店も多い。

●電圧とプラグ

カナダの家庭用AC電源は、110V・60Hz、プラグ／コンセントも日本と同型なので、日本の電気製品のほとんどがそのまま使用できる。気になる場合には海外対応製品（ノートパソコンやデジカメのAC充電器のほとんどがこれ）や海外用変圧器を用意しよう。

●電話のかけ方

◇**日本／カナダの通話** クレジットカード通話やオペレーター通話はp.341を参照。

●**カナダから日本へ**　●**日本からカナダへ**

◇**インターネット&メール** カナダはWi-Fi（ワイファイ）先進国。国際空港には無料Wi-Fiが完備し、ホテルも高級ホテルをのぞき、ロビーや客室で無料でインターネットやメールに接続できる。

◉時差

◇**国内に時差がある**　カナダは6つの時間帯に分かれており、最西端の太平洋標準時と最東端のニューファンドランド標準時の時差は4時間30分。

日本とカナダの時差は太平洋標準時（バンクーバーなど）で−17時間（夏は−16時間）、東部標準時（トロント、モントリオールなど）で−14時間（夏は−13時間）。大まかに考えれば、カナダの昼間は日本では同日夜になる。

◇**サマータイム**　実施時期は3月第2日曜から11月第1日曜まで。この時期は時計の針を1時間進めよう。サスカチュワン州はサマータイムを採用していないので注意。

日本時間（時）			0	1	2	3	4	5	6	7	8	9	10	11	12	13	14	15	16	17	18	19	20	21	22	23
太平洋標準時	バンクーバー・ビクトリア・ウィスラー	−17時間 (−16時間)	7 (8)	8 (9)	9 (10)	10 (11)	11 (12)	12 (13)	13 (14)	14 (15)	15 (16)	16 (17)	17 (18)	18 (19)	19 (20)	20 (21)	21 (22)	22 (23)	23 (0)	0 (1)	1 (2)	2 (3)	3 (4)	4 (5)	5 (6)	6 (7)
山岳地帯標準時	カルガリー・バンフ・ジャスパー	−16時間 (−15時間)	8 (9)	9 (10)	10 (11)	11 (12)	12 (13)	13 (14)	14 (15)	15 (16)	16 (17)	17 (18)	18 (19)	19 (20)	20 (21)	21 (22)	22 (23)	23 (0)	0 (1)	1 (2)	2 (3)	3 (4)	4 (5)	5 (6)	6 (7)	7 (8)
中部標準時	ウィニペグ	−15時間 (−14時間)	9 (10)	10 (11)	11 (12)	12 (13)	13 (14)	14 (15)	15 (16)	16 (17)	17 (18)	18 (19)	19 (20)	20 (21)	21 (22)	22 (23)	23 (0)	0 (1)	1 (2)	2 (3)	3 (4)	4 (5)	5 (6)	6 (7)	7 (8)	8 (9)
東部標準時	トロント・モントリオール・ケベックシティ	−14時間 (−13時間)	10 (11)	11 (12)	12 (13)	13 (14)	14 (15)	15 (16)	16 (17)	17 (18)	18 (19)	19 (20)	20 (21)	21 (22)	22 (23)	23 (0)	0 (1)	1 (2)	2 (3)	3 (4)	4 (5)	5 (6)	6 (7)	7 (8)	8 (9)	9 (10)
大西洋標準時	シャーロットタウン・ハリファクス	−13時間 (−12時間)	11 (12)	12 (13)	13 (14)	14 (15)	15 (16)	16 (17)	17 (18)	18 (19)	19 (20)	20 (21)	21 (22)	22 (23)	23 (0)	0 (1)	1 (2)	2 (3)	3 (4)	4 (5)	5 (6)	6 (7)	7 (8)	8 (9)	9 (10)	10 (11)
ニューファンドランド標準時	セントジョンズ	−12.5時間 (−11.5時間)	11:30 (12:30)	12:30 (13:30)	13:30 (14:30)	14:30 (15:30)	15:30 (16:30)	16:30 (17:30)	17:30 (18:30)	18:30 (19:30)	19:30 (20:30)	20:30 (21:30)	21:30 (22:30)	22:30 (23:30)	23:30 (0:30)	0:30 (1:30)	1:30 (2:30)	2:30 (3:30)	3:30 (4:30)	4:30 (5:30)	5:30 (6:30)	6:30 (7:30)	7:30 (8:30)	8:30 (9:30)	9:30 (10:30)	10:30 (11:30)

＊（ ）内は夏時間。　＊■部分は日本時間の前日の日付

◉サイズ比較表

女性：服（身長160−175cm）

（cm）	XS	S	M	L
バスト	81.5	86.5	91.5	99
ウエスト	61	66	71	79
ヒップ	89	94	101.5	112
袖丈	73.5	76	79	81.5
股下	68.5	71	73.5	76

男性：服（身長172.5−188cm）

（cm）	S	M	L	XL
バスト	94	101.5	109	119.5
ウエスト	76	84	91.5	99
ヒップ	94	101.5	109	117
袖丈	84	86.5	89	91.5
股下	79	80	81.5	82.5

女性：靴

カナダ表示	5.5	6	6.5	7	7.5	8	8.5	9	9.5	10
cm表示	22	22.4	22.8	23.2	23.7	24.1	24.5	24.9	25.4	25.8

男性：靴

カナダ表示	7	7.5	8	8.5	9	9.5	10	10.5	11	11.5
cm表示	24.5	25	25.4	25.8	26.2	26.7	27.1	27.5	27.9	28.4

とっておき情報

街中のコンシェルジュ「JCBプラザ」を活用しよう

　旅先の相談相手といえば、ホテルのコンシェルジュ。レストラン選びや観光の相談に乗ってくれるが、必ずしも日本語が通じるわけではない。その点、JCBプラザは日本語で相談できて頼りになる。
　JCBカードがあれば、レストランやオプショナルツアーの予約はもちろん、現地在住のJCBプラザ・スタッフがとっておきの現地情報を日本語で案内してくれる。

■JCBプラザ・バンクーバー
住 Lower Lobby, The Fairmont Hotel Vancouver, 900 West Georgia St. Vancouver, B.C., V6C 2W6, CANADA (JTB内)
Map●切りとり-10　p.48-F
バラード通りとウエストジョージア通りの交差点角にあるフェアモントホテルバンクーバー地下1階。
☎604-683-7349　※カナダ国内からかける際、国番号「1」が必要となる場合があります。
営 9:30AM～6:00PM
休 土曜・日曜・祝日

■JCBプラザ・トロント
住 Carlton Tower, Suite 1510, 2 Carlton St. Toronto, Ontario, M5B 1J3, CANADA (JTB内)
Map●切りとり-33　p.212-D
地下鉄「ユニオン(Union)駅」からヤング線で4つ目の「カレッジ(College)駅」下車。北東出口前にあるビル15階。
☎416-367-5265　※カナダ国内からかける際、国番号「1」が必要となる場合があります。
営 8:30AM～5:00PM
休 土曜・日曜・祝日

バンクーバーではロブソン通りで買い物を！

まだまだあります おトクなアイテム

　JCB会員の特典として、JCBショッピング＆ダイニングパスポートも要チェックだ。これは、JCBおすすめの加盟店を紹介する、マップ付きオリジナルガイド。レストランやショップなど、ジャンルも多岐にわたる。うれしいのは、ここに載っている加盟店が、JCBカードで支払うと優待サービスを提供してくれることだ。優待サービスは、料金の割引やデザートのサービスなど、加盟店によっていろいろあるので、よくチェックしておきたい。
　JCBショッピング＆ダイニングパスポートは、羽田空港国際線旅客ターミナル「JCB空港サービスデスク」や成田国際空港「会員サービスデスク」、関西国際空港などで受け取ることができるほか、JCBプラザラウンジ、またはJCBプラザでも配布している。JCBのホームページでPDFファイルをダウンロードもできる。

（イメージ）

ホームページは情報の宝庫

　「JCB PLAZA Web -海外優待ナビ-」は、先に紹介したJCBショッピング＆ダイニングパスポート（PDFファイル）をダウンロードできるだけではなく、JCBカードの優待店・WEB予約可能店の検索など、旅行に役立つおトクな情報が満載。ほかにも、日本国内の空港加盟店を紹介した「JCB空港優待ガイド」、日本国内空港免税店の優待クーポン券「空港免税店割引サービス」などのダウンロードサービスもある。

注目！JCBギフトカードが当たる「行こう！JCBと世界へキャンペーン」実施中！
JCBブランドサイト　http://www.jcb.jp/

JCB わがまま歩き 検索

Nature CANADA
自然体験スポット ベスト3

カヌーキャンプにハイキング、ホエールウォッチングなどなど、雄大なカナダには、極上の自然体験スポットがいっぱい。今、行きたい自然体験スポットは、ココです。

カナダの自然はすっごく濃密です私たちでも歩けました

ハイキング初心者も山ガールもいらっしゃい!

カナダ西部　ベスト1
カナディアン・ロッキーでハイキング
レイクルイーズとサンシャイン・メドウを歩く
→p.14

アトランティック・カナダ　ベスト1
ニューファンドランド島セントジョンズで、巨大な氷山やクジラを見る
→p.26

北極海から南下する氷山が見られます

カナダ東部　ベスト1
アルゴンキン州立公園でカヌーとハイキング
→p.18

ツアーに参加すればカヌー初心者でも大丈夫。途中でムースにも出合えます

●レイクルイーズ
●バンフ
●バンクーバー
●セントジョンズ
●アルゴンキン州立公園
トロント

カナダ西部ベスト1
夏のカナディアン・ロッキーで爽快ハイキング①

眺望で人気のコース
アグネス湖からビッグ・ビーハイブへ
レイクルイーズを歩く

ビッグ・ビーハイブの山頂から、
碧く輝くルイーズ湖とロッキーの
山並みを満喫しよう

　夏の1日、汗をかきかきたどり着いた、ビッグ・ビーハイブから見下ろすルイーズ湖の大展望は、すばらしいの一言に尽きる。ルイーズ湖を出発し、ミラー湖、アグネス湖の2つの湖を過ぎると、やがてビッグ・ビーハイブへと至るつづら折りの急坂が姿を現す。息切れするほどの急登だが、蜂の巣山の頂からトルコブルーに輝くルイーズ湖を眺め下ろす爽快感は、ロッキーに来てよかった！　と思わせてくれる。頬をなでる風も心地よく、実に爽快。途中、アグネス湖の湖畔にたたずむ「ティーハウス」で、パワーチャージするのもお忘れなく。休憩時間も入れると、往復5時間のハイキングとなる。

詳しいコースガイド　→p.176

トレイルで出合う住人たち

立ち姿がかわいい地リス

楚々としたノーザンアネモネ

黄色のオダマキ

するどい鳴き声で人気者のピカ

Nature CANADA 自然体験スポット ベスト3

ビッグ・ビーハイブへのルート

❶ ミラー湖到着

眼前に、これから登る蜂の巣山ビッグ・ビーハイブがそそり立つ

↓

❷ アグネス湖到着

湖畔のティーハウスで休憩しよう

↓

❸ つづら折りを制覇

眼下にアグネス湖とトレイルを望む

↓

❹ ビッグ・ビーハイブに登頂

あずま屋で休憩しよう

Tea Break
アグネス湖湖畔の山小屋ティーハウス
レイク・アグネス・ティーハウス

アグネス湖に到着したら、レイク・アグネス・ティーハウスLake Agnes Tea Houseでブレイクしよう。サンドイッチやハーブティー、紅茶など簡単なものしかないが、小休止に欠かせない場所。休憩の後は、湖を回り込んでつづら折りに挑戦だ。

ティーハウスでメニューをチェック！

自然体験スポット・ベスト3　夏のカナディアン・ロッキーで爽快ハイキング

15

取材/写真/文　Haruko Nagano

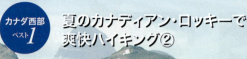

カナダ西部 ベスト1

夏のカナディアン・ロッキーで
爽快ハイキング②

メドウの花々で人気のコース
シャトルバスを使って、
サンシャイン・メドウを歩く

シャトルバスを利用し、いっきに標高2200mの高山へ。おおらかに広がる大地には大小の湖が点在し、雪解けから盛夏まで数多くの花々が群落をつくる。亜高山帯の草原には地リスが顔をのぞかせ愛らしい。このメドウで雪がない時期はわずか2カ月。夏は、動植物たちにとって子孫を残す大切な時期なのだ。そんな生命の輝きを感じながら、おいしい空気をすってゆっくりと歩いていこう。
*メドウとは、亜高山帯に広がる草原のこと。

晴れていれば、明るくのびやかな花の草原が広がる

トレイルで出合う住人たち

何やら忙しい地リス

鮮やかなインディアン・ペイント・ブラシ

可憐なグレーシャー・リリー

清楚なウエスタン・アネモネ

北回りルートを歩く

① シャトルバスでネイチャー・センターへ
↓
② モナーク・ビューポイントで休憩
↓
③ サンシャイン・メドウを歩く
↓
④ スタンディッシュ・ビューポイントに到着

サンシャイン・メドウのコースガイド

シャトルバスの終点ネイチャー・センターからトレイルは南北二手に分かれる。北回りルートは、モナーク・ビューポイントを経由し、スタンディッシュ・ビューポイントまで約4.5kmのコース。南回りは、約1.4km先のロック・アイル湖経由、北回りルートとの合流点スタンディッシュ・ビューポイントまで続く約2.4kmのコース。途中、ロック・アイル湖からグリズリー湖、ラリックス湖を周遊する約3.8kmのトレイルもある。

 MAP →p.175

サンシャイン・メドウへのシャトルバス
バンフから車で約20分のサンシャイン・ビレッジ・スキー場からネイチャー・センターまで運行。
White Mountain Adventure
☎403-762-7889（運行期間中）/ 403-760-4403（通年）
URL www.sunshinemeadowsbanff.com
$ おとなC$27、子どもC$16（往復）
営 6月下旬～10月上旬。行き/8：00～16：45（9月以降9：00～15：45）。帰り/9：15～17：30（9月以降は最終16：30）。早朝はバンフからの便もあり

アルゴンキン州立公園でカヌーとハイキングを満喫

カナダ東部 ベスト1

Nature CANADA 自然体験スポット ベスト3

紅葉の名所アルゴンキン州立公園。9月下旬〜10月上旬、森はオレンジや黄色に染め上げられる

Canoe Camping

カヌーイストの聖地 アルゴンキン州立公園へ

トロントから車で約3時間30分のアルゴンキン州立公園Algonquin Provincial Parkは、東京都の3.5倍という広大な面積が自然保護区に指定されているカヌーイストの聖地。大小無数の湖が網の目のように連なり、総延長2000km以上の長大なカヌールートがある。ここでカヌーを漕ぎ、陸にぶつかったらカヌーを担いで移動する(これをポーテージという)、カヌーキャンプが人気だという。園内には道路や建物が一切ない「インテリア(奥地)」と呼ばれるエリアが広がり、現地を知るガイドの先導で進むのだ。ビーバーのダムを越えたり、ムースやルーン(アビ)に遭遇したり、森のサイトでキャンプをしたり、濃密な自然体験ができる。キャンプに慣れたカナダ人たちは、カヌーを借りていとも簡単に出発していくが、日本人旅行者には地理に熟知した日本人ガイドが案内するツアーがおすすめ。カヌー初心者なら、まずは、アルゴンキンでカヌーを漕ぐことから始めてみよう。

カヌーツアーでムース（ヘラジカ）に出合う確率は高い

9月下旬〜10月上旬、園内を走る国道60号線沿いは、紅葉したメープルで覆い尽くされる。ドライブの途中でハイキングトレイルを歩き、圧巻の紅葉ハイクを楽しもう。

園内で出合う住人たち
- カヌーキャンプで出合えるムース
- 美しく咲くレディススリッパー（アツモリソウ）
- 大木も倒すビーバー
- ルーンの鳴き声は心に響く

アルゴンキン州立公園
Algonquin Provincial Park
URL algonquinpark.on.ca

公園を横切る唯一の道路が国道60号線。この道路沿いに見どころ、ロッジ、ハイキングトレイルの入口がある。60号線の東西にウエストゲイト、イーストゲイトがあり、案内所もある。トロント方面はからはウエストゲイトから園内へ。ハンツビルHuntsvilleから1時間15分。

アルゴンキン州立公園への行き方
🚗 トロントからハイウエイ400号線を北上、バリーBarrieで11号線へ、ハンツビルから60号線を東進。約3時間30分。

🚌 トロントからパークバス（営7〜9月）か、オンタリオ・ノースランド・バス（ONB）で。ONBはハンツビルまで。あとはタクシーを使い公園まで行く必要がある（→p.23）。

取材/写真/文　Katsu Sakuma

19　アルゴンキン州立公園でカヌーとハイキングを満喫

自然と一体になれる
カヌーキャンプの魅力

悠然と水草を食むムース

Canoe Camping

**カヌーで動植物を観察
途中でムースにも遭遇!!**

　インテリアでのカヌーキャンプの醍醐味は、何といっても野生動物を間近に観察できることだ。近づいてくるカヌーを気にもとめず、巨体のムースが水に浸かりながら黙々と睡蓮などを食べている姿は、とても平和で自然な光景だ。ビーバーが築いたダムを乗り越えたり、石の上で甲羅干ししているカメに近づいたり、卵を抱くルーン（アビ）の巣の横を進めるのも、音のしない小さなカヌーで移動しているからこそ。見過ごしてしまいがちな食虫植物や野性のランなども観察できて、自然と一体になったひとときが過ごせる。

大湿原をカヌーで進む。その爽快さ!

カヌーキャンプで出合う住人たち

- 石の上で日光浴するカミツキガメ
- 巣を守るルーン
- 水辺の住人カワウソにも遭遇
- カヌーから見た睡蓮の花

カヌーキャンプの1日をご紹介

③ビーバーダムを乗り越える
ビーバーダムに出くわしたらカヌーを引っりあげて進む。実はこのビーバー、生態系のバランスを保つ重要な生き物なのだ。

⑥キャンプサイトに上陸、テント設営
ゴミやクマの足跡がないこと、食料パックを吊るす木があることを確認し、サイトに上陸。各自気に入った場所にテントを張る。

①パッキングと道具
カヌーや荷物を担いで歩く「ポーテージ」ルートが随所にあるので、荷物は極力コンパクトにまとめる。カヌーも軽めを用意。

④カヌーで進めない場所はポーテージ
黄色い看板が「ポーテージ」のサイン。歩く距離は様々だが、カヌーは重さ20kg前後で、バランスさえ保てれば楽に運べる。

⑦徹底したローインパクトキャンプ
サイトには焚き火のカマドと、奥に箱式トイレがある。キャンプサイトに宿泊できる人数は9人まで、テントは3張りまで。

②大小の湖や大湿原を漕ぎ進む
広葉樹林と針葉樹林が混在する公園内は、周囲より500mほど高地にあり、様々な動植物が観察できる自然の宝庫。

⑤見晴台まで森を散策
カヌールート上には、昔のレンジャーキャビンや火の見やぐら跡があり、特に火の見やぐら跡は展望地になっている所も多い。

⑧食料は木に吊り下げるベアプルーフ
園内はクロクマ2000頭が生息するベアカントリー。食料を木に吊るし、クマなどの野生動物を寄せ付けない事が鉄則。

自然体験スポット・ベスト3

21

キャンプサイトの楽しみ方

美しい夕日に感動　　釣りにも挑戦　　　　　湖にジャンプ

荘厳な夕日に感動
インテリア（奥地）には、約2000カ所のキャンプサイトがあるが、そのほとんどが湖畔沿いの絶景地にある。どこもよい場所だが、夕日と朝日の両方が楽しめる岬の突端や、飛び込み台になる大きな岩があるサイトが好適地。ガイドツアーでは、ガイドが食事を作るので、テントを設置したら、釣りをしたり、泳いだり、自由な時間を過ごせる。持ち物に制限のあるキャンプだが、美味しい手料理が食べられるのも魅力。荘厳な夕日を見ながら、ルーンの鳴き声やオオカミの遠吠えを聞いていると、私たち人間も自然の一部なのだと思えてくる。

カヌーキャンプ・ツアー：
アルゴンキン公園のパークナチュラリスト
佐久間克宏氏のガイド・ツアー
6〜7月に、2〜4泊のカヌーツアーを実施。
☎905-376-5120
✉kcjsakuma@sympatico.ca

ガイドさんが作る料理に舌鼓

本日の釣果です！

Hiking
アルゴンキン州立公園の おすすめハイキング・スポット

頂上から大パノラマを見渡す

ルックアウト・トレイル Lookout Trail

メープルの森に囲まれた緩やかな上り坂を登って行くと、30分程で大きな岩盤の上にある展望地に出る。天気のいい日は20km前方まで見渡せ、紅葉時期の絶景ポイント。途中で、氷河期の置きみやげの巨石や、木の幹に付けられたクマの爪跡なども見られる。コース上には1〜9番のポストが立ち、出発地で配布される冊子を見ながら1周すれば、氷河がこの地を形成した歴史を学習できる。60号線沿いには、こうした日帰りハイキング・トレイルが14カ所も整備され、様々な自然を学べる。これも、インタープリテーション（自然解説）発祥の地、アルゴンキンらしい試みだ。

途中でガイドさんのレクチャーを聴く

トレイル入口から森の中へ

氷河期に運ばれた巨石の脇を歩く

ルックアウト・トレイル
歩行時間:1時間　歩行距離:1.9km　高度差:100m
日本語ガイドウオーク
　パークナチュラリスト・佐久間克宏氏の案内で歩く2時間の州立公園公認プログラム。紅葉時期はバスグループを対象に開催しているが、個人グループも対応可。夏も対応可。要予約。ビジターセンターで佐久間氏作成の日本語ガイドブックも販売している。
ガイドウオーク
URL www.algonquinpark.on.ca/visit/programs/group-education-program.php
✉ kcjsakuma@sympatico.ca （日本語可）
日本語ガイドブック
URL store.algonquinpark.on.ca/cgi/algonquinpark/00522.html

佐久間氏作成の
日本語ガイドブック

Travel Guide Algonquin

紅葉真っ盛りの60号線

アルゴンキン・ロギング博物館 p.18
Algonquin Logging Museum
URL www.algonquinpark.on.ca/visit/locations/algonquin-logging-museum.php

19世紀の林業ときこりの暮らしがわかる博物館。当時の映像を見た後、1周1.5kmのハイキングコースを歩こう。

ショートハイクも楽しめる

❊ アルゴンキン州立公園への行き方

7月～9月初旬までトロントから主要キャンプ場とアクセスポイントへ専用バスParkbusが週2便運行。ONBバスは40km西のハンツビル止まり。トロントからレンタカー利用が便利。

パークバスParkbus
URL parkbus.ca/algonquin.php
営 7～9月の金曜朝（トロント発）と月曜午後（公園発）のみ。トロント市内4カ所から公園のキャンプ場、カヌー出発地まで運行。9月は不定期のため、ウェブサイトで要確認。
$ おとな片道C$63

オンタリオ・ノースランド・バス（ONB）
Ontario Northland Bus
URL www.ontarionorthland.ca
トロント～ハンツビルを毎日4便。所要4時間。
$ おとな片道C$51.05

日本人ガイドのカヌーツアーに参加すれば、トロント空港及びトロント市内からの送迎可能。

❊ アルゴンキン州立公園の歩き方のヒント

国道60号線沿いに、数kmから10km前後の日帰りハイキングコースが14カ所ある。出発地点で購入できる冊子を見ながら歩こう。公園の標高は600m前後と低くコースも穏やかだが、ぬかるみや岩盤が多く、ハイキングシューズは必要。紫外線も強く温度差も激しいので、吸湿速乾の服装で帽子、防寒着、雨具、バックパックなども必携。

❊ おもな見どころ

アルゴンキン・ビジターセンター p.18
Algonquin Visitor Centre
URL www.algonquinpark.on.ca/visit/locations/algonquin_visitor_centre.php

園内の歴史と自然史をジオラマで紹介するセンター。映画館や展望デッキ、書籍コーナー、カフェテリアも併設されている。

ムースやオオカミのジオラマを展示

アルゴンキン・アートセンター p.18
Algonquin Art Centre
URL www.algonquinartcentre.com

公園の自然をテーマにした、地元のアーティストの絵画や工芸品を展示、販売するギャラリー。ギフトショップも必見。

大自然を描いた作品がズラリ

❊ お手軽カヌースポット

カヌー湖とオペオンゴ湖にそれぞれカヌーセンターが併設され、手頃な料金でカヌー体験ができる。オペオンゴ・ストアでは、モーターボートでムースの生息する湿原へ行き、そこからカヌーツアーに出発するガイドツアーも催行。初心者に最適。

ポーテージ・ストア
Portage Store p.18
URL www.portagestore.com

アルゴンキン・アウトフィッターズ・オペオンゴ・ストア Algonquin Outfitters Opeongo Store p.18
URL www.algonquinoutfitters.com

❊ 公園内のリゾートロッジ

レストランを併設するロッジが3カ所ある。どこもオシャレなリゾート風。宿泊費にはカヌーのレンタル代や食事代（3食）が含まれる。

アロウホン・パインズ
Arowhon Pines p.18
URL www.arowhonpines.ca

バートレット・ロッジ
Bartlett Lodge p.18
URL www.bartlettlodge.com

自然体験スポット・ベスト3

アルゴンキン州立公園ハイキング・スポット／トラベルガイド

23

Knowledge

カヌーキャンプで出合えるムース

自然破壊の教訓から生まれた
アルゴンキン州立公園

　秋、広大なメープルの森を見ると、手つかずの原生林を連想しがちだが、1893年、州立公園として保護区になったアルゴンキンでは、園内に残る大木のほとんどが消滅していた。というのも、1800年代初頭、イギリスから多くの木こりたちが押し寄せ、マツなどの大木を70年足らずの間に伐採し尽くしてしまったからだ。材木などの天然資源が重要な収入源であるカナダで、森を保護しなければ国力の低下を招くと判断したオンタリオ州議会は、「森林の保護と水源の確保、野生動物の保護」を目的に、この森をオンタリオ州初の州立公園に指定した。

　しかし、州立公園制定後も森林の伐採や狩猟は続けられ、材木運搬用の鉄道も敷設された。1900年代になると、鉄道を使ってキャンプや釣り、保養に訪れる観光客が増え、州政府は土地のリースを発行し、コテージやロッジ、ホテルの建設を推進した。園内南部を東西に横切る国道60号線が開通すると、さらに観光客の数は増え、森林伐採に異を唱える人々も増えていった。

　1970年代初頭になると「自然保護派」と「林業推進派」の対立が激化。州政府は両者の意見を取り入れた「マスタープラン」を作成し、自然環境を損なうことなく、林業とレクリエーションが共存する「多目的用途の自然公園」という位置づけを明確にした。土地のリースは中止され、使わなくなったコテージやホテルは取り壊され、園内を走っていた鉄道も廃止された。今、ホテルの跡地は完全に森と化し、鉄道跡はハイキングトレイルになっている。アルゴンキンの自然保護は「自然を保護し、一方で森を多目的有効活用し、経済効果も持続させる」という世界でも希有な州立公園となった。

　それも、経済破綻に結びつく自然破壊の歴史があったからこそ、生まれたものなのだ。

9月下旬～10月上旬、森は全山紅葉する

木こりたちによって森の巨木は切り倒された

美しくたたずむ**キラニー・ロッジ Killarney Lodge** URL www.killarneylodge.com

人間と野生動物との対話、オオカミの遠吠え鑑賞会

毎年8月、「オオカミの遠吠え鑑賞会」というユニークなイベントが開かれている。パークナチュラリストと呼ばれるレンジャーが、オオカミの鳴き真似をすると、それに応えて野生のオオカミが遠吠えを返すというもので、1960年代に始まったオオカミ研究がきっかけとなった。現在では、車500台、参加者2000人が集う一大イベントだ。

開催日は8月の毎週木曜日夜7時から。野外シアターでオオカミに関するスライドトークショーを見た後、各自、国道60号線沿いの「ランデブーサイト」と呼ばれるオオカミの群れが生息する場所に移動する。車の列は片側2kmにも及ぶ。現在までに110回以上開催され、オオカミからの返答率は80％。日本では悪者というイメージが強いオオカミだが、北米では「自然保護の象徴」になりつつある。食物連鎖の頂点に立つオオカミは、生態系のバランスを保つ上で必要不可欠な動物だということが、このオオカミ研究からわかってきた。

人間の呼びかけに応えるオオカミの遠吠えを聞いていると、神秘的な気持ちになり、深い感動を覚えるはずだ。

アルゴンキンに生息するイースタンウルフ

レンジャーがオオカミの遠吠えを真似してウォー

自然体験スポット・ベスト3

アルゴンキン州立公園ミニ知識

アトランティック・カナダ
ベスト1

Nature CANADA
自然体験スポット
ベスト3

ニューファンドランド島 セントジョンズで 氷山&ホエール・ウォッチング

カヤックに挑戦すれば、こんな場面に遭遇するかも

アトランティック・カナダ最北のニューファンドランド島は大自然の宝庫。セントジョンズ周辺の海ではクジラやイルカが群れ泳ぎ、豊富なシシャモをエサにするカツオドリやパフィンなどの海鳥コロニーがあちこちにある。春から初夏にかけ、氷山も目撃できる。

セントジョンズ
St.John's
氷山

グレーシャーブルーに輝く 巨大な氷山

巨大な氷山は、1億年以上昔に形成されたグリーンランド氷河が崩落し、ラブラドール海流に乗って南下してきたもの。スピア岬やシグナル・ヒルの高台から、春先に、目撃されることもある。ピークは5～6月頃。7～8月まで見られる年もあるという。バイキングの遺跡で有名なランス・オ・メドウまで行けば確実に見られるはずだ。

巨大な氷山を見るなら5～6月がベスト

陸から見た氷山

ウィットレス湾をカヌー中、クジラに遭遇

パフィンのコロニーは必見

不器用な姿が愛らしいパフィン

ウィットレス湾自然保護区
Witless Bay Ecological Reserve
クジラ・パフィン・海鳥

ひょうきんな姿で人気者のパフィンが見られる

　パフィンやハシブトウミガラスなど北米を代表する海鳥たちが、セントジョンズから30分の沖合にコロニーを作っている。なかでもアトランティック・パフィンの営巣地は有名。豊富なカラフトシシャモを捕食しようとクジラたちも集まって来る。保護区へは5〜9月までベイバルBay Bullsからツアーボートが出航されている。

Witless Bay Ecological Reserve
行き方 ベイバルから出航するツアーボートに乗船する。
O'Brien's Whale & Bird Tours
URL www.obriensboattours.com
Gatherall's Puffin & Whale Watch
URL www.gatheralls.com

セント・メアリーズ岬自然保護区
Cape St. Mary's Ecological Reserve
シロカツオドリ・海鳥

バードロックを埋め尽くすシロカツオドリの群れ

　セントジョンズから車で2時間半。ケープショワ・ハイウエイを南下して半島先端の保護区に着くと、2万羽余りのシロカツオドリの群れが断崖を埋め尽くしている。甲高い鳴き声のなか近づいて目をこらすと、口移しでヒナにエサをあげる親鳥の姿に心和む。シーズンは4月下旬から9月下旬。霧が発生しやすい場所なので、7月以降がおすすめだ。

夏は野草の季節。遠くに見えるのが、インタープリテーションセンター（ビジターセンター）

崖を埋め尽くすシロカツオドリ

Cape St. Mary's Ecological Reserve
Interpretive Centre ☎709-277-1666 開5〜10月9:00〜17:00
ガイドツアー 営5〜10月上旬 ⓢひとりC$7
行き方 セントジョンズからトランス・カナダ・ハイウェイ1号線でCape Shore Highway90号線に入り、91号線、92号線、100号線と走る。

❀ニューファンドランド島の観光ガイド
ミキ・エンタープライズMiki Enterprises Inc.
P.O. Box 1321, St. John's, NL
709-747-2233
Miki.enterprises@nf.sympatico.ca
URL www.mikieco.com
セントジョンズ在住の石渡文子さんが全島を案内してくれる。自然体験エリアはもとより宿泊、各種日本語ツアーも催行。

セントジョンズのすぐ近くで撮影
© Fumiko Ishiwata

編集協力／Fumiko Ishiwata, Miki Enterprises Inc.
写真／Newfoundland and Labrador Tourism, Miki Enterprises Inc.

魅惑のカナダ
VIA鉄道の旅

1泊2日の寝台列車 VIA鉄道カナディアン号でジャスパーへ

カナディアン・ロッキーの雄大な山岳風景を満喫しながら、バンクーバーからジャスパーへ。寝台車で一夜を過ごし、目覚めればそこはロッキーの山の中。列車は、滝や湖を車窓に雄大な山懐を走り抜ける。

翌朝、列車はロッキー山中を走行

豪華な食堂車でおいしい朝食を

カナディアン・ロッキー最高峰、ロブソン山の麓を走るカナディアン号
©VIA Rail

©VIA Rail

VIA鉄道カナディアン号
バンクーバー発20:30、ジャスパー着翌16:00、ジャスパー方面トロント行きは、火・金・日曜の週3便（10月中旬〜4月下旬は火・金曜の週2便）
URL wcs.ne.jp/via/（日本語）
URL www.viarail.ca
＊列車の予約は日本の大手旅行会社で。チケット料金のほかに発券手数料がかかる。

最後尾のパークカーは、曲線を描く優美なデザイン。ドーム型の展望車の下にはブレット・ラウンジとミューラル・ラウンジの2つのラウンジがあり、憩いの場となっている

食後は、車両最後尾のブレット・ラウンジでくつろごう

夕方4時。すがすがしい空気のジャスパー駅に到着
©Yataro HAYASHI

魅惑のカナダ

29

VIA鉄道カナディアン号の旅

カナディアン号の展望車は、天井がガラス貼りなので眺望抜群。ドームカーとも呼ばれ、階段を数段上った2階にある

憧れのカナディアン号で、ハイライト区間を贅沢に過ごす

　VIA鉄道カナディアン号は、カナダ西部のバンクーバーと東部の大都市トロントとを、4泊5日で走り抜ける大陸横断鉄道である。その全長は4,466km。そのうち、バンクーバーとジャスパーを1泊2日で結ぶこのルートは、カナディアン・ロッキー越えのハイライトとして、特に日本人には人気が高い。地図上で見るとわずかだが、ここだけで866kmもあり、上野から北海道長万部の手前までの距離に匹敵する。広大な大陸を5日間かけて走る列車は、各種寝台のほかに座席車、ラウンジカー、食堂車、展望車なども従えている。カナディアン号に乗る乗客のほとんどが、この列車に乗るためにやって来た観光客だ。

　20時過ぎのバンクーバー・パシフィック・セントラル駅。プラットホームには、すでに車両がスタンバイし、銀色に輝く車体の入口にはボーイが出迎えている。寝台は通路に上下2段のベッドが並ぶバースのほか、1人用、2人用、3〜4人用、スイート客室まで多彩に揃い、2人用以上の個室にはトイレも完備されている。座席車も連結されているが、こちらはJRのグリーン車並みのリクライニングシート。憩いのスペースであるラウンジカーや、眺望が自慢の2階建て展望車も連結され、豪華な列車の旅が楽しめるようになっている。

　客室係がしつらえてくれた清潔なベッドで熟睡し、一夜明ければそこは、カナディアン・ロッキーのまっただ中。何両かある食堂車で、ロッキーの車窓を眺めながら、おいしい朝食が食べられる。寝台車の乗客は1等待遇なので、乗車中の食事代はすべて運賃に含まれている。その料理は4種類からなるコース料理で、専任のコックが作る、温かなグルメ料理だ。

　食後は展望車に行ってみよう。スピードも70〜100kmで景色を楽しむにはちょうどよい。アテンダントが話す見どころ案内や列車にまつわるエピソードを聞きながら、晴れていれば、左手にカナディアン・ロッキー最高峰マウント・ロブソンが眺められるはずだ。

　午後4時、ジャスパー国立公園の中心地ジャスパーに到着。夏ならばまだ充分に明るく、すがすがしい山の空気が出迎えてくれる。

　山越えの旅は終わったが、列車は終着駅トロントまで、残り3,600km。カナディアン号の旅は、まだまだ続く。

（レポート・林弥太郎）

ほかにもある！VIA鉄道おすすめルート

先住民の町をつなぐ西海岸黄葉ルート
ジャスパー～プリンス・ルパート線
プリンス・ルパート～プリンス・ジョージ～ジャスパー

ジャスパー手前で運がよければ、マウント・ロブソンの雄姿が

アラスカに近い港町プリンス・ルパート。トーテムポールが並ぶこの町から、スキーナ川沿いにジャスパーを目指す。走行距離1,160km。車窓風景はすばらしく、秋、沿線は黄金色の黄葉に包まれる。列車は途中駅プリンス・ジョージに停泊し、乗客は宿で1泊するというユニークな運行スタイル。ジャスパー駅手前の峠越えはスリル満点。崖上のぎりぎりを列車は進む。

DATA
ジャスパー～プリンス・ルパート線
🚉プリンス・ルパート発8:00、プリンス・ジョージ着20:29、プリンス・ジョージ発 翌9:45、ジャスパー着 翌18:30、ジャスパー行きは水・金・日曜の週3便
URL www.viarail.com

モンクトンで下車、赤毛のアンの島へ
オーシャン号
モントリオール～モンクトン～ハリファックス

キャンベルトンを過ぎて大森林地帯に入る

「オーシャン」という雄大な名前の、カナディアン号に次ぐ人気の寝台列車。フランス系カナダの中心地モントリオールとアトランティック・カナダの要衝ハリファックスとを結ぶ。途中駅モンクトンで下車し、レンタカーを借りれば、長大な橋を通って、「赤毛のアンの島」プリンスエドワード島へも行ける。車窓に延々と続く大森林地帯が、森の国カナダを実感させてくれる。

DATA
オーシャン号
🚉モントリオール発18:55、モンクトン着 翌13:06、ハリファックス着 翌17:35、ハリファックス行きは水・金・日曜の週3便
URL www.viarail.com

オーロラ舞う極北の地チャーチルへ
ウィニペグ～チャーチル線
ウィニペグ～チャーチル

最果てのチャーチルは雪と氷の世界。駅も列車も白銀の中

大平原のウィニペグから北に1,697km。広大なハドソン湾に面したチャーチルを目指す。かつてハドソン・ベイ号とも呼ばれていたが、今はただ車両番号で呼ばれるローカル寝台列車。数両のミニ編成ながら終点まで2泊3日を要するため、座席車に加え、寝台車、食堂車も連結する。秋から春にかけて、車窓にオーロラを眺められることから、オーロラ列車とも呼ばれている。

DATA
ウィニペグ～チャーチル線
🚉ウィニペグ発12:05、チャーチル着 翌々日9:00、火・日曜の週2便
URL www.viarail.com

魅惑のカナダ　31　VIA鉄道の旅／VIA鉄道おすすめルート

魅惑のカナダ
世界遺産の旅

おすすめ世界遺産は、恐竜、ロッキー、街歩き

日本の約27倍の面積を誇るカナダには、カナダとアメリカ両国にまたがる2つの世界遺産を含め、全部で15の世界遺産が登録されている。その多くは僻地にあるが、比較的アクセスも容易で、誰もが楽しめるのが、アルバータ州南部の「ダイナソー州立公園」、カルガリーからのアクセスもよい「カナディアン・ロッキー山脈国立公園群」、ロマンチックな街歩きが楽しめる「ケベック旧市街歴史地区」だろう。

神秘的な蒼さをたたえる、カナディアン・ロッキーのモレイン湖

バンフ国立公園の人気スポット、ペイトー湖展望台

シーズン中に催行される化石観察ツアーに参加しよう

恐竜化石の本物に出合える
ダイナソー州立公園
Dinosaur Provincial Park

自然遺産／1979　アルバータ州

　世界でも指折りの恐竜化石の発掘地。カルガリーから東にトランス・カナダ・ハイウェイを約180km走ったブルックスBrooksの北東にあるダイナソー州立公園には、バッドランドと呼ばれる草木の生えない半砂漠状の谷間が広がっている。谷間の地層からは、300体以上の恐竜の化石が発掘され、恐竜化石発掘の聖地となった。1884年、ジョセフ・ティレルによって、アルバータサウルスの化石が発見されたのがその始まりだ。州立公園で発掘された化石の多くは、約150km離れたドラムヘラーのロイヤル・ティレル博物館（p.125）に展示されている。公園内には、ビジターセンター、キャンプ場、セルフガイド・トレイル（個人で歩いて回る歩道）などが整備されているが、おすすめは、5月上旬〜10月上旬に催行される観察ツアー（有料）。バスツアーのほか、発掘現場の核心部まで徒歩で入るツアーや、家族連れに人気のフォッシル・サファリFossil Safariなどのプログラムが行われ、夏にはたくさんの恐竜ファンで賑わう。現在も発掘は続けられており、その発掘地がそっくり州立公園として保護され、世界遺産に登録された。

DATA
ダイナソー州立公園　MAP p.125-B
URL www.albertaparks.ca/dinosaur.aspx
通年開園。ビジターセンター内にツアーの予約（403-378-4344）を受け付けるカウンターがある。夏は事前予約が望ましい
行き方 路線バスなどはない。カルガリーからトランス・カナダ・ハイウェイを東へ178kmのブルックスBrooksから873号線を北上、544号線を東へ、パトリシアPatriciaからは道路の標識に従う。ブルックスから48km

州立公園のレンジャーが化石について説明してくれる。ダイナソーで最も多く発掘されるのは、セントラザウルスとか

まずはビジターセンターへ向かおう

園内でひょっこり顔を出す化石。何の骨？

広大な園内にはトレイルもある

カナダ世界遺産の旅

雄大な大自然を満喫する
カナディアン・ロッキー山脈自然公園群（→p.132）
Canadian Rocky Mountain Parks

自然遺産／1984、1990　アルバータ州とブリティッシュ・コロンビア州（BC州バージェスシェルを含む）

ヨーホー国立公園のエメラルド湖でカヌーを楽しもう

　氷河におおわれた峻険な山々が連なるカナディアン・ロッキー。世界遺産に登録されているのは、バンフ、ジャスパー、ヨーホー、クートニーの4つの国立公園と、マウント・ロブソン、マウント・アシニボイン、ハンバーの3つの州立公園からなる総面積2万3,400km²の広大な大自然だ。東側をアルバータ・ロッキーズ、西側をBCロッキーズと呼ぶが、アルバータ側のバンフ、レイクルイーズ、ジャスパーなどの町は観光地化され、歩きやすい。ツアーも豊富にそろっていて、車がなくても充分楽しめる。ハイキングや乗馬、ラフティングなどのアクティビティはもとより、バンフやジャスパー、ヨーホーなどに点在する高級山岳リゾートに滞在すれば、温泉やスパで癒される極上リゾートライフが満喫できる。2010年には、カナダの国立公園発祥の地バンフで、国立公園生誕125周年を祝う式典が行われた。

ルイーズ湖畔からビッグ・ビーハイブへのハイキング。湖の縁に沿って山頂を目指す

ビッグ・ビーハイブへの途中で見つけたゲリス。ロッキーは野生動物の宝庫

DATA
カナディアン・ロッキー山脈自然公園群　MAP p.39-I
URL www.pc.gc.ca/progs/spm-whs/sec02/sec02h.aspx
URL www.bannflakelouise.com
行き方　バンフへ、カルガリー国際空港から空港バスで所要2時間。カルガリーのバスディポからは、グレイハウンドで1時間40分。バンクーバーからジャスパーへは、グレイハウンドで所要約11時間。バンクーバーからジャスパーへは、VIA鉄道カナディアン号が火・金・日曜の週3便運行

ロマンチックな街並み散歩
ケベック旧市街歴史地区（→p.266）
Historic District of Old Québec

文化遺産／1985　ケベック州

ケベック旧市街の象徴、シャトー・フロントナック・ホテル。カナダを代表する名建築

　ケベック州の州都ケベックシティは、カナダのフランス文化の中心地として、また世界遺産都市として、カナダのほかの街とはひと味違った香りを放っている。城壁で囲まれた旧市街は、官吏や宗教者たちが暮らしたアッパータウン（上の町）と、商店が軒を連ねる商人町のロウワータウン（下の町）に分けられ、どちらも石畳の小径が古い建物の間を縫うように続き、ヨーロッパの街角に迷い込んだような錯覚を覚える。上の町と下の町を結び、フニキュラーと呼ばれる箱形エレベーターが設置されているが、その窓から見るセントローレンス川と下の町の家並みがまた美しい。下の町のシャンプラン通りにはウサギ肉を食べさせてくれるレストランやガラス工房などが並び、買い物天国だ。川沿いから崖上を見上げれば、この街の象徴でもあるシャトー・フロントナック・ホテルが古城のようにそびえ立っている。新しきカナダに残された古きよきフランス文化の香りを満喫しよう。

ロウワー・タウンの中心にあるノートルダム教会

ロウワー・タウンのプチ・シャンプラン通りでショッピングを

DATA
ケベック旧市街歴史地区　MAP p.267-B、p.269-A～D
URL www.quebecregion.com/en/
行き方　飛行機：トロント、モントリオールから飛行機でケベックシティのジャン・ルサージュ国際空港へ。空港から旧市街へはタクシー。モントリオールからオルレアン・エクスプレスで3時間15分。トロント、オタワ、モントリオールからVIA鉄道コリドー号でパレ駅へ。モントリオールから3時間20分

カナダ世界遺産リスト

❶ ランス・オ・メドー国定史跡
文化遺産／1978　ニューファンドランド＆ラブラドール州

❷ ナハニ国立公園
自然遺産／1978　ノースウエスト準州

❸ ダイナソー州立公園　おすすめ！
自然遺産／1979　アルバータ州

❹ クルアーニー／タッチェンシニー-アルセク(カナダ)ランゲル-セント・イライアス／グレーシャー・ベイ(アラスカ)
自然遺産／1979、1992-1994　ブリティッシュ・コロンビア州、ユーコン準州、アメリカ・アラスカ州(カナダとアラスカ国境地帯の山岳公園群)

❺ スカン・グアイ（アンソニー島）
文化遺産／1981　ブリティッシュ・コロンビア州

❻ ヘッド・スマッシュ・イン・バッファロー・ジャンプ
文化遺産／1981　アルバータ州

❼ ウッド・バッファロー国立公園
自然遺産／1983　アルバータ州

❽ カナディアン・ロッキー山脈自然公園群　おすすめ！
自然遺産／1984、1990　アルバータ州とブリティッシュ・コロンビア州(BC州バージェスシェルを含む)

❾ ケベック旧市街歴史地区　おすすめ！
文化遺産／1985　ケベック州

❿ グロス・モーン国立公園
自然遺産／1987　ニューファンドランド＆ラブラドール州

バンフ国立公園で熊について解説する公園スタッフ

⓫ ルーネンバーグ歴史地区
文化遺産／1995　ノバ・スコシア州

⓬ ウオータートン・グレーシャー国際平和自然公園
自然遺産／1995　アルバータ州とアメリカ・モンタナ州

⓭ ミグアシャ国立公園
自然遺産／1999　ケベック州

⓮ リドー運河
文化遺産／2007　オンタリオ州

⓯ ジョギンズ化石断崖
自然遺産／2008　ノバ・スコシア州

⓰ グラン＝プレの景観
文化遺産／2012　ノバ・スコシア州

⓱ レッド・ベイのバスク人捕鯨基地
文化遺産／2013　ニューファンドランド・ラブラドール州

世界遺産とは？
　ユネスコの世界遺産は、1959年、エジプトのアスワン・ハイ・ダムの建設で水没の危機にあったヌビア遺跡を救うため、寄付活動を行ったことに始まる。後に、世界遺産条約が締結され、『過去から引き継がれてきた地球や人類の歴史を、世界中で協力し、未来へ繋げていこう』という認識のもと、187ヵ国が加盟する組織となった。世界遺産リストは、文化遺産、自然遺産、複合遺産に区分され、そのリストには、それぞれ2005年2月2日に一新された登録基準（iなどの記号）が付けられている。登録基準の詳細は、社団法人日本ユネスコ協会連盟のウェブサイトで確認してほしい。
http://www.unesco.jp/isan/about/

＊文化遺産……顕著な普遍的価値を有する記念物、建造物群、遺跡、文化的背景など
＊自然遺産……顕著な普遍的価値を有する地形や地質、生態系、景観、絶滅の恐れがある動物物の生息・生育地域などを含む地域
＊複合遺産……文化遺産と自然遺産の両方の価値を兼ね備えている遺産

カナダ周遊 モデルコース

四季を通して美しいカナダだが、広大な国だけにポイントをしぼったルート設定が肝心。
まずは、一番見たい場所から旅を始めよう。

Route 1 花いっぱいのカナダを巡る

1日目	日本→バンクーバー
2日目	バンクーバー
3日目	バンクーバー→ビクトリア
4日目	ビクトリア
5日目	ビクトリア→オタワ
6日目	オタワ
7日目	オタワ→トロント
8日目	トロント→日本
9日目	日本着

Point 花の都バンクーバーとビクトリアを巡り、チューリップ祭り（2016年5月13〜23日）で賑わうオタワへ。

Route 2 紅葉のカナダを周遊

1日目	日本→トロント
2日目	トロント
3日目	トロント→アルゴンキン州立公園
4日目	アルゴンキン州立公園
5日目	アルゴンキン州立公園→ロレンシャン
6日目	ロレンシャン
7日目	ロレンシャン→モントリオール
8日目	モントリオール→トロント経由→日本
9日目	日本着

Point カナダ東部の紅葉の二大スポットを巡る。アルゴンキン州立公園へツアーで訪れるという方法もあり。

Route 3 ロッキーとナイアガラを巡る

1日目	日本→カルガリー→バンフ
2日目	バンフ
3日目	バンフ→レイクルイーズ
4日目	レイクルイーズ→ジャスパー
5日目	ジャスパー→VIA鉄道でバンクーバーへ
6日目	バンクーバー→トロント→ナイアガラ
7日目	ナイアガラ
8日目	ナイアガラ→トロント
9日目	トロント→日本
10日目	日本着

Point カルガリーで車を借りてジャスパーまでドライブ。ジャスパーからVIA鉄道カナディアン号でバンクーバーへ。

Route 4 ケベックシティとプリンス・エドワード島へ

1日目	日本→トロント
2日目	トロント
3日目	トロント→モントリオール
4日目	モントリオール
5日目	モントリオール→ケベックシティ
6日目	ケベックシティ
7日目	ケベックシティ→シャーロットタウン（PEI）
8日目	プリンス・エドワード島（PEI）を巡る
9日目	シャーロットタウン→トロント経由→日本
10日目	日本着

Point カナダのフランス語圏ケベック州へ。移動にVIA鉄道コリドーを使い鉄道の旅もプラス。PEIでアンの物語に浸りきる。

カナダ西部
Western Canada

ブリティッシュ・コロンビア州とアルバータ州
British Columbia & Alberta

カナダ西部のアウトライン	40
バンクーバー（BC）	42
カナダのスキーを体験	92
ウィスラー（BC）	94
ビクトリア（BC）	100
ナナイモ（BC）	110
カムループス（BC）	112
ケロウナ（BC）	114
カルガリー（AB）	117
バッドランド（AB）	124
エドモントン（AB）	126

春は、バンクーバーのバン・デューセン植物園へ

カナダ西部のアウトライン

西部にはブリティッシュ・コロンビア州（BC州）とアルバータ州の2州が含まれる。太平洋側に位置することもあって日本人やアジア人の来訪も多い地域である。とくに近年は香港や中国からの移民が急増し、さらに日本のみならず、韓国や台湾から英語を学びに来る学生の数も大幅に伸びた。もともと移民の国であったのだが、さらに人種の多様化が進んだエリアだ。

面積はBC州が95万km²、アルバータ州が66万km²、人口は合わせて約883万人。BC州だけでも日本の約2倍の面積をもつのだが、人口密度はかなり低い。

歴史的にみると、西部の開拓は東部に遅れること200～300年、19世紀に入ってようやく活気づく。開拓初期にはネイティブ・カナディアンと交易する実業家、探検家、政府から派遣された地図測量技師、新天地に野望を抱く人々が東からやってきた。このとき毛皮の交易でエネルギッシュに活動したのが、イギリス系のハドソン・ベイ・カンパニーだ。ビーバーやバッファローの毛皮を求め辺境に進出したこの会社は、現在、百貨店としてカナダのあちこちに支店をもつ。

カナダは自治領として1867年にイギリスから独立したが、西部の統一は経済的にも政治的にも遅れていた。そのような状況のなかで、カナダ大陸横断鉄道の建設という、東海岸と西海岸を結ぶ大規模プロジェクトが進められた。1885年の鉄道完成が西部地域の統一と発展に果たした役割は大きい。

バンクーバーは花の名所

地理的、自然環境的にみると、ひとくちに西部といってもかなりの差がある。バンクーバー、ビクトリアなど海岸地域の都市は冬に雨が多いものの、平均気温は東京と大差なく、比較的温暖である。内陸部は夏と冬とで気温差がかなりあり、豪雪にみまわれる地域もある。これも標高や地域によってかなり違う。

バンクーバー、朝のウォーターフロント

ロッキーの最高峰、ロブソン山とバーク湖

ブリティッシュ・コロンビア州

　バンクーバーを飛行機で飛び立ってカルガリーに向かう時、いくつもの山並みを越えていく。ロッキー山脈との間にはカスケード山脈、コロンビア山脈などが峰を連ね、ロッキー山脈に劣らぬ壮大な山塊を造っている。またバンクーバーから北へは海岸沿いにコースト・マウンテンといわれる海岸山脈が連なる。山中では積雪も多く、パウダースノーに恵まれたスキー場が多い。

　山脈と山脈の間の谷間はバレーと呼ばれ、オカナガンバレー、クートニーバレー、コロンビアバレーが西から順に並ぶ。なかでもオカナガンはバンクーバーに次ぐ都会で、南北に細長いBC州最大の湖オカナガン湖沿いに広がる（本書ではケロウナとして紹介）。夏は気温が30度C以上にもなる乾燥地帯、冬は山で雪が降っていても、町のある麓は曇りの日が多い。春の訪れは早く、かつ秋深くまで暖かい日が多いので暮らしやすい場所だ。リンゴ、モモ、サクランボ、ブドウなどのカナダ有数のフルーツの産地として知られる。点在するワイナリーを訪ねたり、湖で水上スポーツを楽しんだり、またバンクーバーからドライブなどで訪れたい地域である。

アルバータ州

　アルバータ州の西側は長大なロッキー山脈で区切られ、山脈の東側はどこまでも果てしなく続く平原地帯となってカナダ中部のサスカチュワン州に続く。

　山岳地帯にはバンフ、ジャスパー、ウォータートン・レイクの国立公園があり、広い平原は酪農、穀倉地帯になっている。州のほぼ中央を流れるレッド・リバー沿いは恐竜の化石が多く発見されることで世界的にも有名だ。石油、天然ガスなど鉱業に携わる人が多い。中心となる都市は州都のエドモントンとカルガリーだ。

　平原とロッキー山脈のコントラストがこの州の魅力を奥深いものにしている。ロッキー山脈が注目されることが多いが、恐竜や、バッファローを追って暮らしたネイティブ・カナディアンの歴史に触れることのできる平原を旅するといい。カナダの歴史や文化が、違う視点から見えてくる。

エディス・キャンベル氷河

ブリティッシュ・コロンビア州（BC州）

州都	ビクトリア
大都市	バンクーバー
面積	94万4,735㎢
人口	466万人（2015年）
時間帯と時差	太平洋標準時 日本との時差－17時間 サマータイム*実施時－16時間
PST	7％（PSTの州税は物品とサービスにかかる）
宿泊税	12％（バンクーバー、ウィスラー、ビクトリア）

アルバータ州（AB州）

州都	エドモントン
大都市	カルガリー
面積	66万1,848㎢
人口	417万人（2015年）
時間帯と時差	山岳部標準時 日本との時差－16時間 サマータイム*実施時－15時間
州税	物品税　なし 宿泊税　5％

＊サマータイム：カナダでは3月第2日曜日から11月第1日曜日までサマータイムを実施。サスカチュワン州は通年標準時

ヨーホー国立公園の至宝、エメラルド湖

清々しいモレインレイク・ロッジにて

バンクーバー

Vancouver 🍁 ブリティッシュ・コロンビア州 🍁 市外局番604／778　MAP p.38-M

バラード橋から見たイングリッシュ・ベイ

街を知る｜気候温暖なカナダの玄関口

　山と海の両方に恵まれた美しい都市、バンクーバー。ダウンタウンはバラード入江とイングリッシュ・ベイとにはさまれて広がる。ガラス張りや、石造り、レンガ造りのクラシカルなビルが建ち並び、賑やかなロブソン通りRobson St.を中心に、おしゃれな街が広がっている。また、どの方向に歩いても海が見える環境も、この街を魅力的にしている。

　バンクーバーの月ごとの平均気温は1月最高6.1度C、最低−0.5度C、4月最高13.1度C、最低5.3度C、7月最高21.7度C、最低13度C、10月最高13.6度C、最低6.6度Cである。沿岸を流れる暖流の影響から、高緯度にもかかわらず、気温変化が少ない比較的温暖な気候だ。湿度は年平均82パーセント、海風がさわやかで、さらりとしている。とくに秋口や春先は高原のような空気が流れる。夏期は晴天の日が多く、冬期の降雪は少なく雨の日が多い。この雨は、ノース・ショアの山々や車で2時間ほど行ったウィスラーでは雪となり、人気のスキーエリアとなっている。

　このように、バンクーバーを拠点に、たとえばバンクーバー島へ足を延ばすのもいい。また、VIA鉄道を利用してジャスパーを目指せば、さらに味わい深い旅になるはず。

桜の春、紅葉の秋もおすすめ

　バンクーバーには桜も多く、4月にはスタンレー公園やキツラノ周辺などで満開に。5月はスタンレー公園やバン・デューセン植物園でシャクナゲが花開き、6月にはハナミズキが美しい。7月後半から8月初めには花火大会などが開催され、観光シーズンもピークを迎える。9月はまだ夏の名残があり、ビーチで日光浴をする人も多い。10月になると公園や街路樹が色づきはじめ、赤、黄、オレンジに装いを変えた木々がバンクーバーをシックな街に染める。12月はもちろんクリスマス。イングリッシュ・ベイの大木にライトがともされ、工事中のビルのクレーンにサンタとトナカイのイルミネーションが浮かびあがり、街はクリスマスムード一色になる。

　移民の国カナダを代表するバンクーバーは、世界各国から来た移民たちが暮らすモザイクタウンだ。それだけに、世界の料理が味わえるグルメシティともなっている。

バンクーバーの市外局番☎604／778　※バンクーバーでは市内から市内にかける際も604／778からプッシュする
ℹ️MAP ●切りとり-10、p.49-C　住カナダ・プレイス前　☎604-683-2000　⏰9:00〜17:00　休無休

バンクーバーへの交通

✈ 飛行機
バンクーバー国際空港 MAP p.43、p.51

日本からの直行便は、成田からエア・カナダ（AC）、日本航空（JL）の2社があり、どちらも1日1便運航。羽田から全日空（NH）が1日1便。関西からエア・カナダが週5便運航。バンクーバーまで所要約9～10時間。

ほかに、アジア各国の航空会社も乗り入れているので、アジアの都市を経由して入国したり、アメリカのシアトルなど、西海岸の都市を経由してバンクーバーへ入る方法もある。

バンクーバー空港のミーティングポイント

カナダの他都市から

カナダの主な都市からバンクーバーに直行便が飛んでいる。カルガリーから約1時間25分、エドモントンから約1時間30分、ウィニペグから約3時間、トロント、モントリオール、オタワからそれぞれ約5時間。バスは、グレイハウンドの便でカルガリーから約15時間、バンフから約13時間。

鉄道は、トロントからバンクーバーにつながる大陸横断鉄道が週3便の運行で、エドモントンから約26時間、ジャスパーから約19時間。ロッキー・マウンテニア号は、バンフとバンクーバーまたはジャスパーとバンクーバーを結んで途中カムループスに宿泊する1泊2日のツアー列車で、春から秋にかけて運行している（→p.336）。
※空港から市内へはp.50参照

スタンレー公園は桜の名所

🚌 バス／バンクーバー・メインターミナル
MAP●切りとり-24、p.47-L

バスターミナルはパシフィック・セントラル駅構内にあり、ウィスラー、バンフなどからのグレイハウンドと、ビクトリアからのパシフィック・コーチ・ラインのバスが発着する。パシフィック・コーチ・ラインは、バンクーバー空港からもビクトリア、ウィスラーへのバスを運行しているほか、スカイトレインのバラード駅前からもウィスラー行きに乗車できる。
URL www.greyhound.ca　URL www.pacificcoach.com

🚆 鉄道／パシフィック・セントラル駅
MAP●切りとり-24、p.47-L

トロント、ジャスパーからVIA鉄道カナディアン号VIA Canadianが、シアトル方面からアムトラック・カスケード号Amtrak Cascadeが発着する。なお、ロッキー・マウンテニア号は、同駅南東のロッキー・マウンテニア・バンクーバー駅（1755 Cottrell St.）から発着する。

Pacific Central Station
住 1150 Station St.
行き方 スカイトレインのメイン・ストリート・サイエンス・ワールド駅下車
URL www.viarail.ca
URL www.rockymountaineer.com

レトロな駅構内

グレイター・バンクーバー
Greater Vancouver
0　　10km

ウエスト・バンクーバー

古さと新しさが同居するイエールタウン

❺イエールタウン　p.67、p.75
Yaletown

かつての倉庫街をリノベーションした新しい街角。今、バンクーバーで最もヤッピーな場所といえる。地ビールレストランやオシャレな雑貨屋で、街歩きを堪能しよう。

行き方 カナダ・ラインのイエールタウン・ラウンドハウス駅、またはSTスタジアム・チャイナタウン駅下車徒歩10～20分

ここだけは行っておきたい！
バンクーバーのおすすめスポットベスト❿

開放感いっぱいのバンクーバーでぜひ訪れてほしいのが、これら10カ所のポイント。バンクーバー初心者もリピーターも、訪れるたびに癒やされ、楽しめる場所ばかり。バスやスカイトレイン、シーバスなどを利用して、効率よく歩き回ろう。

パブリック・マーケットでローカルフードを満喫しよう

❻グランビルアイランド　p.64
Granville Island

海の幸山の幸が豊富に揃ったパブリック・マーケットや地ビールレストラン、クラフトショップなどもあり、1日いても飽きない場所。家族連れに人気のスポットだ。

行き方 市バス50番

ビル・リード作「The Raven and First Men」は必見

❽UBC人類学博物館　p.68
UBC Museum of Anthropology

カナダ西海岸の先住民文化に興味のある人には見逃せない。先住民が作ったトーテムポールや美しい工芸品のほか、芸術家ビル・リードの作品なども飾られている。

行き方 グランビル通りから市バス4番UBC行き、バラード通りから市バス44番UBC行き（月～金曜運行）、またはカナダラインのブロードウェイ・シティホール駅で下車し、市バス99番Bラインで

ゆるやかな坂道のキツラノ

❼キツラノ　p.67、p.74
Kitsilano

暮らす気分で街歩きを楽しむなら、キッツとローカルに呼ばれるキツラノ（西四番街）へ。ロハスに興味のある人にはピッタリ。この街のロハス事情がわかる場所だ。

行き方 グランビル通りから市バス4番、7番、バラード通りから市バス44番

バンクーバー
Vancouver

0　　　1km

※STはスカイトレインの略

ノース・バンクーバー

森の中には、ツリートップ・アドベンチャーと呼ばれる遊び場もある

④ キャピラノ吊橋　p.69
Capilano Saspention Bridge

　森林浴と軽めのハイキングで気分転換するならここ。ゆらゆら揺れる吊橋とノースウエストの森が、疲れを癒やしてくれる。しゃれた森のカフェでコーヒーブレイク。

[行き方] ロンズデール・キーから市バス236番でキャピラノ吊橋下車。カナダ・プレイス前から無料シャトルバスあり

ウォーターフロントに到着するシーバス

③ シーバス　p.57
Seabus

　海の街バンクーバーを気軽に楽しむなら、晴れた日に、ぜひシーバスに乗船して対岸へ！　着いたロンズデール・キーから望むダウンタウンは、一幅の名画のようだ。

[行き方] STウォーターフロント駅から直結

ライオンズ・ゲイト橋とスケーター

① スタンレー公園　p.66
Stanley Park

　バンクーバーで最初に訪れたい場所。トーテムポール公園が有名だが、海を望むシーウォールや都市とは思えないほど豊かな巨木の森など、奥深い魅力にあふれている。

[行き方] 市バス19番

蒸気時計の前は人気の撮影スポット

② ギャスタウン　p.62
Gastown

　バンクーバーで最も郷愁をそそる街角。なんといっても、ここはバンクーバー発祥の地。石畳の道や名物の蒸気時計などを見学し、そぞろ歩きを楽しみたい。

[行き方] STウォーターフロント駅下車徒歩5分

キバナフジが満開！

⑨ バン・デューセン植物園　p.69, p.76
Van Dusen Botanical Garden

　春のキバナフジで一躍有名になった植物園だが、四季折々に咲き乱れる花々や樹木林の美しさは秀逸。見学の後、ショーネシーレストランで西海岸料理を召し上がれ！

[行き方] 市バス17番。クイーン・エリザベス公園へは37th Ave.を徒歩20〜30分

森のような庭園を散策

⑩ クイーン・エリザベス公園　p.69、p.77
Queen Elizabeth Park

　バン・デューセン植物園と対で訪れたい名庭園。熱帯温室のブローデル温室で有名だが、カナダ中から集められたカナダ固有の樹木林も見事。散策も楽しめる。

[行き方] 市バス15番、またはカナダラインのキング・エドワード駅下車

サウス・バンクーバー

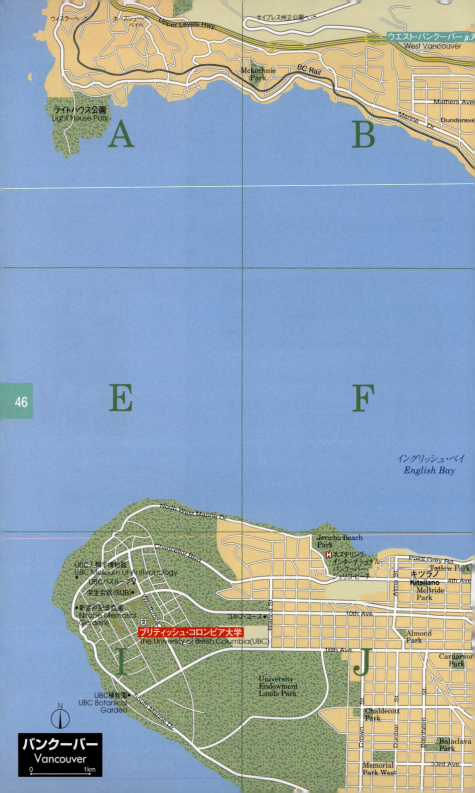

空港から市内へ

バンクーバー国際空港からダウンタウンまではカナダライン、タクシー、市バス、レンタカーなどがある。

快適な交通システム
カナダライン
Ⓢ C＄9〜、所要約25分

空港とダウンタウンを結ぶ交通システム。YVR-エアポート駅は、空港と連絡通路で結ばれている。空港からダウンタウンの終点ウォーターフロント駅まで所要約25分。料金はダウンタウンまで大人C＄9（土・日曜も18:30以降はC＄7.75）。スカイトレイン（→p.55）と同じ交通システムで、料金体系もゾーン制だ。ただし、空港の券売機でチケットを買うと、自動的に通常料金にC＄5が加算される。ダウンタウンから空港に行く場合は、通常の2ゾーン・チケットを購入する。

カナダラインは、途中ブリッジポートBridgeport駅でふた手に分かれ、リッチモンド方面へは乗り換えとなる。

ダウンタウン方面から空港に行く場合は、空港行きかどうかを確かめよう。空港からダウンタウン方面は5:07〜24:56の間、ダウンタウンから空港は4:48〜1:05AMの間、6〜20分おきの運行。カナダラインの各駅には、エレベーター、エスカレーターが設置されている。

カナダライン　　　YVR-エアポート駅

ハイシーズンには事前予約を
レンタカー
Ⓢ コンパクト1日C＄50〜、フルサイズ1日C＄60〜

空港ロビーからいったん外へ出た駐車場のなかに、各レンタカー会社のカウンターがある。会社により料金や条件が異なるので、必ず確認しよう。またハイシーズンは希望の車種が借りられないこともあるので、日本にオフィスがある会社を選び、事前に予約しておくことを勧める（→p.338、339）。

空港にあるカウンター

荷物が多い場合に便利
タクシー **Ⓢ** C＄33〜、所要約20分

荷物がたくさんある場合はタクシーを利用しよう。乗り場はロビーのすぐ外。料金はメーター制で、ダウンタウンまでC＄33〜40＋10〜15％のチップが目安。3人以上で利用すれば、案外リーズナブル。ダウンタウンまでは所要約20分だが、ラッシュ時はやはり時間がかかるので街から空港へ行くときは注意。

快適なタクシー

宿やアクティビティの相談も可能
バンクーバー観光案内所

観光都市バンクーバーでは空港と市内の両方に観光案内所がある。バンクーバー空港にはBC州観光局の運営する観光案内所が2カ所ある。ひとつは国際線到着ロビー、もうひとつは国内線到着フロアにあり、前者は24時間、後者は8:30〜21:30までの営業。宿泊やアクティビティの手配、ビクトリア、ウィスラーへのバスなどの発券サービスも受けられる。

ダウンタウンの観光案内所

ダウンタウンには、バンクーバー市観光局の運営する観光案内所があり、同様のサービスが受けられる。地図やパンフレットも豊富に揃っており、ぜひ立ち寄ってほしい。同じ場所にチケット・トゥナイトTickets Tonightというキオスクもあり、その日に開演するショーなどの半額チケットなどが購入できる。

ダウンタウンのバンクーバー観光案内所
Tourism Vancouver Visitor Centre
MAP 切りとり-10, p.49-C 住200 Burrard St. ☎604-683-2000 開9:00〜17:00 休12月25・26日、1月1日

バンクーバーの市外局番 ☎604／778　※バンクーバーでは市内から市内にかける際も604／778からプッシュする

市内交通

※トランスリンク社では、2015年冬にコンパスCompassと呼ばれるカードを導入した。前もってお金をチャージしておくプリペイド・カードだ。

公共交通機関はトランスリンク社が運営し、コンパス・カードまたはコンパス・チケットで市バス、スカイトレイン、シーバスを乗り継ぎできる。運行本数も多く、料金も安く、使い勝手がいい。わかりやすいのがスカイトレインとシーバス。慣れてきたらバスに挑戦してみよう。

市内の隅々まで行く路線網
市バス

バンクーバーの公共交通機関の中心は市内を縦横無尽に走る市バスで、青地に黄色いラインの車体が目印だ。ウエスト・バンクーバーから南はアメリカ合衆国との国境近くまで、広範囲をカバーしているので非常に便利。

主要ルートはピーク時で10〜15分間隔、それ以外でも30分〜1時間に1本は運行している。ウエスト・バンクーバーなど郊外への路線は1時間に1〜2本で、B.Lineと呼ばれる高速バスも走っている。料金は、ゾーンに関係なく一律C$2.75で、90分以内ならバス同士の乗り継ぎができる。

●情報収集

市バスを含め、トランスリンクの交通機関やルート、料金はURL www.translink.caで調べたり、路線図をダウンロードしたりすることができる。「**Bus & SkyTrain Timetable**」は「Vancouver Book 1」と「North Vancouver Sea Bus」などの地域ごとに分かれた小冊子になっており、全体地図、駅前など主要バス停の位置、ダイヤが掲載され非常に役立つ。この小冊子と市内地図を参照して使うのが便利だ。バンクーバー中央図書館（☎350 West Georgia St.）で手に入る。トランスリンク・カスタマーサービス☎604-953-3333

●チケットの購入

トランスリンクの各交通機関は、3つのゾーンに分けられ、料金は右表のとおりで、90分間有効だ。平常時は次のゾーンにまたがると料金が上がるが、土・日曜・祝日と18:00以降は一律C$2.75になる。駅の券売機で90分間使用できるコンパス・チケット、1日券のデイパスのほか、プリペイド方式のコンパス・カードを購入できる。コンパス・カードについては、URL www.compasscard.caを参照のこと。

コンパス・カードは、カード代としてC$6かかるが、使わなくなったカードの払い戻しもしてくれる。カードは券売機のほか、スカイトレインのスタジアム・チャイナタウン駅のコンパス・カスタマー・サービス・センター☎604-398-2042、「Fare Dealer」のサインがある店でも購入できる。

コンパス・チケットの場合は、あらかじめ

スカイトレイン・シーバス料金表

種類	ゾーン	料金
普通料金（下記以外の時間帯）	1	おとな C$2.75 / con※1 C$1.75
	2	おとな C$4 / con※1 C$2.75
	3	おとな C$5.5 / con※1 C$3.75
土・日曜・祝日と18:30以降	1、2、3	おとな C$2.75 / con※1 C$1.75
コンパス・カードの割引料金	1	C$2.10
	2	C$3.15
	3	C$4.20
デイパス（1日券）	全域	おとな C$9.75 / con※1 C$7.50

※1　con=コンセッション（5〜13歳、65歳以上、ハイスクールの学生）
※2　YVR エアポート駅からはC$5が加算される。

乗りこなせばとても便利な足になるバス

バンクーバーの市外局番☎604/778　※バンクーバーでは市内から市内にかける際も604/778からプッシュする

目的地のゾーンを確認してチケットを購入したい。
　市バスは、2015年10月からゾーンに関係なく一律C＄2.75になった。90分以内ならバス同士の乗り継ぎが可能だ。ただし、現金で支払ったバス券でのスカイトレインやシーバスへの乗り継ぎはできないので、90分以内であっても駅で新しくコンパス・チケットを購入しなくてはならない。

● 乗車方法

バス停の看板

ひもを引っ張って、降りる意志を伝える

　バス停は白地に青い帯が目印。標識には停車するバスの路線番号と行き先が書かれている。バスは前乗り、料金先払いだ。バスが来たら路線番号と行き先を確認したい。
　前方のドアから乗り込み、料金C＄2.75を料金箱へ入れるとチケットが出てくるのでそれを取る。釣り銭は用意されていないので、小銭を用意しておく。コンパス・カードや有効時間内のコンパス・チケットを持っている場合は、それを機械にタッチする。
　降りるときは降車地が近づいたら、車内の周囲に張られているひもを引っ張るか、手すりに付いたボタンを押す。降車は車体中央部のドアから。ドアのバーを押すと、ドアが開く仕組みになっている。

コンパス・カードをタッチ

利用しやすい無人電車
スカイトレイン

　スカイトレインは自動運転の高架式電車だ。ウォーターフロント駅からキング・ジョージ駅までを約40分で結ぶエキスポ・ラインのほか、コロンビア駅から分かれてVCC-クラーク駅まで走るミレニアム・ラインがあり、最終的にはUBCまで延長される予定だ。双方のコマーシャル-ブロードウェイ駅は連絡通路で結ばれている。ダウンタウンは地下、それ以外の大部分は高架を走る。
　ダウンタウンとバンクーバー空港やリッチモンドを結ぶカナダラインもできて、空港から市内へのアクセスが便利になった。スカイトレインは走行音が静かで、車窓からの眺めもよいので観光にも使える。郊外への足としても利用したい。
　2016年秋にはローヒード・タウン・センター駅から北東に延びるエバー・グリーン・ラインが開通の予定。

バンクーバー　市内交通

バンクーバー観光の主要な足になるスカイトレイン

●チケットの購入

チケットは各駅にある券売機で購入する。料金はゾーン制になっている。券売機はタッチパネル方式。言語の選択から日本語を選ぶこともできる。コンパス・カードを新しく購入するなら「New Compass Card」、1回のチケットを購入するなら「Buy Single Ticket」、数人のチケットを購入するなら「Buy Multiple Tickets」をタッチする。

チケットの発券機

コンパス・カードは、水色のおとな用とオレンジ色のコンセッション用があり、C$6のカード代がかかるが、料金設定はディスカウントされたものが採用され、おとなの場合、土・日曜・祝日と18:30以降はC$2.10、それ以外の時間帯は1ゾーンC$2.10、2ゾーンC$3.15、3ゾーンC$4.20がチャージされているお金から減額される。

コンパス・カード

正確には、カードを「Tap In」すると先ず3ゾーンの金額が引かれ、乗降時の「Tap Out」でゾーンが確定。1ゾーンや2ゾーンの場合はお金が戻される仕組みになっている。

1回のチケットはコンパス・チケットと呼ばれ、1、2、3ゾーン、デイパス(1日券)の中から選択し、支払いは現金、クレジットカード、カナダの銀行カードが使える。購入前に路線図で目的地のゾーンを調べておくことも大切。旅行者に便利なのはゾーンに関係なく1日乗り放題のデイパスC$9.75(おとな用)だ。詳しくは🔗www.compasscard.caを参照。

●乗車方法

チケットやカードを購入したら、「Tap In」と書かれているゲートの丸いタッチパネル部分に、コンパス・カードやコンパス・チケットをタッチしてホームへ進もう。

行き先はホームの小さな電光掲示板に、「Expo Line to King George(キング・ジョージ行エキスポ・ライン)」、「Millennium Line to VCC/Clark(VCCクラーク行ミレニアム・ライン)」などと表示される。ドアの開閉は自動で、合図のチャイムが鳴るとすぐに閉まる。運行本数は多いので、慌てて駆け込み乗車せずに、次の便を待とう。車内では次の停車駅のアナウンスが流れる。

降車したら、「Tap Out」と書かれているゲートの丸いタッチパネル部分に、コンパス・カードやコンパス・チケットをタッチして駅を出よう。

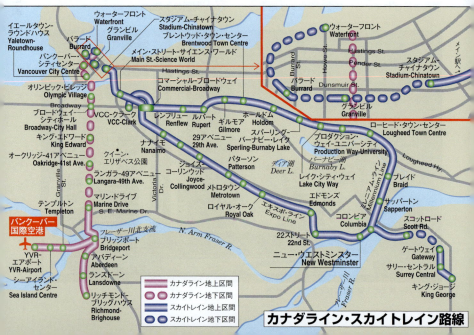

🚢 ミニ・クルーズ気分で乗れる
シーバス

バラード入江を縦断し、ダウンタウンのウォーターフロントとノース・バンクーバー側のロンズデール・キー（→p.69）を約12分で結ぶ400人乗りのフェリーで、15〜30分間隔で運航している。利用できるのは人と自転車のみ。

ロンズデール・キーの乗り場の前にはバス停があり、ウォーターフロントの乗り場はスカイトレインの駅と連絡しているのでとても便利だ。車よりも早くダウンタウンにアクセスできるので市民の通勤、通学の足としても利用されている。

海の上からは、西にスタンレー公園とライオンズ・ゲート橋が望め、南に林立するダウンタウンの高層ビルが見える。ちょっとしたクルーズを楽しむつもりで乗ってみたい。

ロンズデール・キー乗り場の前はレストランやみやげ物店が並んでいるのでのぞいてみるのもおもしろい。ダウンタウンの喧騒から逃れて一息つきたいときは、シーバスでノース・バンクーバー側へランチを食べに行くというのもいい。シーバスから眺める夜景も美しい。

1日券を持っていれば何度も乗ることができるシーバス

●チケットの購入

チケットは乗り場で購入できる。シーバスもトランスリンクの交通機関のひとつなので、市バスやスカイトレインと同じチケットで乗ることができる。

シーバスで渡るバラード入江は、ちょうどゾーン1とゾーン2の境界線になっているので、2ゾーン分の料金が必要だ。シーバスだけの利用でも平常時はC＄4かかるので、シーバスを利用するなら1日券を買ったほうがお得だ。ビルの建ち並ぶ風景を眺めつつ、ミニ・クルーズを楽しもう。

●利用方法

この通路から乗り場へ

乗り場に向かう通路には、出船時刻までの待ち時間が表示されている。船着場はコの字形になっており、シーバスはその中に入り込むかたちで接岸する。終着駅についた電車のように、まず片方のドアが開いて乗客を降ろし、全員降りたところで反対側の扉が開いて乗船するようになっている。

船内の窓は開かないが、三方がガラス張りで景色がよく見える。

シーバス内部

メーター制で分かりやすい
タクシー

バンクーバーのタクシーは料金がメーター制で明確なので利用しやすい。ホテルやレストランから電話で呼ぶのが一般的だが、台数が多いので、流しも比較的つかまえやすい。バス待ちなどの時間節約や、大荷物がある場合は利用したい。

ダウンタウンで、一番よく見かけるのがイエロー・キャブで、その名のとおり黄色いタクシーだ。また、車体が黄色で屋根が黒く塗られたブラック・トップ、オレンジ色の車体が目印のバンクーバー・タクシーなどがよく見られる。ほかにもダウンタウンには多くのタクシー会社がある。

カナダ・プレイス前のタクシー乗り場

●料金

料金はスタート時にC＄3.20、以降1kmごとにC＄1.85加算される。ダウンタウン内なら、大抵C＄15〜20ほどで行けるが、ラッシュ時には高くなることもあるだろう。

チップは料金の10〜15％を目安に支払う。もちろんチップは気持ちの問題なので、サービスがひどい場合はここまで気を遣う必要はない。逆に運転手が大量の荷物をトランクに積み込んでくれたような場合はチップも多めに渡したい。領収証が必要なら、チップ込みで自分が支払おうとしている額を伝えて「Receipt Please」と言えば、その額を書き込んで手渡してくれる。領収証はタクシー会社の電話番号やドライバー名が記載された名刺のようになっているので、万が一、忘れ物をした時なども問い合わせができる。一応もらっておくといい。

●利用方法

タクシー乗り場のほか、流しのタクシーをつかまえることもできる。

日本のタクシーとの大きな違いは、ドアが自動開閉ではないということ。降車の際は必ず自分でドアを閉めよう。また右側通行を意識していないと、つい左側のドアを勢いよく開けてしまいがち。後ろから来る車や自転車に注意しよう。

■主なタクシー会社

会社名	TEL
イエロー・キャブ	☎604-681-1111
ブラック・トップ	☎604-731-1111
バンクーバー・タクシー	☎604-871-1111

手軽な市内観光に便利
観光バス

バンクーバーには数多くのツアー会社があり、ツアーの種類もさまざま。なかでも市内観光に便利なのが巡回バスによるツアーだ。主な見どころを結ぶルートを走っており、決められた停車地での乗り降りが自由にできるので、移動の足としても使える。土地勘をつかむのにもいい。

■バンクーバー・トロリー
☎604-801-5515
URL www.vancouvertrolley.com

赤と黄色の路面電車風で、ホップ・オン・ホップ・オフの乗り降り自由のバス。カナダ・プレイスを基点にRed LoopとGreen Loopの2ルートのバスが走り、市内の見どころ34カ所に停車する。
営 5月〜10月中旬／9:00〜16:15の間で15〜30分おきに運行。それ以外の時期は時間短縮、または運休。
S 1日有効。おとなC＄42、13〜18歳と65歳以上C＄39、4〜12歳C＄25

■ウエストコースト・サイトシーイング
☎604-451-1600
URL www.westcoastsightseeing.com

半分オープントップで巡回する、ホップ・オン・ホップ・オフの乗り降り自由のバス。始発はギャスタウンで、スタンレー公園など20カ所に停車する。
営 夏期は8:27〜19:30の間で15〜20分おきに運行。冬期は時間を短縮し、45分おきに運行。
S 1日有効。おとなC＄42、13〜18歳と65歳以上C＄39、4〜12歳C＄25

観光に便利なウエストコースト・サイトシーイング

バンクーバーの市外局番 ☎604／778　※バンクーバーでは市内から市内にかける際も604／778からプッシュする

バンクーバーの歩き方のヒント▶市内は車を使わなくても、バスやスカイトレイン、シーバスなどの公共交通を利用すれば楽に観光できる。バラード入江をはさんで大きく4エリアに分かれているが、通りはほぼ直角に交わっており、通り名の案内板をよく見て歩こう。

街歩き エリアガイド バンクーバーのエリアと通りを覚えよう

本書では、バンクーバー市内を、バラード入江をはさんで、大きく4つの大エリアに分け、さらに見どころが多く集まっているダウンタウンを、7つの小エリアに分けて紹介している。下記のエリアマップを見ながら、それぞれの位置を把握してほしい。

初めの一歩はダウンタウンから

まず誰もが初めの一歩を記すダウンタウンは、オフィスビルやショップが軒を連ねる活気あるエリア。その南側のサウス・バンクーバーは、ショーネシーとも呼ばれ、植物園や市立公園がある高級住宅街だ。そして、バラード入江をはさんだ北側は、シーバスで簡単に行くことができるノース・バンクーバー。ここにはキャピラノ吊橋やグラウス山があり、観光客に人気が高い。その西側には海の香りがいっぱいのウエスト・バンクーバーが広がっている。ダウンタウンからライオンズ・ゲート橋を渡って20分も走れば、大都会とは思えない豊かな大自然を満喫できる。

上記4つの大エリアの外側には、空港近くのリッチモンドや、バンクーバー市内東側のバーナビー、サレーなどの町があり、これらをあわせて、大都市圏グレーター・バンクーバーを形成している。

ロブソン通りからスタンレー公園へ

観光の中心地ダウンタウンは、7つの小エリアに分けて紹介している。

①ダウンタウン中心部、②ウォーターフロント周辺、③ダウンタウン東部、④グランビルアイランド、⑤ダウンタウン西部、⑥イエールタウン周辺、⑦キツラノ周辺。

まずは、ダウンタウン中心部のロブソン通りを歩き、街の雰囲気を味わってほしい。そしてスタンレー公園へと出掛けてみよう。

バンクーバー市内はほとんど安全に歩けるが、チャイナタウンの北側、ヘイスティング通り北部、コロンビア通り、メイン通り周辺は、薬物中毒者たちの溜まり場になっていて治安が悪い。絶対に入り込まないこと。

スカイトレインを乗りこなそう

ダウンタウン中心部の歩き方のコツは、まずは、乗りやすいスカイトレインやカナダラインを中心に動くことだ。スカイトレインは、ウォーターフロント駅からバラード駅、グランビル駅、スタジアム・チャイナタウン駅へと進んでいくが、このあたりの駅はそれほど離れていない。ダウンタウン中心部の見どころへ行く場合、まず目的地を地図などで確認し、最寄り駅から歩いて行こう。

駅から少し離れた見どころへ行くときは、流しのタクシーか、ホテル前や鉄道＆バスターミナル駅のパシフィック・セントラル・ステーション駅前から乗るとよい。

なおスカイトレインは、ウォーターフロント駅からサレーSurreyのキング・ジョージKing George駅へ向かうエキスポ・ラインExpo Lineと、バーナビーBurnabyへと環状に走るミレニアム・ラインMillennium Lineの2路線があるので、郊外へ向かう場合、行き先を確認しよう。

ビルの下を走るスカイトレイン

バスでの移動も楽しいが、路線が複雑なので、本屋などで路線図を手に入れたり、トランスリンクのウエブサイトで事前に路線図をプリントアウトしてから利用したい。ある程度、バンクーバーの地理に慣れた頃に利用する方が、失敗は少ないだろう。

バス＆シーバスで郊外へ

サウス・バンクーバーへ行く場合は、バラード橋、グランビル橋、キャンビー橋を渡るバスに乗る。カナダラインでブロードウエイ・シティホール駅に出て、ブロードウエイを走るバスで西へ向かう方法もある。

ノース・バンクーバーへは、スカイトレインやカナダラインのウォーターフロント駅とも連結しているウォーターフロントから出航するシーバスに乗ろう。シーバスで着いたロンズデール・キーは、バスターミナルにもなっていて、各方面行きのバスが発着する。

ウエスト・バンクーバーへは、ダウンタウンからライオンズ・ゲート橋を渡る250番のバスを利用する。

バンクーバー東部のバーナビーやサレーへは、スカイトレイン利用が便利だ。

［市内観光モデルプラン］

①市内中心部の観光とショッピング

| カナダ・プレイス | →徒歩5分→ | バンクーバー・ルックアウト | →徒歩5分→ | ギャスタウン | →徒歩10分→ | チャイナタウン | →バス10分→ | バンクーバー美術館 | →徒歩すぐ→ | ロブソン通り |

午前中はダウンタウンの周辺で過ごし、昼食はチャイナタウンで飲茶を楽しもう。バンクーバー美術館では、カナダの代表的な画家エミリー・カーの作品を鑑賞。その後はロブソン通りでショッピングを楽しむ。通り沿いにレストランも多いので、夕食はこのあたりで。

②緑豊かなスタンレー公園でのんびりと過ごす

| ダウンタウン | →タクシー5分→ | バンクーバー水族館園内散策 | →徒歩5分→ | 馬車ツアー園内散策 | →徒歩5分→ | ロスト・ラグーン | →タクシー5分→ | ダウンタウン |

広大なスタンレー公園を存分に楽しむプラン。ダウンタウンからタクシーでバンクーバー水族館へ。午前中はゆっくりとここで過ごす。公園にはホットドッグなどを買える売店もある。午後は公園の東側をぐるりとまわる馬車ツアーに参加（→p.73）。歩いてロスト・ラグーンのネイチャー・ハウスなどを見学してバスかタクシーでダウンタウンに戻る。

③文化の香り高いUBCからグランビルアイランドへ

| ダウンタウン | →バス40分→ | UBC人類学博物館、新渡戸記念庭園、UBC植物園 | →バス30分→ | グランビルアイランド | →渡し船＋徒歩5分→ | イングリッシュ・ベイ | →徒歩15～30分→ | ダウンタウン |

ダウンタウンから4番または44番のバスに乗り、ブリティッシュ・コロンビア大学UBCへ。人類学博物館、新渡戸記念庭園、植物園などを見学し、昼は学生会館のカフェで食事。4番のバスに乗り、バラード通りの先で下車し、徒歩5分のグランビルアイランドへ。パブリック・マーケット、ユニークな店が揃うネット・ロフト、ビール工場などで午後の時間を過ごす。マリーナの一画にあるミニフェリー乗り場から小さな渡し船で対岸のアクアティック・センターに渡り、遊歩道を歩いてイングリッシュ・ベイのサンセット・ビーチを散歩。美しい夕日を眺めてからホテルに戻る。

バンクーバーの市外局番 604／778　※バンクーバーでは市内から市内にかける際も604／778からプッシュする

見どころ

ダウンタウン
ダウンタウン中心部

ロブソン通り
Robson St. MAP●切りとり-2、9、10、16、p.48-E
行き方 STバラード駅、グランビル駅下車徒歩5分

　バンクーバーきっての繁華街。人気のショップや世界各国の味が楽しめるレストランが並び、いつも賑わっている。ロブソン通りの東端にBCプレイス・スタジアムが、ホーマー通りの角にローマの円形劇場風建物のバンクーバー中央図書館がある。このあたりから南東がイエールタウン（→p.67）と呼ばれるエリア。グランビル通りの角にはデパートのノードストローム、ホーマー通りとハウ通りの間にバンクーバー美術館がある。道はやがて緩やかに下り、坂を下り切るとデンマン通り。南に向かえば、イングリッシュ・ベイ。この周辺はカジュアルなレストランやカフェが軒を連ねる。ロブソン通りの西端はスタンレー公園のロスト・ラグーンへと続いている。

賑わうロブソン通り

バンクーバー美術館
Vancouver Art Gallery MAP●切りとり-10、p.49-G
行き方 STグランビルGranville駅、バンクーバー・シティ・センター駅から徒歩2分

　威厳のある建物は、ビクトリアの州議事堂の設計者として知られるフランシス・ラッテンバリーのデザイン。1911年に裁判所として建てられたもので、吹き抜けになった石造りの階段部分など、建物だけでも芸術作品といえる。また、カナダを代表する画家エミリー・カーの絵画も見逃せない。バンクーバー周辺の鬱蒼とした森を描いたもので、魂をゆさぶられるような作品だ。特別展も開催され、ミュージアムショップも充実している。

住750 Hornby St. ☎604-662-4719 開10:00～17:30、火曜～21:00 入館料おとなC$20、学生C$15、65歳以上C$15、5～12歳C$6、火曜17:00～21:00寄付金

夏のイングリッシュ・ベイ

イングリッシュ・ベイ
English Bay MAP●切りとり-7、p.47-G
行き方 5、6、C21番のバス利用

　ダウンタウン南西に広がるイングリッシュ・ベイは、夕日がきれいなことで有名。ビーチ通りに沿った海岸線には遊歩道が続き、砂浜には大きな流木があちこちに置かれている。ここで日光浴したり、読書したりしながら夕暮れを待つのも楽しい。遊歩道はスタンレー公園の外周を回るシーウォールとつながっている。海上には港入りを待つ船が停泊し、対岸にはキツラノ・ビーチが見える。

街角ワンショット

サクラの下でピクニック

　バンクーバーはサクラの木が多く、サクラの街ともいわれている。もっとも多い種類は「アケボノ」という種類で、「ソメイヨシノ」の種からカリフォルニアで作られたもの。ヒガンザクラやヤエザクラなども見られ、種類によって2月の末から4月まで美しい花が見られる。

　ソメイヨシノの名所は、スタンレー公園、クイーン・エリザベス公園、スカイトレインのバラード駅、UBCの新渡戸記念庭園、ウエスト・エンドのチルコ通りとコモックス通りの辺りなど。

3月中旬、バラード駅のサクラ

※STはスカイトレインの略

ウォーターフロント周辺

　スカイトレインのウォーターフロント駅の眼前には、コール・ハーバーが広がり、すぐそばには豪華客船の発着するカナダ・プレイス、そしてシーバスのターミナルもある。カナダ・プレイスから西に続くコール・ハーバー沿いは、近年、高層アパートが次々に建設され、歩道や公園が整備された。また、バンクーバー・コンベンション・センターもオープンし、西側にはバンクーバー・オリンピックの聖火台がある。ウォーターフロント駅から東へ向かえば、ギャスタウンだ。

カナダ・プレイス
Canada Place MAP ●切りとり-4、p.49-C
行き方 STウォーターフロントWaterfront駅から徒歩2分

　マストと帆をイメージした外観は、コール・ハーバーのシンボル的存在。建物は、1986年のカナダ万博のときに建設された。両脇の桟橋から豪華客船が発着する。

豪華客船が停泊するカナダ・プレイス

バンクーバー・オリンピック聖火台
Vancouver Olympic Cauldron
MAP ●切りとり-4、p.48-B
行き方 STウォーターフロント駅から徒歩5分

　2010年2月に開催された第21回オリンピック冬季競技会、バンクーバー・オリンピックで建設された聖火台。現在もコール・ハーバーを望む広場に置かれており、カナダ・デー（7月1日）など、特別なイベントのときには、聖火が灯されるという。
　右の写真は、オリンピック開催中のもので、現在、聖火の下には噴水が造られている。聖火は灯っていないが、人気のスポットだ。

カナダ・デーの祝日にはマウンテンポリスも登場

オリンピック開催中の聖火台

バンクーバー・ルックアウト
Vancouver Lookout MAP ●切りとり-10、p.49-C
行き方 STウォーターフロント駅から徒歩1分

　地上168m、360度を見渡せる展望台。バラード入江、ノース・ショアの山々、ダウンタウンのビル群の眺めが美しい。大スクリーンのビデオで市内の見どころを紹介している。1階と地下はハーバー・センター・モール。
🏠555 West Hastings St. ☎604-689-0421 営夏／8:30～22:30、冬／9:00～21:00 ⓢ入場料おとなC$16.25、学生C$11.25、60歳以上C$13.25

ギャスタウン
Gastown MAP ●切りとり-11、p.49-D
行き方 STウォーターフロント駅から徒歩5分

　石畳やレンガ造りの建物が並ぶバンクーバー発祥の地。19世紀の面影が残る町並みには、おしゃれな雑貨屋や靴屋なども増え、食事やそぞろ歩きが楽しめる。
　町の名前は1867年に入植したジョン・ディトンという酒場の店主に由来する。町の人気者で、おしゃべりジャックという意味の「ギャシー・ジャック」と呼ばれていたが、それがなまって、ギャスタウンという町の名前になったのだとか。街角の名物といえば、ウォーター通りとキャンビー通りの角に立つ蒸気時計。15分ごとに蒸気を吹き上げ、ピーッという汽笛を響かせる珍しい時計だ。
　ウォーター通りとキャラル通りの角付近には、町の名前にもなったジョン・ディトンの銅像も立っている。

ジョン・ディトンの像

バンクーバーの市外局番 ☎604／778　※バンクーバーでは市内から市内にかける際も604／778からプッシュする
※STはスカイトレインの略

とっておき情報

カナダを代表する芸術家ビル・リード

バンクーバー空港の国際線出発ロビーに置かれた翡翠の彫像「スピリット・オブ・ハイダ・グワイSpirit of Haida Gwaii, The Jade Canoe」。このカヌーに乗った人間と動物たちの像を制作したのがビル・リードBill Reid (1920-98)である。ハイダ族の母とヨーロッパ系の父を両親に持ち、ロンドンでジュエリーの勉強をしながら、自らのルーツであるハイダ族の文化に触発された数多くの作品を残した。主要作品はUBC人類学博物館のほか、ダウンタウンのビル・リード・ギャラリーで鑑賞できる。博物館所蔵のThe Raven and the First Menは特に有名で、20ドル札の絵柄にも使われたほど。ギャラリーには、8.5mのブロンズ像「ミスティック・メッセンジャーMythic Messengers」や精巧なジュエリー作品も並んでいる。

ビル・リード・ギャラリー店内

ビル・リード・ギャラリー・オブ・ノースウエスト・コースト・アート
Bill Reid Gallery of Northwest Coast Art MAP●切りとり-10、p.49-G
☎639 Hornby Street ☎604-682-3455
URL www.billreidgallery.ca 営10:00～17:00(9月上旬～5月下旬は11:00～) 休9月上旬～5月下旬の月・火曜 ⑤おとなC $10、シニア・学生C$7

ダウンタウン東部

チャイナタウン

Chinatown MAP●切りとり-17、18、p.47-H
行き方 STスタジアム・チャイナタウン駅から徒歩10～15分

北米第3位の規模といわれるチャイナタウン。ペンダー通りとメイン通りの交差点を中心に八百屋、肉屋、海産物店、漢方薬店、中国料理店などがずらりと並ぶ。中華門、中国風の赤い街灯や漢字交じりの通り標識などが、独特の街並みを醸し出している。**サン・ヤット・セン中国庭園**が市民の憩いの場になっている。

バンクーバーで感じる中国文化

ただし、最近は中国人の多く住むエリアが、空港近くのリッチモンドや、メトロタウン駅周辺にシフトしつつあり、味に定評のある中国料理店なども、そちらのエリアに増えてきた。

なお、チャイナタウンの北側、特にヘイスティング通りHastings St.の北部、南のコロンビア通りColumbia St.、メイン通りMain St.周辺はドラッグ中毒者の溜まり場で、大変治安が悪いので注意したい。

サン・ヤット・セン中国庭園

とっておき情報

スカイトレインでバンクーバー郊外へ

自動運転で走るスカイトレインの旅も楽しい。1日乗り降り自由なデイパスを買っておくと経済的だ。

出発点のウォーターフロント駅から15分ほど走ったパターソン駅からすぐのセントラル・パークは森に囲まれた公園で散策に向く。次のメトロタウン駅は、大きなショッピング・モールのメトロポリスMetropolis (→p.79)で知られている。窓からはノース・ショアの山々の眺めがすばらしい。

メトロタウン駅やロイヤル・オーク駅あたりは高台になっているので、眺めはなかなかのもの。南(右側)にはゆうゆうと流れるフレーザー川が俯瞰でき、天気がよければアメリカのオリンピック連山を遠望できる。

スカイトレインでミニトリップ

エドモンズ駅を出るとフレーザー川に向かってどんどん下っていく。遠くに見える真っ白い山は、マウント・ベーカー。ニュー・ウエストミンスター駅からフレーザー川沿いに出れば、パブリック・マーケットがある。川沿いを下流に向かう歩道は花壇もきれいで、おすすめスポットだ。

ダウンタウンに戻るには、ウォーターフロント行きに乗るか、ミレニアム・ラインでコマーシャル・ドライブ駅まで行き、直結しているブロードウェイ駅から帰ることもできる。

グランビルアイランド

グランビルアイランド
Granville Island 🗺●切りとり-20、21、p.65-ABCD
行き方 50番の🚌利用

ダウンタウンの南、グランビル橋の下にある。アイランドと呼んでいるが、本来はフォルス・クリークに突き出した半島。70年代の初めに再開発された人気の観光スポットだ。

有名なレストラン、ブリッジもある

家族連れで賑わうグランビルアイランド

フード店がいろいろあり、フォルス・クリーク側にあるガラス張りの明るいカフェで昼食をとることもできる。
営 9:00～19:00 休 12月25日・12月26日・1月1日

○パブリック・マーケット
Public Market 🗺●切りとり-20、p.65-A
行き方 50番の🚌利用

野菜、魚、肉、ハムやチーズ、パン、ケーキ、健康食品、コーヒーや紅茶などを売る小さな店が軒を並べ、買い物客で賑わっている。スモークサーモン、メープルシロップ、ハーブティーなどおみやげによさそうなものが目白押し。マーケット内には、ピザ、タコス、キッシュ、ベーグル、マフィンなどのファスト

○グランビルアイランド・ビール工場
Granville Island Brewing 🗺●切りとり-20、p.65-C
行き方 50番の🚌利用

人気の地ビール、グランビルアイランドのブリュワリー。小さな醸造所で、試飲つきの工場見学ツアーも行われている。 ショールームではビール、ロゴ入りTシャツ、帽子などを販売。地ビールには、ラガー、ペイル・エール、アンバー・エールなど数種類あり、アイランド、イングリッシュ・ベイ、サイプレスといった地名がビール名になっている。
☎ 604-687-2739 営 10:00～21:00、季節により営業時間変更。ツアーは11:30、13:00、14:30、16:00、17:30
休 無休 S おとなC$9.75

○とっておき情報
海風を受けて快適に走るミニ・フェリー

ダウンタウンとグランビルアイランドにはさまれたフォルス・クリークに、市民から30年間も愛され続けているミニ・フェリーが運航している。青い色のフォルス・クリーク・フェリーとカラフルなアクアバス・フェリーの2社である。2社で運航ルートや発着場所が多少異なってはいるが、共にグランビルアイランドを中心にイングリッシュ・ベイ、イエールタウン、サイエンスワールドなどを結んでいる。夏は海風が心地よく、水上から見るバンクーバーのビル群も最高の被写体になる。

料金は距離によって異なり、C$3.50～5.50。1日乗り放題のデイパスもある。

快適クルーズを！

🗺●切りとり-14、20、21、p.65-A
フォルス・クリーク・フェリー
☎ 604-684-7781
URL www.granvilleislandferries.bc.ca
アクアバス・フェリー
☎ 604-689-5858
URL www.theaquabus.com

バンクーバーの市外局番 ☎604/778 ※バンクーバーでは市内から市内にかける際も604/778からプッシュする

ダウンタウン西部

スタンレー公園
Stanley Park MAP ●切りとり-1、p.47-G

行き方 STバラード駅近くのウエスト・ペンダー通りから19番の🚌利用。6月中旬～9月上旬は園内を回るスタンレー・パーク・シャトル・バスが運行 ☎604-801-5515 $ 大人C$10、子どもC$5

　ダウンタウンの西、バラード入江に突き出した半島にある公園。元々、ネイティブ・カナディアンの所有地だったが、カナダ政府が土地を彼らから半永久的に借り受けて公園として整備したもの。バラード入江を望む半島の外周に沿って、シーウォールと呼ばれるバイクトレイルが整えられ、自転車や徒歩で美しいバンクーバーの海と森を体感できる。公園内には、数々の見どころが点在し、四季折々に違った表情をみせてくれる。

ファーガソン・ポイントで休憩を！

○バンクーバー水族館
Vancouver Aquarium MAP p.47-G

行き方 19番の🚌利用、バス停から徒歩3分

　カナダ有数の規模をもつ水族館。北極海、アマゾンのジャングル、バンクーバー周辺の海など場所ごとに趣向を凝らした展示があり、色とりどりの熱帯魚など8000種の魚、水棲動物が飼育されている。一番の人気は岩を配したプールに住むクジラ。白いベルーガ・クジラが係員からエサをもらうかわいい姿が見られる。プールの側面がガラス張りになっているので、水中での様子も観察できる。

☎604-659-3474 営6月末～9月初め／9:30～18:00、9月上旬～6月下旬／10:00～17:00 休無休 $ おとなC$29、13～18歳C$20、4～12歳C$15。夏期はおとなC$34、13～18歳C$25、4～12歳C$20

エサをもらうベルーガ

○トーテムポール公園
Totem Poles Park MAP p.47-G

行き方 19番の🚌利用、さらに徒歩10分。夏期は公園を回るシャトルバスを利用

　ブリティッシュ・コロンビア州のネイティブ・カナディアンの各種族のトーテムポールが集められている。ワシ、クジラ、カラス、人間などをデザイン化した彫刻。美しく彩色され、ダイナミックな芸術を盛りたてている。このあたりから見るダウンタウンのビル群や港の眺めも絵になる。

カナダ西海岸先住民文化の象徴、トーテムポールが並ぶ

○ロスト・ラグーン
Lost Lagoon MAP ●切りとり-2、p.47-G

行き方 19番の🚌利用、バス停から徒歩5分

　スタンレー公園入口にある周囲約1.5kmの池。1920年代土手が築かれるまではコール・ハーバーとつながっていたという。池ではカモ、ハクチョウ、カナダギース、サギなどの水鳥が泳ぎ、南東岸にあるネイチャー・ハウスには周辺の自然を紹介する展示施設がある。池の西端にかかる橋付近では愛嬌のあるアライグマにも会える。

☎604-257-8544　ネイチャー・ハウス URL www.stanleyparkecology.ca 開7～8月火～日曜10:00～17:00、9～6月土・日曜10:00～16:00

木立ちの緑と水面のコントラストが美しいロスト・ラグーン。池では白鳥をはじめ水鳥が遊ぶ光景が見られる

バンクーバーの市外局番 ☎604／778　※バンクーバーでは市内から市内にかける際も604／778からプッシュする
※STはスカイトレインの略

○ブロックトン・ポイント
Brockton Point MAP p.47-G

行き方 19番の🚌利用、さらに徒歩30分。夏期は公園を回るシャトルバスを利用

　公園の東端に突き出した部分に、小さな四角い灯台が立つ。ライオンズ・ゲート橋を眺めるならこのあたりがよく、港に入る豪華客船、大型貨物船なども近くに望める。

赤と白の小さな灯台がある

○プロスペクト・ポイント
Prospect Point MAP p.47-G

行き方 19番の🚌利用、さらに徒歩30分。夏期は公園を回るシャトルバスを利用

　公園の北端、高さ60mの崖の上にある展望台で、ここから眺めるウエスト・バンクーバーの景色がすばらしい。西の海上には島影が連なり、右手には、目の高さにライオンズ・ゲート橋。橋はライトアップされるので、夜景もぜひ見ておきたい。展望台近くにプロスペクト・ポイント・カフェがあり、食事、休憩に便利。

ライオンズ・ゲート橋
Lions Gates Bridge MAP p.47-C

行き方 プロスペクト・ポイントからすぐ

　スタンレー公園の真ん中を抜けて対岸のノース・バンクーバー、ウエスト・バンクーバーを結ぶ橋。サンフ

遠くに橋を望む

ランシスコのゴールデン・ゲート・ブリッジに似ている。1938年に架けられた。交通量が増え続けていることから、耐久年数を超えているといわれていたが、2004〜2005年に補強・改善工事が行われた。橋から見る夕景は特にすばらしい。

イエールタウン周辺

イエールタウン
Yaletown MAP ●切りとり-16、p.49-L、p.75

行き方 カナダラインのイエールタウン・ラウンドハウス駅、STスタジアム・チャイナタウン駅下車徒歩10〜20分

　ダウンタウンからグランビル橋を渡る手前にある、バンクーバーの流行発信タウン。かつては倉庫街だったが、再開発され、レンガ造りの家並みを残したヒップな街角に生まれ変わった。流行に敏感なクリエーターやビジネスマンたちが集う場所としても知られ、有名人の出没率も高い。オシャレなショップやレストランで、買い物や食事を楽しもう。

フォルス・クリークを走るミニ・フェリー

キツラノ周辺

キツラノ
Kitsilano MAP p.46-J、p.74

行き方 グランビル通りから🚌4番、7番、バラード通りから🚌44番

　地元で「キッツ」と呼ばれ、親しまれているエリア。ダウンタウンからグランビル橋を渡り西四番街に入ると、西に約2kmほど、ローカルに愛されるショップやレストランが並んでいる。1970年代に健康意識の強いヒッピーたちが住み着いたエリアで、そのせいかどうか、今でもロハス志向の強いスーパーマーケットやコスメの店などが並び、賑わっている。ローカルになった気分で歩ける場所だ。

街歩きを楽しもう

ブリティッシュ・コロンビア大学
The University of British Columbia（UBC） MAP p.46-I

行き方 グランビル通りから4番UBC行き（週末ハウ通り発）、バラード通りから44番UBC行き（月～金曜）、カナダラインのオリンピック・ビレッジ駅から84番UBC行き、ブロードウェイ・シティホール駅からUBC行き99番Bラインで、終点下車。UBCのバスループからC20番の🚌が、UBC内のWesbroock Mall、Thunderbird Blvd.、SW Marine Driveを周回。

　UBCと呼ばれるこの大学は、カナダ西部最大の規模を誇る総合大学。24.7k㎡の広大な敷地に、博物館、植物園、図書館、学生会館、ゴルフ場など、さまざまな施設が点在する。バスターミナルのすぐそばにある学生会館は、売店、カフェテリア、チケット売り場などが揃った学生たちの交流の場、通称サブと呼ばれている。East Mall沿いにあるブックストアで、ロゴ入りグッズなどを買うことができる。

🏠2329 West Mall ☎604-822-2211
URL www.ubc.ca

○UBC人類学博物館
UBC Museum of Anthropology MAP p.46-I

行き方 UBCのバスループから徒歩10分

ツアーに参加しよう

　キャンパスの北西端にある。建物は先住民の建築様式ポスト&ビームを取り入れたカナダの代表的建築家アーサー・エリクソンの作品。ネイティブ・カナディアンの住居やトーテムポールが再現された建物裏側の「彫刻の丘」といわれる庭に出ると、海の向こうにウエスト・バンクーバーの山並みを見渡せる。トーテムポールや彫刻、箱、儀式の時に使われた皿などネイティブ・カナディアンの文化を語る貴重なコレクションが集められているほか、世界各地から収集されたお面なども見学できる。簡単な日本語パンフレットがあるのでもらうといい。

🏠6393 NW Marine Dr. ☎604-822-5087 開10:00～17:00、火曜～21:00 休10月中旬～5月中旬は月曜 💲おとなC$16.75、学生C$14.50、65歳以上C$14.50

○新渡戸記念庭園
Nitobe Memorial Gardens MAP p.46-I

行き方 UBCのバスループから徒歩7分

　UBCの客員教授であり、東京女子大学初代学長であった新渡戸稲造博士を偲んで造られた本格的な日本庭園。園内には、モミジ、桜、ショウブなどが植えられ、緑を映す池、茶室、あずまやなども配され、心休まる空間だ。また、「願はくは　われ太平洋の　橋とならん」という博士の言葉が刻まれた石碑もある。

☎604-822-6038 開9:30～17:00（11～3月の月・火曜10:00～14:00）休冬期の水～日曜 💲おとなC$7、13～17歳と65歳以上C$5.50

キャンパス内には新渡戸記念庭園がある

○UBC植物園
UBC Botanical Garden MAP p.46-I

行き方 UBCのバスループから徒歩20分

森を空中から見渡すアトラクション

　キャンパスの南、ゲート8近くにある。カナダ最大のコレクションのシャクナゲ400種、BC州の原生植物を集めたBCネイティブ・ガーデン、11月～3月にかけて花をつける植物のウインター・ガーデンなどがある。

　巨木と巨木の間に結ばれた吊橋を歩くキャノピー・ウォークウェイもあり、高さ17.5m、長さ308mの吊橋から、温帯雨林帯の森を空中散歩しながら観察できる。

🏠6804 S. W Marine Dr. ☎604-822-9666 開9:30～17:00 💲おとなC$9、キャノピー・ウォークウェイとの共通券おとなC$20、パス（植物園、新渡戸記念庭園、ウォークウェイを含む）おとなC$24、冬期は無料（寄付金）

バンクーバーの市外局番☎604／778　※バンクーバーでは市内から市内にかける際も604／778からプッシュする

サウス・バンクーバー

中央に公営の大植物園クイーン・エリザベス公園、西側にはバン・デューセン植物園がある緑豊かなところ。樹木やさまざまな花に囲まれて、一日のんびり過ごしたい。

クイーン・エリザベス公園
Queen Elizabeth Park MAP p.47-K、L
行き方 15番のバスでCambie St.と33rd Ave.の交差点下車

市内で一番の高台にある53万㎡の公営植物園。展望台からはダウンタウンのビル群やノース・ショアの山々を眺められる。昔ここは石切り場で、掘られた部分を利用して庭園を築き、花を植えるようになったという。ウエディングの写真撮影場所としても人気で、週末には数組の新郎新婦に出会えることも。ドーム形のブローデル・フローラル温室では、約500種の熱帯植物と珍しい熱帯の鳥を見ることができる。2015年にはジップラインZip Lineも営業開始。

公園でリラックス

住 33rd Ave. and Cambie St. ブローデル・フローラル温室 ☎604-257-8584 営9:00〜20:00（土・日曜10:00〜）、9月上旬〜4月は10:00〜17:00 休温室は12月25日 料温室の入場料おとなC$6.50、13〜18歳C$4.50、12歳以下C$3.25

バン・デューセン植物園
Van Dusen Botanical Garden MAP p.47-K
行き方 17番のバスで37th Ave.下車

ショーネシー高級住宅街に隣接する22万㎡の敷地をもつ植物園。世界中から集められた7500種の植物が咲き競う。シャクナゲの道、ローズ・ガーデンなど、季節ごとに楽しめるエリアがある。また、園内には6つの池と小高い丘があり、ハイキング気分も味わえる。園内を奥まで一周するには1〜2時間かかる。クリスマス時期には夜間も開園し、華やかなイルミネーションで彩られる。

5月はキバナフジが満開

住 5251 Oak St. ☎604-257-8463 営9:00〜20:30（2・11月10:00〜16:00、3・10月〜17:00、4月〜19:00、5月〜20:00、9月〜18:00、1・12月10:00〜15:00）。イルミネーション開催中は時間延長 休12月25日 料おとなC$11、13〜18歳と65歳以上C$8.25、3〜12歳C$5.75、冬期割引

ノース・バンクーバー

ダウンタウンからバラード入江の向こうに見えるノース・ショアの山々。中央にスキー場のスロープが確認できるのがグラウス山で、その麓に広がるのがノース・バンクーバーの町。

ロンズデール・キー・マーケット
Lonsdale Quay Market MAP p.47-H
行き方 STウォーターフロントWaterfront駅からシーバスで15分

シーバスで着いたノース・バンクーバーの玄関口にある。パン屋、ケーキ屋、ワインショップ、ギフト＆アクセサリー、子ども服などの明るくセンスのいい店が並んでいる。中国、ギリシア、日本など各国のフードコーナーが1階の半分を占めているので、シーバスとバスの乗り継ぎ時間の休憩に好都合だ。マーケット前の広場からはダウンタウンの眺めがよく、特に夜景はすばらしい。

魚屋さんもあります

☎604-985-6261 営9:00〜19:00（レストラン延長あり）休12月25日・1月1日

キャピラノ吊橋
Capilano Suspension Bridge MAP p.47-C
行き方 ロンズデール・キーから236番のバスでキャピラノ吊橋前下車、カナダ・プレイスなどダウンタウンから無料シャトルバスあり。詳しくはwww.capbridge.com

緑濃いキャピラノ渓谷にかかる長さ137m、高さ70mの吊橋。1889年に初代の吊橋が架けられ、現在の橋は1956年に架けられたもの。人が歩くたびにゆらゆら揺れる吊橋は高度感があり、結構スリルが味わえる。橋を渡った反対側には、巨木の間に渡された吊橋を歩くツリートップ・アドベンチャーや、2011年にできた渓谷に突き出すように付けられた廊下を歩くクリフ・ウォークがある。広場では先住民アーチストによるトーテムポールの彫刻作りを見学できる。

渓谷美が楽しめる

住 3735 Capilano Rd. ☎604-985-7474 営夏/8:30〜20:00、他の時期は時間短縮 休無休 料おとなC$37.95、学生C$30.95、13〜16歳C$24.95

※STはスカイトレインの略

グラウス山

Grouse Mountain 🗺 p.43

行き方 ロンズデール・キーから236番の🚌で終点下車。夏にはダウンタウンのカナダ・プレイスから無料シャトルバスが運行される

　大型ゴンドラで標高1200mへ上がり、バンクーバーの全貌を望める展望台。緑に覆われたスタンレー公園、ダウンタウンなどが手にとるようだ。ゴンドラ頂上駅近くには展望レストラン、軽食のとれるカフェ、ビデオ映画を上映しているシアターもある。冬はスキー場として賑わう。

　野外で行われる木こりショーやバード・イン・モーションと呼ばれる猛禽類の生態を紹介するネーチャーショーは家族みんなで楽しめる。ほかにもジップライン、タンデム・パラグライディング、遊覧ヘリコプターなど多彩なアクティビティが揃う。グリズリー・ベア2頭が見られる保護センターも見逃せないが、夏は木陰に隠れて姿を現さないかも。

大型ゴンドラで山頂へ

猛禽類のショーも人気

　ゴンドラ山頂駅から5分ほどのピーク・チェアリフトに乗ればさらに高所へ降り立てる。その頂きにはThe Eye of the Wind Turbineという風力発電タワーがあり、上部のガラス張り展望台へ登ることもできる。冬はスキー場になるグラウス山だが、スノーシューやスケートも体験できる。

　山にはグラウス・グラインドと呼ばれる標高差853mの急坂を一気に上るハイキングルートがふもとから続いているが、非常にタフなコースなので、体力に自信のある人にのみお勧めしたい。

野生動物保護センターにはグリズリーベアも

🏠6400 Nancy Greene Way ☎604-980-9311
🔗www.grousemountain.com ⏰9:00〜22:00、15分おきに運行 休無休 💰おとなC\$43.95 (57.95)、13〜18歳C\$24.95 (38.95)、5〜12歳C\$14.95、65歳以上C\$39.95 (53.95)。レストランを予約すればゴンドラ無料。( ) 内は風力発電タワー展望台込み

リーン渓谷と吊橋

Lynn Canyon Park & Suspension Bridge 🗺 p.43

行き方 ロンズデール・キーから228番の🚌でリーン・キャニオン入口下車徒歩5分

吊橋近くにカフェも

　リーン渓谷沿いに広がる22エーカーの自然公園。ここにも吊橋があり、高さ約50mと、キャピラノ吊橋に比べれば規模は小さいが、スリルはなかなかなもの。深く切り込んだ渓谷沿いには登山道がつけられ、簡単なハイキングができる。渓谷へも下りられるので、夏は川遊びを楽しむ家族連れが多い。

🏠3663 Park Rd. ⏰夏/7:00〜21:00、秋〜春は時間短縮 休無休

夏は水遊び

マウント・シーモア州立公園

Mount Seymour Provincial Park 🗺 p.43

行き方 ロンズデール・キーから🚌で45分

　ノース・バンクーバーの東にそびえるシーモア山は州立公園に指定され、冬はスキー、春から秋にかけてはハイキングに訪れる人が多い。山上に上るマウント・シーモア・パークウェイは、快適なドライブコース。

ハイキングを楽しもう

バンクーバーの市外局番☎604/778 ※バンクーバーでは市内から市内にかける際も604/778からプッシュする

ウエスト・バンクーバー

高級住宅街で、海岸沿いや山手のブリティッシュ・プロパティなどに凝ったデザインの邸宅が並ぶ。バスの乗り継ぎ場所でもあるパーク・ロイヤルでは、ゆったり買い物ができる。

アンブルサイド公園
Ambleside Park MAP p.47-C

行き方 ダウンタウンから250番の🚌利用

パーク・ロイヤルから3ブロックほどマリンドライブを走った海岸沿い。夏には日光浴を楽しむ人で賑わうビーチがあり、シーウォール・プロムナードと呼ばれる海岸沿いの遊歩道が西に向かって延びている。周辺には高級コンドミニアムが建ち並ぶ。公園脇をBCレイルの線路が通っているので、ときおり列車の走る姿が見られる。

ライトハウス公園
Light House Park MAP p.46-A

行き方 ダウンタウンから250番の🚌でライトハウス公園入口下車後徒歩5分

レッド・シーダ（米杉）やスプルース（トウヒ）の巨木に覆われた自然公園で、森林浴ハイキングが楽しめる。トレイルは何本かあり、入口に案内板も出ているが、人が少ないのでひとりで歩くにはさみしい感じ。鬱蒼とした森を抜けると、海に突き出した岩の上に灯台が建っている。公園内をぐるりとひと回りするには、1時間ちょっとはみておこう。

住 入口はMarine Dr.とBeacon Laneの角で、Beacon Laneを5分で公園駐車場 休無休 S無料

ナナイモやガルフ・アイランドへBCフェリーが出航するホースシュー・ベイ

ホースシュー・ベイ
Horseshoe Bay MAP p.43

行き方 ダウンタウンから250、257番の🚌利用で終点下車

ナナイモ行き、ガルフ・アイランド行きなどのフェリーが発着する馬蹄形の湾。バス停の目の前がマリーナで、マリーナ沿いにレストランやギフトショップなどが並ぶ。

BCフェリー

サイプレス州立公園
Cypress Provincial Park MAP p.43

行き方 ダウンタウンから🚗で45分

トランスカナダ・ハイウェイから分かれるサイプレス・ボウル・ロードを上った山上にある。春から秋にはハイキング・エリア、冬にはスキー場として知られている。ハウ海峡を見下ろし、展望抜群。ドライブで訪れるだけでも楽しい場所だ。2010年のバンクーバー・オリンピックではスノーボード競技やモーグル競技の会場にもなった。

冬のサイプレス山からライオンズ山を望む

Tour & Activity

■バンクーバー半日／ビクトリア1日観光

メープル・ファン・ツアーズ
Maple Fun Tours
住 #610-997 Seymour St. ☎604-683-5244
URL www.maplefun.com

バンクーバー市内観光はグランビルアイランド、スタンレー公園、ギャスタウンなど町の名所を巡る。所要約3時間日本語ガイド付き。
営 4～10月。最少催行人員2人 S ひとりC$50

ビクトリアを訪れる1日観光はフェリーに乗ってブッチャート・ガーデンなどを訪ねる。所要約12時間で、こちらも日本語ガイドが付く。
営 4～10月。最少催行人員2人
S ひとりC$230

バンクーバーのウォーターフロント

■バンクーバー・クルーズ

ハーバー・クルーズ
Harbour Cruises
住 501 Denman St. ☎604-688-7246 URL www.boatcruises.com

バラード入江でのクルーズで海上から、スタンレー公園、ライオンズ・ゲート橋などを眺める。所要約1時間。

営 4月下旬～9月下旬の毎日。ハーバー・フェリーターミナル発11:00、12:15、13:30、14:35 S おとなC$34.95、12～17歳C$28.95、5～11歳C$12

バラード入江からイングリッシュ・ベイの夕陽を楽しみつつ、食事を楽しむディナークルーズもある。所要約2時間30分。
営 5～10月中旬の毎日。ハーバー・フェリーターミナル発19:00 S 12歳以上C$78.95、2～11歳C$68.95

■スポーツ観戦ツアー

H. I. S. カナダ
H. I. S. Canada
住 636 Hornby St. ☎604-685-3524 URL www.his-canada.com

シアトル・マリナーズのホームゲームをシアトルで観戦する。日本語の送迎付きで所要12～13時間。
S ひとりC$185～（座席により異なる）。

バンクーバー・カナックスのアイスホッケーを1階指定席で観戦するツアーもある。所要約4時間。10～4月のカナックスの試合がある日に催行される。最少催行人数は2人。H.I.S.バンクーバー支店でチケットを受け取る。現地への送迎はなし。
S ひとりC$180

■列車で行くウィスラーの旅

ウィスラー・シー・トゥー・スカイ・クライム
Whistler Sea to Sky Climb
住 Suite 101 - 369 Terminal Ave. ☎604-606-7245／1-877-460-3200 URL www.rockymountaineer.com

ノース・バンクーバーとウィスラーを結ぶ鉄道を利用したパッケージ・ツアー。ハウ海峡の海岸線、チャカマス渓谷、タンタラス山脈の山並みを見ながらの所要3時間30分の鉄道の旅だ。

ノース・バンクーバー7:30出発でウィスラーに11:30に到着。帰りはウィスラー15:10発、ノース・バンクーバー 19:00に到着する。朝食またはアフタヌーンスナック付き。

バンクーバーのダウンタウンの主要ホテルとノース・バンクーバー駅、ウィスラー駅とウィスラー中心地間の送迎がある。

5月中旬～9月下旬に週5便程度運行。詳細はホームページで確認を。
S おとな片道C$199、往復C$299

■カヤックレッスン

ディープ・コーブ・カヌー＆カヤック・センター
Deep Cove Canoe & Kayak Centre　MAP p.43
住 2156 Banbury Rd. North Vancouver ☎604-929-2268 URL www.deepcovekayak.com

入江で穏やかなノース・バンクーバーのディープ・コーブにある。カヌーやカヤックのレンタルのほか、スクールやガイド・ツアーを行う。安全上の理由から、ひとりでパドリングしたい場合は、スタッフの承認を得られる技術と英語能力が求められる。
営 4～10月営業 S シングルカヤック＆カヌー2時間C$39。ダブルカヤック2時間C$55

波穏やかなディープ・コーブ

バンクーバーの市外局番 ☎604／778　※バンクーバーでは市内から市内にかける際も604／778からプッシュする

■スタンレー公園観光馬車ツアー

スタンレー・パーク・ホース・ドラウン・ツアーズ
Stanley Park Horse Drawn Tours
- 735 Stanley Park Dr. ☎604-681-5115

スタンレー公園の東側をアンティークな馬車にゆられて観光するアトラクション。スタンレー公園のインフォメーション・ブース横にある馬車乗り場から出発する。

のんびりと馬車ツアー

- 3月15日〜10月31日の毎日。3・10月9:40〜16:00、4〜6月と9月9:40〜17:00、7月〜9月上旬9:30〜17:30、20〜30分間隔、所要1時間 $ おとなC$34.99、65歳以上と学生C$33.99、子どもC$16.99

■レンタサイクル

スポークス・バイシクル・レンタル
Spokes Bicycle Rentals　MAP●切りとり-2
- 1798 West Georgia St. ☎604-688-5141

バンクーバーには市が定めたサイクリングコースが数多くあり、サイクリングは市民の楽しみのひとつとなっている。人気はスタンレー公園の外周を回る8.8kmのシーウォールの遊歩道。公園の入り口付近にレンタサイクルの店が集まっているので、自転車を借りて楽しんでみよう。サイクリングにはヘルメットの着用が義務付けられており、自転車とともに借りることができる。カギも貸してくれる。

遊歩道は歩行者専用道路と自転車専用道路が分かれているので、はみ出さないように。シーウォールは時計と反対回りに走るのがルール。シーウォールとつながるフォルス・クリーク沿いに走るシーサイドコースに足を延ばすのもいい。フォルス・クリークを走るミニ・フェリー（→p.64）には自転車ごと乗船できるので、グランビルアイランドに行くこともできる。

- $ 7段ギア自転車1時間C$10、1日C$38。借りる際にはパスポートなどのIDとクレジットカード、補償金C$50のいずれかが必要。

■インラインスケート（ローラーブレード）

ベイショア・バイク・レンタル
Bayshore Bike Rentals　MAP●切りとり-2
- 745 Denman St. ☎604-688-2453

最近人気を集めているインラインスケートでサイクリングロードを走ってみるのもいい。レンタサイクルの店ではインラインスケートの貸し出しもしている。履いた感じはローラースケートのようだが、かかとでかけるブレーキのコツをつかむまでは、平坦なところで練習しよう。初心者はヘルメット、肘、膝、手首の保護パッドを着用した方がよい。スタンレー公園の外周を走るシーウォールでは、インラインスケートは自転車専用道路を走るが、途中、自転車とインラインスケートが分かれるところもある。走る場所が決められているので遵守すること。

ヘルメットとプロテクターは必携

- $ 1時間C$6〜、8時間C$23.80。クレジットカードまたは写真付きIDカードとC$100が必要

■水上飛行機ツアー

ハーバー・エアー・シープレイン
Harbour Air Seaplanes　MAP●切りとり-4、p.48-B
- Coal Harbour Rd. ☎604-274-1277

バンクーバー・パノラマツアー（所要約20〜30分）は水上飛行機で空から市内を観光。山上の湖に着水するアルパイン・レイク＆グレイシャー・ツアー（所要約1時間25分）やビクトリアのインナー・ハーバーへのフライトもある。出発はカナダ・プレイス西側のバンクーバー・ハーバー・フライト・センター・シープレーン・ターミナルから。

- $ バンクーバー・パノラマツアーC$119、アルパイン・レイク＆グレイシャー・ツアーC$339、ビクトリア片道C$210

■ミニ・ゴルフ

スタンレー公園・ピッチ＆パット
Stanley Park Pitch & Putt　MAP●切りとり-1
- 2099 Beach Ave. ☎604-681-8847

スタンレー公園西側のイングリッシュ・ベイから徒歩5分のところにあるミニ・ゴルフ場。緑に覆われた公園の一角で、気楽にゴルフが楽しめる。クラブなどのレンタルもあるので、手ぶらで行ってもOK。

- 雨・雪などの悪天候以外毎日。3月中旬〜10月下旬／8:00〜日没、それ以外の時期は時間短縮
- $ おとなC$12.95、18歳未満C$9.38、65歳以上C$9.38、レンタルクラブC$1.40

＊カナダにある日系旅行会社のリストはp.308

バンクーバーのオシャレな街歩きは、ここから始めよう
キツラノ×イエールタウン

キツラノ
Kitsilano

バンクーバーのロハスタウン

西四番街の休憩スポット、キッツ・コーヒー

ビーチが広がり、街路樹の木陰が涼やかなキツラノ。UBC（ブリティッシュ・コロンビア大学）が近いこともあって、若い人の姿を多く見かける。1960年代はヒッピータウンとして賑わったが、最近は、ロハスなライフスタイルを好む人が集う高級住宅街だ。中心街は、ウエスト・フォースと呼ばれる西四番街とウエスト・ブロードウェイ。ヨガ・スタジオやオーガニック食品のスーパーなどが並び、バンクーバーのロハスを知るのにうってつけ！　オーガニック・レストランや健康を意識したカフェなどに立ち寄って、ヘルシーな街歩きを楽しもう。

ちょっと足を延ばしてキツラノ・ビーチへ

お茶好き必見！
デイビッズ・ティー
Davids Tea
MAP p.74 住 2230 West 4th Ave.
☎604-734-3440 営 9:00～19:30（木・金曜～21:00、日曜9:30～）
URL www.davidstea.com

ズラリと並ぶティー

モントリオール発のお茶の専門店。紅茶、グリーンティー、ハーブティー、ルイボスティーなど約100種類のお茶が揃う。人気NO.1「オーカナダ」をぜひおみやげに！

チョコとケーキでくつろぐ
トーマス・ハス
Thomas Haas
MAP p.74 住 2539 West Broadway Ave.
☎604-736-1848
営 火～土曜8:00～17:30
休 日曜、月曜
URL www.thomashaas.com

手作りチョコの人気店だが、サンドイッチやペストリー、ケーキなども並び、味にうるさ

タルトでリフレッシュ！

いキツラノのマダムたちに愛されている。パティオ席に座って、まったりくつろごう。

行き方 グランビル通りから市バス4、7番でW. 4th Ave×Maple St.、Arbutus St.、Vine St.、Balsam St.下車。バラード通りから市バス44番でVine St.下車。グランビル通りから市バス9番でWest Broadway×Balsam St.、Trafalgar St.角で下車。バラード通りから市バス2、22番でCornwall Ave×Yew St.で下車すればキツラノビーチも。

イエールタウン
Yaletown

バンクーバーのトレンドタウン

倉庫街が、ヤッピー集う街角へと変貌

おしゃれなレストランやカフェが並ぶ、バンクーバーのトレンド基地イエールタウン。流行に敏感なクリエーターたちが住むエリアだが、倉庫街を変貌させた再生タウンなのだ。中心街はメインランド通り、ハミルトン通り、ホーマー通り周辺。映画やドラマの撮影地になることも多いバンクーバーで、ここはセレブ出没率が最も高い。もしかしたら、イエールタウンの高級コンドミニアムに住むバンクーバー・カナックスの選手に会えるかも！

フォルス・クリークまで歩けば、高層アパートが林立するモダンな風景が続く、気持ちいいトレイルもある。

高級コンドミニアムが林立するイエールタウン

キュートなワンちゃんグッズ
バーキング・ベイビーズ
Barking Babies
MAP ●切りとり-15, p.75 住 1188 Homer St.
☎604-647-2275
営 月～金曜10:30～18:30、土曜11:00～17:30、日曜11:00～17:00 休 12月25日、1月1日
URL www.barkingbabies.com

東京に住んでいたナンシーさんが開いた高級ペット用品店。日本から持ち帰ったペットグッズの評判がよかったので起業したのだとか。キュートな服や首輪類が豊富に揃っている。

ワンちゃん好きなら、みんなほしくなる

上質なプレゼントなら、ココ！
ザ・クロス
The Cross
MAP ●切りとり-21, p.75 住 1198 Homer St.
☎604-689-2900
営 月～土曜10:00～18:00、日曜・祝日11:00～17:00
休 12月25日、1月1日
URL thecrossdesign.com

家具やインテリア、雑貨、赤ちゃん用品の店。広いフロアにオシャレなリネンや照明器具などがセンスよく並んでいる。おすすめは赤ちゃんの洋服や靴、おもちゃなど。

ハイセンスな店内！

行き方 カナダラインのイエールタウン・ラウンドハウス駅下車。スカイトレインのスタジアム・チャイナタウン駅からは徒歩10～20分。

花と庭で
癒やされる旅

春は、バンクーバー＆ビクトリアで庭園巡り

温暖で春の訪れが早いブリティッシュ・コロンビア州は、3月、花の季節を迎える。カナダを代表する名庭園を訪ねて、バンクーバーからビクトリアへ。花巡りの旅に出かけてみよう。

バン・デューセン植物園のラバーナム。毎年多くの日本人旅行者が訪れる人気スポット。花期は年によって異なるが、5月中旬から6月上旬頃まで

ラバーナムの小径を家族で散歩

和名をキバナフジという

春はシャクナゲも満開

バンクーバー

ラバーナムのトンネルを歩く

バン・デューセン植物園
VanDusen Botanical Garden

　大木となって揺れるラバーナム（キバナフジ）の小径で余りにも有名になってしまった名庭園。5月中旬、キバナフジが見頃を迎えると、風が吹くたびゆらゆら揺れる黄色いフジの花と足下を飾る紫色の花々が、絵のような風景を生み出す。夢のような空間とは、まさにこのこと！　ほかにも、大輪の花を咲かせる巨木のシャクナゲの道も美しい（→p.69）。

DATA
バン・デューセン植物園 MAP p.47-K
URL vancouver.ca/vandusen
行き方 ダウンタウンから市バス17番OakでOak St.と37th Ave.交差点下車。同園からクイーン・エリザベス公園へは、37th Ave.を東に徒歩20分。37th Ave.は交通量も少なく歩きやすい。

モダンな植物園外観

自然派コスメも勢揃い　野鳥のカービングをおみやげに

ビクトリア
ブッチャート夫人の志を継ぐ
ブッチャート・ガーデン
The Butchart Gardens

　花の街ビクトリアを象徴する名庭園は、春、25万株ものスイセンとチューリップで彩られる。桜も満開に咲き誇り、春爛漫。この時期は、シャクナゲやツツジにまじり、青く可憐なブルーポピーに心癒やされる。夏は、芳しい香りに包まれるローズガーデンが美しい。あでやかに咲き揃うダリアの花園も見事というほかない（→p.104）。

人気スポット、サンクン・ガーデン

DATA
ブッチャート・ガーデン MAP p.101
URL www.butchartgardens.com
行き方 バンクーバーからパシフィックコーチラインPCLのバス。バスごとフェリーに乗り、バンクーバー島Swartz Bayフェリーターミナルで下車。市バス81番（2時間に1本）に乗り換えButchart Gardens下車。（バスによりWallace at Benvenueto下車、徒歩3分）。バンクーバーから所要5時間。ビクトリアからは市バス75番で所要1時間。

散歩や撮影に最適の場所

看板も花で飾られ美しい

清楚なブルーポピーの花

シャクナゲの小径を歩く

おみやげは、花のお皿

高台にある庭園は眺望抜群

バンクーバー
雄大な大自然を満喫する
クイーン・エリザベス公園
Queen Elizabeth Park

　広さ53haの広大な敷地には、植物園とブローデル温室のほかに、テニスコート、ゴルフ場、ドッグランまであり、花以外にも、アクティビティスポットとして、また結婚式会場としても使用される市民公園。晴れていれば、北側にバンクーバー市街やマウント・ベイカーの姿も眺められる（→p.69）。

DATA
クイーン・エリザベス公園 MAP p.47-K、L
URL vancouver.ca/parks-recreation-culture/queen elizabeth
行き方 市バス15番でCambie St.と33rd Ave.の交差点で下車。または、カナダラインKing Edward駅下車徒歩10分。

バンクーバー市街を望む

ランチを持って庭園へ

5月はチューリップが満開

銅像がお出迎え

バンクーバー　庭園巡り

◯とっておき情報◯

春、フレイザー渓谷アガシーズの
チューリップフェスティバルに行こう！

チャーム山の麓に広がるチューリップ畑

バンクーバーから、フレイザー渓谷へ

　アガシーズAgassiz（MAP p.39-M）へは、バンクーバーから車で約1時間30分。4月下旬から5月上旬、チャーム山を望む農地に植えられたチューリップが一斉に開花すると、チューリップフェスティバルが開催される。黄色や赤に染め分けられた大地はまるでカラフルな絨毯を敷き詰めたよう。雪をまとった周囲の山々とも調和し、実に美しい。週末にはバンクーバー発の日本語ツアーも催行されている。会場に入るには数ドルの入場料が必要で、見学はチューリップ畑の外周を歩いて観賞する。花摘みこそできないが、特設の売店でチューリップの切り花を購入できる。歩道は土の道なので、雨の後はぬかるむこともあり、汚れてもいい靴で出掛けた方がよい。ハチミツ農場やチーズ工房も近くにあり、花巡りの後の、おみやげ探しに立ち寄りたい。

紫色のチューリップ

畑は色の競演だ

撮影に夢中だね

花の中に溶け込むみよう

立ち寄りスポット

ハニービュー・ファーム
Honeyview Farm
住 10609 McGrath Rd.Rosedale
☎ 604-794-3315
URL www.facebook.com/honeyviewfarm
ローズデールにある小さなハチミツ農場。ショップで様々なハチミツの試食ができる。

ファーム・ハウス・ナチュラルチーズ
The Farm House Natural Cheeses
住 5634McCallum Rd.Agassiz
☎ 604-796-8741
URL www.farmhousecheeze.com
自家農場の牛の乳を使った手作りチーズ工房。チェダー、ゴーダチーズなど数種類ある。

プロポリスとハチミツをおみやげに

店の中には蜂の巣が……

ブリエ・チーズを買いました！

乳牛も飼うチーズ工房

チューリップ・フェスティバル
☎ 604-796-3496
URL www.tulipsofthevalley.com
行き方 バンクーバーからレンタカーで国道1号線を東進。チリワックChilliwackを過ぎアガシーズAgassizに向かう国道9号線へ入る。フレーザー川を渡ったら、標識に従い東へ向かう。
営 4月20日～5月10日頃。ウェブサイトで開催日を確認しよう

ツアー
H.I.S.バンクーバー支店がフェスティバル開催に合わせて週末日帰りツアーを催行。
URL www.his-canada.com

ロブソン通りやアルバーニ通り、バラード通りにはブランド店やみやげ物店が並んでいる。個性的なアイテムを探すなら、西4番街やグランビル・アイランド、メイン通りへ。雨が降ったら、ショッピング・モールで買い物しよう。

Shops

STグランビル駅またはカナダラインのシティ・センター駅下車／ショッピング・モール
パシフィック・センター Pacific Centre

グランビル通り沿いに細長く延びるショッピング・モール。高級デパートHolt Renfrewや人気のファッションブランドが数多く出店。地下通路でスカイトレイン駅やデパートのBayともつながっており、雨の日の買い物などにも非常に便利。フードコートもある。

MAP ●切りとり-10、p.49-G
住 701 West Georgia St.
℡ 604-688-7235
URL www.cfshops.com
営 月曜11:00～18:00、火・土曜10:00～19:00、水～金曜10:00～21:00、日曜・祝日11:00～18:00
休 無休
S 店により異なる

STメトロタウン駅下車／ショッピング・モール
メトロポリス Metropolise

ダウンタウンからスカイトレインで約10分。メトロタウン駅前に建つ大型ショッピングセンター。The BayやSearsのデパートをはじめ、ファッション、食料品、雑貨など約400店舗が入り、3階建てでかなり広い。日本料理店など20店舗以上のフードコートも人気。

MAP p.43
住 4700 Kingsway Burnaby
℡ 604-438-4700
URL www.metropolisatmetrotown.com
営 月～土曜10:00～21:00、日曜・祝日11:00～19:00
休 店によって異なる
S 店によって異なる

5番のバスでロブソン通りとカーデロ通り角下車／スーパー
ホール・フーズ・マーケット Whole Foods Market

オーガニックの食品・化粧品が揃うスーパーで、品質にこだわった野菜・果実、パン、日用雑貨などがびっしりと並ぶ。オーガニックのメープルシロップ、自然素材の化粧水、アロマテラピー用のオイルなどは、おみやげにもいい。

MAP ●切りとり-2、p.47-G
住 1675 Robson St.
℡ 604-687-5288
営 7:00～22:00
休 無休
S オーガニック・メープルシロップ500ml C$14.99

STウォーターフロント駅から徒歩5分／ネイティブ・カナディアン・アート
ヒルズ・ネイティブ・アート Hill's Native Art

カナダ西部で有数の規模を誇るネイティブ・カナディアン・アートの老舗。トーテムポール、マスク、ソープストーンの彫刻など、3階まである店内には数々の作品が並んでいる。おみやげとしてはビーズのアクセサリーやカウチン・セーターが人気だ。

MAP ●切りとり-11、p.49-D
住 165 Water St.
℡ 604-685-4249
営 9:00～21:00
休 12月25日、26日、1月1日
S ビーズのアクセサリーC$30～、モカシンC$30～175、カウチン・セーターおとな用C$255～、子ども用C$145～

STバラード駅から徒歩5分／ホッケー用品
カナックス・チーム・ストア Canucks Team Store

バンクーバーを拠点にするプロホッケーチーム、カナックスの直営店。チームのシンボル、シャチがデザインされたジャージやTシャツ、帽子などが揃い、スポーツ好きにピッタリの店。ホッケーの試合が行われるロジャーズ・アリーナにも出店している。

MAP ●切りとり-9、p.48-F
住 1151Robson St.
℡ 604-681-3515
URL canucks.nhl.com
営 月～火曜10:00～20:00、水～土曜10:00～21:00、日曜11:00～19:00
休 無休
S TシャツC$40～、帽子C$30～

バンクーバーの市外局番 ☎604／778　※バンクーバーでは市内から市内にかける際も604／778からプッシュする
※STはスカイトレインの略

バンクーバー　とっておき情報／ショップ　79

Shops

STブロードウェイ・シティホール駅から徒歩5分／アウトドア用品
マウンテン・エクイップメント・コープ Mountain Equipment Co-op

カナダ最大のアウトドア・グッズ店。協同組合方式をとっているので、C＄5払ってメンバーになって買い物をしよう。靴、寝袋、テントなどの登山用具、カヌー、サイクリング用品、衣類も揃う。使いやすさにこだわったオリジナル商品も豊富だ。

MAP p.47-L
- 130 West Broadway
- 604-872-7858
- 月～水曜10:00～21:00（10月～5月中旬は～19:00）、木・金曜10:00～21:00、土曜9:00～18:00、日曜11:00～17:00
- 祝日
- オリジナルバックパックC＄45～

STバラード駅から44番UBC行きバスでWest 4th Ave.下車／スポーツ用品
パシフィック・ボーダー Pacific Border

バラード通りと西4番街の角にあるボーダー御用達の店。広々とした店内にカラフルなボードが並ぶ。冬はスノーボード、夏はスケートボードやサーフボードの用具、ウェアを主に販売している。随時、クリアランス・セール品もあるので、のぞいてみたい。

MAP p.47-K
- 1793 West 4th Ave.
- 604-734-7245
- www.pacificboarder.com
- 月～水曜・土曜10:00～18:00、木・金曜10:00～20:00、日曜11:00～17:00
- 12月25日、1月1日
- スノーボードC＄500～

STイエールタウン・ラウンドハウス駅から徒歩3分／スーパー
アーバン・フェア Urban Fare

イエールタウン、シャングリ・ラ・ホテルなど、市内に4店舗をもつ高級食材のスーパー。バンクーバー島産のチーズや、BC州で作られたパンやジャム、チョコレートなど、より優りの品を提供する。デリやイートインスペースも充実している。

MAP ●切りとり-22、p.47-K
- 177 Davie St.
- 604-975-7550
- www.urbanfare.com
- 6:00～23:00（祝日は～18:00）
- 無休
- デリのサンドイッチC＄5～、サラダのパックC＄5～

STメイン駅から3番バス15分、20th Ave.下車／靴、ファッション雑貨
ウメボシ Umeboshi

世界中から集めたハンドメイドの靴とアクセサリーの店。イタリア、スペイン、ドイツなどヨーロッパを中心とした品揃え。人気はイタリアのコクリコCoclico、スペインのアルジールArgileの婦人靴。店名は日本食の好きなオーナーが考えたものだとか。

MAP p.47-L
- 3638 Main St.
- 604-909-8225
- www.umeboshishoes.com
- 月～木曜11:00～18:00、金曜11:00～19:00、土曜11:00～18:00、日曜12:00～17:30
- 皮靴でC＄200位～

STバラード駅から徒歩5分／ボディ・ケア
エッセンツ Escents

1992年創業のボディ・ケアの店で100％ピュアな植物から抽出されたエッセンスを使った商品が揃う。おすすめは肌の潤いを保つボディバターや、バス・ボム、バス・オイル、バス・ソルトなど。アロマテラピー効果のエッセンシャル・オイルも人気がある。

MAP ●切りとり-9、p.48-F
- 948 Robson St.
- 604-568-3045
- www.escentsaromatherapy.com
- 10:00～20:00（土曜～21:00、日曜11:00～19:00）
- 無休
- エッセンシャル・オイルC＄7.95～、ボディ・バターC＄20.95～

バンクーバーの市外局番 604／778　※バンクーバーでは市内から市内にかける際も604／778からプッシュする
※STはスカイトレインの略

Shops

STブロードウェイ・シティホール駅から徒歩15分／釣り用品

パシフィック・アングラー Pacific Angler

MAP p.47-L

サーモンをはじめとした豪快な海釣り、川や湖での淡水での釣りなど、フィッシングのことなら、おまかせの専門店。店にはセージのロッド、釣り用のつなぎや手袋、釣り用の浮き輪などが揃う。ガイド付きのツアーも随時催行している。

78 East Broadway
604-872-2204
www.pacificangler.ca
月～水曜・土曜10:00～18:00、木・金曜10:00～19:00、日曜11:00～17:00
祝日
ルアーC$3～、釣り用の手袋C$20～

50番のバスでグランビルアイランド下車／帽子

グランビル・アイランド・ハット・ショップ Granville Island Hat Shop

MAP ●切りとり-20、p.65-A

レースのいっぱいついたアンティーク調の帽子やインディ・ジョーンズのアドベンチャーハットまでデザイン、サイズとも豊富に揃う専門店。自分に似合う帽子を見つけたい。ここの帽子をかぶると、違う自分を発見したりするかも。

4-1666 Johnston St.
604-683-4280
10:00～19:00
12月25日、26日、1月1日
C$10～4000の値段の幅があり、ほとんどの帽子がC$50～200
ネット・ロフト内

50番のバスでグランビルアイランド下車／クラフト製品

サークル・クラフト Circle Craft

MAP ●切りとり-20、p.65-A

洋服、アクセサリー、帽子、ガラス製品、陶器など、BC州のデザイナーの作品をサポートする店。着心地のよさそうなブラウスやワンピース、セーター、素敵な色のスカーフ、クラフトなど普段使える製品が多数揃っている。

1-1666 Johnston St.
604-669-8021
10:00～19:00（1～3月は～18:00）
12月25日、26日、1月1日
サラダ・ボウルC$50～、ネックレスC$50～
ネット・ロフト内

50番のバスでグランビルアイランド下車／ハンモック

ハング・アウト・プレイス The Hang Out Place

MAP ●切りとり-20、p.65-A

ハンモックの専門店。オリジナルのハンモックはナイロンの糸を何本もつむいだもので、体重約140kgの人までOKとのこと。色は各種あり、支柱になる1メートルの棒と、網状になったハンモック部分と、吊り下げる金具がセットになって売られている。

1652 Duranleau St.
604-623-3477
www.thehangoutplace.com
10:00～18:00
12月25日、26日、1月1日
ハンモックの棒と網と金具セットC$99～

50番のバスでグランビルアイランド下車／手織り服・スカーフ

シルク・ウィーヴィング・スタジオ Silk Weaving Studio

MAP ●切りとり-20、p.65-A

シルクの糸を使って手織りされたスカーフや衣服が飾られた店の一角は、手織りアーティストのスタジオになっている。美しい色の糸は、見ているだけで幸せな気分になる。店舗は、グランビルアイランドのフォルス・クリーク側。小さな建物の中にある。

1531 Johnston St.
604-687-7455
www.silkweavingstudio.com
10:00～17:00
12月25日、26日、1月1日
スカーフC$100～

◎とっておき情報◎

バンクーバーの
テイクアウト事情

屋台はダウンタウンのあちこちで見かける

　屋台、カフェ、ファストフード、スーパーのデリDeliコーナーなど、バンクーバーにはテイクアウトで楽しめる味が目白押し。スーパーのデリでは、サラダやおかずの量り売り、スープなどを試してみたい。イート・イン・スペースのある店では、「Here」「To go」と聞かれるので、その場で食べるなら「ヒヤー」、持ち帰るなら「トゥーゴー」と答えよう。

　屋台は、ジョージア通り、ロブソン通り、バラード駅周辺など各所に点在。スーパーなら、ロブソン通りのホール・フーズ・マーケット(p.79)や、イエールタウンのアーバン・フェア(p.80)をチェックしたい。

ランチを野外のベンチで楽しむ人々

(左)ホール・フーズ・マーケットの量り売りのデリでおかずをゲット／(右)フォボア・パリ(p.84)のケーキ。店で食べてもいいし、テイクアウトもできる

ジャパドッグ Japadog

　大根おろしなど和風の味を加味したホットドッグが人気。ダウンタウンに屋台が3軒、ロブソン通りには店舗スタイルの店がある。

和風の味が人気のおろしドッグ

ロブソン通り店

MAP ●切りとり-16、p.49-G
住530 Robson St.　**☎**604-569-1158　**URL**Japadog.com　**営**10:00～22:00、金・土曜～24:00、日曜～21:00　**⑤**おろしドッグC＄5.25

ヌードル・ボックス Noodle Box

　タイ、ベトナム、日本など、アジアの味をアレンジしたメニューが揃うファストフード店。バンクーバーに4店舗。チキン、豆腐などの具と辛さが選べる。

(左)テイクアウトしてベンチで食べるのもいい
(右)こちらはホーマー店

MAP ●切りとり-16、p.49-K
住839 Homer St.　**☎**604-734-1316　**URL**noodlebox.net　**営**11:30～21:00　**⑤**タイ風やきそば(タイ・チャオ・メン) C＄10

ヴェラズ・バーガー・シャック
Vera's Burger Shack

　市内に数店舗を展開するバーガーの人気店。ヴェラ・バーガーは6オンス(170g)のビーフにトマトやレタスを挟んでいてボリューム満点。

大口あけて食べてみたいバーガー

MAP ●切りとり-7、p.47-G
住1181 Denman St.　**☎**604-681-5450　**URL**www.verasburgershack.com　**営**11:00～21:00、金・土曜～22:00　**⑤**ヴェラ・バーガーC＄7、チーズC＄1.20増し、ベーコンC＄1.80増し

カップケーキ Cupcakes

　カップケーキの専門店。ココナッツのフレークを乗せたものなど、色とりどりでかわいい。1個からテイクアウトできる。

(左)カップケーキは1個からもテイクアウトできる
(右)カップケーキのデンマン店

MAP ●切りとり-8、p.47-G
住1168 Denman St.　**☎**604-558-4986　**URL**www.originalcupcakes.com　**営**10:00～20:00、金・土曜～21:00　**⑤**カップケーキ1個C＄3.50

バンクーバーの市外局番☎604／778　※バンクーバーでは市内から市内にかける際も604／778からプッシュする
※STはスカイトレインの略

バンクーバーは新鮮なシーフードやアルバータ牛のステーキをはじめ、世界各国の本格的料理店があり、食べ歩きも楽しい美食の街。日本料理の店も100店を超すといわれ、とくにロブソン通りとデンマン通りに集まっている。

料金ランク	
A	C$40以上
B	C$30～
C	C$20～
D	C$10～
E	C$10未満

Restaurants

STスタジアム駅から徒歩7分／イタリア料理 A
ルポ Lupo

イエールタウンの一角、中央図書館近くのヘリテージハウスを利用したレストラン。落ち着いた内装で、ゆっくり食事ができる。シーフードや肉、野菜など、新鮮な素材を活かしたモダンイタリアン。ワインのセレクションも充実している。

MAP ●切りとり-16、p.49-L
- 869 Hamilton St.
- 604-569-2535
- URL www.luporestaurant.ca
- 17:00～22:00
- 無休
- 前菜C$15～25、メインC$29～45

デイビー通りとデンマン通りの交差点からすぐ／シーフード・バーガー C
カクタス・クラブ・カフェ・イングリッシュ・ベイ店 Cactus Club Cafe / English Bay

エコな建物に贈られるリード金賞に輝くロハスな建物のカフェ。全面ガラス張りの店内から美しいイングリッシュ・ベイを望む最高のロケーションにある。料理は上質な新鮮食材を使った一品料理からサンドイッチまで。ワインリストや酒類も充実している。

MAP ●切りとり-7、p.47-G
- 1790 Beach Ave.
- 604-681-2582
- URL www.cactusclubcafe.com
- 日～水曜11:00～24:00、木～土曜～1:00AM
- 無休
- バーガーC$15～、パスタC$20～

デイビー通りとデンマン通りの交差点からすぐ／シーフード B
ボート・ハウス Boat House

夕日がきれいなことで有名なイングリッシュ・ベイに面したシーフードの店。落ち着いてディナーをとる時は2階の席で。屋根つきでヒーターの完備されたデッキ席は通年オープンでカジュアルな雰囲気。サーモンやカニとロブスターのラビオリなどが人気メニュー。

MAP ●切りとり-8、p.47-G
- 1795 Beach Ave.
- 604-669-2225
- 日～木曜11:00～22:00、金・土曜～23:00
- 無休
- サーモンC$27.99～、カニとロブスターのラビオリC$27.99

STバラード駅から徒歩3分／日本料理 D
亀井ロイヤル Kamei Royale

ダウンタウンの中心にあるビルの2階。昼はランチに訪れるビジネスマン、夜は日本からのツアー客やディナーを楽しむカップルで賑わう。寿司カウンターやボックス席もある。寿司と天ぷらのコンビネーションなど、豊富なメニューが揃っている。

MAP ●切りとり-9、p.48-F
- *211-1030 West Georgia St.
- 604-687-8588
- 11:30～14:00, 17:00～22:00、土・日曜12:00～14:00、17:00～22:30
- 無休
- 寿司と天ぷらのコンビネーションC$14.95
- 日本語メニューあり

STバラード駅から徒歩5分／シーフード・ステーキ B
ジョー・フォーテス Joe Fortes

中央の吹き抜け部分にしゃれたカウンターバーがある。1階は賑やかなパブ風の造り。話をするなら2階の奥が落ち着ける。新鮮なシーフードの味には定評がある。茹でたロブスターは溶かしバターに浸しながら食べるのがカナダ流。夏は屋上のパティオもオープン。

MAP ●切りとり-9、p.48-F
- 777 Thurlow St.
- 604-669-1940
- 11:00～23:00
- 無休
- 各種グリルドフィッシュC$36.75～
- 週末は予約を

とっておき情報／レストラン

Restaurants

ロブソン通りとデンマン通りの交差点から徒歩3分／韓国料理 D
マ・ダン・クル Ma Dang Coul

ロブソン通りとデンマン通りの角にほど近い、小さな韓国料理店。庶民的で飾り気はまったくない。メニューはブルコギ、ビビンバ、海鮮チヂミといった代表的な韓国料理。たっぷりとした盛りで、家庭的な味。料理を頼むとキムチやナムルが付く。

MAP ●切りとり-2、p.47-G
- 847 Denman St.
- 604-688-3585
- 月〜金曜11:30〜15:00、毎日17:00〜23:00
- 無休
- ブルコギC$11.95〜、ビビンバC$9.95〜、海鮮チヂミC$17.95

STバラード駅から徒歩5分／中国料理 C
キリン・マンダリン（麒麟川菜館）Kirin Mandarin

空席待ちの客がでるほど人気の中国料理店。味付けもおいしく、接客も機敏で、料理を各自の皿に手際よく盛り付けてくれる。白いテーブルクロスの落ち着いた内装。ホタテ、アワビ、イカ、エビ、カニ、ロブスターなどの海鮮中華のほか、北京ダックなどもある。

MAP ●切りとり-9、p.48-F
- 1172 Alberni St.
- 604-682-8833
- www.kirinrestaurants.com
- 11:00〜14:30、17:00〜22:30（土・日曜、祝日10:00〜） 無休
- エビの辛味トマトソース炒めC$32.80、北京ダックハーフC$27.80、スペシャル・チャーハン$17.80
- 日本語メニューあり

STバラード駅から徒歩5分／カフェ E
フォボア・パリ Faubourg Paris

美しいケーキやサクサクの出来立てクロワッサンが食べられるフレンチ・カフェ。コンテンポラリーな内装で、パティオ席もある。サンドイッチやスープなどの軽食メニューもある。テイクアウトもできるので、気軽に楽しみたい。

MAP ●切りとり-10、p.49-G
- 769 Hornby St.
- 604-267-0769
- www.faubourg.com
- 7:00〜19:00（木・金曜8:00〜20:00、土曜8:00〜20:00、日曜9:00〜）
- 無休
- ケーキC$5.95、アーモンドクロワッサンC$3.80

STウォーターフロント駅から徒歩2分／地ビール D
スティームワークス・ブリューイング Steamworks Brewing

地ビールがおいしいレストラン・パブ。店内は1階と2階、さらにいくつかのセクションに分かれ、グループでも個人客でも楽しめる。ピザやシーフードもおいしい。窓からはハーバーやノース・ショアの山々が眺められる。ウォーターフロント駅の東側駐車場に面している。

MAP ●切りとり-11、p.49-C
- 375 Water St.
- 604-689-2739
- www.steamworks.com
- 11:30〜24:00、金・土曜〜1:00AM、日曜〜23:00
- 無休
- ビール・パインツサイズC$6.50〜

STウォーターフロント駅から徒歩5分／パスタ&洋食 D
ウォーター・ストリート・カフェ Water Street Cafe

蒸気時計の向かいにある、さわやかな雰囲気のレストラン。スモークサーモン、シュリンプなどの前菜、バジリコなどのパスタ、シーフード・コーンチャウダーなどが好評だ。食事を頼むと自家製のブレッドがつく。夏はパティオ席に人気が集中する。

MAP ●切りとり-11、p.49-D
- 300 Water St.
- 604-689-2832
- www.waterstreetcafe.ca
- 11:30〜23:00 無休
- スパゲッティ・カルボナーラC$13.95〜、日替わりスープC$6.95〜
- パスタはランチとディナーで値段が違う

バンクーバーの市外局番 604／778　※バンクーバーでは市内から市内にかける際も604／778からプッシュする
※STはスカイトレインの略

Restaurants

STバラード駅から徒歩15分／シーフード＆グリル C
カーデロズ　Cardero's

ヨットが停泊するコール・ハーバーにせり出すように造られたおしゃれなレストラン。夏はパティオも人気。ノース・バンクーバーの山並み、スタンレー公園の緑を一望でき、開放的な雰囲気でくつろげる。サーモンなどのシーフードに醤油などを取り入れた味付けも好評。

MAP ●切りとり-3、p.47-G

- 1583 Coal Harbour Quay
- 604-669-7666
- www.vancouverdine.com/carderos
- 11:30～24:00
- 無休
- ベークド・サーモンC$28、ワク・チキン・スイート・サワー・ソースC$12

2、22、32番のバスでコーンウォール通りとサイプレス通り角下車／ピザ D
ロッキー・マウンテン・フラットブレッド　Rocky Mountain Flatbread

キツラノ・ビーチの近く。オーガニックや地元食材にこだわった手作りピザ店。パスタ、サラダ、スープも充実。脇に置かれた石窯で一枚づつ注文を受けてから焼き、熱々が食べられる。お勧めはトマト、バジル、マッシュルームがのったピザ。

MAP p.65-F、p.74

- 1876 West 1st Ave.
- 604-730-0321
- www.rockymountainflatbread.ca
- 11:00～21:30（金曜～22:00、日曜10:00～）
- 無休
- トマト・バジル・ピザC$12、スープハーフボールC$4、ボールC$7

50番のバスでグランビルアイランド下車／シーフード D
ザ・サンド・バー　The Sand Bar

グランビルアイランドのアート・クラブ・シアターの奥にある。フロアは300名入れるほど広い。ピアノの生演奏があることも。料理は、シーフードメニューが中心で、春巻きなどのエスニック料理もある。寿司バーも併設されている。

MAP ●切りとり-20、p.65-A

- 1535 Johnston St.
- 604-669-9030
- www.vancouverdine.com/sandbar
- 11:30～22:00、金・土曜～23:30
- 無休
- サーモンC$28
- 他寿司バーは17:30～22:30の営業

50番のバスでグランビルアイランド下車／シーフード C
ブリッジ　Bridges

グランビルアイランド内、マリーナに面しているシーフードレストラン。2階はかしこまったダイニングルーム。1階はビストロとパブで、ビールでも飲みながら食事したい時にぴったり。ヨットを眺めながら新鮮なシーフードを味わえる。4～10月はパティオも。

MAP ●切りとり-20、p.65-A

- 1696 Duranleau St. Granville Island
- 604-687-4400
- www.bridgesrestaurant.com
- 11:00～24:00、ダイニングは火～土曜のみ17:30～22:00、パブは～1:00AM
- 無休
- ピザC$19～（1F）、サーモンC$29～（2F）

4、7番のバスでユー通り下車／パシフィック・ノースウエスト料理 A
ビショップス　Bishop's

バンクーバーでも指折りのオーナーシェフが腕をふるう新感覚のノースウエスト料理。新鮮なシーフードを中心に、素材のよさを生かし、盛りつけの美しさにもこだわるのが特徴。料理だけでなく、おしゃれだがかしこまらない、楽しい食事のしかたを提案。

MAP p.65-E、p.74

- 2183 West 4th Ave.
- 604-738-2025
- www.bishopsonline.com
- 17:30～23:00
- 無休
- 前菜C$16～19、主菜C$36～47
- 他要予約

17番のバスで37th Ave.下車／カフェ E
トラッフルス Truffles

MAP p.47-K

バン・デューセン植物園のビジターセンター内にあるカフェ。明るく解放感があり、植物を眺めながらゆったりできる。スープ、サラダ、サンドイッチはボリューム満点。2人分のサンドイッチや飲み物を入れたピクニック・バスケットやアフタヌーンティーもある。

- 5151 Oak St.
- 604-505-4961
- www.trufflesfinefoods.com
- 9:00〜20:00
- 12月25日
- サラダC$5、スープC$4、ピクニック・バスケットC$40、アフタヌーンティー2人用C$35、4人用C$60

9番のバスでアルダー通り下車／日本料理 A
トージョーズ Tojo's

MAP p.47-K

サウス・グランビルのブロードウェイ沿いにある日本食レストラン。オーナーシェフの東條さん考案の創作日本料理は、季節の材料や無農薬野菜など素材を厳選し、盛り付けにもこだわる名店。寿司はもちろん、おつまみを食べながら飲めるラウンジもある。

- 1133 West Broadway
- 604-872-8050
- www.tojos.com
- 17:00〜22:00
- 日曜
- トージョーロールC$14、ゴールデン・ロールC$26、おまかせコースC$80〜

STメイン駅から3番バス15分、22nd. Ave下車／香港料理・飲茶 C
サン・スイ・ワ Sun Sui Wah

MAP p.47-L

創業30年の中国料理の店。アラスカ・キングクラブ、ダンジュネスクラブ、ロブスター、貝類など、カナダ西海岸の豊富な海産物を使った料理を提供。昼の飲茶のエビのたっぷり入ったシュリンプ・ダンプリングをはじめ、湯葉料理など、メニューも豊富。

- 3888 Main St.
- 604-872-8822
- 月〜金曜 ランチ10:30〜15:00、ディナー17:00〜22:30 土・日曜10:00〜
- 飲茶のシュリンプ・ダンプリングC$4.20、ホット&サワー・スープ1人分C$4.95

STスタジアム駅から徒歩12分／中国料理 D
富大海鮮酒家 Floata Seafood Restaurant

MAP ●切りとり-18、p.47-H

チャイナタウンのショッピング・モールにある1000人収容の大型中国料理の店。早朝から営業しており、午前11時までは値段が安いからと飲茶を楽しむ中国人のお年寄りで賑わっている。ワゴンがなかなか回って来ないこともあるので、気長に食事を楽しもう。

- 400-180 Keefer St.
- 604-602-0368
- 8:00〜22:00
- 無休
- 飲茶C$3.50〜、レモン・チキンC$17.80〜
- ワゴンで回る飲茶は15:00まで

グラウス山・スカイライド・ゴンドラ山頂駅下車すぐ／西洋料理 A
グラウス・マウンテン・オブザバトリー Grouse Mountain Observatory

MAP p.43

グラウス山のゴンドラ山頂駅にあるレストランやカフェのなかでも、いちばん高級なファイン・ダイニングルーム。記念日や誕生日に利用されることが多い。予約すれば、スカイライド・ゴンドラが無料になる。眺めを堪能しながらゆったりと食事がとれる。

- Grouse Mountain
- 604-998-5045／604-980-9311
- www.observatoryrestaurant.ca
- 17:00〜22:00
- 無休
- 前菜C$16〜、メインC$39〜、デザートC$13〜

バンクーバーの市外局番 604／778 ※バンクーバーでは市内から市内にかける際も604／778からプッシュする
※STはスカイトレインの略

バンクーバーにはパブやクラブ、ライブハウス、カラオケなどいろいろあり、ロブソン通り、ジョージア通り、リチャード通り、グランビル通り辺りに集まっている。夜間のひとり歩きは避けたい。移動はタクシーで。

Night Spots

STシティセンター駅から徒歩5分／バー
レッド・カード・スポーツ・バー　Red Card Sports Bar

グランビル通りから1ブロック入ったモーダ・ホテル1階にあるスポーツバー。ホッケーやフットボールなどプロ・スポーツの試合があるときは、モニター観戦の客で大いに盛り上がる。ピザやパスタなどの食事もおいしい。隣にはワインバーUVAもある。

MAP ●切りとり-16、p.49-K
- 560 Smithe St.
- 604-689-4460
- www.redcardsportsbar.ca
- 12:00～24:00（金・土曜～1:45AM）
- 無休
- チキン・ウィングC$13、パスタC$15～

STバラード駅から徒歩10分／バー＆グリル
クラウド・ナイン　Cloud 9

エンパイア・ランドマーク・ホテルの最上階。ラウンジは1時間20分で一回転し、イングリッシュ・ベイやライオンズ・ゲート橋、ダウンタウンの高層ビルなどの夜景を楽しみながら食事やお酒が飲める。ラウンジは予約ができないので注意。

MAP ●切りとり-9、p.48-I
- 1400 Robson St.
- 604-687-0511
- www.cloud9restaurant.ca
- 朝食6:00～10:30、ディナー17:00～22:00、ラウンジは日～木曜17:00～23:30、金・土曜17:00～24:00
- 無休
- グラスワインC$9.50～、主菜C$28～

グランビル通りから徒歩5分／地ビール
イエールタウン・ブリューイング　Yaletown Brewing

イエールタウンにあるおしゃれなレストラン＆パブ。コクのある地ビールを飲ませる人気店で、併設のビール工場で作られた新鮮なビールはメインランド・ラガーなど8種類。ピザやシーフード、サラダなどの食事もおいしい。

MAP ●切りとり-16、p.49-L
- 1111 Mainland St.
- 604-681-2739
- www.mjg.ca/yaletown
- レストラン／日～水曜11:30～24:00、木曜～1:00AM、金・土曜～3:00AM
- 12月25日、1月1日
- ピザC$16.99、サラダC$10.99～18.99

50番のバスでグランビルアイランド下車／ライブバー
バックステージ・ラウンジ　Backstage Lounge

フォルス・クリーク沿いに面した好ロケーション。ウッディな造りの店は、グランビルアイランド内にあるアートシアターの背後に位置していることから名前が付いた。ジャズ、レゲエ、フォーク、ロックなどバンドの生演奏で盛り上がる。ライブは夜10時くらいから。

MAP ●切りとり-20、p.65-A
- 1585 Johnston St.
- 604-687-1354
- www.thebackstagelounge.com
- 月～土曜12:00～2:00AM、日曜12:00～24:00
- カバーチャージC$5～（バンドによって変更）
- ハロウィーン・パーティーなどシーズナルのイベントあり

STウォーターフロント駅から徒歩3分／バー
フェアモント・パシフィック・リム・ロビー・ラウンジ　Fairmont Pacific Rim Lobby Lounge

フェアモント・パシフィック・リム・ホテルのロビー・ラウンジは、毎日、ギターやピアノの生演奏が行われ、モダンなガスの暖炉の火を見ながらグラスを傾けられる。かたわらに寿司などを出すロー・バーRaw Barもある。

MAP ●切りとり-4、p.48-B
- 1038 Canada Place
- 604-695-5300
- www.fairmont.com/pacific-rim-vancouver/dining/lobbyloungeandterrace/
- 月～土曜11:00～1:00 AM、日曜11:00～23:00　無休
- カクテルC$10～
- 14:00～16:00にアフタヌーンティーもやっている

バンクーバー　レストラン／ナイトスポット

名門ホテルからエコノミーまで各タイプが揃っており、多くの宿泊施設が中心街に近いところにある。夏期シーズン中は観光客で込み合い、部屋がとれないこともあるので必ず予約を。中級クラスでC$200前後、エコノミーC$150以下が目安。

料金ランク	
A	C$300以上
B	C$220〜
C	C$150〜
D	C$70〜
E	C$70未満

Hotels

STバラード駅から徒歩3分 A
フェアモント・ホテル・バンクーバー The Fairmont Hotel Vancouver

MAP ●切りとり-9、p.48-F

バンクーバーを代表する豪華ホテルで、近代的なビルが林立するバラード通りとジョージア通りの角に、青銅の屋根をいただき、堂々とした石造りの風格を放つ。内部には25種類の大理石をあしらい、壁面はアール・デコのデザインが施されるなど、細部まで贅の限りを尽くす高級ホテルだ。

ノッチ8・レストラン&バーNotch 8 Restaurant & Barは豊富なワイン・セレクションを誇り、朝食からランチ、ディナー、バー・サービスまで営業している。ヘルスクラブやショッピングアーケードもある。

住 900 West Georgia St.
☎ 604-684-3131
Fax 604-662-1929
URL www.fairmont.com/hotelvancouver
客 556室
S T D C$329〜、オフシーズン割引あり

STウォーターフロント駅から徒歩すぐ A
フェアモント・ウォーターフロント The Fairmont Waterfront

MAP ●切りとり-10、p.49-C

カナダ・プレイスの向かい側、バラード入江を見下ろすように建つ。客室はシティ側とハーバー側にあり、ハーバー側の部屋からは夕日に染まる海が眺められる。メインダイニングの看板料理は、新鮮な魚介類とハーブを使ったウエストコースト料理だ。

住 900 Canada Place Way
☎ 604-691-1991
Fax 604-691-1999
URL www.fairmont.com/waterfront
客 489室
S T C$349〜（シティ側）、C$389〜（ハーバー側）、スイートC$468〜、オフシーズン割引あり

STバラード駅から徒歩7分 B
リステル・バンクーバー Listel Vancouver

MAP ●切りとり-9、p.48-I

おしゃれなショッピング街のロブソン通りにある。客室は落ち着いたヨーロッパ調のインテリアで、活躍中のアーティストの絵画を飾る部屋などもあり、スタイリッシュ。屋内プール、エクササイズルームなどもある。全室Wi-Fiインターネット完備。

住 1300 Robson St.
☎ 604-684-8461
Fax 604-684-7092
URL www.thelistelhotel.com
客 129室
S T D C$255〜、冬期割引あり

STバラード駅から徒歩2分 A
ハイアット・リージェンシー・バンクーバー Hyatt Regency Vancouver

MAP ●切りとり-10、p.48-F

ビジネス街にそびえる白いタワーが目印。ショッピング街のロイヤル・センター・モールに直結し、バラード駅、ロブソン通りにも隣接し、観光、買い物に非常に便利。温水プール、ヘルスクラブを備え、バーではカクテル片手に夜景も楽しめる。

住 655 Burrard St.
☎ 604-683-1234
Fax 604-689-3707
URL www.vancouver.hyatt.com
客 644室
S T C$297〜、オフシーズン割引あり
他 スポーツ施設あり

バンクーバーの市外局番 ☎604/778　※バンクーバーでは市内から市内にかける際も604/778からプッシュする
※STはスカイトレインの略

Hotels

STグランビル駅から徒歩2分 A

フォー・シーズンズ・ホテル・バンクーバー Four Seasons Hotel Vancouver

24時間ルームサービスなどきめ細かいサービスでは定評がある。白とブラウンの落ち着いた内装は、シンプルかつエレガント。全室Wi-Fiインターネットも使える。ショッピングや観光、ビジネスにもうってつけ。レストランも定評がある。

MAP ●切りとり-10、p.49-G
- 791 West Georgia St.
- 604-689-9333
- Fax 604-684-4555
- URL www.fourseasons.com
- 372室
- S T C$450～、オフシーズン割引あり
- 無料予約 ☎1-866-223-9333（カナダ内）

STパラード駅から徒歩7分 B

サットン・プレイス The Sutton Place

映画スターの利用も多い高級ホテルで、ショッピングや夜の食事にも便利なダウンタウンの中心に位置している。客室にはミニバー、金庫、コーヒーメーカー、Wi-Fiインターネット完備。プールやフィットネス・ジムなどの施設も充実している。使い勝手のいいホテルだ。

MAP ●切りとり-9、p.48-J
- 845 Burrard St.
- 604-682-5511
- Fax 604-682-5513
- URL www.suttonplace.com
- 397室
- S T C$199～、オフシーズン割引あり

STパラード駅から徒歩15分 B

ウェスティン・ベイショア・バンクーバー The Westin Bayshore Vancouver

バンクーバー湾に面した海辺のホテル。白いベッドカバーのシンプルなデザイン。マリーナに直結し、ボートのレンタルがあるほか、サンデッキ付き屋外プールを備える。港沿いの歩道はスタンレー公園やカナダ・プレイスの見どころに続いており、観光に便利。

MAP ●切りとり-3、p.47-G
- 1601 Bayshore Dr.
- 604-682-3377
- Fax 604-687-3102
- URL www.westinbayshore.com
- 511室
- S T D C$209～、オフシーズン割引あり

●本音でガイド●

快適お値打ちホテルは中心部の外に

「バンクーバーのホテルって高いね」と、この街を初めて訪れる人からよく言われる。たしかに在住者にとってもバンクーバーのホテルはほかの都市と比べてもかなり高いと感じる。だが日本からの旅行者は、意外と高級ホテルに泊まっている人が多いようだ。旅のスタイルは人それぞれ。一流ホテルのほかにモーテル、B&Bもある。スカイトレインなど交通の便もいいので、旅の目的や懐具合に応じて探そう。料金的には中心部でもっとも高いのが海側、次にジョージア通り界隈、割安感のあるのが

デンマン通り寄りのロブソン通りといった具合。季節料金制のところが多く、ハイシーズンは高く、冬は2～3割安い。

おすすめのひとつはロブソン通りにある**バークレーBarclay**（MAP ●切りとり-9、p.48-E、☎604-688-8850、→p.91）。観光、食事、買い物すべてに便利。少し古いが、夏でもシングルバス付きでC$79～。冬ならC$49～。レンタカーならバンクーバー国際空港周辺のホテルへ行ってみよう。中心部に比べて2割ほど安く、リーズナブルだ。

スカイトレインで行けるメトロタウン駅近くには、ホリデイ・インやヒルトン・ホテルなどもある。

Hotels

STバラード駅から徒歩5分 B
ピナクル・ホテル・ハーバーフロント Pinnacle Hotel Harbourfront

コール・ハーバー沿いに建ち、レストラン、フィットネスジムや屋内プールなど館内施設が充実している高級ホテル。シティビューとハーバーフロントの眺めの違う部屋がある。上層階のクラブ・レベルの部屋に泊まると、無料の朝食や飲み物のサービスが受けられる。

MAP ●切りとり-4、p.48-B
1133 West Hastings St.
604-689-9211
Fax 604-689-4358
URL www.pinnacleharbourfronthotel.com
442室
S T C$329〜、オフシーズン割引あり

STウォーターフロント駅から徒歩3分 B
パン・パシフィック・バンクーバー The Pan Pacific Vancouver

吹き抜けの広いアトリウムロビーとラウンジが素敵なホテル。ハーバー側の部屋とシティ側の部屋がある。ハーバー側を予約して夜景を楽しもう。ホテルでのんびりと過ごしつつ、広いアトリウムから港の夕日を見るのもいい。サンデッキ付きのプールもある。

MAP ●切りとり-10、p.49-C
300-999 Canada Place
604-662-8111
Fax 604-685-8690
URL www.panpacificvancouver.com
503室
S T D C$234〜、オフシーズン割引あり

STバラード駅から徒歩10分 C
エンパイア・ランドマーク The Empire Landmark

ロブソン通りに面した42階建ての高層ホテル。スカイレストランで、街並みを眺めながらの食事や夜景、カクテルが楽しめる。客室は全室Wi-Fiインターネットを完備(有料)。飲食施設やフィットネス・ジムなども充実している。

MAP ●切りとり-9、p.48-I
1400 Robson St.
604-687-0511
Fax 604-687-2801
URL www.empirelandmarkhotel.com
357室
S T C$170〜250、オフシーズン割引あり

STバラード駅から徒歩10分 C
シェラトン・バンクーバー・ウォール・センター Sheraton Vancouver Wall Centre

近代的なブルー・グラスの35階建ての高層ホテル。ロブソン通りにも近く、ビジネスやショッピングなどにも便利だ。客室は床から天井までガラス張りで眺めがいい。館内のヘルスセンターには屋内プールやジャクージなどを備えている。

MAP ●切りとり-15、p.48-J
1088 Burrard St.
604-331-1000
Fax 604-893-7200
URL www.sheratonwallcentre.com
733室
S T C$169〜、オフシーズン割引あり

イェールタウン・ラウンドハウスまたはバンクーバー・シティセンター駅から徒歩10分 C
ホリデイ・イン・バンクーバー・ダウンタウン Holiday Inn Vancouver Downtown

グレーター・バンクーバー・エリアに7つあるホリデイ・インのひとつ。すべての部屋に無料Wi-Fiを完備。コーヒーメーカーも備えられているので、部屋で朝のコーヒーを飲んでタウン散策へ出かけられる。ビジネスセンターや屋内プール、バーなどの設備も揃っている。

MAP ●切りとり-15、p.49-K
1110 Howe St.
604-684-2151
Fax 604-684-4736
URL www.holidayinnvancouverdowntown.com
245室
S T C$169〜、オフシーズン割引あり

バンクーバーの市外局番 604/778 ※バンクーバーでは市内から市内にかける際も604/778からプッシュする
※STはスカイトレインの略

ホテル名	料金ランク	地図位置	住所・電話	部屋数・料金	URL www. 予約
ブルー・ホライズン Blue Horizon	C	●切りとり-9 p.48-E	1225 Robson St. ☎604-688-1411	214室 S T C$129～	bluehorizonhotel.com
バークレー Barclay	D	●切りとり-9 p.48-E	1348 Robson St. ☎604-688-8850	85室 S T C$79～149	barclayhotel.com
リビエラ Riviera	D	●切りとり-3 p.48-E	1431 Robson St. ☎604-685-1301	41室 S T C$129～	rivieraonrobson.com
バンクーバー・マリオット・ピナクル Vancouver Marriott Pinnacle	B	●切りとり-10 p.48-F	1128 West Hasting St. ☎604-684-1128	434室 S T C$261～	Marriott.com
センチュリー・プラザ・ホテル＆スパ Century Plaza Hotel & Spa	C	●切りとり-15 p.48-J	1015 Burrard St. ☎604-687-0575	240室 S T C$111～	century-plaza.com
ウェッジウッド Wedgewood	A	●切りとり-9 p.49-K	845 Hornby St. ☎604-689-7777	83室 S T C$427～684	wedgewoodhotel.com
メトロポリタン・ホテル・バンクーバー Metropolitan Hotel Vancouver	C	●切りとり-10 p.49-G	645 Howe St. ☎604-687-1122	197室 S T C$179～441	metropolitan.com/vanc
ル・ソレイユ Le Soleil	B	●切りとり-10 p.49-G	567 Hornby St. ☎604-632-3000	119室 S T C$170～	hotellesoleil.com
デイズ・イン・バンクーバー・ダウンタウン Days Inn Vancouver Downtown	D	●切りとり-10 p.49-C	921 West Pender St. ☎604-681-4335	85室 S T C$107～394	daysinnvancouver.com
デルタ・バンクーバー・スイート Delta Vancouver Suite	B	●切りとり-10 p.49-C	550 West Hastings St. ☎604-689-8188	225室 S T C$159～299	deltahotels.com
ベスト・ウエスタン・シャトー・グランビル Best Western Chateau Granville	C	●切りとり-15 p.49-K	1100 Granville St. ☎604-669-7070	114室 S T C$129～249	chateaugranville.com
シャングリ・ラ・バンクーバー Shangri-la Vancouver	A	●切りとり-9 p.48-F	1128 West Georgia St. ☎604-689-1120	119室 S T C$317～	Shangri-la.com
ラマダ・イン＆スイート・バンクーバー・ダウンタウン Ramada Inn & Suites Vancouver Downtown	C	●切りとり-15 p.47-G	1221 Granville St. ☎604-685-1111	116室 S T C$105～309	ramadavancouver.com
コンフォート・イン・ダウンタウン Comfort Inn downtown	D	●切りとり-15 p.49-K	654 Nelson St. ☎604-605-4333	82室 S T C$95～305	comfortinndowntown
ベスト・ウエスタン・ダウンタウン Best Western Downtown	C	●切りとり-15 p.47-K	718 Drake St. ☎604-669-9888	143室 S T C$104～340	bestwesterndowntown.com
ウェスティン・グランド・バンクーバー The Westin Grand Vancouver	B	●切りとり-16 p.49-G	433 Robson St. ☎604-602-1999	207室 S T C$214～566	westingrandvancouver.com
ローズデール・オン・ロブソン・スイート Rosedale On Robson Suite	B	●切りとり-16 p.49-L	838 Hamilton St. ☎604-689-8033	217室 S T C$140～308	rosedaleonrobson.com
ハンプトン・イン＆スイート・ダウンタウン・バンクーバー Hampton Inn & Suites Downtown Vancouver	B	●切りとり-16 p.49-H	111 Robson St. ☎604-602-1008	132室 S T C$186～572	hamptoninnvancouver.com
ジョージアン・コート Georgian Court	B	●切りとり-16 p.49-H	773 Beatty St. ☎604-682-5555	180室 S T C$249～	georgiancourt.com
サンドマン・バンクーバー・シティ・センター Sandman Vancouver City Centre	C	●切りとり-16 p.49-H	180 West Georgia St. ☎604-681-2211	302室 S T C$117～302	sandmanhotels.ca
コースト・プラザ・ホテル＆スイート・バンクーバー The Coast Plaza Hotel & Suites-Vancouver	B	●切りとり-8 p.47-G	1763 Comox St. ☎604-688-7711	199室 S T C$174～427	coasthotels.com
ベスト・ウエスタン・サンズ Best Western Sands	C	●切りとり-8 p.47-G	1755 Davie St. ☎604-682-1831	121室 S T C$170～260	bestwestern.com
シルビア Sylvia	D	●切りとり-2 p.47-G	1154 Gilford St. ☎604-681-9321	120室 S T C$141～334	sylviahotel.com
ローズウッド・ホテル・ジョージア Rosewood Hotel Georgia	A	●切りとり-10 p.49-G	801 West Georgia St. ☎604-682-5566	156室 S T C$357～	rosewoodhotels.com
バッカン Buchan	D	●切りとり-2 p.47-G	1906 Haro St. ☎604-685-5354	61室 S T C$73～145	buchanhotel.com
サンセット・イン＆スイート Sunset Inn & Suites	C	●切りとり-14 p.47-G	1111 Burnaby St. ☎604-688-2474	50室 S T C$169～475	sunsetinn.com
グランビル・アイランド Granville Island	C	●切りとり-21 p.65-D	1253 Johnston St. ☎604-683-7373	82室 S T C$187～	granvilleislandhotel.com
YWCAホテル＆レジデンス YWCA Hotel & Residence	E	●切りとり-16 p.49-H	733 Beatty St. ☎604-895-5830	155室 S T C$62～147	ywcahotel.com
ホステリング・インターナショナル・バンクーバー・ダウンタウン Hostelling International Vancouver Downtown	YH	●切りとり-14 p.47-G	1114 Burnaby St. ☎604-684-4565	223Beds C$30～95.17	hihostels.ca
ホステリング・インターナショナル・バンクーバー・ジェリコ・ビーチ Hostelling International Vancouver Jericho Beach	YH	p.46-J	1515 Discovery St. ☎604-224-3208	252Beds C$30～107.61	hihostels.ca

※料金ランク欄のYHはユースホステル

バンクーバー

91

ホテル

日本人に人気の
スキーエリア

ウィスラーとブラッコム

　北米最大級の総面積を誇るふたつのスキー場は、**ウィスラー山**（MAP p.95-A）、**ブラッコム山**（MAP p.95-B）をゴンドラで結び、ふたつの山の斜面に開けている。バラエティに富んだ200以上のコースと世界屈指のグルーミング技術で、日本でもすっかりおなじみ。なんといっても、日本では経験できないロングクルージングが楽しめるコースレイアウトが魅力だ。広いゲレンデは、自分の限界スピードをアップさせるいいチャンスだが、実力以上のコースに入り込まないように注意したい。ウィスラーへはバンクーバーからバスで約2時間30分。

ケロウナとカムループス

　ケロウナ空港から行く**ビッグ・ホワイト・スキー場**（MAP p.39-N）は、町から車で約1時間。スキー場の周辺にはコンドミニアムやログハウスが多く、滞在型のスキー・リゾートとして知られている。

　シルバー・スター・スキー場（MAP p.39-I）は、バーノンの東約20kmにあり、ビクトリア調の建物でまとめられたおしゃれなスキー場。コースバリエーションも豊富で、初級者から上級者まで楽しめ、雪質もいい。

　カムループスから車で約1時間の**サン・ピークス・スキー場**（MAP p.39-I）は、リフトや宿泊施設もよく調えられていて、注目度ナンバー1。豊富なコースで知られる。

バンフとレイクルイーズ周辺

　バンフのすぐ北にあるのが**スキー・バンフ・アット・ノーケイ・スキー場**（MAP p.141-A）。超急斜面で知られ、1月以降の金曜日にはナイターも楽しめる。

　バンフから車で30分、さらにゴンドラで上った**サンシャイン・ビレッジ・スキー場**（MAP p.175）は、標高が高いため雪が豊富で、11月下旬～5月中旬まで滑れる。なだらかな幅広いコースが多く、初心者も安心。

　レイクルイーズ・スキー場（MAP p.151-C）は、湖とはボウ川をはさんで反対側のホワイトホーン山にある。単独のスキー場としては、カナダ最大規模。晴天率が高く、気温が低

バンクーバーのサイプレス山でスキーを楽しもう

ダイナミックな
カナダのスキーを体験
Skiing

いので雪質がいい。山頂からは、ビクトリア氷河などの絶景が得られる。11月下旬～5月上旬シーズン。

バンフの南東30kmのカナナスキスには、1988年のカルガリー・オリンピックのアルペン競技開催地の**ナキスカ・スキー場**（MAP p.39-J）がある。

カナダでヘリ・スキー

山中にヘリコプターで直接アクセスし、誰もシュプールを描いていない斜面を滑り降りる。これが、カナダのヘリ・スキーだ。専用のリゾートに滞在し、毎日ヘリ・スキーを楽しむタイプもあるし、バンフやウィスラーから日帰りするツアーもある。ロッジ滞在型のヘリ・スキーの老舗がCMHカナディアン・マウンテン・ホリデイ社だ。
URL www.cmhjapan.co.jp（CMHジャパン）

バンフ・ジャスパー周辺
カナディアン・マウンテン・ホリデイ
☎403-762-7100

アール・ケイ・ヘリ・スキー
☎1-800-611-6060　☎250-342-3889

パーセル・ヘリコプター・スキーイング
☎1-877-435-4754

マイク・ウィグリー・ヘリコプター・スキーイング
☎250-673-8381

ウィスラー
ウィスラー・ヘリスキーイング
☎604-905-3337

コースト・レンジ・ヘリスキーイング
☎604-894-1144

家族で楽しむ
クロスカントリー・スキー

カナダでは、クロスカントリー・スキーは家族全員で楽しむスキーとして人気がある。細長いスキー板で比較的平坦なところを滑るのに向いている。オリンピックのノルディック種目のひとつでもあるが、競技というよりは、冬に野山を歩き、楽しむために用いる人が多い。

ウエスト・バンクーバーの**サイプレス山**やノース・バンクーバーの**シーモア山**では、クロスカントリー・スキー専用のコースがあり、レンタルスキーも用意されている。クロスカ

バンクーバーのシーモア山でスノーシューを満喫

ントリー・スキーのコースでなくても、雪が降れば、林道も格好のコースに早変わり。ロッキーでは冬期は閉鎖されるモレイン湖に行く道路などで楽しんでいる人もいる。有名なのはバンフの隣町キャンモアにあるノルディック・センター。ここは1988年のオリンピックのノルディック競技開催地。レンタルスキーや豊富なコースが用意されている。

大自然の中で
山スキーやスノーシュー

クロスカントリー・スキーと並んで人気があるのが、山スキーやスノーシュー。山スキーは、スキーのかかとが固定されていないテレマーク・スキーや、上りの時かかとを自由に動かせるビンディングを装着したスキー板を使う。山を上る時は板の裏にシール（滑り止め）を付けて上り、下る際はこのシールをとり外し、スキー滑降を楽しむ。バンフのスキー・レンタル店では山スキー用の靴や板も揃えている。ロッキー周辺の**パーセル・マウンテン・ロッジ**☎1-888-767-8989、**ミスタヤ・ロッジ**☎1-866-647-8292など、ヘリコプターで入る山小屋は、冬になると山スキーの客で賑わう。スノーシューの人気も上昇中で、スキー場によっては専用コースを設け、レンタルを行っている。

ウィスラー

Whistler ● ブリティッシュ・コロンビア州 ● 市外局番604　MAP p.38-H

> **ウィスラーへの交通** 🚌グレイハウンドでバンクーバーから約2時間30分。パシフィック・コーチ・ラインが運行するYVR-ウィスラー・スカイリンクス（☎604-662-7575）でバンクーバー空港から約3時間。

ウィスラー山山頂にあるイヌクシュク*（→p.96下）

ウィスラーの歩き方のヒント▶エリアはハイウェイ99号線沿い、約20kmにわたるが、その中心はウィスラー・ビレッジ。周辺のビレッジ・ノースやアッパー・ビレッジにもホテル、レストラン、ショップ、コンドミニアムが建ち並ぶ。

街を知る　北米きってのスキー・リゾート 夏はハイキングなども

北米有数のスキー場として知れわたったウィスラー。最近ではアウトドアスポーツやアクティビティの充実した夏のリゾートとしても注目されている。バンクーバーの北方120km、車なら2時間30分で来られる近さも人気の理由だ。

夏の過ごし方はハイキングやサマースキーをはじめ、舗装された遊歩道でのサイクリングやインラインスケートなど。ウォータースポーツならラフティング、ジェットボート、カヌーができる。釣り、乗馬、テニスなど、挙げはじめたらきりがない。また、ゴルフ場は有名ゴルファーが設計したコースが4カ所ある。

街歩き　ビレッジ間の移動は 歩行者専用道路を利用

バンクーバーからのバスはウィスラーのバス・ループに到着する。近くに❶（インフォメーション）があり、アクティビティの説明や宿の予約を手伝ってくれる。地図などもここで手に入る。

ウィスラー・ビレッジの中心は、ビレッジ・スクエア（MAP p.97-A）と呼ばれ、ホテルやレストランに囲まれている。そこからビレッジ・ストロールといわれる道を山側へ行くと、ウィスラー山のゴンドラ乗り場がある。

ウィスラー・ビレッジからは、ビレッジ・ノース、アッパー・ビレッジとの間に歩道が整備され、徒歩や自転車でアクセスできる。

ビレッジ・ノースの中心は、マーケットプレイスを呼ばれ、スーパーマーケットなどがある。散策がてら覗いてみるのも楽しいだろう。アッパー・ビレッジには、高級ホテルのフェアモント・シャトー・ウィスラーやフォー・シーズンズ・リゾートなどがあり、ブラッコム山への基点となる地区だ。

ウィスラー・トランジット社の運行する無料のビレッジ・シャトルが3つのビレッジを結ぶ。4番のバス（マーケットプレイス・シャトル、冬期運行）と、ブラッコム・ウェイBrackcomb Wayからアッパー・ビレッジを通り、Painted Cliff Rd.を往復する5番のバスがある。いずれのバスも、ゴンドラ・トランジット・エクスチェンジ（MAP p.97-B）が基点となる。ウィスラー・トランジット社では、そのほか、郊外に向かう路線バスも運行している。夏期にはゴンドラ・トランジット・エクスチェンジとロスト・レイクを結ぶ無料のシャトルバスもある。

ウィスラーでハイキング

❶ MAP p.95-A、97-A　☎604-935-3357　営夏期／8:00～20:00、金・土曜～22:00、冬期／8:00～19:00、金・土曜～22:00、春・秋期／8:00～18:00　休無休

見どころ

ウィスラー山
Whistler Mountain MAP p.95-A

行き方 ビレッジ・スクエアから徒歩5分の乗り場からゴンドラを利用

　ウィスラー山の最高地点は標高2181m。頂上付近では氷河や万年雪が見られる。標高675mのウィスラー・ビレッジから1837mの頂上駅までゴンドラが運行され、カナダ最大級のウィスラー・マウンテンスキー場が広がる。

　頂上駅にはレストランやギフトショップがあり、眺めのいいレストランが営業している。展望台からはブラッコム山、麓にアルタ湖やグリーン湖などが見渡せ、絶景が楽しめる。

　ゴンドラ山頂駅から約10〜15分歩けば、アルパイン・リフトに乗り継げ、ウィスラー山頂まで行ける（→p.96）。山頂にはイヌクシュクの像が立ち、山頂を巡る登山道がある。

☎604-967-8950 営5月下旬〜9月中旬の毎日と9月下旬〜10月中旬までの土・日曜にゴンドラ運行、9:30〜17:00、時間短縮や延長あり ⓢおとなC$54.95、13〜18歳と65歳以上C$47.95、6〜12歳C$27.95

ウィスラー山山頂からの絶景

ブラッコム山
Blackcomb Mountain MAP p.95-B

行き方 ビレッジ・スクエアから徒歩15分リフト乗り場

　標高2440mのブラッコム山はウィスラー山の東にあり、ブラッコム・マウンテンスキー場を擁する。アッパー・ビレッジからは高速四人乗りリフトで、ウィスラー山からピーク2・ピーク・ゴンドラ（→p.96）でアクセスすることもできる。夏にはホーストマン氷河のサマースキーに合わせてリフトも運行される。

☎604-967-8950 営夏スキーのグレイシャーゾーンまでは6月下旬〜7月下旬運行 ⓢスキー用グレイシャーゾーン1日パス料金おとなC$65、13〜18歳と65歳以上C$56

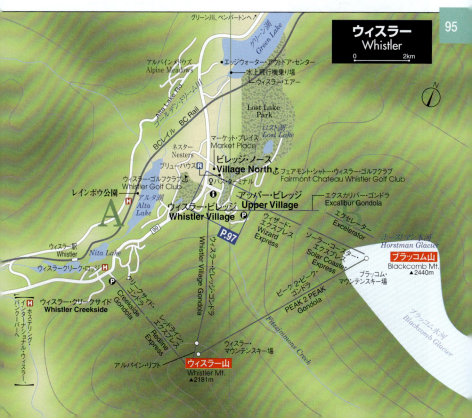

Tour & Activity

■ラフティング

ウェッジ・ラフティング
Wedge Rafting
- 4293 Mountain Square ☎604-932-7171

ウィスラー北方にあるグリーン川でのラフティング。所要2時間30分（ラフティング1時間）。エラホ・スコーミッシュ川でのラフティングは、もっとスリルを楽しみたい人向け。所要8時間。ファミリー向けのチェカマス川ツアーもある。所要4時間30分。

営 5月～9月下旬の毎日。グリーン川はウィスラー・ビレッジを9:00～17:00の間に3～8回出発。エラホ・スコーミッシュ川6月中旬～9月上旬、ウィスラー・ビレッジ8:30発 $グリーン川ひとりC$109、エラホ・スコーミッシュ川ひとりC$169、チェカマス川ツアーおとなC$99、6～16歳C$69

ウィスラー山山頂へ上る、アルパイン・リフト。絶景の中を上っていく

■ゴンドラ&リフト

ピーク2・ピーク・ゴンドラ
Peak 2 Peak Gondola　MAP p.95-B
URL www.whistlerblackcomb.com

2008年の末にオープンしたウィスラー山とブラッコム山の2つのピークを結ぶゴンドラに乗って、両山を思う存分に楽しむ。ゴンドラから高度感のある眺めが得られる。料金には、ウィスラー・ビレッジからウィスラー山・ラウンドハウス山頂駅のゴンドラ代や、ウィスラー山の頂上に登るアルパイン・リフト代なども含まれている。ウィスラー山、ブラッコム山ともに、ハイキング・トレイルが整備されている。

$ 1日用おとなC$54.95、夏のシーズンパスおとなC$79.95

2つの山を存分に楽しめる

■カヌー&カヤック

バックローズ・ウィスラー
Backroads Whistler
- 3375 Lakeside Rd.
- ☎604-932-3111

カヌーかカヤックでゴールデン・ドリーム川を下る。流れは緩く、初心者でも漕ぐことができる。所要約2～3時間。

ゴールデン・ドリーム川をカヌーで下る

営 6月中旬～9月上旬の毎日。5月中旬～6月上旬と9月中旬～10月上旬は土・日曜のみ催行　$ガイド付きひとりC$129、ガイドなしひとりC$75

アルタ・レイクでのカヌー・レンタルも行っている。
$カヌー1時間ひとりC$17.50、シングルカヤック1時間C$27.50

■グレイシャー・ツアー

ウィスラー・エアー
Whistler Air　MAP p.95-B
- Box834, Whistler ☎604-932-6615

水上飛行機で氷河の山が連なるガルバルディ州立公園の上空を飛ぶ。ベースはグリーン湖のゴルフ場のクラブハウスの横。
$ウィスラー・バリー・ツアーひとりC$109、所要30分。所要40分のスペクタキュラー・グレイシャー・ツアーはひとりC$165

■ゴルフ

フェアモント・シャトー・ウィスラー・ゴルフクラブ
Fairmont Chateau Whistler Golf Club
MAP p.95-B　4612 Blackcomb Way ☎604-938-2092／8:00～17:00（夏期は～21:00）

18ホールパー72のコースで、ロバート・トレント・ジョーンズ・ジュニアがデザインした。

営 4月下旬～10月中旬　C69～159

フェアモント・シャトー・ウィスラー・ゴルフクラブ

ウィスラーの市外局番 ☎604　※ウィスラーでは市内から市内にかける際も604からプッシュする
※イヌクシュクとは、極北の先住民イヌイットが道า้งや狩猟の目印にと、石などを積み上げて造った人型の石像。

世界有数のリゾート地だけあって、ビレッジ・スクエア周辺に小ぎれいなショップが並んでいる。人気のアウトドアショップやアクセサリーショップなどがビレッジに支店を出している。買い物の中心はビレッジ・スクエア付近。フェアモント・シャトー・ウィスラーをはじめ、リゾートホテル内のブティックも買い物ポイントのひとつ。ブランド店やホテルのオリジナルグッズ、スイーツやお茶などが手に入る。

Shops

|バス停から徒歩5分／みやげ品
スケッチ Skitch

MAP p.97-A

ブラッコム・ロッジの1階。商品はすべてカナダ国内で手作りされた物。自然の石を使った鳥の置物や写真立て、木製のワイン・ラック、ユニークなロウソク立てなど、アーティストの人柄が感じられ、ひと味ちがったおみやげになりそう。日本への配送もOK。

- 4222 Village Square
- 604-938-1781
- 夏／10:00～21:00、冬／10:00～22:00、春・秋期は時間短縮
- 12月25日
- 写真立てC$10～70、ワイン・ラックC$20～200、ロウソク立てC$15～30

|バス停から徒歩7分／帽子
ウィスラー・ハット・ギャラリー Whistler Hat Gallery

MAP p.97-B

さまざまなスタイルの帽子を揃えた専門店。アウトドアの盛んなウィスラーだけあって、ゴルフ、ハイキング、乗馬、カヌーなど各種アクティビティにぴったりの帽子が探せる。帽子ひとつで見た目の印象が変わるものなので、新しいスタイルに挑戦したい。

- 103B-4295 Blackcomb Way
- 604-938-6695
- 10:00～22:00、春と秋は日～木曜／～19:00
- 無休
- ほとんどの帽子がC$30～200

ウィスラー

97

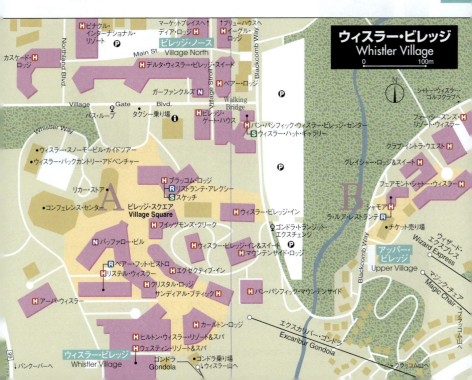

ウィスラーでの食事は値段は少々高めだが、イタリア料理から日本料理までバラエティ豊か。ピークシーズンはビレッジ・スクエアは混み合うので、タウンプラザがおすすめ。

料金ランク	
A	C$40以上
B	C$30〜
C	C$20〜
D	C$10〜
E	C$10未満

Restaurants

リステル・ホテル内／シーフードと肉料理 A
ベアー・フット・ビストロ Bear Foot Bistro

MAP p.97-A

螺旋階段で降りた地下にはワインセラーがあり、希望すれば見学できる。ロブスターやオイスターなどのシーフードをはじめ、ラム、ビーフなどの肉料理があり、ハーブやスパイスを利かせた味が楽しめる。盛り付けにもこだわっており、見た目にも美しい料理。

- 4121 Village Green, Listel Hotel
- 604-932-3433
- www.bearfootbistro.com
- 月〜金曜16:00〜23:00、土・日曜15:00〜1:00AM 無休
- 3コースメニューC$78〜、5コースC$108〜、シャンパン・バー・メニューはバーガーC$20〜など

バス停から徒歩5分／地ビール&バーガー D
ブリューハウス Brew House

MAP p.95-A

自家製ビールが美味しいパブ・レストラン。2階のガラス越しに醸造所が見える。ウッディな内部も落ち着けるし、晴れた日ならパティオでの食事も楽しい。サーモン・バーガーは魚の切り身と天ぷら風のオニオンがマッチ。大きいので大口をあけてガブリと!

- 4355 Blackcomb way
- 604-905-2739
- www.mjg.ca/brewhouse.
- 日〜木曜11:30〜24:00、金・土曜〜1:00AM 無休
- ハンバーガーC$15〜、ビールC$7〜

ビレッジ・スクエア内／シーフード B
リストランテ・アレクシー Ristorante Araxi

MAP p.97-A

ビレッジ・スクエアに面したパティオが人気の店。ちらし寿司をアレンジした前菜、ケベック州のラビット料理など、多国籍感覚のメニューと多彩な味の料理なのも人気のポイント。世界各国のワインが貯蔵されており、ワイン・セレクションも定評がある。

- 4222 Village Square
- 604-932-4540
- www.araxi.com
- 夏／月〜土曜11:00〜15:00、日曜10:00〜14:00、通年／17:00〜23:00、バーは深夜まで営業 無休
- サーモンC$34.50、ビーフ・テンダーロインC$46.50

ウィスラーでは、昼間思いっきりアクティビティを楽しんだあとに、バーやクラブでグラスを傾けるのが、お楽しみの第二ラウンドといったところ。昼間はカフェレストランだった店も、夜になるとパブやDJ付きのクラブに早変わりする。ビレッジ・スクエアには気軽に立ち寄れるナイトスポットが数多く並んでいる。ホテルのバーやラウンジに行けば、落ち着いたナイトライフが過ごせるはずだ。

Night Spots

バス停から徒歩3分／ナイトクラブ
ガーファンクルズ Garfinkel's

MAP p.97-A

デルタ・ウィスラー・ビレッジ・スイートの地下にあるナイトクラブ。店を訪れたミュージシャンのサインがたくさん飾ってある階段を降りていくと、若者たちの熱気であふれている。日替りで、ヒップホップナイト、DJナイト、生バンド演奏などがある。

- 4308 Main St.
- 604-932-2323
- www.garfswhistler.com
- 19:00〜2:00AM 不定期
- カバーチャージC$5〜（バンドによる）、ビールC$7〜

ウィスラーの市外局番 604　※ウィスラーでは市内から市内にかける際も604からプッシュする

冬のリゾート地だけあって、ホテル、貸し別荘などさまざまなタイプの宿泊施設がある。宿探しはウィスラー観光局のホームページ URL www.whistler.comにアクセスしてみよう。

料金ランク	
A	C$300以上
B	C$200〜
C	C$150〜
D	C$70〜
E	C$70未満

Hotels

バス停から徒歩10分 A　　　　　　　　　　　　　　　　　　　　MAP p.97-B
フェアモント・シャトー・ウィスラー　The Fairmont Chateau Whistler

ウィスラー最大規模を誇るリゾートホテル。ゆったりした客室は高級感あふれる。プールは屋内、屋外の2つ、レストラン4店、ラウンジ、サウナ、エクササイズルーム、テニスコート、ゴルフ場と充実度はピカー。スパでは各種マッサージが受けられる。

- 4599 Chateau Boulevard
- 604-938-8000
- FAX 604-938-2055
- URL www.fairmont.com/whistler
- 550室
- 冬期 S T C$419〜、春〜秋期 S T C$239〜
- 無料予約 ☎1-800-606-8244（カナダ内）

バス停から徒歩5分 A　　　　　　　　　　　　　　　　　　　　MAP p.97-A
ヒルトン・ウィスラー・リゾート&スパ　Hilton Whistler Resort & Spa

旅行雑誌でカナダのトップ10リゾートの一つとして選ばれた4つ星ホテル。ウィスラー・ビレッジの中心に位置し、アクセス至便。ほとんどの部屋にキッチンを設けているので、数日の滞在に向く。スパやプールの設備も揃い、スキーや自転車のレンタルも可能だ。

- 4050 Whistler Way
- 604-932-1982
- FAX 604-966-5093
- URL www.hiltonwhistler.com
- 287室
- 冬期 S T C$327〜、春〜秋期 S T C$152〜、ひとり追加C$30
- 無料予約 ☎1-800-515-4050（北米内）

バス停から徒歩5分 B　　　　　　　　　　　　　　　　　　　　MAP p.97-B
パン・パシフィック・ウィスラー・ビレッジ・センター　Pan Pacific Whistler Village Centre

すべての部屋がキッチン付きのゆったりとしたリゾートホテル。スパやホット・タブなどの施設も充実している。近くに同系列のパン・パシフィック・ウィスラー・マウンテンサイドもある。朝食付き。ゴンドラ乗り場へ5分と便利だ。

- 4299 Blackcomb Way
- 604-966-5500
- FAX 604-966-5501
- URL www.panpacific.com
- 83室
- 冬期 S T C$399〜、春〜秋期 S T C$137〜

ホテル名	料金ランク	地図位置	住所・電話	部屋数・料金	URL www.
クリスタル・ロッジ Crystal Lodge	C	p.97-A	4154 Village Green ☎604-932-2211	158室 T C$102〜	crystal-lodge.com
グレイシャー・ロッジ&スイート Glacier Lodge & Suite	C	p.97-B	4573 Chateau Blvd. ☎604-905-0518	75室 S T C$109〜	glacier-lodge.com
アーバ・ウィスラー Aava Whistler	C	p.97-A	4005 Whistler Way ☎604-932-2522	192室 S T C$110〜	aavawhistlerhotel.com
リステル・ウィスラー Listel Whistler	C	p.97-A	4121 Village Green ☎604-932-1133	98室 S T C$126〜	listelhotel.com
サンディアル・ブティック Sundial Boutique Hotel	C	p.97-A	4340 Sundial Cres. ☎604-932-2321	49室 S T C$153〜	sundialhotel.com
ウェスティン・リゾート&スパ The Westin Resort & Spa	B	p.97-A	4090 Whistler Way ☎604-905-5000	419室 S T C$189〜	westinwhistler.com
ホスティリング・インターナショナル・ウィスラー Hostelling International Whistler	YH	p.95-A外	1035 Legacy Way ☎604-962-0025	188beds C$36〜134	hihostels.ca
フォー・シーズンズ・リゾート・ウィスラー Four Seasons Resort Whistler	A	p.97-B	4591 Blackcomb Way ☎604-935-3400	273室 C$225〜	fourseasons.com/whistler
マウンテンサイド・ロッジ Mountainside Lodge	C	p.97-B	4417 Sundial Place ☎604-932-4511	42室 C$139〜	shellhospitality.com

※料金ランク欄のYHはユースホステル

ビクトリア

Victoria 🍁 ブリティッシュ・コロンビア州 🍁 市外局番250　MAP p.38-M

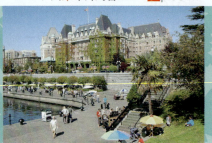

ビクトリアへの交通 ✈バンクーバーからエア・カナダ（AC）で25分。水上飛行機はバンクーバー・ダウンタウンから40分。🚌パシフィック・コーチ・ライン（PCL）でバンクーバーから3時間30分〜4時間（フェリーにバスごと乗り入れ）。

インナー・ハーバーを望むフェアモント・エンプレス・ホテル

ビクトリアの歩き方のヒント▶フェアモント・エンプレス・ホテル前が中心エリア。北はヘラルド通り（Herald St.）、東はダグラス通り（Douglas St.）周辺までホテル、レストランがある。インナー・ハーバー沿いにもホテルが点在している。

街を知る　英国調の香り漂うBC州の州都

ブリティッシュ・コロンビア州の州都ビクトリアは、バンクーバー島の南端に位置する英国風の街だ。古い赤レンガや石造りの建物が残り、インナー・ハーバーにはたくさんのヨットが停泊し、その間をミニフェリーが行き交っている。

美しい観光地である一方、気候が温暖なため、リタイアした人々が好んで住む街でもある。そのせいか、アフタヌーンティーの習慣を今でも大切にする心のゆとりが感じられる。ビクトリア沖にはシャチも回遊しており、都市文化と自然がほどよく調和した、カナダらしい街でもある。

街歩き　中心はインナー・ハーバーバスに乗って郊外へ

ビクトリア空港はダウンタウンの北25kmに位置する。空港からダウンタウンへは、YYJエアポート・シャトルバス（☎778-351-4995）が30分おきに運行。💲片道C$25。

バンクーバーからのバス（PCL）はフェアモント・エンプレス・ホテル裏のバス・ディポに着く。ここからはナナイモ方面行きグレイハウンド・バスも発着する。バンクーバーからの水上飛行機、シアトルからの水中翼船ビクトリア・クリッパー号は、インナー・ハーバーに着く。

街のランドマークは蔦のからまる**フェアモント・エンプレス・ホテル**。ホテル前には❶（インフォメーション）がある。❶には宿泊、食事、アクティビティのパンフレットが揃い、宿泊予約の代行もしてくれる。フェアモント・エンプレス・ホテル前から観光バスは発着する。

街は大きく**インナー・ハーバー**と**ダウンタウン**周辺に分けられ、見どころの州議事堂、ロイヤル・ブリティッシュ・コロンビア博物館などは、インナー・ハーバー沿いにある。

買い物の中心はガバメント通りGovernment St.とワーフ通りWharf St.をはさんだエリアで、ガバメント通りとダグラス通りの間にも店が多い。ガバメント通りの繁華街の終点はチャイナタウンのあるフィスガード通りあたりだ。クレイダーロック城、副総督公邸はダウンタウン東側の住宅街のなかにある。ビクトリアきっての見どころ、ブッチャート・ガーデンは北へ約20kmの郊外にある。ビーコン・ヒル公園の海側から東にシーニック・マリン・ドライブの道が続き、オークベイ通り付近はすてきな住宅街になっている。

パティオ席でのんびり

❶ MAP p.103-A ☎250-953-2033 夏／8:30〜20:30　冬／9:00〜17:00
ビクトリアの市外局番250　※ビクトリアでは市内から市内にかける際も250からプッシュする

見どころ

インナー・ハーバー周辺

インナー・ハーバーを取り囲むダウンタウンの中心地。フェアモント・エンプレス・ホテル前から南北にのびるガバメント通りが目抜き通りで、主な見どころはこの界隈に集中している。徒歩で充分に回れる距離だ。

州議事堂
Parliament Buildings MAP p.103-A

行き方 バス・ディポから徒歩5分

正面にビクトリア女王の銅像が立ち、夜にはライトアップされる州議事堂。建物は5年の歳月と1億円近い建設費をかけて1897年に完成した。設計は公募によって選ばれた25歳の若き建築家フランシス・ラッテンバリー。彼はこのあと、フェアモント・エンプレス・ホテル、バンクーバー美術館（旧裁判所）なども設計した。

住501 Belleville St. ☎250-387-3046 開5月下旬〜9月上旬/9:00〜17:00、9月上旬〜5月下旬の月〜金曜/9:00〜17:00 休9月上旬〜5月下旬の土・日曜 他議会開催中はホールの見学は不可

州議事堂前の芝生でのんびり

ロイヤル・ブリティッシュ・コロンビア博物館
Royal British Columbia Museum MAP p.103-B

行き方 バス・ディポから徒歩3分

州議事堂の東隣にある四角い建物。世界のベスト10に入るという博物館には、州の自然と歴史に関するさまざまなことが、工夫の凝らされた展示によってわかりやすく解説されている。モダン・ヒストリー・ギャラリーでは、開拓時代のオールドタウンを視覚、聴覚、嗅覚を使って疑似体験できる。ナチュラル・ヒストリー・ギャラリーでは、州の自然環境の変化を時代を追って解説している。

博物館の隣にはトーテムポールを収蔵したサンダーバード公園や州最古の建物といわれるヘルムケン・ハウスがあり、一帯は史跡保存地区に指定されている。

住675 Belleville St. ☎250-356-7226 開10:00〜17:00、夏期の金・土曜は〜22:00 休12月25日・1月1日 $おとなC$23、65歳以上と6〜18歳C$17、5歳以下無料

ブリティッシュ・コロンビア州の歴史なら博物館へ

フェアモント・エンプレス・ホテル
The Fairmont Empress Hotel MAP p.103-B

行き方 バス・ディポからすぐ

インナー・ハーバーを正面に見る位置に建つホテル。蔦のからまる外観の美しさはもとより、ダイニングルーム、ロビーホールなど、内装、家具など英国風にまとめられ、古き良き時代のイギリスの伝統と格式を感じさせる。1階のカフェラウンジでいただくアフタヌーンティーは、プチケーキ、サンドイッチ、スコーンなどが付く伝統的なスタイルだ。

住721 Government St. ☎250-384-8111

エミリー・カー・ハウス
Emily Carr House MAP p.102-A

行き方 バス・ディポから徒歩10分

州議事堂の南、閑静な住宅街にあるカナダを代表する画家として知られるエミリー・カー（1871〜1945年）の生家。1863年に建てられた邸宅は、国の史跡にも指定されている。ダイニングルームなど、彼女が住んでいた時代が再現されている。現代アーティストの個展なども随時開かれている。

住 207 Government St. ☎ 250-383-5843 URL www.emilycarr.com 開 11:00〜16:00 休 日・月曜、10〜4月 料 おとなC$6.75、シニア・学生C$5.75、6〜18歳C$4.50

カナダの代表的な画家・作家、エミリー・カーの生家

ビーコン・ヒル公園
Beacon Hill Park MAP p.102-A・B

行き方 バス・ディポから徒歩10分

バス・ディポからダグラス通りを南に歩くと公園入口。75haの園内には手入れの行き届いたバラ園などの庭園、水鳥の遊ぶ池があり、市民の憩いの場になっている。ビーコンとは船に現在地を知らせたかがり火のこと。小高い丘からは、海や遠くアメリカのオリンピック山塊の山並みが望める。ハイキング気分で歩きたい人は公園の南端まで行ってみよう。断崖状になった海岸線に出られ、簡易舗装された遊歩道がどこまでも続いている。また公園の西南端には、カナダ大陸横断国道であるトランス・カナダ・ハイウェイの起点を示すマイルゼロの標識がある。

ビーコン・ヒル公園内の池

ビクトリア Victoria (p.102)

地図記載地名：
- Bay St. / ビクトリアウエスト Victoria West
- ミニフェリー航路 / ノース公園 North Park
- ナナイモへ / Esquimalt Rd / Tyee Rd
- スピナッカーズ・ブリューパブ / ライム・ベイ公園 Lime Bay Park
- ビクトリア駅 / Pembroke St. / ファーンウッド Fernwood
- デルタ・ビクトリア / オーシャン・ポイント・リゾート＆スパ
- Wharf St. / ダウンタウン Downtown / Quadra St. / Cook St. / Begbie St.
- インナー・ハーバー Inner Harbour / Pandra Ave.
- Patricia Bay Hwy. / Johnson St. / イエーツ通り Yates St.
- イン・アット・ローレル・ポイント / ハリスグリーン Harris Green / View St. / Fort St.
- バーブズ・フィッシュ＆チップス / クレイダーロック城 Craigdarroch Castle
- フィッシャーマンズ・ワーフ公園 Fisherman's Wharf Park
- ヘルビル通り / フェアモント・エンプレス・ホテル / Burdett Ave. / ビクトリア美術館 The Art Gallery of Greater Victoria / ロックランド Rockland
- Belleville St. / バス・ディポ
- Montreal St. / Richardson St. / Rockland Ave.
- スーペリア通り Superior St. / Michigan St.
- P.103 / 副総督公邸 Government House
- ジェームス・ベイ James Bay / Oswego St. / Simcoe St. / Arbutus Way / フェアフィールド Fairfield / Oscar Ave. / Moss St. / Richardson St.
- Niagara St. / Cook St. / Oxford St. / Fairfield Rd. / ブルック・セント公園 Brook St. Park
- Menzies St. / メンジーズ通り
- S. Turner St. / Chapman St.
- Government St. / エミリー・カー・ハウス Emily Carr House
- カリメエル通り
- ビーコン・ヒル公園 Beacon Hill Park
- Cambridge St. / Linden Ave. / May St. / Howe St. / Olive St. / ロス・ベイ墓地 Ross Bay Cemetary
- Douglas St. / マイルゼロ・モニュメント / Dallas Rd.

0 — 300m

ダウンタウンとその周辺

インナー・ハーバーの北側にあるチャイナタウンから、南はビーコン・ヒル公園までの一帯がダウンタウン。この地域の東側に広がる辺りは閑静な住宅街で、クレイダーロック城や副総督公邸もこの地域にある。

クレイダーロック城
Craigdarroch Castle MAP p.102-B

行き方 11、14、15番のバス利用

閑静な住宅街にそそりたつお城のような建物は、ナナイモの炭坑の成功で大富豪になったロバート・ダンズミュアが妻のジョアンに贈るために造らせたもの。彼は完成した1890年の前年に亡くなってしまい、妻だけが晩年をここで過ごした。現在では歴史博物館ソサエティが管理。19世紀末に富をかけた建築物のすばらしさが見学できる。

住 1050 Joan Crescent ☎ 250-592-5723 営 6月中旬～9月上旬／9:00～19:00、9月上旬～6月中旬／10:00～16:30 休 12月25日・26日・1月1日 S おとなC$13.95、学生C$8.95、子どもC$5

副総督公邸
Government House MAP p.102-B

行き方 11、14、15番のバス利用

高級住宅街ロックランド地区にあるビクトリア女王の代理を務めるBC州副総督の公邸。ビクトリア美術館へも近い。公邸内を見学することはできないが、遠くに海を望む庭園やバラ園などが一般公開されている。

住 1401 Rockland Ave. ☎ 250-387-2080 営 日の出～日没 休 無休 S 無料

庭が一般公開されている副総督公邸

ビクトリア

ビクトリア郊外

ブッチャート・ガーデン
The Butchart Gardens MAP p.101

行き方 75番のバス利用所要40分

　庭や花の好きな人には見逃せない場所。ブッチャートとは採掘所の経営者の名前で、この庭園はその夫人のアイデアから生まれたものだ。約20haある内部は、サンクン・ガーデン、バラ園、イタリア庭園、日本庭園などに分かれ、四季折々の花が見られる。なかでも人気があるのは石灰岩の採掘跡を利用して造られた、沈んだ庭という意味のサンクン・ガーデン。色とりどりに植えられた花と緑が調和し、立体感のある庭になっている。園内は急いで回っても1時間ほどかかる。夏の夜にはイルミネーションや花火が打ち上げられ、冬、クリスマスシーズンには、ライトアップされた庭園もロマンチックだ。

📍800 Benvenuto Ave. Brentwood Bay ☎250-652-4522 開開園9:00は年間共通。閉園時間は季節、行事によって変更。閉園は1月上旬〜2月は15:30、3月は16:00、4月〜6月中旬と9月中〜下旬は17:00、6月中旬〜9月上旬は22:00、9月上〜中旬は21:00、10月は16:00、11月は15:30、12月上旬〜1月上旬は21:00 💲おとなC$31.45、13〜17歳C$15.75、子ども（5〜12歳）C$3。季節により割引あり

（左）フジの花が満開／（上）春はシャクナゲも見事／（下）花の質問はインフォメーション・センターへ

◦とっておき情報

ミニ・フェリーに乗って、フィッシュ&チップスを食べに行こう

　インナー・ハーバーの桟橋からビクトリア湾の18ヵ所を結び、ハーバー・フェリーが就航している（💲おとなC$5〜）。かわいらしい船に乗って、フィッシャーマンズ・ワーフ公園に行ってみよう。途中、港のボードウォーク沿いには、フローティングハウス（浮き家）があったり、漁船やヨットなど、絵になる被写体がいっぱいだ。
　フィッシャーマンズ・ワーフ公園には、フィッシュ&チップスを売る店やアイスクリーム屋などがオープン。フィッシュ&チップスならBarb's Fish & Chips MAP p.102-A 営3〜10月 ☎250-384-6515）がおすすめ。フィッシャーマンズ・ワーフ公園へは、インナー・ハーバー沿いに歩道も付けられ、

これがミニ・フェリー

バーブズBarb'sのフィッシュ&チップスを

徒歩でも15〜20分ほどで着ける。ちなみにミニ・フェリーをもっと楽しみたければ、ハーバー・ツアー（所要45分、💲おとなC$25）やゴージュ・クルーズ（所要1時間、💲おとなC$26）もあるので、ぜひお試しを！
■ビクトリア・ハーバー・フェリー
☎250-708-0201
URL victoriaharbourferry.com

Tour & Activity

■市内観光

ビッグバス・ビクトリア
Big Bus Victoria
🏠811 Government St. ☎250-389-2229
🔗bigbusvictoria.com

「ホップ・オン・ホップ・オフ・ビクトリア観光ツアー」という乗り降り自由の観光バス。市内各所の見どころを英国風の赤いバスで巡る。自由に乗降できるので足代わりとなる。ブッチャート・ガーデンは含まれていない。
営5月1日〜9月30日 ⑤1日ツアーバス/おとなC$32、6〜12歳C$19、2日間バス/おとなC$39、6〜12歳C$21

同様のホップ・オン・ホップ・オフ・バスは、CVS Sightseeingでも催行している。
CVS Sightseeing ☎250-386-8652 🔗www.cvstours.com

■キャリッジ・ツアー

タリー・ホ・サイトシーイング・カンパニー
Tally Ho Sightseeing Company
🏠1960 White Rd., Saanichton ☎250-514-9357

州議事堂からジェイムズ・ベイ周辺を馬車で巡るツアーやウォーターフロントへ行くツアーなど。ベルビュー通りとメンジス通りの角発。通年催行。
⑤15分のジェイムズ・ベイC$55、30分のウォーターフロントC$100

■ホエール・ウォッチング

プリンス・オブ・ホエールズ
Prince of Whales
🏠812 Wharf St. ☎1-888-383-4884

ビクトリアの沖合で夏のみ催行のシャチ・ウォッチングツアー。途中、海鳥のコロニーなども見学する。トイレ付き全天候型ボートと防水スーツを着て乗るゾディアック型ボートの2種類のツアーがある。所要3時間。
営4月〜10月に催行。夏は毎日、9:00〜15:30の間に3回インナー・ハーバーのアドベンチャー・センター前を出発する。それ以外の季節は上記に問い合わせを
⑤全天候型ボートひとりC$115、ゾディアック型ボートひとりC$115。要予約

■レンタバイク＆レンタ・スクーター

サイクルBC・レンタルス
Cycle BC Rentals
🏠685 Humbolt St. ☎250-380-2453または1-866-380-2453 🔗www.cyclebc.ca

自転車のほか、スクーターやモーターバイクのレンタルも行っている。
開9:00〜17:00 ⑤自転車レンタルは種類によって料金が違うが、1時間C$7〜、1日C$28〜。スクーターは、1時間C$30〜、1日C$85〜。スクーター・レンタルやモーター・バイク・レンタルには国外免許証が必要

■ビクトリアの日系旅行会社

ノーマンツアーズ (Norman Tours)
☎250-380-1400 🔗www.normantours.com

〇とっておき情報

街を離れて
シーニック・マリン・ドライブへ

大海原を望むビクトリア。歴史深い都市にいながら、雄大な自然と隣り合わせで暮らすこの街の魅力は、街中の観光地にとどまらない。

そこで夏は、人でいっぱいのダウンタウンを抜け出し、海岸線をドライブしてみてはどうだろう。シーニック・マリン・ドライブは、ビクトリアの海岸線の風景を楽しむドライブルート。

ビーコン・ヒル公園の南から海沿いに東、さらに北へ向かう。途中内陸部に入り少々わかりにくい箇所もあるが、最終的にはコルドバ・ベイ通りCordova Bay Rd.を経て17号線に出る。海風はさわやかで眺めも最高だ。

シーニック・マリン・ドライブから望む西海岸

海沿いの道から外れて、オーク・ベイ・アベニューあたりで買い物するのも楽しい。ユニークなクラフトの店があったりする。オーク・ベイ・マリーナではよくシール（アザラシ）の姿が見られるし、マリーナ・レストラン（ MAP p.101 ☎250-598-8555、営11:30〜14:30、17:00〜21:00）があり、おいしいシーフードが食べられる。

ビクトリアの市外局番☎250 ※ビクトリアでは市内から市内にかける際も250からプッシュする

ショッピングの中心は、イートン・センターのあるガバメント通り（Government St.）。小物を探すならマーケット・スクエアやチャイナタウンにも出かけてみよう。

Shops

バス・ディポから徒歩3分／クラフト＆アクセサリー
ロイヤル・ブリティッシュ・コロンビア博物館ショップ Royal British Columbia Museum Shop

博物館のショップには、バンクーバー島を中心にBC州から集められたアーティストのクラフト作品が豊富に揃っている。海草を使った手作りのカードや色鮮やかなスカーフなどはお土産にもよさそう。収益金は博物館のイベントやプログラムに役立てられている。

MAP p.103-A
- 675 Belleville St.
- 250-356-0505
- www.royalbcmuseum.bc.ca
- 10:00～17:00
- 12月25日、1月1日
- カード$10～、スカーフ$50～

バス・ディポから徒歩15分／ショッピングセンター
マーケット・スクエア Market Square

約35のレストランやショップが集まるオールド・タウンの一画にある建物は、1800年代の後半に建設された歴史あるものだ。ベジタリアン・レストラン、ジュエリー・ショップなど個性的な店が揃っている。中庭では通年、コンサートなどのイベントが開催される。

MAP p.103-A
- 560 Johnson Street,
- 250-386-2441
- www.marketsquare.ca
- 店によって異なる
- 店によって異なる

バス・ディポから徒歩15分／衣服・コスメ
ヘンプ＆カンパニー Hemp & Company

天然素材の麻を使ったシャツやスカートのオリジナル商品のほか、肌に優しいクリームやボディ・オイル、香りの良いバス・ソルトなどを置いている。麻のシャツは着れば着るほど肌に馴染み心地よく、落ち着いた色合いも自然派の人の好みに合いそう。

MAP p.103-A
- 1312 Government St.
- 250-383-4367
- www.hempandcompany.com
- 10:00～18:00（木・金曜～21:00、日曜11:00～17:00）
- 無休
- TシャツC$39～、長袖シャツC$85～

バス・ディポから徒歩5分／チョコレート
ロジャーズ・チョコレート Rogers' Chocolates

ビクトリア生まれで、100年以上伝統の味を守り続けているチョコレート専門店。人気は20種のフレーバーがある丸いビクトリア・クリームと、四角いチョコレート・アーモンド・ブリトル。バラ売りもしているのでいろいろ買って試してみたい。

MAP p.103-A
- 913 Government St.
- 250-881-8771
- 夏10:00～22:00、冬月～金曜10:00～19:00、土・日曜～20:00
- 12月25日、1月1日
- ビクトリア・クリームC$2.79～
- 日本への配送可能

バス・ディポから徒歩7分／紅茶、コーヒー
マーチーズ Murchie's

地元の人もご愛用の紅茶とコーヒーの専門店。エンプレス・ホテルのアフタヌーンティーとして使用されていたブレンドなど数多くの種類がある。店の半分はセルフサービスのカフェになっているので味見がてら休憩するのもいい。

MAP p.103-A
- 1110 Government St.
- 250-383-3112
- 9:00～18:00、カフェは日曜8:00～
- 無休
- マーチーズ・アフタヌーン・ブレンドC$23.95～、50個入りティーバッグC$14.50

ビクトリアの市外局番 250　※ビクトリアでは市内から市内にかける際も250からプッシュする

伝統的な店や現代的な味覚を追求する店など、レストランはバラエティに富んでいる。ガバメント通り、ワーフ通り周辺はもとより、州議事堂から西にも隠れた名店があるので探してみよう。

料金ランク
A C$40以上
B C$30〜
C C$20〜
D C$10〜
E C$10未満

Restaurants

バス・ディポから徒歩15分／イタリア料理 D
イル・テラッツォ・リストランテ　Il Terrazzo Ristorante

少しわかりにくい路地の奥にあるレストラン。料理は、シーフードを使ったオリジナルメニューをはじめパスタやピザ、リゾットなど。ピザは、トマト、バジル、マルガリータなどがあり、すべて店のキッチンの窯で焼かれている。

MAP p.103-A
- 555 Johnson St. off waddington Alley
- 250-361-0028
- www.ilterrazzo.com
- 月〜木曜11:30〜15:00、17:00〜22:00、金曜11:30〜15:00、17:00〜22:30、土・日曜17:00〜22:00
- 無休
- ピザC$16〜

バス・ディポから徒歩10分／シーフードとステーキ C
ハーバー・ハウス　Harbour House

インナー・ハーバー沿いの道から少し入った閑静な住宅街にあるエレガントな雰囲気の店。自慢のシーフードとステーキはもちろん、つけあわせの野菜もおいしい。ワインを飲みながらゆったりとディナーを楽しみたい。チョコレートムースなど自家製デザートも人気。

MAP p.103-A
- 607 Oswego St.
- 250-386-1244
- www.victoriaharbourhouse.com
- 16:30〜23:00
- 無休
- ニューヨーク・カット・ステーキC$29〜、レインボートラウトC$23、サーモンC$26

バス・ディポから徒歩15分／朝食・カフェ D
ブルー・フォックス・カフェ　The Blue Fox Cafe

ランチ時には行列ができるほどの人気店。卵、ベーコン、トーストなどの朝食メニューが1日中、注文可能。トルティーヤの皮で具材を包んだケサディラQuesadillaには、ポテトフライかサラダが付き、ボリューム満点。店内にはアートが飾られ、フレンドリーな雰囲気。

MAP p.103-B
- 919 Fort St.
- 250-380-1683
- www.thebluefoxcafe.com
- 月〜金曜7:30〜16:00、土・日曜8:00〜15:00
- 無休
- 朝食セットメニューC$10〜、エスプレッソC$3〜、ケサディラC$13〜

バス・ディポから徒歩10分／ハンバーガー D
ピンク・バイシクル　The Pink Bicycle

バンクーバー島の契約農場で飼育された牛、ラムなどの肉を使った、人気のバーガー店。レタスやトマトなどの野菜たっぷりで、大口をあけてかめば、肉汁がジュワッと口に広がる。ポテトフライ、スープ、サラダのうちひとつを付けられる。テイクアウトもできる。

MAP p.103-B
- 1008 Blanshard St.
- 250-384-1008
- www.pinkbicycleburger.com
- 11:30〜21:00
- 日曜
- チーズ・ビーフ・バーガーC$12.50、ブルー・チーズ・ラム・バーガーC$15.50

バス・ディポから徒歩15分／シーフード D
フェリス・オイスター・バー&グリル　Ferris' Oyster Bar & Grill

ガバメント通りから1歩入った古めのビル。1階がフェリス・グリルで、高い天井とレンガ壁の雰囲気ある内装で落ち着ける。2階がオイスター・バーで、新鮮なカキやシーフードの味わえるレストランになっている。生ガキのほか、カキフライもぜひ味わいたい。

MAP p.103-A
- 536 Yates St.
- 250-360-1824
- www.ferrisoysterbar.com
- 月曜11:30〜22:00、火〜土曜11:30〜23:00、日曜9:00〜23:00、2階にあるオイスター・バーは毎日17:00〜
- 無休
- 前菜C$7〜、カキフライC$9〜

ビクトリア　ショップ／レストラン

Restaurants

バス・ディポから徒歩15分／紅茶 D

ジェイムス・ベイ・ティー・ルーム James Bay Tea Room

MAP p.103-A

州議事堂から住宅街を歩いて7、8分の、静かな住宅街にある小さな白い家のレストラン。散歩の途中に立ち寄るのにちょうどよい。クリームとジャム付きのホームメイド・スコーンとフルーツ・スライスのティーセットメニューが人気。

- 332 Menzies St.
- 250-382-8282
- 月～土曜7:00～16:00、日曜8:00～16:00
- 無休
- ティーセットメニュー小C$11、大C$20

ビクトリアはビールが美味しい街。随所に漂うイギリスの香りは街並みだけではなく、その食や酒など、ライフスタイルにも染みついているようだ。街中には伝統的なイギリス風パブやアイリッシュ・パブ、独自の醸造所を持つパブなどがたくさんある。エールやラガーなどその種類も豊富だ。中心となる場所はワーフ通りとダグラス通りの中間辺り。カナダの海でとれた魚介類をつまみに、イギリスとカナダがとけ合った食文化を楽しみたい。

Night Spots

バス・ディポから車で5分またはインナー・ハーバー・ミニフェリーで5分／地ビール

スピナッカーズ・ブリューパブ Spinnakers Brewpub

MAP p.102-A

港を見渡す絶好の場所に立つ地ビールのブリューパブ。併設のビール工場で作られるビールは約10種類。地元で採れるラズベリーを使ったラズベリー・エールなど季節のビールもある。食事にも力を入れ、オーガニックの地元の食材を使い、幅広いメニューが揃う。

- 308 Catherine St.
- 250-386-2739または1-877-838-2739
- www.spinnakers.com
- 日～木曜11:30～23:00、金・土曜～1:00AM
- 無休
- インディアン・ペール・エールC$7（パイント）

バス・ディポから徒歩10分／パブ

スワンズ・パブ Swans Pub

MAP p.103-A

花で飾られたスワンズ・ホテルの中にあるパブ。朝から晩までいつ訪れても賑わっている。自家製ビールは、パンドラ・ペール・エールをはじめ数種類ある。メニューは、バーガー、パスタ、ピザ、サーモン・ディナーなど幅広く揃い、小腹を満たすこともできる。

- 506 Pandora Ave.
- 250-361-3310
- www.swanshotel.com
- 月～水曜11:30～1:00AM、木・金曜～2:00AM、土曜9:00～2:00AM、日曜9:00～24:00
- 無休
- バーガーC$11～17、サーモン・ディナーC$18

バス・ディポから徒歩7分／パブ

アイリッシュ・タイムズ・パブ Irish Times Pub

MAP p.103-A

ガバメント通りとバスチョン・スクエアの角にある、石造りの建物を利用したパブ。内部は2階建てで、バーカウンターも重厚な造りだ。夏には外にパティオ席もオープンする。毎日、アイリッシュ音楽のライブ演奏が楽しめる。

- 1200 Government St.
- 250-383-7775
- www.irishtimespub.ca
- 月～土曜11:00～1:00AM、日曜～24:00
- 無休
- ランチC$13～、シーザーサラダC$11

ビクトリアの市外局番 250 ※ビクトリアでは市内から市内にかける際も250からプッシュする

主なホテルはインナー・ハーバー沿いの、とくに州議事堂の先に集中している。ダグラス通り、フンボルト通り、ワーフ通りあたりのホテルも見どころの見学や、買い物、食事にも便利だろう。

料金ランク
A C$300以上
B C$200〜
C C$130〜
D C$70〜
E C$70未満

Hotels

バス・ディポからすぐ A
フェアモント・エンプレス・ホテル　The Fairmont Empress Hotel

MAP p.103-B

インナー・ハーバーの目の前に建ち、ビクトリアのシンボルとなっている、蔦のからまるホテル。ダイニングルームやティーラウンジだけの利用もでき、優雅な気分に浸れる。レセプションはホテル北側にある。人気のアフタヌーンティーは、1階南側のデスクで予約可。

721 Goverment St.
250-384-8111
Fax 250-381-4334
URL www.fairmont.com/empress
477室
S T C$349〜、オフシーズン割引あり
無料予約 1-866-540-4429（北米内）

バス・ディポから徒歩15分 B
イン・アット・ローレル・ポイント　Inn at Laurel Point

MAP p.103-A

岬の先端に建つ眺めのいいホテル。ラウンジのクック・ランディングは、カクテルなどを飲みながら、ハーバーを行く船や港の夕景を見るのに最高のスポットだ。インドア・プール、サウナ、ジャクージなどの施設も揃っていて、ゆったりくつろげる。

680 Montreal St.
250-386-8721
Fax 250-386-9547
URL www.laurelpoint.com
200室
S T C$194〜369、オフシーズン割引あり
無料予約 1-800-663-7667（北米内）

バス・ディポから車で5分 B
デルタ・ビクトリア・オーシャン・ポイント・リゾート&スパ　Delta Victoria Ocean Point Resort & Spa

MAP p.103-A

眺望、施設とも文句なしの高級ホテル。ロビーからライトアップされた州議事堂を正面に遠望できる。部屋も広く、味とサービスで評判のレストランが2つある。テニスコート、フィットネスクラブ、屋内プールなど施設も充実している。

100 Harbour Rd.
250-360-2999
Fax 250-360-1041
URL www.deltahotels.com
239室
S T C$259〜、オフシーズン割引あり
無料予約 1-888-890-3222（北米内）

109　ビクトリア　レストラン／ナイトスポット／ホテル

ホテル名	料金ランク	地図位置	住所・電話（市外250）	部屋数・料金	URL www.
マグノリア・ホテル＆スパ Magnolia Hotel & Spa	B	p.103-B	623 Courtney St. 250-381-0999	64室 S T C$239〜	magnoliahotel.com
ベスト・ウエスタン・カールトン・プラザ Best Western Carlton Plaza	C	p.103-B	642 Johnson St. 250-388-5513	103室 S T C$159〜	bestwesterncarltonplaza.com
ハンティンドン・マナー Huntingdon Manor	C	p.103-A	330 Quebec St. 250-381-3456	115室 S T C$129〜339	huntingdonmanor.com
ハーバー・タワーズ・ホテル＆スイート Harbour Towers Hotel & Suite	D	p.103-A	345 Quebec St. 250-385-2405	196室 S T C$115〜310	harbourtowers.com
デイズ・イン・オン・ザ・ハーバー Days Inn On the Harbour	D	p.103-A	427 Belleville St. 250-386-3451	71室 S T C$98〜227	daysinnvictoria.com
シャトー・ビクトリア Chateau Victoria	C	p.103-B	740 Burdett Ave. 250-382-4221	177室 S T C$175〜	chateauvictoria.com
ストラスコナ Strathcona	D	p.103-B	919 Douglas St. 250-383-7137	72室 S T C$110〜	strathconahotel.com
リアルト Rialto	C	p.103-B	653 Pandora Ave. 250-383-4157	40室 S T C$156〜275	hotelrialto.ca
ホステリング・インターナショナル・ビクトリア Hostelling International Victoria	YH	p.103-A	516 Yates St. 250-385-4511	110beds C$24〜93	hihostels.ca

※料金ランク欄のYHはユースホステル

ナナイモ

Nanaimo 🍁 ブリティッシュ・コロンビア州 🍁 市外局番250　MAP p.38-M

ナナイモへの交通　🚌ビクトリアからグレイハウンドで約2時間。バンクーバーからグレイハウンドで約3時間30分。⛴ホースシュー・ベイからBCフェリーで1時間40分。トゥワッセンからBCフェリーで2時間。

ヨットが係留されているナナイモハーバー

ナナイモの歩き方のヒント▶東は海沿いのフロント通り、西はVIAの鉄道駅、北はマフェオ・サットン公園、南はナナイモ博物館あたりが市内の中心。東西、南北とも約1km。

街を知る　漁船とヨットが並ぶバンクーバー島の港町

　人口8万3000人のバンクーバー島第二の町、ナナイモ。各方面にフェリーが発着し、マリーナにはたくさんのヨットが係留されている。夏にはサーモン漁に出かける船も多く、船上でとれたての魚介類が売られる明るい港町だ。また、個人でヨットをもつ人が多く、マリーナ・リゾートという一面もある。

　豊かな自然にも恵まれ、自然公園も多く、釣り、カヌー、スキューバダイビングなどのアウトドア・アクティビティも盛んだ。ナナイモから北に向かえば、サーモン漁で有名なキャンベル・リバー、西には美しい海岸線で名高いロング・ビーチがある。ナナイモはバンクーバー島を旅する出発点だ。

街歩き　港町の風情を味わいつつ街は徒歩で散策

　BCフェリーは、ホースシュー・ベイHorseshoe Bay発はディパーチャー・ベイDepature Bayに、トゥワッセンTsawwassen発はデューク・ポイントDuke Pointに着く。いずれも市内の中心から離れている。市バスは本数が少ないので、タクシーが便利。

　バンクーバーやビクトリアからのバスが発着するバス・ディポはディパーチャー・ベイのフェリーターミナルにある。市内の範囲は狭いので、ほとんど徒歩で回ることができる。

　市内には歴史散歩を兼ねたウォーキングコースが3本あり、ナナイモ博物館などで地図を手に入れられる。❶（インフォメーション）は19号線沿い（🏠2450 Northfield Rd.）にあり、町の中心から離れている。夏期は、フロント通りのバスチョン前に臨時❶がオープンする。

　バス・ディポからコモックス通りを海へと向かうと、ニューキャッスル島への船が発着する公園があり、ここから港沿いに歩道が続く。港の雰囲気を楽しみつつ散策を楽しむのもナナイモならではの味わい方のひとつだ。

　フロント通りFront St.を行くと右手にフランシス・ラッテンバリーの設計した裁判所、バスチョン通りBastion St.の角に夏のみ見学できる砦跡バスチョンがある。ナナイモ博物館はバンクーバー・アイランド・コンファレンスセンター内にある。

　バスチョン通りを山側に向かうとすぐに飲食店、銀行、店が並ぶ町の中心であるコマーシャル通りCommercial St.、チャーチ通りChurch St.と交差する。さらにフィッツウィリアム通りFitzwilliam St.をまっすぐ上ると、ナナイモでもっとも賑いを見せるショッピング・エリア、オールド・シティ・クオーターOld City Quarterに着く。

　小さなショッピングモールのようなエリアには、おしゃれなレストランやカフェなどが集まっている。雑貨や小さなブティックなども並んでおり、週末にもなると多くの人で賑わう。こぢんまりとしているが、ちょっと覗きながら歩くのにいいだろう。ここからセルビー通りSelby St.を左に曲がるとVIAのナナイモ駅がある。

ナナイモの市外局番☎250　※ナナイモでは市内から市内にかける際も250からプッシュする
❶ 📞1-800-663-7337　📅5月上旬～9月上旬／金～月曜9:00～17:00、火～木曜10:00～15:00　🚫9月上旬～5月上旬

見どころ

バスチョン
The Bastion

行き方 バス・ディポから徒歩10分

　八角形の灯台のようなこの建物は、ハドソン・ベイ・カンパニーによって1853年に造られたもので、倉庫を兼ねた非常時の砦だった。今では街のシンボル。ウォーキングコースの起点ともなっている。

☎250-753-1821（ナナイモ博物館）開5月下旬〜9月上旬10:00〜15:00 ⑤寄付金程度

大砲が海の方を狙っている

ナナイモ博物館
Nanaimo Museum

行き方 バス・ディポから徒歩15分

　ナナイモの歴史を紹介している。ナナイモ周辺に住んだネイティブ・カナディアンに関する展示と、1854年から1953年に閉山になるまでナナイモの重要産業だった炭坑の歴史などを紹介している。上記のバスチョンはこの博物館が管理している。

住100 Museum Way ☎250-753-1821 開5月下旬〜9月上旬／10:00〜17:00　冬／月〜土曜10:00〜17:00 休9月上旬〜5月下旬の日曜 ⑤おとなC$2、学生と60歳以上C$1.75、子ども75¢

ナナイモ博物館の入ったビル

オールド・シティ・クオーター
The Old City Quarter

行き方 バス・ディポから徒歩20分

　VIAのナナイモ駅があるセルビー通りやフィッツウィルアム通りは、18世紀末頃は活気ある商店街だった。現在そこにいくつも新しい店やカフェができ、ブティックや靴屋、陶器屋、ガラス製品、手作り家具などのクラフトショップなどの店が集まるおしゃれなショッピングエリアとなっている。

最近注目のオールド・シティ・クオーター

ニューキャッスル島
Newcastle Island

行き方 フェリーで10分

　ナナイモのすぐ向かいの島で、全島が州立公園に指定されている。島へはフェリーで渡れる。
　島1周は徒歩約2時間30分。海水浴にいい砂浜カナカ・ベイなどの見どころがある。自然が豊かで、散策中にシカ、ビーバー、ラッコ、アライグマなどに出合えるチャンスもあるかもしれない。

ナナイモ・ハーバー・フェリー ☎1-877-297-8526 営7月下旬〜9月上旬運航。ナナイモ側を9:00〜20:30の30分おき、ニューキャッスル島側を9:15〜20:45の30分おきに運航 ⑤往復おとなC$9、子どもC$6

ニューキャッスル島へのフェリー乗り場

カムループス

Kamloops 🍁 ブリティッシュ・コロンビア州 🍁 市外局番250 MAP p.39-I

> **カムループスへの交通** ✈バンクーバーからエア・カナダ（AC）で1日5〜7便、約50分。🚆VIAが週3便運行、バンクーバーから8時間30分。🚌グレイハウンドがバンクーバーから1日5本、約5時間。バンフから1日4本、約7時間5〜50分。

サウス・トンプソン川を望む

カムループスの歩き方のヒント▶市街中心部はサウス・トンプソン川の南側、東西1.2km、南北600mと広くない。バス・ディポ、観光案内所、モーテル街は市街南部のハイウェイ1号線沿いにあり、鉄道駅のある中心部から約3km、タクシーで10分近くかかる。

街を 毛皮交易で開拓された
知る 先住民文化が残る町

　カムループスはロッキーの西側にある町のなかでも、交易や開拓の重要な場所として栄えてきた。南北両トンプソン川がここで合流し、さらに別の流れに合流してフレーザー川となって350km下流のバンクーバーで太平洋へ注ぐ。そんな地理的条件から1800年代初頭の毛皮交易や、1850年代のゴールドラッシュでは欠かせない交易地となった。だが1885年の大陸横断鉄道開通で、荷物の交易地としての役目を終え、以降、林業と鉱業を主産業とする。

　カムループスは年間の日照時間が2000時間を超える天候の良い土地で、古くから先住民のシュスワップ族が冬の居留地にしていた。今も郊外には先住民保護区が広がり、彼らの文化と歴史を伝える博物館や催しが行われている。

街 サウス・トンプソン川沿いが中心地
歩き バス・ディポや空港へは車で

　町並みはサウス・トンプソン川の南に沿うように横長に広がっている。メインストリートはビクトリア通りVictoria St.で、銀行や商店、レストラン、博物館や美術館が並んでいる。これに直角に交差する通りには西から順に1番通り1st Ave.、2番通り2nd Ave.と名付けられているため、初めての旅行者にもわかりやすい。

　空港は中心地からは北西、サウス・トンプソン川を渡った反対側にあり、タクシーで約20分、C$20程度。VIAカムループス駅は、町の中心部にあるが、列車はバンクーバーから水・土・月曜の週に3便で、未明の2時ごろに到着する。バス・ディポは南西の1号線近くにあり、駅からタクシーで10分近くかかる。

見どころ

カムループス博物館
Kamloops Museum & Archives MAP p.113-A
行き方 VIA駅から徒歩10分

　カムループスの自然と人間との関わりを写真や新聞などの資料でたどる博物館。先住民の暮らしやゴールドラッシュの様子がわかる。

🏠207 Seymour St. ☎250-828-3576 **開**火〜土曜9:30〜16:30、資料室は火〜金曜13:15〜16:00 **休**日・月曜、祝日 💲おとなC$3、18歳以下C$1

この地の象徴トラウト（マス）

カムループスの市外局番☎250 ※カムループスでは市内から市内にかける際も250からプッシュする
❶ MAP p.113-B ☎250-374-3377 **営**5月下旬〜8月／8:30〜18:00、9月〜5月下旬／9:00〜17:00 **休**夏期以外の土・日曜

Shops

サープラス・ハービーズ
Surplus Herby's MAP p.113-B

トラウト（マス）フィッシングで有名なカムループス。地元の人が釣り情報を聞きに行く店。寝袋や懐中電灯などのキャンプ用品、釣り用品、USアーミーの迷彩色の衣服などを揃え、アウトドア好きなら掘り出しものが見つかるかも。店はサウス・トンプソン川を渡ったノース・カムループスにある。

- 248 Tranquille Rd.
- 1-800-665-4533
- www.surplusherbys.com
- 月～木・土曜9:00～17:30、金曜～21:00、日曜10:00～17:00
- 12月25日、1月1日
- 釣り用ベストC$70～、フライ・セットC$10～

Restaurants

オリエンタル・ガーデンズ
Oriental Gardens MAP p.113-A

店構えは中国風だが、店内に一歩入ると、お座敷もあり、和風の雰囲気も漂っている。メニューも各種中国料理と和食の両方が楽しめる。値段も手ごろで味もいいので、和食が恋しくなったら訪れてみるのもいいだろう。メニューは、焼き鳥、揚げ出し豆腐などの前菜から、天ぷら、寿司、照り焼きビーフまで。

- 545 Victoria St.
- 250-372-2344
- 17:00～22:00、金・土曜～23:00

チャプターズ・ビューポイント
Chapters Viewpoint MAP p.113-A外

コロンビア通りのパノラマ・インの横から入った場所にある眺めもいいレストラン。トンプソン川を見下ろしながら食事が楽しめるとあって、地元では誕生日のパーティーなどによく利用されている人気店だ。メニューはステーキやパスタのほかメキシコ料理も食べられる。

- 610 W.Columbia St.
- 250-374-3224
- 7:00～22:00（2016年2月現在休業中）

Hotels

ハンプトン・イン・バイ・ヒルトン・カムループス
Hampton Inn by Hilton Kamloops MAP p.113-A外

高台にあり、カムループスの市街が一望できる眺望のよさが魅力。旅行のホームページでカムループス・エリアでNo.1に輝いた人気ホテル。無料ワイヤレス・インターネット（Wi-Fi）、朝食付き。ホテル内にプールやフィットネス・ルームがあり、快適なステイが期待できそうだ。

- 1245 Rogers Way
- 250-571-7897
- 1-250-571-7896
- www.hamptoninn3.hilton.com
- 81室
- S T C$150～210

113　見どころ　カムループス

ケロウナ

Kelowna 🍁 ブリティッシュ・コロンビア州 🍁 市外局番250　**MAP** p.39-N

ケロウナ（オカナガンバレー）への交通
✈ エア・カナダ（AC）、ウエスト・ジェット（WS）で、バンクーバーから1日約10便、カルガリーから1日約7便。約1時間。
🚌 グレイハウンドがバンクーバーから1日4本、約5時間〜7時間25分。

オカナガン湖を望む

ケロウナの歩き方のヒント▶ オカナガンバレーは南北約135kmのオカナガン湖に面するリゾート地。北からヴァーノン、ケロウナ、ペンティクトンの3つの町が並び、ケロウナはなかでも最大の町。

街を知る　フルーツの香り漂う湖畔のリゾート

オカナガンバレーはバンクーバーとロッキーの中間にあたり、中心となる町はケロウナだ。バンクーバーから車で4時間ほどの距離で、バンクーバー市民にはポピュラーな観光地だ。年間を通じて雨が少なく気候が温暖なため、ブドウやモモなどの果物栽培に適している。今ではカナダを代表するワインの産地として知られている。

オカナガンバレーの中心を成すオカナガン湖は南北135kmもの巨大な湖だ。

湖畔沿いには、先住民のサリー族が住んでいたが、1860年にカトリックの宣教師がやって来たのを皮切りに、白人入植者が押し寄せ、開拓によって、オカナガン一帯は放牧地へと姿を変えた。さらに、ゴールドラッシュや大陸横断鉄道の開通により、主産業はタバコの葉栽培へと替わり、やがて今日の果樹栽培とワイン産業の時代を迎えた。風光明媚な土地と温かい湖水を利用したウォータースポーツやゴルフなどの観光業も盛んだ。今ではケロウナだけで12万2000人もの人が住んでいる。

街歩き　ドライブやツアーでワイナリー巡りを楽しもう

オカナガン湖に沿って北からヴァーノン、ケロウナ、ペンティクトンの3都市が並んでいる。観光には交通の便利なケロウナを中心にして、ペンティクトンやヴァーノンへ向かうのが一般的。両都市へはケロウナの中心部からバスが出ている。ペンティクトンへは、バンクーバーから飛行機の便もある。

バンクーバーからケロウナへは航空便もあるが、バスやレンタカーでの旅が楽しい。アメリカ合衆国との国境沿いを、ほんの少しだが、大河フレーザー川に沿って東へ向かうのはワクワクする経験だ。ケロウナへは国道1号線、5号線、97号線を経由して約400km、4時間強のドライブとなる。

オカナガンバレーの中心地ケロウナは、湖畔に政治や経済の機能を持つ施設が集中し、市庁舎もこのエリアにある。リゾートホテルやレストランも周辺に多い。見どころの筆頭はオカナガン湖、そして次は、湖畔に点在するワイナリーだろう。

ケロウナ空港は市街中心部から国道97号線で北へ約15km、車で15分の距離にある。長距離バス・ディポはその途上、市街中心部から約3kmのレイキー通りLeckie Rd.にある。

オカナガン湖岸のビーチ

ワインショップでテイスティングを

オカナガンの市外局番☎250　※オカナガンでは市内から市内にかける際も250からプッシュする
ケロウナ市 ℹ MAP p.115-A　🏠 544 Harvey Ave., Kelowna　☎ 250-861-1515　🕘 9:00〜18:00

見どころ

ワイナリー巡り
Winery Tour

行き方 ケロウナ市街から約10〜20km

　カナダ・ワインの代表的な産地であるオカナガンには全体で100カ所以上、ケロウナだけでも15カ所ほどのワイナリーがあり、ワイナリー巡りはオカナガン観光の目玉となっている。ワイナリーは郊外にあるが、観光案内所に地図やパンフレットが揃っているので、レンタカーを借りて巡るのがいい。夏期にはワイナリーツアーも行われているので、観光案内所などで聞いてみよう。ワインの製造過程を見るツアーやワインの試飲を楽しみたい。レストランが併設されているワイナリーも多く、土地の味覚も楽しめる。9月下旬〜10月上旬にはワインフェスティバルが開かれる。

○クエイルズ・ゲイト・エステート・ワイナリー
Quail's Gate Estate Winery **MAP** p.115-A

　湖を見下ろす高台に広がる人気のワイナリー。テイスティング・ルームのほか、レストランもある。6月下旬〜9月上旬は11:00〜17:00の間に4回、それ以外は1日3回（冬はのぞく）、見学ツアーがある。

住 3303 Boucherie Rd. **☎** 250-769-4451 **URL** www.quailsgate.com **営** 6月下旬〜9月上旬／9:30〜20:00、5月〜6月下旬と9月上旬〜10月上旬／10:00〜19:00、10月上旬〜4月／10:00〜18:00 **休** 12月25・26日、1月1日

○ミッション・ヒル・ファミリー・エステート
Mission Hill Family Estate **MAP** p.115-A

　カナダ全土にその名を知られる有名ワイナリー。湖を眼下に望む高台に建つ建物はヨーロッパの教会を思わせる。ワインセミナー、テイスティングなどを随時開催。庭にあるテラス風レストラン（5〜10月）もおしゃれな佇まいだ。

住 1730Mission Hill Rd. **☎** 250-768-6498 **URL** www.missionhillwinery.com **営** 夏／9:30〜19:00、冬／11:00〜17:00、季節により時間変更あり **休** 12月25・26日、1月1日

○サマーヒル・ピラミッド・ワイナリー
Summerhill Pyramid Winery **MAP** p.115-A外

　ケロウナの町から丘陵地帯を南に登ったところにある。ワインをピラミッドの形をした建物で寝かせて熟成させるのが特徴。ツアーやテイスティングも随時行われており、レストランも併設している。

住 4870 Chute Lake Rd. **☎** 250-764-8000 **URL** www.summerhill.bc.ca **営** 夏／9:00〜19:00、冬／9:00〜18:00 **休** 12月25・26日、1月1日

オカナガン湖を望む美しいブドウ畑

ケロウナ　115　見どころ

バンクーバーから手軽に訪れることができるリゾート地だけに宿泊施設は多い。97号線脇にはモーテルが並び、湖畔には高級リゾートが並ぶ。郊外のフィッシングロッジは、釣り人には魅力的な宿だ。

料金ランク
A C$300以上
B C$200〜
C C$150〜
D C$100〜
E C$100未満

Hotels

市庁舎から徒歩2分 A
デルタ・グランド・オカナガン・リゾート Delta Grand Okanagan Resort

MAP p.115-A

オカナガンの湖岸に沿って造られたリゾートホテル。4つ星にランクされ、設備はかなり充実している。長期滞在客用の部屋も用意されている。市街の見どころが徒歩圏内にあり、観光にも便利だ。部屋から望むオカナガン湖の景観もすばらしい。

1310 Water St.
250-763-4500
250-868-5685
www.deltahotels.com
320室
S T C$202〜462、オフシーズン割引あり
長期滞在者用のキッチン付コンドミニアムもある

市庁舎から徒歩10分 C
コースト・カプリ The Coast Capri

MAP p.115-B

BC州とアルバータ州に20軒以上のチェーンを展開するコースト・ホテルの1軒。手頃な価格が人気のホテルだ。とはいえ設備は整っており、無料のWi-Fiも完備している。ショッピングセンターの近くにあって、買い物にも便利だ。

1171 Harvey Ave.
250-860-6060
250-762-3430
www.coasthotels.com
185室
S T D C$185〜、オフシーズン割引あり
温水プールやサウナ、喫茶、パブ、レストラン、酒類販売店などの施設もある

空港から車ですぐ C
フォー・ポイント・バイ・シェラトン・ケロウナ・エアポート Four Points by Sheraton Kelowna Airport

MAP p.115-B外

ケロウナ空港の真向かいに位置し、無料のシャトル・サービスがある。レストラン、フィットネスジム、子どもが喜ぶウォータースライダー付きのプールなどの館内施設が揃う。部屋にはコーヒーメーカーのほか、無料のWi-Fiも完備。キッチン付きの部屋もある。

5505 Airport Way
855-900-5505
250-807-7420
www.fourpointskelownaairport.com
120室
S T D C$155〜、スイートC$205〜

とっておき情報

**毛皮と金鉱が開いた
ビーバー街道をゆく**

カナダの雄大さを感じられるドライブルートのひとつがビーバー街道。かつて毛皮商人がビーバーの毛皮を、のちにはゴールドラッシュによる一攫千金を夢見た人が通った歴史的な道だ。ルートはバンクーバーからエドモントンまで約1200kmに及び、なかでもバンクーバーからカムループスを経由し、ジャスパーまで抜ける約900kmはそのハイライトとして人気を集めている。

バンクーバーからウィスラーまではフィヨルドの海岸線や森を眺めつつ「海から空の道Sea to Sky Highway」と呼ばれる99号線を北上する。ウィスラーからカムループスへ向かう。赤茶けた大地を眺めて進む途中にはリルエットというゴールドラッシュに沸いた町がある。カムループスからジャスパーへはコロンビア山脈の間を縫うように進む道。「水の公園」と呼ばれるウェルズ・グレイ州立公園を過ぎ、眼前に雄大なカナディアン・ロッキーの最高峰ロブソン山が姿を現したら、ジャスパーはもうすぐだ。

カナディアン・ロッキーの山々を望む

オカナガンの市外局番 250 ※オカナガンでは市内から市内にかける際も250からプッシュする

カルガリー

Calgary 🍁 アルバータ州 🍁 市外局番403　MAP p.39-J

オイルビジネスで発展するカルガリー

街を知る　大草原が育んだカウボーイたちの街

　カルガリーはバンクーバーの東、ロッキー山脈を越えて出合う最初の都市だ。この街の東に1000kmにわたって、雄大な大平原が広がっている。

　この都市の成り立ちを見てみると、この地理的条件が街を発展させる原動力になっていたことがわかる。

　カルガリーへヨーロッパからの移民が初めてやってきたのは1875年。ボウBow川沿いにN.W.M.P.（North West Mounted Police）と呼ばれる騎馬警察隊が開拓のための砦を築いた。カルガリーはスコットランドの言葉で「透明な流水」を意味している。その名は騎馬隊長の故郷、スコットランドの村の名前に由来する。

　1885年に大陸横断鉄道が開通してからは、肥沃な平原での農耕や牧畜のために、たくさんの開拓民が押し寄せた。今も当時の名残か、カルガリーには世界各国から移り住んできた移民たちが多く暮らす。その後、穀物や畜産物の中継地として栄えたが、1914年に近郊で石油が発見されたことで、一気に大都市へと発展した。

　1988年には、冬季オリンピックが開催され、カルガリーの名は世界中に知られるようになった。今でも毎日その姿を変えるといわれるほど、市街は活気に満ちている。

　その一方で、開拓時代の気風も色濃く残っており、市民たちの気質は素朴で温かい。それを最もよく表わすのが、毎年7月上旬10日間にわたって繰り広げられる「スタンピード」だ。開拓時代を彷彿させるロデオ大会や荒馬乗りで、カウボーイの技が炸裂する。

スタンピードの盛大なファンファーレ
©Calgary Stampede

カルガリー ❶　MAP p.120-B　住 101 9 Ave., S. W.（カルガリータワー内）　☎403-750-2362　営 夏期／9:00〜19:00（土曜〜17:00）、冬期／9:00〜17:00

カルガリーへの交通

✈ 飛行機
カルガリー国際空港

成田からエア・カナダ（AC）の直行便が1日1便運行。所要約10時間。バンクーバーで乗り換える方法もある。バンクーバーからはACやウエスト・ジェット（WS）が頻繁に飛んでおり、所要1時間15〜30分。トロントからの便も数多く、所要約3時間30分。モントリオールからは所要約5時間。エドモントンからは所要約50分。

🚌 バス
長距離バス

●**グレイハウンド** バンクーバー、エドモントン、中部のウィニペグ、ロッキー山中のバンフなどから運行。バス・ディポは、ダウンタウンの西外れ（住850 16 St. S.W.）にある。バンクーバーからは1日5本、所要14時間20分〜24時間。エドモントンからは1日5本、所要3時間50分〜5時間30分。ウィニペグからはレジャイナを経由して1日1本、所要20時間。バンフからは1日4本、所要1時間40分。

●**レッドアロー・モーターコーチ** エドモントンから運行。月〜金曜1日8本、土曜1日4本、日曜1日5本、所要3時間20分〜4時間。市内の乗り場は次の3カ所。ダウンタウン・チケット・オフィス（住Downtown Fording Place-101, 205 9 Ave. S.E.）。カルガリー・ノース・オフィス（住304 35 Ave. N.E.）。カルガリー空港のバス・ベイ11番（到着レベルにレッド・アロー・カスタマー・サービス・デスクがある）。詳細はURL www.redarrow.caへ。

●そのほか、バンフからカルガリー空港へ**ブリュースター・エアポート・エクスプレス**と**バンフ・エアポーター**のバスが運行。詳細は、ブリュースター・エアポート・エクスプレス URL www.brewster.ca/transportation/brewster-banff-airport-express/、バンフ・エアポーター URL www.banffairporter.comへ。

カルガリー市内を走る市バス

空港から市内へ

カルガリー国際空港はダウンタウンの北約11kmにある。タクシーのほかエアポート・シャトルや市バスでアクセスする。

🚌 バス
エアポートシャトル

空港と市内を結ぶエアポート・シャトルはアライド・エアポート・シャトルAllied Airport Shuttle（☎403-299-9555 URL www.airportshuttlecalgary.ca）が、主要14のホテルとグレイハウンドのバス・ディポをつなぎ8:00〜24:00の間、30分に1本運行されている（バスの停留所、バス・ベイ19から運行）。料金は片道おとなC$15、子どもC$10。ダウンタウンから空港へ行く場合は、電話またはインターネットでの予約が必要。また空港近くのホテルでは、シャトルサービスを行っているところもある。発着は空港到着ロビーを出たところにあるバス・ベイ16、17から。

🚌 バス
市バス

バス・ベイ7と8に市バスの発着所がある。市バス100番に乗り、マクナイトMcknight駅でCトレイン（Calgary's Train）に乗り継ぎ、ダウンタウンへ。💲おとなC$3.15。市バス300番もダウンタウンに直行する。おとなC$9.50。

•○とっておき情報○•

**カルガリー空港から
バンフ直行の格安シャトルバス**

バンフへ直行するシャトルバス

カルガリーの空港からバンフへ直行する便利なシャトルバスが出ている。所要約2時間。料金は税込みひとりC$58.95〜。カルガリー・ダウンタウンへのタクシー代（約C$40〜）から考えるとかなりお得だ。しかも、ドア・トゥ・ドア。目的のホテルまで送り届けてくれる。
● Banff Airporter ☎1-888-449-2901
URL banffairporter.com

カルガリーの市外局番 ☎403 ※カルガリーでは市内から市内にかける際も403からプッシュする

車
タクシー

タクシー乗り場は空港出口のすぐ前にあり、ダウンタウンへは約25分、C$40〜45程度。3人以上で乗れば、チップ分を含めて割安。

市内交通

ダウンタウンは徒歩またはCトレインで充分移動できる。郊外へはタクシーやCトレインが便利だ。

ダウンタウンを走るCトレイン

路面電車
Cトレイン

Cトレイン（Calgary's Train）は市庁舎前から東、西、南の3方向へ延びる路面電車で、朝夕のラッシュ時には5〜10分おきに、日中でも15分おきに運行している。ダウンタウンの南7番通りの区間は無料。郊外へ出るときでも料金はおとな1回C$3.15、6〜17歳C$2.10。1日有効のデイパスはおとなC$9.50、6〜17歳C$6.75。チケットは乗り場の自動券売機で購入する。釣り銭は出ない。
市バスとCトレインに関しては、URL www.calgarytransit.comを参照。

バス
市バス

ラッシュ時は15分おき、日中でも30分おきに運行し、料金はCトレインと同一。ルート図は❶（インフォメーション）で入手できる。料金は乗車時に運転手に支払う。釣り銭はないので小銭の準備を。

車
タクシー

ダウンタウンの主要ホテル前で乗車するのが確実。料金はメーター制で、初乗りC$3.80、その後120mごとにC$0.20ずつ加算される。

カルガリー

119

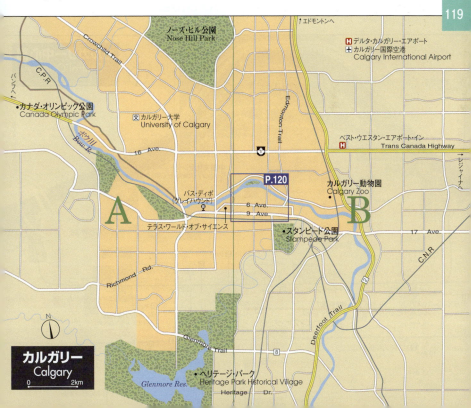

| 街歩き | エリアガイド | ボウ川に沿って
整然と区画された街 |

　ボウ川沿いに東西約2km、南北1kmの範囲に広がるダウンタウンが中心。たいていの場所へは徒歩か市バス、Cトレインで行ける。
　市街はボウ川沿いに大きく4つに分けられる。街を南北に区切るのはボウ川で、この北方が北地区（N）、南方が南地区（S）とされ、通りの名はここから遠くにつれて1 Ave.、2 Ave.となる。南北に走るセンター通りの東側を東地区（E）、西側を西地区（W）と呼び、やはりセンター通りから遠くにつれて1 St.、2 St.となる。市街地の住所表記の最後にN.W.、N.E.、S.W.、S.E.と付いているのは、こうやって4分割された中の、どこにその建物があるか、わかりやすくするためだ。

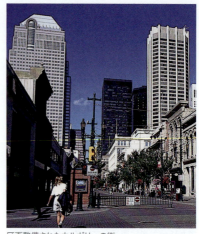

区画整備されたカルガリーの街

散策にはCトレインを利用

　カルガリー市街の中心地は、南1～9番通りと西1～12番通りの間。主なホテルやショッピングセンターなどはこの辺りに建ち並ぶ。また、南7番通りを走るCトレインは、この区間内は何回乗り降りしても無料だ。南8番通りは大半が歩行者天国になっていて、両側にショップやレストランが建ち並び、この間には、空中でビルとビルをつなぐ通路が、網の目のように設けられている。
　市街の南方すぐにスタンピード公園Stampede Park、その南方にヘリテージ・パークHeritage Park Historical Village、東にカルガリー動物園があり、Cトレインや市バスで行ける。

見どころ

グレンボウ博物館
Glenbow Museum MAP p.120-B

行き方 市庁舎から徒歩5分

　マリオット・ホテルに並んで建つ、モダンな外観の博物館。2階ではカナダの芸術家の作品やアジア美術。3階には開拓当時の生活から先住民の歴史と分布、毛皮取引の様子、4階では油田発見などの近代のできごとを展示する。なかでも西部開拓の中心になったカウボーイや平原先住民に関する展示は世界最大といわれている。

住 130 9 Ave. S.E. ☎403-268-4100 開 9:00～17:00、日曜12:00～17:00 休 12月25日 S おとなC$16、学生C$11、6歳以下無料

近代的なビル内にある博物館入口

カルガリー・タワー
Calgary Tower MAP p.120-B

行き方 市庁舎から徒歩6分

　1968年建設の、カルガリーを象徴する塔。高さ190.8mで、てっぺん近くに展望台があり、エレベーターで58秒で上がれる。ここからは市街のほか、遠くロッキーの山並みや東部に広がる大平原を見ることができる。回転式の展望レストランでの食事も楽しい。

住 9 Ave.& Centre St. SW ☎403-266-7171 開 夏期／9:00～22:00、9～6月／9:00～21:00 休 12月25日 S おとなC$18、4～12歳C$9、シニアC$16

プリンセス・アイランド公園&ボウ川
Princes Island Park & Bow River MAP p.120-A

行き方 市庁舎から徒歩20分。オークレア・マーケット脇からトレイル（散歩道）が延びている

　ダウンタウンの北側、蛇行するボウ川の中洲にできた島、プリンセス・アイランドは、市民の憩いの場となっており、川沿いの散歩道では、サイクリングやインラインスケートを楽しむ人、ジョギングする人を多く見かける。公園には、雰囲気のいいレストラン、リバー・カフェ（☎403-261-7670）があって、都会とは思えない雰囲気。

カルガリー動物園
Calgary Zoo MAP p.119-B外

行き方 市庁舎からホワイトホーン行きCトレインでカルガリー動物園下車すぐ

　シベリアトラやスリランカのゾウ、西アフリカのローランド・ゴリラなど世界中の絶滅危惧種を含む1200種以上の動物が飼育されている。ロッキー山脈に棲息する動物のコーナーはぜひ見ておきたい。数千種もの植物を植えた植物園（Botanical Garden）や、ティラノザウルスなどの恐竜を実寸サイズで展示する先史公園（Prehistoric Park）も併設。

住 1300 Zoo Rd. N.E. ☎403-232-9300 開 9:00～17:00 休 12月25日 S おとなC$24.95、3～15歳C$16.95、60歳以上C$22.95

カルガリーのランドマークになっている

夏は清々しいボウ川

カルガリーの市外局番 ☎403　※カルガリーでは市内から市内にかける際も403からプッシュする

南7番街（7 Ave.S.W.）と南8番街（8 Ave.S.W.）にブランドショップやショッピングセンターが、CトレインのサニーサイドにCトレインのサニーサイド駅から徒歩圏のケンジントン通りにも個性的な店が並ぶ。10番街のマウンテン・エクイップメントにも行ってみたい。

Shops

市庁舎から徒歩10分／ショッピングセンター
コア・ショッピングセンター Core Shopping Centre

南8番街と7番街にかけて建つイートン・センター、TDスクエア、ホルトレンフリューのショッピング・ビルを合わせて「コア」と呼ぶ。カルガリー最大規模のショッピング・センターだ。各ビルは連絡通路でつながれ、100軒以上の店舗やレストランが並んでいる。

MAP p.120-A
- 7 Ave. & 2 St. S.W.
- 403-441-4940
- 月〜水・土曜9:30〜18:00、木・金曜〜20:00、日曜12:00〜17:00
- 無休
- Cトレインの駅前。4階は2万本以上の植物が生育するデボニアン・ガーデン。無料で入場できる

市庁舎から徒歩7分／カントリー＆ウエスタンの服と小物
ラムルス Lammle's

カントリー＆ウエスタンのシャツ、ジーンズ、ブーツ、カウボーイ・ハットなど、ステファン・アベニューきっての品揃え。ブーツが特に人気で、色、デザイン、サイズが揃っている。カウボーイ・ハットは、皮製のものからシンプルなストロー製のものまでさまざま。

MAP p.120-B
- 211 8 Ave.S.W. Stephen Ave. Mall
- 403-266-5226
- 月〜水曜9:30〜18:00、木・金曜〜20:00、土曜〜17:30、日曜12:00〜17:00
- 無休
- ブーツC$100〜500、ジーンズC$50〜70

人口80万余の大都市ゆえレストランは豊富。とくに南4番街や南8番街には一流店が並ぶ。イタリアンや中華、和食をはじめ、世界中の料理が揃うのもここの特徴。アルバータ牛のステーキや、チャイナタウンでの飲茶はぜひ試したい。

料金ランク
A C$40以上
B C$30〜
C C$20〜
D C$10〜
E C$10未満

Restaurants

市庁舎から徒歩7分／中国料理 C
シルバー・ドラゴン Silver Dragon

広東と北京料理を供するチャイナタウンを代表する店。開業は1966年。200以上のメニューがあり、なかでもランチタイムの飲茶は、カルガリー市民にも人気。ディナーは、スープと春巻き、牛肉炒め、チャーハンなどのコースメニューもある。

MAP p.120-B
- 106 3 Ave. S.E.
- 403-264-5326
- 月〜木曜10:00〜23:30、金・土曜9:30〜1:00AM、日曜〜22:00、飲茶は開店〜14:45頃
- 無休
- 飲茶の点心は単品C$3〜、ディナーコースは2人前C$40〜

市庁舎から徒歩4分／シーフードとステーキ C
キャッチ Catch

ハイアット・リージェンシー・ホテル角にあるレストラン。新鮮なオイスターやエビなどの魚介類のほか、ステーキやバーガーなど、メニューが豊富。落ち着いた雰囲気のダイニングルームが2階に、1階はオープン・キッチンのオイスター・バーになっている。

MAP p.120-B
- 100 8 Ave. S.E.
- 403-206-0000
- www.catchrestaurant.ca
- 月〜金曜11:30〜14:00、17:00〜23:00、土曜16:30〜22:00
- 日曜
- クラムチャウダーC$10、前菜C$16〜、フィッシュ＆チップスC$18〜

カルガリーの市外局番 403　※カルガリーでは市内から市内にかける際も403からプッシュする

大都市ゆえ、世界規模のチェーンホテルをはじめ、多様なカテゴリーのホテルが揃い、また数も多い。主にダウンタウン界隈に集中している。モーテルなどは、市街から少し外れた大学周辺に多い。

料金ランク
A C$300以上
B C$200〜
C C$150〜
D C$100〜
E C$100未満

Hotels

市庁舎から徒歩8分 B
ウェスティン・カルガリー　Westin Calgary

MAP p.120-A

カルガリーでも客室の多さを誇る高級ホテル。温水プールやサウナ、スポーツジムなどの設備が整い、全室ワイヤレス・インターネット（Wi-Fi）、セーフティボックス、ミニバーが完備されて、ビジネス利用にも適している。バスローブなどのアメニティも充実。

住 320 4 Ave. S.W.
電 403-266-1611
Fax 403-233-7471
URL www.westincalgary.com
数 525室
S D C$189〜535、ひとり追加C$30

市庁舎から徒歩5分 B
デルタ・ボウ・バレー　Delta Bow Valley

MAP p.120-B

市庁舎やチャイナタウンに近い高級ホテル。ビジネス関連のサービスが充実していて、机やファクシミリを借りられる。室内プールやスポーツジムもある。客室からボウ川を一望でき、家族連れにも広めの室内が好評。観光にも便利なホテルだ。

住 209 4 Ave. S.E.
電 403-266-1980
Fax 403-205-5460
URL www.deltahotels.com
数 398室
S D C$139〜345

市庁舎から徒歩2分 B
カルガリー・マリオット　Calgary Marriott

MAP p.120-B

4つ星にランクされいる高級ホテル。カルガリー・タワーの目の前にあり、隣には会議場を隔ててグレンボウ博物館がある。1ブロック隣は南8番街で、ショッピングや食事、観光と使い勝手がいい。空港へのシャトルバスのサービスもある。

住 110 9 Ave. S.E.
電 403-266-7331
Fax 403-269-1961
URL www.marriott.com
数 384室
S D C$159〜425

ホテル名	料金ランク	地図位置	住所・電話（市外403）	部屋数・料金	URL www.
ラマダ・ホテル・ダウンタウン Ramada Hotel Downtown Calgary	C	p.120-A	708 8 Ave.S.W. ☎403-263-7600	201室 S D C$124〜229	ramadacalgary.com
インターナショナル・ホテル・スイーツ・カルガリー The International Hotel Suites Cargary	C	p.120-B	220 4 Ave.S.W. ☎403-265-9600	248室 S T C$150〜317	internationalhotel.ca
フェアモント・パリサー The Fairmont Palliser	B	p.120-B	133 9 Ave.S.W. ☎403-262-1234	407室 S T C$189〜449	fairmont.com/palliser
ハイアット・リージェンシー・カルガリー Hyatt Regency Calgary	B	p.120-B	700 Centre St. ☎403-717-1234	355室 S T C$175〜469	hyatt.com
サンドマン・カルガリー・シティセンター Sandman Calgary City Centre	C	p.120-A	888 7 Ave.S.W. ☎403-237-8626	301室 S T C$121〜211	sandmanhotels.ca
シェラトン・スイート・カルガリー・オー・クレア Sheraton Suite Calgary Eau Claire	B	p.120-A	255 Barclay Parade S.W. ☎403-266-7200	323室 S T C$180〜517	sheratonsuites.com
ホリデイ・イン・エクスプレス Holiday Inn Express	C	p.120-A	1020 8 Ave.S.W. ☎403-269-8262	56室 S T C$156〜261	hiexpress.com/calgary
ベスト・ウエスタン・エアポート・イン Best Western Airport Inn	D	p.119-B	1947 18 Ave.N.E. ☎403-250-5015	76室 S T C$118〜162	bestwesternairportinncalgary.com
デルタ・カルガリー・エアポート Delta Calgary Airport	C	p.119-B	2001 Airport Rd.N.E. ☎403-291-2600	296室 S T C$149〜	deltahotels.com

カルガリー　ショップ／レストラン／ホテル

バッドランド

Badlands ❋ アルバータ州 ❋ 市外局番403　MAP p.39-J外、p.6-H

バッドランドへの交通　🚌グレイハウンドがカルガリーからドラムヘラーへ1日1本運行、所要約2時間。同じくグレイハウンドでエドモントンからは1日1本運行、所要約5時間50分。

月面を思わせるバッドランド

バッドランドの歩き方のヒント▶見どころとなるロイヤル・ティレル博物館や世界遺産のダイナソー州立公園などは、中心となる町ドラムヘラーから外れたところにあるので、車なしの観光は難しい。レンタカーやタクシー、あるいは観光ツアーを利用しよう。

街を知る　荒涼たる風景が恐竜時代の面影を伝える

　カルガリーの北東約140kmのドラムヘラー周辺は、バッドランドと呼ばれ、恐竜の骨や化石が大量に出土するところとして、世界的に知られている。

　バッドランドの真ん中を流れるのが**レッド・ディア川**。この川沿いに平原が突然陥没したような地形が現れる。これは1万3000年前に氷河によって大地が削りとられた跡で、その後浸食などによって、もろい部分がさらに削られ、太古の地表を露出する荒々しい景観が造り出された。

　ドラムヘラーは以前は炭坑の町であった。町の名は、1911年この地に初めて炭坑を開いたアメリカの実業家サム・ドラムヘラーにちなむ。人口8000人で、現在は観光、農業、石油によって支えられている。

街歩き　レンタカーやツアーバスなど移動の足を確保して

　カルガリー、エドモントンからのバスが着くドラムヘラーのバス・ディポ（🏠308 Centre St.）は町の中心部にあり、郊外の見どころへはタクシー（クラシック・キャブ・オブ・ドラムヘラー☎403-820-7777）を利用するのがいい。博物館へはC$15くらいだ。

　ドラムヘラーの町から約6kmにあるロイヤル・ティレル博物館が見どころの中心。モーテルや飲食店は町中にあるので、車がないと不便。カルガリーからレンタカーで訪れるのが楽だ。カルガリー発の日帰りツアー（ハマーヘッド・シーニックツアー☎403-590-6930）もあるのでこちらに参加するのもいい。

　バッドランド（MAP p.125-B）の荒涼とした風景を見渡す**ホースシーフ・キャニオン展望台**は、ドラムヘラーの北西15kmに、浸食によってできた奇観の土柱**フードゥース**は、南東約15kmにある。時間があれば足を延ばしてみたいのが、ドラムヘラーの南東150kmにある**ダイナソー州立公園**（→p.33）だ。この公園はユネスコの世界遺産にも指定され、現在でも採掘が続けられる恐竜化石の発掘風景が、見学できることで有名だ。

郊外のドロシー付近

ロイヤル・ティレル博物館

ドラムヘラーの市外局番☎403　※ドラムヘラーでは市内から市内にかける際も403からプッシュする
ℹ️ MAP p.125-B　🏠60 First Ave. West　☎1-866-823-8100　🕘夏／9:00〜21:00、冬／10:00〜17:30

見どころ

ロイヤル・ティレル博物館
Royal Tyrrell Museum MAP p.125-A

行き方 グレイハウンドのバス・ディポからタクシー10分

三葉虫から現代に至るまでの生物進化の歴史を、実物標本などを使い、わかりやすく説明した世界的にも有名な古生物博物館。博物館の名前は、1884年、後にアルバートサウルスと名づけられた恐竜の骨を初めて発見したジョセフ・ティレルにちなむ。博物館前は展望台になっていて、バッドランドの荒

迫力ある骨格標本

涼とした景観に建つ博物館の全容が見渡せる。はずせないのは、恐竜の骨を組み合わせた骨格標本。今にも動き出しそうな躍動感はかなりの迫力だ。コンピュータ・ゲームで古生物について学ぶなど、おとなも子どもも楽しめる内容になっている。日本語のオーディオガイドの貸出しもあるので、興味があれば聞きながら回ろう。

なお博物館では、夏期に恐竜の化石発掘見学ツアーを行っている。

☎403-823-7707 営5月中旬～8月/9:00～21:00、9月上旬～5月中旬/10:00～17:00 休10月～5月中旬の月曜 料おとなC\$15、7～17歳C\$7.50、65歳以上C\$12

博物館の入口

バッドランド

エドモントン

Edmonton 🍁 アルバータ州 🍁 市外局番780　MAP p.39-J

> **エドモントンへの交通** ✈エア・カナダ（AC）、ウエスト・ジェット（WS）でバンクーバーから約1時間25分、カルガリーから約50分。🚌バンクーバーから約26時間。🚌グレイハウンド、レッド・アロー・モーターコーチでカルガリーから約3時間30分〜5時間30分。

ダウンタウンの高層ビル群

> **エドモントンの歩き方のヒント▶** 州議事堂に近いLRT（地下鉄）のセントラル駅を中心として、2km四方ほどの範囲にホテルやレストランが集まっている。見どころは市街中心部を取り囲むように点在。

街を知る　毛皮交易とゴールドラッシュ さらに石油で栄えた都市

　エドモントンの歴史は、毛皮の交易を行うハドソン・ベイ・カンパニーの探検家・アンソニー・ヘンディーが、1754年にこの地を訪れたことに始まる。1795年には最初の交易所が開設され、19世紀にはハドソン・ベイ・カンパニーの重要な交易拠点となっていった。

　1898年にユーコン準州のクロンダイク地方で砂金が発見され、ゴールドラッシュが起きると、エドモントンは人々や物資が行き交う中継地として発展する。1905年にはアルバータ州の誕生と同時に州都に選ばれた。さらに1947年に近郊のレダックで油田が発見されると、さらなる成長を遂げることになった。

　現在のエドモントンは、60を超す多様な民族が集まる、国際都市となった。自然保護に重点をおいた都市計画のおかげで、人口65万人の都市とは思えないほど空気は澄んでおり、水道水もそのままの状態で飲んでもおいしい。

　街にはビジネスマンの姿が目立つが、ジャスパー国立公園への玄関口として、訪れる観光客も多い。北緯53.5度とカナダの大都市のなかではもっとも北に位置し、夏は夜11時ごろまで明るい。世界一の規模を誇るショッピングセンター、ウエスト・エドモントン・モールが観光の目玉だ。モール内には、ホテルや遊園地が揃い、泊まりがけで楽しめる。

街歩き　ジャスパー国立公園への拠点 市内は市バスとLRTで移動

　エドモントン国際空港からダウンタウンへは約30km。タクシーかシャトルバスでアクセスする。グレイハウンドのバス・ディポは🏠10324-103 St.にある。スカイシャトル（URL www.edmontonskyshuttle.com）は空港と市内の主要なホテルを結んでいるので、便利。料金もC$18と手頃。

　街の中心部をノース・サスカチュワン川が流れ、その北側が州議事堂やショッピングセンター、ホテルなどが集中するダウンタウンだ。街は整然と区画され、東西に走る道路はアベニュー、南北を走る道路がストリートと名付けられ、旅行者にもわかりやすい。

　ダウンタウン内では、ペドウェイPed Wayと呼ばれる歩道でビル同士がつながっており、主要なショッピングセンターやホテル、LRT駅間は外に出ることなく行き来できる。LRTや市バスが市内を網の目のように走っているので、これらを乗りこなすことが効率良く観光するポイント。市バスとLRTは90分以内なら同チケットでの乗り継ぎが可能。その際はバスなら運転手からトランスファー・チケットをもらっておこう。LRTは10〜15分間隔で走っている。❶（インフォメーション🏠9797 Jasper Ave. West Shaw Building内）や車内で、路線図を手に入れたい。LRTや市バスの詳細は、URL www.edmonton.ca/transportationを参照。

　いくつかの見どころは郊外に点在しているが、いずれも市バスかLRTで訪れることができる。しかし乗り換えに時間がかかったり、バス停から10分近く歩く必要もあるので、タクシーを併用して効率良く回りたい。

エドモントンの市外局番☎780　※エドモントンでは市内から市内にかける際も780からプッシュする
❶ MAP p.127-A　☎780-401-7696　🕘9:00〜17:00　❼7〜8月の日曜、9月〜6月の土・日曜

見どころ

アルバータ州議事堂
The Alberta Legislature Building MAP p.127-B

行き方 LRTグランディン／ガバメント・センター駅から徒歩5分

　1912年に建築された議事堂。当時、この議事堂の隣にエドモントン砦があった。外装には花崗岩と砂岩が、内装には大理石とマホガニーが使用されている。1時間おきに案内ツアーがあり、議員会議所の天井にはめ込まれたステンドグラスなどを見ることができる。所要時間は約40分。

住10800-97 Ave. ☎780-427-7362 開5月〜9月／9:00〜17:00、ツアーは9:00〜16:00の間に1時間おき。10月〜4月／月〜金曜9:00〜17:00、土・日曜・祝日12:00〜17:00。休イースターのグッドフライデー・12月25日・1月1日 $無料

広々とした庭園がある州議事堂

ムタート植物園
Muttart Conservatory MAP p.127-B

行き方 ダウンタウンから85番、86番の🚌利用

　世界各地から集められた700種以上の草花が育てられている。ピラミッド型をしたガラス張りの温室は熱帯、温帯、砂漠と、展示される植物が変わるショー・ピラミッドの4つに分かれており、温帯ピラミッドでは日本のカエデ、モクレンなども見られる。

住9626-96A St. ☎780-442-5311 開10:00〜17:00、木曜〜21:00 休12月25日 $おとなC\$12.25、13〜17歳と65歳以上C\$10.50、2〜12歳C\$6.50

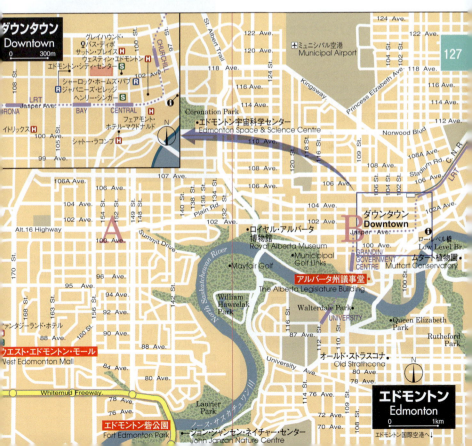

オールド・ストラスコナ
Old Strathcona MAP p.127-B

行き方 LRTユニバーシティー駅から6番の🚌利用

　ホワイト通りと104通りの交差点を中心とする、19世紀終わりから20世紀初頭に建てられた建物が残された一画。アルバータ州立大学に近く、活気があるエリアだ。映画館が3軒、レストラン、カフェは70軒以上、みやげ物店も数多い。83通りでは土曜の8:00～15:00にファーマーズ・マーケットが開かれている。7月1日のカナダ・デーには、ホワイト通りでパレードがある。

若者に人気のエリア

ロイヤル・アルバータ博物館
Royal Alberta Museum MAP p.127-B

行き方 ダウンタウンから1番の🚌利用

　アルバータ州の歴史を紹介する、州内でも有数の博物館。館内には4つの展示室があり、自然史展示室には昆虫や鉱石、宝石、化石などが展示され、野生動物展示室には数々のはく製がディスプレイされている。アート関係の展示室と特別展示室は、展示内容が随時、変更になる。また、定期的に世界各国の歴史や芸術に関する講演会も開催している。

🏠12845-102 Ave. ☎780-453-9100 🕐9:00～17:00 (2016年2月現在休館中) 🚫12月24・25日 💲おとなC$11、7～17歳C$5、65歳以上C$8、6歳以下無料 ℹ️2015年に現在の博物館は閉館。2018年に新住所103A Ave. (97 St.と99 St.の間) で再オープンの予定

自然科学に関する展示品が豊富

エドモントン砦公園
Fort Edmonton Park MAP p.127-A

行き方 フォート・エドモントン駅から595、596番の🚌利用

　1世紀以上前の西部の町並みが再現されている。園内はハドソンズ・ベイ・カンパニーの築いたエドモントン砦をはじめとして、時代ごとに1885年通り、1905年通り、1920年通りの3つのゾーンに分け、それぞれの時代の建物、生活用品を展示している。蹄鉄投げで遊んだり、パンを焼いたり、縄を編んだりと、さまざまなイベントに参加し、当時の生活を体験してみるとよい。隣にはジョン・ジャンセン・ネイチャー・センター（ひとりC$7）があり、自然観察を楽しめる散策コースがある。

🏠Fox Dr. & Whitemud Dr.の角 ☎780-442-5311 🕐5月中旬～6月下旬／月～金曜10:00～15:00、土・日曜・祝日～17:00、6月末～9月初旬／～17:00、9月上旬～9月下旬／土・日曜のみ営業11:00～17:00 🚫上記以外の期間 💲おとなC$26.20、2～17歳と65歳以上C$20.90

毛皮交易で始まった街の歴史がかいま見える

ウエスト・エドモントン・モール
West Edmonton Mall MAP p.127-A

行き方 ダウンタウンから1番、100番、101番の🚌利用

　ダウンタウンからバスで30分ほどの距離にあるショッピング・モールで、その規模は世界最大級のもの。800軒以上のショップやレストランがずらりと並び、加えてプール、遊園地、パターゴルフコース、アイススケートリンクなどのアトラクション（有料）がある。一日中いても飽きることがないほどで、あいにくの雨天でも、ここへ来れば楽しめる。

🏠8770-170 Ave. & 87 Ave. ☎780-444-5200 🕐月～土曜10:00～21:00、日曜11:00～18:00、祝日10:00～18:00 🚫無休 💲遊園地おとなC$40.50、子どもC$32

エドモントンの市外局番☎780　※エドモントンでは市内から市内にかける際も780からプッシュする

ダウンタウンには日本のデパートに似た大型店やレストランやカフェ、小さな遊園地などが入ったショッピング・モールが多い。ブランド品や雑貨、日用品、おみやげに加え、市民生活を体感できるスーパーマーケットなどもあるので、1日遊んでいても楽しい。疲れたらカフェやレストランで休憩しよう。

Shops

LRTセントラル駅から徒歩3分／ショッピングセンター
エドモントン・シティ・センター Edmonton City Centre

MAP p.127-A　ダウンタウン

ザ・ベイ（デパート）に隣接し、160軒のショップ、2つのフード・コートがある巨大なモール。タルボット、クラブ・モナコ、エディ・バウアーなどのブランド店やHMVミュージック・ショップがある。連絡通路でつながれている周囲のモールもチェックしたい。

- 102 St. & 102 Ave.
- 780-426-8444
- 月～水曜10:00～18:00、木・金曜～20:00、土曜～18:00、日曜・祝日12:00～17:00
- 12月25日、4月イースターサンデー

LRTセントラル駅から徒歩すぐ／紳士服
ヘンリー・シンガー Henry Singer

MAP p.127-A　ダウンタウン

マニュライフ・プレースの角にある、アルバータ州最大の紳士服専門店。ジョルジオ・アルマーニのスーツやボスのカジュアル・ウエアなど、世界に名だたるデザイナーズ・ブランドが並ぶ。その品揃えはまさにビジネスマン御用達の本格派紳士服専門店。

- 10180-101 St.
- 780-423-6868
- 月～水曜9:00～17:30、木・金曜9:00～20:00、土曜9:30～17:30
- 日曜
- ボスのドレス・シャツC$100位

ダウンタウンには数軒、その他は市街地に点在している。毛皮や金鉱、石油などで発展した歴史を持ち、今なおビジネスシティであるだけに、料理の種類も豊富。日本料理や英国風のパブなど、世界を巡った国際派のビジネスマンを満足させる本格的な店が多い。ランチタイムやディナータイム、または観光シーズンがピークを迎える夏などは、予約を入れた方が確実だ。

料金ランク
- A C$40以上
- B C$30～
- C C$20～
- D C$10～
- E C$10未満

Restaurants

LRTベイ駅から徒歩5分／日本料理 C
ジャパニーズ・ビレッジ Japanese Village

MAP p.127-A　ダウンタウン

1972年オープンの和風鉄板焼き料理店。エドモントン市内に3店舗を展開する。良質なアルバータ牛のステーキのほか、刺身、天ぷら、イカの唐揚げなどのメニューもある。目の前で焼いてくれる香ばしい匂いが食欲をそそられる。

- 10238-104 St.
- 780-422-6083
- 月～木曜11:30～21:00、金曜～23:00、土曜16:00～23:00、日曜16:00～21:00
- 12月24・25日
- リブアイ・ステーキC$38、刺身C$14、天ぷらC$8

LRTセントラル駅から徒歩3分／パブレストラン D
シャーロック・ホームズ・パブ The Sherlock Holmes Pubs

MAP p.127-A　ダウンタウン

ビルの谷間にひょっこり現れる一軒家風の建物。ダーク・ビールのほか、生ビールが各種ある。夜はパブとなり、フィッシュ＆チップスをつまみにグラスを傾ける人たちで賑わう。グループで行くときは予約を入れた方がいい。

- 10012-101A Ave.
- 780-426-7784
- 11:00～24:00、土・日曜11:30～、金・土曜～AM2:00
- 無休
- フィッシュ＆チップスC$13～18、チキンポット・パイC$13.50

国際都市ならではの世界的チェーンホテルや、ビジネスユースの利用しやすい価格帯のホテルが多いのが特徴。エドモントンならではの、由緒ある高級ホテルにも泊まってみたい。

料金ランク	
A	C$300以上
B	C$200〜
C	C$150〜
D	C$100〜
E	C$100未満

Hotels

LRTセントラル駅から徒歩2分 B
フェアモント・ホテル・マクドナルド　The Fairmont Hotel Macdonald

MAP p.127-A　ダウンタウン

1915年オープンの由緒あるホテル。ノース・サスカチュワン川を見下ろす高台にあり、街の中心部にも近い。古城を思わせる外観に、歴史を感じさせる優雅な内装。エドモントンの思い出に一度は泊まってみたい高級ホテルだ。ハーベスト・ルームと名付けられたレストランとスコッチウィスキーを揃えたコンフェデレーション・ラウンジ、エクササイズクラブ、スカッシュコート、室内プールなどを完備。サービスの良さでも定評がある。

エドモントンのランドマーク的なホテル

- 10065-100 St.
- 780-424-5181
- FAX 780-429-6481
- URL www.fairmont.com/macdonald-edmonton
- 199室
- S T D C$221〜382、ひとり追加C$20

LRTセントラル駅から徒歩5分 D
シャトー・ラコンブ　Chateau Lacombe

MAP p.127-A　ダウンタウン

LRTのセントラル駅に近く、アルバータ美術館やエドモンド・シティセンターに行くのにも便利。FAXやプリンターが常備されたビジネスルームもある。24階の回転展望レストランは17:30〜22:00営業。日曜はブランチ（10:30〜14:00）もあり。

- 10111 Bellamy Hill
- 780-428-6611
- FAX 780-425-6564
- URL www.chateaulacombe.com
- 307室
- S T D C$139〜229、ひとり追加C$20

LRTセントラル駅から徒歩3分 C
ウェスティン・エドモントン　The Westin Edmonton

MAP p.127-A　ダウンタウン

世界に約80のホテルをもつウェスティン系列のホテル。ペドウェイで周囲のビルとつながっているのでショッピングなどに便利だ。朝食付きの宿泊パッケージなどもあり、ファミリーも利用しやすいホテルだ。ウエスティン系列だけあって、諸設備はよく調っている。

- 10135-100 St.
- 780-426-3636
- FAX 780-428-1454
- URL www.westinedmonton.com
- 416室
- S T D C$139〜429、ひとり追加C$25

LRTコロナ駅から7分 C
メイトリックス・ホテル　Matrix Hotel

MAP p.127-A　ダウンタウン

洗練されたデザインの部屋には、Wi-Fi、冷蔵庫などが完備され、使い勝手がいい。小さなパティオ付きの部屋や、暖炉のあるリビングルーム付きのスイートもある。無料の朝食、夕方のワイン・テイスティング（月〜土曜）など、サービスも充実。

- 10640-100 Ave.
- 780-429-2861、1-866-465-8150（無料予約）
- URL www.matrixedmonton.com
- 165室
- S T D C$169〜、スイートC$209〜

エドモントンの市外局番 780　※エドモントンでは市内から市内にかける際も780からプッシュする

カナディアン・ロッキー

Canadian Rocky

カナディアン・ロッキーの国立公園と州立公園・・・・132

ロッキー自然図鑑・・・・・・・・・・・・・・・・・・・・・・134

カナナスキス（AB）・・・・・・・・・・・・・・・・・・・136

キャンモア（AB）・・・・・・・・・・・・・・・・・・・・138

バンフ（AB）・・・・・・・・・・・・・・・・・・・・・・・140

レイクルイーズ（AB）・・・・・・・・・・・・・・・・・150

アイスフィールド・パークウェイ（AB）・・・・・・158

雪上車に乗って氷河の上へ！・・・・・・・・・・・・・161

ジャスパー（AB）・・・・・・・・・・・・・・・・・・・162

日帰りハイキング案内・・・・・・・・・・・・・・・・・172

初心者におすすめのハイキング・スポット・・・・・・178

ヨーホー国立公園のエメラルド湖でカヌーを楽しもう

○本音でガイド○

カナディアン・ロッキーの国立公園と州立公園

　針葉樹の林が続く山麓、そそり立つ岩山、宝石のような湖、色とりどりのお花畑とそこに暮らす動物たち。手つかずの大自然と出合えるのが、カナディアン・ロッキーを中心としたカナダの国立公園群だ。

■バンフ国立公園
Banff National Park
行き方 バンフ周辺　MAP p.39-I

　北はサンワプタ峠から南はパリサー峠に至る240km、面積6641k㎡。中心的な町はバンフ（→p.140）。1883年、大陸横断鉄道の敷設中、鉱夫らによって偶然発見された温泉を巡って、開発の利権争いが生じ、カナダ政府はその収拾策として、1885年、26k㎡をバンフ温泉保護区に指定した。その後、1887年に一帯はバンフ国立公園に指定され、これがカナダで最初の国立公園となった。町はボウ川によって二分され、橋より下流は庶民が暮らすダウンタウンに、上流は温泉湧出地を含む保養地となった。今でもそこにはフェアモント・バンフ・スプリングスとリムロック・リゾートの二大リゾートホテルが建ち、すぐ近くに、市民が温浴を楽しむアッパー・ホット・スプリングスがある、バンフのリゾートエリアだ。町を離れた公園北部の山岳地帯は、氷原や氷河が覆い、3000m級の山々が連なる。その麓には、ルイーズ湖、モレーン湖など、数々の美しい湖がある。

■ジャスパー国立公園
Jasper National Park
行き方 ジャスパー周辺　MAP p.39-I

　ロッキー山脈東側に広がる面積1万878k㎡の公園。サンワプタ川からアサバスカ川と名前を変える大河が中央を貫いて流れる。最高峰は標高3747mのコロンビア山。アサバスカ氷河、ドーム氷河などの大景観を眺められる。中心の町はジャスパー（→p.162）。郊外にはリゾートホテルの名門、ジャスパー・パーク・ロッジがある。秘境ムード漂う町の南西には、天使が翼を広げたようなエンジェル氷河がある。ジャスパーから南へロッキーを貫いて走るアイスフィールド・パークウェイの途中には、人気スポット、アサバスカ氷河があり、雪上車で氷上へと降り立つグレイシャー・アドベンチャーが体験（→p.161）できる。

■クートニー国立公園
Kootenay National Park
行き方 バンフから車で約2時間　MAP p.39-I

　バンフ国立公園の西。中央を93号線が走り、約100km続く。バーミリオン川、クートニー川沿いに連なる氷河や岩壁に恵まれた山々を眺めながら山岳ドライブが楽しめる。2003年に大規模な山火事が起り、その爪跡が独特の風景を造り上げている。公園西入口にはラジウム・ホット・スプリングスの大きな温泉プールがある。

ヨーホー国立公園のエメラルド湖はカヌーイストたちの聖地

■ヨーホー国立公園
Yoho National Park
行き方 レイクルイーズから車で約30分
MAP p.39-I

ロッキー山脈の西側。面積は1313km²。標高3000m以上のピークが28あり、北部には2つの氷原が広がる。見どころはタカカウ滝、エメラルド湖、ワプタ滝など。公園唯一の村として、人口約250人の**フィールド**の村がある。

■ウォータートン・レイク国立公園
Waterton Lakes National Park
行き方 カルガリーから車で約3時間
MAP p.39-O

カルガリーから南へ約270km、アルバータ南部に広がる、アメリカのグレイシャー国立公園と対をなす国際平和公園。1995年、ユネスコの世界遺産に登録された。ウォータートン湖は、3つに分かれた細長い大きな湖で、夏には遊覧船が運航。北東ゲート近くの草原では、放し飼いのバッファローを車窓から見ることができる。

■グレイシャー国立公園
Glacier National Park
行き方 バンフから車で約3時間　MAP p.39-I

ロッキー山脈の西に連なるコロンビア山脈に位置する。公園の中心、**ロジャーズ・パス**一帯は森林地帯。その上部はクライマーに人気の岩山。山麓から中腹にかけては、夏に色とりどりの高山植物が咲き乱れる。

■マウント・ロブソン州立公園
Mt.Robson Provincial Park
行き方 ジャスパーから車で約1時間
MAP p.39-I

カナディアン・ロッキーの最高峰ロブソン山（標高3954m）周辺の州立公園。公園南東を流れるフレイザー川はバンクーバーにそそぐ約1280mの源流。8〜9月には、下流付近で産卵のために上ってきたサケが見られる。

■アシニボイン州立公園
Assiniboine Provincial Park
行き方 キャンモアからヘリコプター　MAP p.39-I

アシニボイン山は、湖に映る姿が美しくカナダのマッターホルンと呼ばれている。車道が通わないため、アクセスはヘリコプターで。山の周りを飛ぶヘリコプター遊覧（アルパイン・ヘリコプター☎403-678-4802）もある。

アイスフィールド・パークウェイ沿いのハーバート湖。早朝、湖は鏡のように澄み渡った

ロッキー自然図鑑

ネイチャーウォッチングを楽しもう

巨大な角が特徴のエルク

野生動物の宝庫、カナダ

　自然豊かなカナダは、野生動物の宝庫。ネイチャーウォッチングこそ、カナダ観光のハイライトといえる。ロッキーの山岳地帯ばかりでなく、中部の大平原、無数の湖、さらには太平洋と大西洋の沿岸まで、カナダの大自然は多様性に満ちている。

　では、広大なカナダで、まずはどこに行けばよいのか……。

　もっとも手軽なのは、都市の公園。バンクーバーのスタンレー公園には、地リスGround SquirrelやアライグマRaccoonがいて、郊外へ出かけなくてもかわいい動物を見ることができる。

　郊外を運転中、シカMule Deerを見かけることもあるし、氷河公園のアイス・フィールド・パークウェイには多くの野生動物が姿を現す。ハイイログマGrizzley Bearやムース（ヘラジカ）Moose、さらには岩山にマウンテンゴートMountain Goatの姿を目撃するかもしれない。

　アクティビティに参加して、野生動物を見ることもある。ハイキング中、シマリスやシカなどの野生動物に出合うチャンスはかなり高い。

　太平洋岸のバンクーバーやビクトリア、大西洋岸のケベック州タドゥサック、ペルセ、ガスペなどで、クジラやシャチ、イルカなどを観察するホエールウォッチングも楽しめる。

こんなツールがあると便利

　野鳥や野生動物を見るには双眼鏡があると便利だ。8×30（倍率が8倍、口径30mm）くらいが種類も多く、携帯に便利。動物や野鳥の写真を撮るなら200mm以上の望遠レンズが望ましい。花の写真にはマクロと呼ばれる接写レンズがあるといい。野鳥や花を見るときに、図鑑があると、さらに楽しみが増す。

ロッキーで花を見る

　ロッキーは標高3000mの峰々が連なる高山地帯。6月でも雪が残り、平地以上に夏は短い。高山植物を観察するなら7月上旬から8月はじめが絶好のとき。夏の訪れとともに一斉に開花する。

　ジャスパーやレイクルイーズなどの観光地の周辺でも可憐な高山植物を普通に見られる。徒歩や自転車でちょっと走ってみるだけで、路傍に咲く野生の花々を見ることができる。

ジェンティーン／アルパインチンク・フォイル／マーシュ・マリーゴールド／コロンバイン・オダマキ／ハートリーブド・アーニカ

ファイアーウィード／ウェスタン・ウッドリリー／リーフィー・アスター／ノーザン・スイート・ベッチ／ベア・ベリー

レッド・ペイントブラシ／リバー・ビューティー／シュラブ・チンク・フォイル／サクシ・フラージュ／コロンバイン

ビッグホーンシープ（シカ）の親／リス／ムース（ヘラジカ）／コヨーテ

子どものビッグホーンシープ／ブラック・ベアー／マウンテン・ゴート／ヤマアラシ

野鳥やサケの遡上も観察できる

　カナダは野鳥の宝庫でもある。平地の湖沼にはガンやカモがいて、北極圏とカリブ海とを行き来する渡り鳥も多い。ロッキーの高地にはライチョウをはじめとする高山性の鳥がいる。また、川を遡るサケの勇猛な姿は、7〜9月に見られる。フレーザー川上流のヘルズ・ゲイトHell's Gateには専用の施設があり、遡上を観察できる。

野生動物観察の注意

　カナダには、ハイイログマのように危険な動物がいる。森の中でも時速40kmで走るというハイイログマには、決して近づいてはいけない。おとなしいといわれるシカでも繁殖期はナーバスで、人に突っかかってくることがある。体高が2m近くもある大型獣なので、力も強く、そんな時期はかなり危険だ。小動物にも気をつけたい。例えば、地リス。しぐさのかわいい彼らには危険な病原菌がいる。そして、野生動物には絶対に餌を与えてはいけない！

カナナスキス

Kananaskis ★ アルバータ州 ★ 市外局番403　MAP p.39-J

> **カナナスキスへの交通**　✈ カルガリー国際空港からブリュースターが1日2〜3本運行、所要1時間30分。国道40号線のカナナスキス・ジャンクションでビレッジ行きのシャトルバスに乗り換え、終点下車（要予約）。

ビレッジから見たキッド山Mt. Kidd（奥）

カナナスキスの歩き方のヒント▶中心はカナナスキス・ビレッジとカナナスキス湖の畔。ビレッジにはホテルやレストラン、売店がある。面積約4250km²とエリアは広大。アクセスが不便なのでレンタカーがある人向き。

街を知る　手つかずの自然が残る山岳リゾート

カナナスキスはロッキーの東側にあり、バンフ国立公園と境を接する山岳リゾート地。中心のカナナスキス・ビレッジは、3000m級の山々に囲まれた渓谷状の小さなリゾート地だ。1988年のカルガリー冬季オリンピックの会場になったナキスカ・スキー場があり、一躍脚光を浴びた。しかし、ホテル開発が厳しく制限されているため開発は緩やかで、今も手つかずの自然がふんだんに残されている。

夏は乗馬やゴルフ、ハイキング、キャンプ、サイクリング、カナナスキス川でのラフティングなど各種アウトドア・アクティビティが揃い、冬にはスキーやスケートを楽しめる。野生動物がたくさん姿を見せる40号線のドライブも楽しい。

街歩き　レンタカーを利用してアウトドアライフを満喫

1軒のホテルと関連施設があるカナナスキス・ビレッジが中心。ここに売店、レストランが揃っている。ビレッジから国道40号線を南下すると、キャンパーで賑わうカナナスキス湖に出る。ナキスカ・スキー場はビレッジから車で5分、マウント・アランの南斜面にある。❶（インフォメーション）は国道40号線沿いにある。

ビレッジへはカルガリー国際空港からバスを乗り継いで1時間30分、C$57（デルタ・ロッジに宿泊する場合。宿泊者以外はジャンクションからのシャトルバスは別料金）。バスは1日2〜3本の運行。カナナスキス・ジャンクションで、ビレッジ行きのバスに乗り換える。ビレッジから空港へは、ホテルのレセプションでアレンジしてもらえる。アクセスが不便でエリア内に公共交通機関がないこともあり、カルガリーやバンフでレンタカーを借りてアクセスした方がよい。ビレッジにはカナナスキス・アウトフィッターズ☎403-591-7000があり、レンタルバイクのほか、ハイキングツアーなどを催行している。

ビレッジでサイクリングを！

バリア・レイク・ビジターインフォメーションセンター

❶ （バリア・レイク・ビジター・インフォメーション・センターBarrier Lake Visitor Information Centre）
☎403-678-0760　🕘9:00〜17:00（時期により変動あり）

Tour & Activity

■トレッキング&ラフティング

インサイド・アウト・エクスペリエンス
Inside Out Experience
P.O. Box887, Bragg Creek 1-877-999-7238また は403-949-3305

　ラフティングは流れの緩やかな全長12kmのカナナスキス川をラフト・ボートで半日かけて下るガイド付きツアー。激流区間はないので、のんびり景色を眺めて下れる。5歳以上なら参加可。
6～9月催行 C$75（ウエアや用具のレンタル代含む）

ラフティングに挑戦

■ゴルフ

カナナスキス・カントリー・ゴルフ・コース
Kananaskis Country Golf Course
Hwy. 40, Kananaskis Village近く 403-591-7272

　ロバート・T・ジョーンズが設計した36ホールのコース。景観もよく、北米でも指折りの名コースとして知られる。ビレッジから40号線を南へ約12km行ったところにある。
5月中旬～10月中旬 グリーンフィーC$98、パワーカート代ひとりC$17、プルカート代C$6
＊2013年の水害により大きなダメージを受け現在修復中。2016年6月に再開予定

大自然の懐

■乗馬

バウンダリー・ランチ
Boundary Ranch
Hwy. 40 in Kananaskis Country 403-591-7171または1-877-591-7177

　カナナスキス周辺の大自然の中を行く乗馬ツアー。1時間のコースから食事付きの1日コースなど、乗馬経験や好みに応じて選べる。ビレッジから車で5分ほどのところにある。
5月中旬～10月中旬 料金1時間C$46、1日C$150

　カナナスキス・ビレッジはリゾートホテルが1軒あるほか、近くにホステルがあるのみだ。バンフに滞在しながらカナナスキスを訪れることもできるが、交通のアクセスが不便なため、レンタカー利用でないと難しい。デルタ・ロッジに宿泊すれば送迎のシャトルバスがあるので、ここでの宿泊を考えるのも一つの方法。自然豊かなカナダのなかでも、手つかずの自然を満喫できる。

料金ランク
A C$300以上
B C$200～
C C$150～
D C$100～
E C$100未満

Hotels

カルガリーからバスで1時間30分 B MAP p.39-J

デルタ・ロッジ・アット・カナナスキス Delta Lodge at Kananaskis

1 Centennial Dr. Kananaskis Village
403-591-7711／1-888-890-3222
403-591-7770
www.deltahotels.com
412室
T D C$199～、スイートC$249～、ひとり追加C$30

　インドアプール、サウナ、カクテルラウンジなどがあり、設備は充実している。部屋にはミニバー、コーヒーメーカーなども設置されている。
　シグネチャー・クラブの部屋は、暖炉、バルコニー、ジャクージなど、グレードアップした設備がある部屋が多く、すべての部屋にコードレス電話、無料のハイスピード・インターネットが完備されている。
　また別棟のマウント・キッド・マナーには、家族連れで泊まれるファミリー・ルームやロフトのある部屋など、タイプの違った部屋があり、グループでも快適な滞在が楽しめる。
　ホテルからは遊歩道が整備され、ウォーキングやサイクリングが思う存分楽しめる。

カナナスキスの市外局番 403 ※カナナスキスでは市内から市内にかける際も403からプッシュする

キャンモア

Canmore 🍁 アルバータ州 🍁 市外局番403　MAP p.39-J

キャンモアへの交通 🚌グレイハウンドでカルガリーから約1時間15分。カルガリー国際空港からブリュースターやバンフ・エアポーターのエアポート・シャトルで1時間30分。バンフからローム・バス Roam Bus (☎403-762-0606) で約30分。

名峰スリーシスターズを望む町

キャンモアの歩き方のヒント▶ダウンタウンはボウ川とレイルウェイ通りRailway Aveに挟まれた範囲に広がり、徒歩で回れる。ホテルの並ぶボウ・バレー・トレイル（1Aハイウェイ）からダウンタウンへは徒歩15〜30分ほど。

ハイキング、釣り、カヌーなどさまざまなアウトドア・スポーツが楽しめ、とくに町の郊外にある**キャンモア・ノルディック・センター**（→p.139）は、1988年に行われたカルガリー・オリンピックのノルディック競技の開催地だった場所。冬はクロスカントリー・スキー、夏はマウンテンバイクが楽しめるエリアとなっている。

街を知る 国立公園に隣接する自然豊かなリゾート地

バンフの東約20kmにあるキャンモアは、バンフ国立公園に隣接することから、自然豊かなリゾートタウンとして、開発されてきた。町なかにはボウ川やその支流のポリスマンズ・クリークがゆったりと流れ、町のシンボルになっている3つの頂をもつスリーシスターズをはじめ、バンフの町まで続く長い岩の稜線をもつランドル山など、3000m級の山々に囲まれている。

秋、ボウ川沿いを散策

山の空気が包むダウンタウン

ℹ️観光案内所 MAP p.138 🏠907A 7th Ave. ☎403-678-1295 🕗8:30〜17:30 🚫12月25日

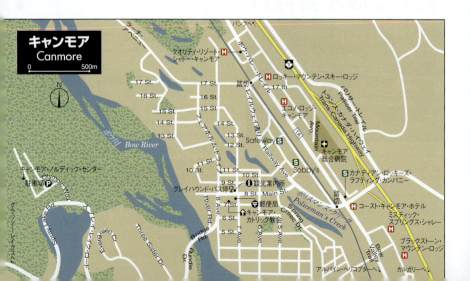

| 街歩き | 山々を眺めながら、山麓の暮らしを味わう |

ダウンタウンは徒歩で歩ける広さだが、郊外へはタクシーやレンタカーを利用しよう。

ホテル前に到着するエアポート・シャトル

町は、トランスカナダ・ハイウェイの東側と西側に広がり、トランスカナダ・ハイウェイと平行するように延びるボウ・バレー・トレイル（1Aハイウェイ）沿いがホテル街となっている。

カルガリー空港行きのエアポート・シャトルが発着する場所は、コースト・キャンモア・ホテル。町のメインストリートは 8 St.（8番通り）。グレイハウンド・バスやバンフからのローム・バスは、ダウンタウンの観光案内所近くから発着する。

ボウ川沿いをサイクリング

Tour&Activity

■マウンテン・バイク&クロスカントリー・スキー

キャンモア・ノルディック・センター
Canmore Nordic Centre MAP p.138
☎403-678-2400（全般）、403-678-6764（レンタル）
URL www.albertapark.ca/canmorenordiccentre.aspx

夏はマウンテンバイク、冬はクロスカント リースキーのレンタルがある。数多くのハイキングトレイルやクロスカントリースキーのコースがあり、アクティビティ好きには見逃せない場所。

レンタサイクル $ 1時間C$15〜、1日C$45〜

車でアクセスしよう

■ラフティング

カナディアン・ロッキーズ・ラフティング・カンパニー MAP p.138
Canadian Rockies Rafting Company
住 701 Bow Valley Trail ☎403-678-6535/1-877-226-7625 URL www.rafting.ca

カナナスキス・リバー、ホースシュー・キャニオンなどのラフティングをはじめ、ボウ川のネイチャー・フロートなどを催行。

カナナスキス・リバー・ラフティング 所要約4時間、おとなC$75。ホースシュー・キャニオン・ラフティング 所要約4時間、おとなC$79。ボウ川のネイチャー・フロート 所要約3時間、おとなC$55

カナナスキス川を下る

■ヘリコプター遊覧

アルパイン・ヘリコプター
Alpine Helicopter MAP p.138 外
住 91 Bow Valley Trail ☎403-678-4802 URL www.alpinehelicopter.com

キャンモアのヘリコプター会社が催行する遊覧飛行。2名から催行。要予約。3コースあり。スリーシスターズ・ピーク・ツアー（所要12分）ひとりC$124、ロイヤル・カナディアン・ツアー（所要25分）ひとりC$249、マウント・アシニボイン氷河ツアー（所要30分）ひとりC$289

荘厳な夕陽にシルエットで浮かぶ、ランドル山（左）とカスケード山

Hotels

観光案内所から徒歩15分

コースト・キャンモア・ホテル Coast Canmore Hotel & Conference Center MAP p.138

キャンモアでは比較的大きなホテル。インターネット環境のWi-Fiは無料。エアポート・シャトルバスも発着する。レストラン、プール、フィットネスジムも完備している。

住 511 Bow Valley Trail
☎403-678-3625
FAX 403-678-3765
URL www.coasthotels.com
164室
S T C$169〜

キャンモアの市外局番 ☎403 ＊キャンモアでは市内にかける際も403からプッシュする

バンフ

Banff 🍁 アルバータ州 🍁 市外局番403　MAP p.39-I

バンフへの交通 🚌グレイハウンドでカルガリーから約2時間、バンクーバーからは13時間〜15時間30分。カルガリー国際空港からブリュースターやバンフ・エアポーターのエアポート・シャトルで約2時間。

10月中旬のバンフの町

バンフの歩き方のヒント▶南北500mほどの範囲に店がかたまっているので、歩いて回ることができる。市街の外れにある見どころは路線バスで回るといい。

街を知る　カナダ初の国立公園を代表する山岳リゾート

バンフの歴史は大陸横断鉄道の建設に始まる。建設中の1883年、カナディアン・パシフィック鉄道会社の鉄道工夫が温泉を発見。その利権をめぐって争い事が起きたことから、その周囲を1885年、保護区としたのがカナダ最初の国立公園の始まりだ。国立公園には3000m級の山々が連なり、面積はジャスパー国立公園、クートニー国立公園に次ぐ6641km²という広さだ。観光拠点となるのがバンフの町。国立公園事務所が置かれ、ホテル、レストラン、博物館などが軒を連ねている。

街歩き　町は徒歩で歩ける広さ　郊外は路線バスを活用

バス・ディポはVIA駅の近くにあり、町の中心部までは徒歩で約10分。ホテルまでタクシー（タクシータクシー☎403-762-3111、バンフ・タクシー☎403-762-0000）を利用するのが一般的だ。

トランス・カナダ・ハイウェイから分岐する、カスケード・ロック・ガーデンへ続くバンフ通りが町の中心部。❶（インフォメーション、MAP p.144-A）もこの通りにある。モーテルはバンフ通りの中心から北に向かって並ぶ。

市内にはローム・バスRoam Busという公共バスが走っている。ルート1は、ホテルの並ぶバンフ通り北側からバンフ通りを走り、サルファー山ゴンドラ乗り場へ。ルート2は、キャンプ場やホステルのあるトンネル山からバンフ通りを通ってフェアモント・バンフ・スプリングス・ホテルまで行く。ルート3は、バンフと隣町キャンモアを結ぶ。ルート4（5月下旬〜9月運行）は、ケイブ&ベイスン国立史跡とサルファー山ゴンドラ乗り場を結ぶ。おとなC$2、65歳以上と子どもC$1、1日券はC$5。詳細は、Bow Valley Regional Transit ☎403-762-0606 URL roamtransit.com

トンネル山からバンフ・スプリングスのゴルフコースとボウ川が望める

バンフの市外局番☎403　※バンフでは市内から市内にかける際も403からプッシュする　❶ MAP p.144-A　☎224 Banff Ave. ☎403-762-1550　🕐6月下旬〜9月上旬9:00〜19:00、9月中旬〜6月中旬9:00〜17:00、休12月25日

見どころ

ダウンタウン周辺

ホワイト博物館
Whyte Museum of The Canadian Rockies MAP p.144-A
行き方 ❶から徒歩10分

　バンフの1世紀以上にわたる歴史と文化を紹介する博物館。カナディアン・ロッキーゆかりの絵画、彫刻、写真、歴史的なコレクション、書物などが展示されている。ヒストリック・バンフ・ウォーキング・ツアーなどさまざまな企画も実施している。
住 111 Bear St. 電 403-762-2291 URL www.whyte.org
営 10:00〜17:00 休 12月25日・1月1日 料 おとなC$8、学生C$4

バンフ公園博物館
Banff Park Museum MAP p.144-A
行き方 ❶から徒歩10分

　1903年に建設された建物を改築して造られた。国の史跡に指定されている。カナディアン・ロッキーに生息する野生動物の剝製が並べられ、国立公園の自然を知る手がかりを与えてくれる。その数は5000体以上にものぼり、迫力を持って迫ってくる。
住 91 Banff Ave.
電 403-762-1558
営 10:00〜17:00 休 10月中旬〜5月中旬と5月中旬〜6月30日、9月上旬〜10月上旬の月・火曜 料 おとなC$3.90、6〜16歳C$1.90、65歳以上C$3.40

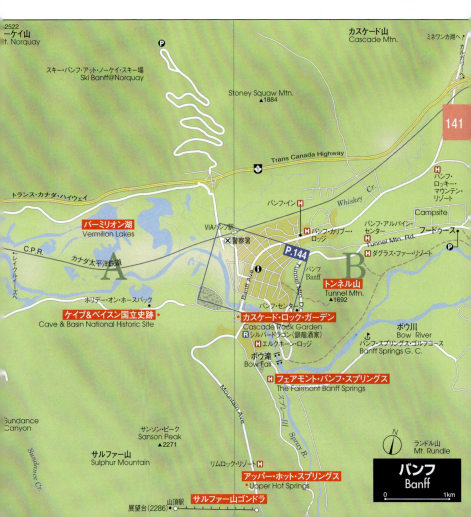

バッファロー・ネーションズ・ラックストン博物館
Buffalo Nations Luxton Museum MAP p.144-A
行き方 バンフ公園博物館から徒歩5分

カナダ北部の大平原やカナディアン・ロッキーに暮らした先住民の歴史に触れられる個性的な博物館。バッファローの群れを追い求めて季節ごとに移動を続けた生活の様子を知ることができる。1872年に生まれたジャーナリスト、ノーマン・ラックストンが残した資料を元に造られた。狩りの様子、ティーピー（先住民のテント）での生活、自然の中での暮らしから生まれる儀式、そして馬に乗ったヨーロッパ人との出会い、交易の様子などが再現されている。キルトやビーズ細工、服装品、羽飾りなどの工芸品も美しく、興味を魅かれる。館内ツアーも随時行われている。

住 1 Birch Ave. ☎ 403-762-2388 開 夏／10:00～19:00、冬／11:00～17:00 S おとなC$10、学生と65歳以上C$9、6～12歳C$5

砦のような外観が特徴の博物館

カスケード・ロック・ガーデン
Cascade Rock Garden MAP p.141-B
行き方 バンフ公園博物館から徒歩4分

バンフ通りの南の突き当たりにある公園。中央にあるバンフ国立公園管理事務所が建つ場所からはバンフ通りが見渡せる。夏になると管理事務所裏のロック・ガーデンには、色とりどりの花が咲き乱れ、多くの人が訪れる。花々の間を歩ける歩道が付けられており、賑やかな市内を観光する合い間に、小休止するにはもってこいの場所だ。

住 end of Banff Ave. 開 入園自由

ケイブ＆ベイスン国立史跡
Cave & Basin National Historic Site MAP p.141-A
行き方 バンフ公園博物館から徒歩15分

バンフ国立公園発祥のきっかけとなった温泉は、1883年秋にこの洞窟で鉄道会社の工夫によって発見された。館内では発見当時の様子などが再現され、温泉の湯に触れることもできる。利権問題を抱えながらバンフが国立公園となるまでの歴史は興味深い。敷地内には自然観察コースもあり、野生動物が多いこの一帯の自然が紹介されている。

住 311 Cave Ave. ☎ 403-762-1566 開 10:00～17:00 休 9月上旬～5月中旬の月・火曜、12月25・26日、1月1日 S おとなC$3.90、6～16歳C$1.90、65歳以上C$3.40

史跡の入口

ボウ滝とボウ川
Bow Fall & Bow River MAP p.141-B
行き方 バンフ公園博物館から徒歩20分

ボウ川はマリリン・モンロー、ロバート・ミッチャムが共演した映画『帰らざる河』の舞台となった場所。アイスフィールド・パークウェイ沿いのボウ湖から流れ出した水が、ハドソン湾へと注ぐ大河である。ボウ滝の下流からはラフティングのツアーが出ている。

さまざまな花が咲き乱れるカスケード・ロック・ガーデン

早朝のボウ川

バンフの市外局番 ☎ 403 ※バンフでは市内から市内にかける際も403からプッシュする

フェアモント・バンフ・スプリングス
The Fairmont Banff Springs　MAP p.141-B
行き方 ローム・バスのルート2利用

　バンフ随一の高級リゾートホテル。スコットランドの城を模して、1888年に総工費C$25万をかけて建てられた。1926年に火事で全焼し、現在の建物が完成したのは1928年のこと。建物は国定史跡に指定されている（→p.148）。
住405 Spray Ave. ☎403-762-2211

アッパー・ホット・スプリングス
Upper Hot Springs　MAP p.141-B
行き方 ローム・バスのルート1利用

　ケイブ＆ベイスンの発見に次いで、1884年に発見された温泉。1996年に大幅に改装され、現在の施設になった。水着着用の温泉プールになっていて、タオルや水着のレンタルもある。スパも併設されている。
住Mountain Ave. ☎403-762-1515 圏5月中旬～10月中旬／9:00～23:00、その他の期間は日～木曜10:00～22:00、金・土曜10:00～23:00 休10月下旬の10日間
料おとなC$7.30、子どもと65歳以上C$6.30

サルファー山ゴンドラ
Sulphur Mountain Gondola　MAP p.141-A
行き方 ローム・バスのルート1利用

　ゴンドラは1583mの山麓駅から2281mの山頂駅までを約8分で結ぶ。山頂駅からはバンフの町と、周囲の山々が望め、1.5kmほど歩いてサンソン・ピークまで登れば、360度のパノラマが楽しめる。山頂駅にはレストラン、スナック・バー、みやげ物店がある。
住Mountain Ave. ☎403-762-2523 圏5月中旬～10月上旬／8:00～21:00、季節変動あり 休1月中旬に運休期間あり 料おとなC$39.95、6～15歳C$14.95

バンフ郊外

バーミリオン湖
Vermilion Lakes　MAP p.141-A
行き方 から車で7分

　トランス・カナダ・ハイウェイの西側入口近くにあるバーミリオン湖は、1から3まで番号の付けられた湖と、まわりに広がる湿原が美しい。野生動物や野鳥も多く、観察にはもってこいの場所だ。湖の北岸を舗装道路が走り、バンフから自転車で訪れるにもほどよい距離だ。ここから見るランドル山は絵になり、絶好の撮影スポットでもある。

温泉は水着着用で利用する

ランドル山とバーミリオン湖

ゴンドラの頂上駅からはバンフの町と、それを取り囲む山々の大パノラマが広がる

ノーケイ山
Mt. Norquay MAP p.141-A

行き方 ❶から車で10分

　バンフから一番近いスキー場として人気があり、町からスキーバスも運行される。斜度38度の上級者向きコースで知られるが、初心者が楽しめるコースも充実している。1月以降、毎週金・土曜日は22時までナイタースキーができる。リフト料金などの詳しい情報はウェブサイトをチェックしよう。
URL www.banffnorquay.com 営12月上旬〜4月中旬

フードゥース
Hoodoos MAP p.141-B

行き方 ローム・バスのルート2利用

　土砂でできた山肌を水が流れ、その浸食によって生まれた奇岩。先住民はフードゥーを巨人に見立てていたという。トンネル山道路の駐車場から500m歩いて、フードゥーを見渡せる展望台に着く。眼下にはボウ川が流れ、雄大な景色が望める。フードゥーからボウ滝まで続く約4kmのハイキングコースに挑戦してみるのもいいだろう。

自然が作り出した不思議な造形、フードゥース（左下）

トンネル山
Tunnel Mountain MAP p.141-B

行き方 ❶から車で15分で登山口

　市街地の東に位置する小高い山。山頂へは、車道から標高差300mの整備された登山道を登って行く。山頂からはバンフの町とボウ川が一望できる。

144

ミネワンカ湖
Lake Minnewanka MAP p.141-B外
行き方 ❶から車で20分

町のおよそ12km北にある、バンフ国立公園最大の湖。先住民の言い伝えでは「死者の霊が出会うところ」とされている。夏はハイキング、ピクニック、ボート、マス釣りなどが楽しめ、ダムサイトにはビッグホーン・シープが姿を現わすことも。時間があれば船で湖の奥へと入ってみたい。遊覧船はミネワンカ・ボートツアーズが夏期のみ運行。約1時間のクルーズで、デビルズ・ギャップと呼ばれる峡谷までを往復する。

3000m近い山に囲まれたミネワンカ湖

Tour & Activity

■ミネワンカ湖遊覧船
レイク・ミネワンカ・ボートツアーズ
Lake Minnewanka Boat Tours
☎403-762-3473
URL www.brewster.ca

ミネワンカ湖のボート乗り場から、エルマー山をはじめ標高3000m級の山々を見ながらデビルズ・ギャップまでクルーズする。

所要約1時間 営5月～10月中旬の毎日催行。5月中旬～9月中旬10:00～18:00の間に30分または1時間おき、それ以外の時期は2～3時間おきに出発 Ｓおとなc$54.95、6～15歳C$27.50

■コロンビア大氷原観光
ブリュースター
Brewster
☎1-800-760-6934 URL www.brewster.ca

レイクルイーズで1時間休憩し、ボウ湖、ボウ氷河、ペイトー湖などを眺めながらコロンビア大氷原への1日コースツアー。雪上車ツアー付き。所要約9時間。
開5月上旬～10月中旬催行。フェアモント・バンフ・スプリングス・ホテルを8:05、ブリュースター社のバス・ディポを8:30出発 Ｓおとなc$206、6～15歳C$104。雪上車のみおとなC$54.95、6～15歳C$27.50

■ゴルフ
バンフ・スプリングス・ゴルフコース
Banff Springs Golf Course
住Spray Ave. ☎403-762-6801 URL www.banff springsgolfclub.com 営5月上旬～10月 休無休
MAP p.141-B

バンフ・スプリングスが経営する、計27ホールのゴルフ場。オリジナルのスタンレー・トンプソン・コースは18ホール、7083ヤードでパー71。1989年に拡張されたトンネル・マウンテン・コースは9ホール、3357ヤードでパー36。どのホールも自然の地形を生かした設計となっている。ドレスコードは襟付きのシャツ、丈5インチ以上のショーツを着用。靴はスニーカーでもプレー可能。
営5月上旬～10月中旬の毎日 Ｓスタンレー・トンプソンひとりC$239。トンネル・マウンテン・コースC$100

■ラフティング
バンフ・アドベンチャーズ・アンリミテッド
Banff Adventures Unlimited
住211 Bear St. ☎403-762-4554 URL www.banff adventure.com 営夏期7:30～21:00、冬期8:30～19:00 MAP p.144-A

キッキング・ホース川でのラフティング。高グレードの荒瀬が続く約20kmのコースで、所要約7時間。ツアーデスクのバンフ・アドベンチャー・アンリミテッドでは、ガイド・ハイクや乗馬などのツアーも受け付けている。
営6～9月の毎日2回催行。出発時間、集合場所は予約時に確認 ＳひとりC$125（税別）

■バンフの日系旅行会社
バンフ・ガイド・サービス（Banff Guide Service）
　☎403-762-5366
JTB バンフ・オフィス（JTB Banff Office）
　☎403-762-8686
カナディアン・ココツアーズ
（Canadian Co Co Tours）
　☎403-762-5600

バンフの市外局番☎403 ※バンフでは市内から市内にかける際も403からプッシュする

ショップの数は多く、狭い地域に集中している。みやげ物店や、スポーツショップを中心に、気軽にショッピングを楽しめる。バンフらしいみやげ物は、手づくり石けんやモカシン靴など。

Shops

❶から徒歩2分／ショッピングセンター
カスケード・プラザ・モール Cascade Plaza Mall

バンフの中心にあるショッピング・モール。ギャップなどのファッションの店から、オールド・スパゲッティ・ファクトリーなどのレストラン、地下にはフードコートやコインランドリーもあり、長期滞在者や旅行者が気軽に立ち寄れる買い物や食事のスポット。

MAP p.144-A

- 317 Banff Ave.
- 403-762-8484
- 10:00～21:00、季節により変更あり、駐車場は7:00～20:00
- 店により異なる
- 店により異なる

❶から徒歩2分／石鹸
ロッキー・マウンテン・ソープ Rocky Mountain Soap

隣町のキャンモアで創業した手作り石けんの店。植物やゴートミルクなど、自然の材料から手作りされている石けんを販売。カラダに優しく香りも楽しめるヘルスケア商品が揃う。スティックタイプで人気のフット・バターは、かかとに潤いを与え、ひび割れを防ぐ。

MAP p.144-A

- 204 Banff Ave.
- 403-762-5999
- www.rockymountainsoap.com
- 月～木曜10:00～21:00、金・土曜～22:00、日曜～20:00
- 12月25日
- フット・バター大C$15、石鹸は100gでC$5位

❶から徒歩10分／民芸品
バンフ・インディアン・トレーディング・ポスト Banff Indian Trading Post

1903年に建てられた毛皮交易所を改築してできた店。先住民が作ったアートや木工製品、革製品などがぎっしり並んでいる。店内にはバッファロー、ムース、エルク、マウンテン・ゴートなどの頭部のはく製が飾られていて、店のアクセントになっている。

MAP p.144-A

- 101 Cave Ave.
- 403-762-2456
- www.banffindiantradingpost.com
- 夏／9:00～21:00、冬／9:00～18:00
- 12月25日
- インディアン・モカシンC$75～、皮のコインケースC$22～

❶から徒歩5分／衣料
ジャック・カルチエ・クロージャー Jacques Cartier Clothier

北極圏に生息するジャコウ牛の毛を使ったセーターなどを置く店。その毛は野生の牛が岩に体をこすりつけたときなどに落とした毛を拾って使用しているというから、希少価値が高い。値段は高いが、柔らかく軽くて非常に温かく、着心地は抜群だ。

MAP p.144-A

- 131-A Banff Ave.
- 403-762-5445
- 夏期／10:00～22:00、冬期／10:00～20:00
- 無休
- セーターC$600位～、ストールC$200位～

❶から徒歩7分／衣料
パタゴニア・ストア Patagonia Store

カナダでも大人気のパタゴニア・ブランド。パタゴニアならではのおしゃれなアウトドア・ウエアが並んでおり、価格も日本で買うより多少安く感じられる。スタッフも感じがよく、気軽に試着できるので、自分に合ったものが選べるのがうれしい。

MAP p.144-A

- 94 Banff Ave.
- 403-985-5588
- 10:00～21:00、冬期は時間短縮あり。
- 12月25日、1月1日
- シャツC$75～、パンツC$85～

バンフの市外局番 403　※バンフでは市内から市内にかける際も403からプッシュする

ステーキが自慢のレストランはもちろん、メキシカン、イタリアン、中華、韓国、日本料理と、あらゆるレストランが揃っている。朝食をとれるレストランは少ないが、夏は夜遅くまで営業している店が多い。

料金ランク
A C$40以上
B C$30〜
C C$20〜
D C$10〜
E C$10未満

Restaurants

から徒歩3分／カナダ料理 A
メープル・リーフ Maple Leaf

1階はカジュアル、2階はフォーマルな雰囲気。1階には豪快なムースの角が飾られた部屋がある。アルバータ牛のステーキやカナダ西部でとれたサーモン、大西洋産のロブスターなど、カナダの味覚を提供する。盛り付けが美しく、おいしい。ワインも豊富だ。

MAP p.144-A
- 137 Banff Ave.
- 403-760-7680
- www.banffmapleleaf.com
- 11:00〜15:00、17:00〜23:00、季節により時間短縮
- 無休
- スープ$12〜、メインC$25〜

から徒歩2分／フォンデュ料理 A
グリズリー・ハウス Grizzly House

ビーフ、ロブスター、バッファロー、鹿肉とさまざまな食材をオイル・フォンデュにしていただこう。変わったものではワニやヘビの肉も用意されている。人気のフォンデュ・ディナー・コースは、前菜にチーズ・フォンデュ、デザートにチョコレート・フォンデュが付く。

MAP p.144-A
- 207 Banff Ave.
- 403-762-4055
- 11:30〜24:00
- 無休
- フォンデュ・ディナー・コースC$45.95〜79.95、鹿肉のステーキ8オンス（200g、サラダ・スープ・ライス・温野菜付）C$48.95

から徒歩15分／広東料理 C
シルバー・ドラゴン（銀龍酒家） Silver Dragon Superb Chinese Cuisine

バンフ通りからボウ川を渡り左折、スプレー通りとマウンテン通りの角に建つ中国料理店。広東料理中心のメニュー。前菜、スープ、主菜のコースメニューは、値段も手頃でボリューム満点との評判。夏はとくに込んでいるので、グループでの食事は予約したほうがよい。

MAP p.141-B
- 195 Spray Ave.
- 403-762-3939
- 夏期／11:30〜22:00、冬期／11:30〜22:00
- 無休
- 焼きそばC$16〜、スペシャル焼き飯C$15〜、主菜C$15〜27

から徒歩3分／無国籍料理 C
ブロック・キッチン&バー Block Kitchen and Bar

バンフ通りからカリブー通りを西に曲がったところにある小さなレストラン・バー。アジアや地中海の味を融合させた小皿料理を出す。枝豆やキンピラといった日本の味もある。メープルシロップ、酒、味噌でマリネして焼いたホタテもなかなかの一品。

MAP p.144-B
- 201 Banff Ave.
- 403-985-2887
- www.banffblock.com
- 11:30〜2:00AM
- 無休
- 枝豆C$6、グリルド・スキャロップ（ホタテ）C$18

から徒歩3分／パブ C
セント・ジェームスズ・ゲート St.James's Gate Old Irish Pub

ウルフ通りに面したアイリッシュ・パブ。約30種類のビールとおいしいスナックが自慢。店内はウッディにまとめられ、親しみやすい雰囲気。アイリッシュ・ラムシチューなどの食事もおいしく、お酒と共に楽しめる。日によってカントリーやブルースの演奏もあり。

MAP p.144-A
- 207 Wolf St.
- 403-762-9355
- www.stjamesgatebanff.com
- 日〜木曜11:00〜1:00AM、金・土曜11:00〜2:00AM
- 無休
- セント・ジェームズ・バーガーC$15〜、アイリッシュ・ラムシチューC$16

宿泊施設は数もタイプも豊富に揃っている。高級リゾートホテルから、家庭的な雰囲気のB&Bまで、予算や好みに応じて選べる。モーテルの多くは町の中心部から離れているが、歩いていけない距離ではない。

料金ランク	
A	C$300以上
B	C$220～
C	C$150～
D	C$70～
E	C$70未満

Hotels

フェアモント・バンフ・スプリングス The Fairmont Banff Springs
❶から車で5分 A

MAP p.141-B

バンフの町の南、スプレー通りの突き当りにある、高級リゾートホテル。
9のレストラン&ラウンジ、約15のショップ、スパ、屋内と屋外のプールなど、ホテル内には多種多様な施設がある。27ホールのゴルフコース(→p.145)は世界的に有名だ。

住 405 Spray Ave.
☎ 403-762-2211
FAX 403-762-5755
URL www.fairmont.com/banffsprings
室 768室
S SD DC$519～、スイートC$559～、季節により変更あり、ひとり追加C$30

ブリュースター・マウンテン・ロッジ Brewster's Mountain Lodge
❶から徒歩3分 B

MAP p.144-A

町の中心部近くに建つ丸太を使ったカントリー調のホテル。内装、家具にも丸太がふんだんに使用され、室内も暖かい雰囲気がある。ほかでは味わえないホッとするような空気感がある。同社で経営するツアー、レイクルイーズでの乗馬ツアーの申し込みもできる。

住 208 Caribou St.
☎ 403-762-2900
FAX 403-762-2970
URL www.brewstermountainlodge.com
室 77室
S SD DC$235～、季節により変更あり
朝食付き、無料Wi-Fi

バンフ・パーク・ロッジ Banff Park Lodge
❶から徒歩5分 C

MAP p.144-A

バンフ通りから2ブロック離れた、静かなところに建つ大型ホテル。全ての客室にバルコニーが付いており、ファミリー向けの一番大きな部屋にはバス・タブ、ジャクージまで備え付けられている。屋内プール、2つのレストランも完備。

住 222 Lynx St.
☎ 403-762-4433
FAX 403-762-3553
URL www.banffparklodge.com
室 211室
S 10～5月C$109～、6～9月C$165～、季節により変更あり

マウント・ロイヤル Mount Royal
❶から徒歩3分 C

MAP p.144-A

町の中心部にある中級ホテル。バンフ通りとカリブー通りの角という立地は観光、ショッピングや食事などに非常に便利だ。古い建物ながら内部はきれいに調えられ、快適に過ごせる。1階にはレストラン&ラウンジやパブがある。

住 138 Banff Ave.
☎ 403-762-3331
FAX 403-762-8938
URL www.brewster.ca/hotels/mount-royal-hotel
室 134室
S 6月上旬～10月上旬／S T D C$180～、それ以外／S T D C$129～

キング・エドワード King Edward
❶から徒歩3分 D

MAP p.144-A

マウント・ロイヤルの向かい側にあるホテル。レストランの上にある小さなホテルだが、1904年創立と歴史は古い。歩いていける範囲にレストラン、パブが多いので、使い勝手もいい。無料Wi-Fiインターネット、冷蔵庫、コーヒーメーカー完備。

住 137 Banff Ave.
☎ 403-985-3734
FAX 403-985-3735
URL www.kingedwardhotelbanff.com
室 21室
S 夏／S T D C$122～199、季節により変更あり

バンフの市外局番 ☎403 ※バンフでは市内から市内にかける際も403からプッシュする

Hotels

❶から徒歩6分 Ⓑ
バンフ・ターミガン・イン Banff Ptarmigan Inn

MAP p.144-A

町の中心近くにあり、買い物や食事にも便利。内装、家具にパイン材を使った客室は落ち着いた雰囲気が漂う。併設のイタリアン・レストランには、夏、パティオ席もオープンし、宿泊客以外の利用も多い。全室無料Wi-Fiインターネット、冷蔵庫など完備。

🏠337 Banff Ave.
☎403-762-2207
📠403-762-4763、無料予約 1-800-661-8310
URL www.banffptarmiganinn.com
🛏134室
💲夏／ⓈⒹⒸ$229〜、季節により変更あり

❶から徒歩15分 Ⓑ
バンフ・カリブー・ロッジ Banff Caribou Lodge

MAP p.141-B

快適な大型ホテル。町のはずれにあるので、中心部へは路線バスを利用する。宿泊客には路線バスに1日乗れるチケットをサービスしている。全室、無料Wi-Fiインターネット、冷蔵庫、金庫など完備。ホテル内にKEGステーキ・ハウスやスパがある。

🏠521 Banff Ave.
☎403-762-5887
📠403-762-5918、無料予約 1-800-563-8764
URL www.banffcariboulodge.com
🛏195室
💲ⓈⒹⒸ$214〜、季節により変更あり

❶から車で5分 Ⓐ
リムロック・リゾート The Rimrock Resort

MAP p.141-B

アッパー・ホット・スプリングスのすぐ下にある高級ホテル。屋内プール、スカッシュコートなど、高級リゾートホテルの名に恥じない、充実した設備を誇る。客室、ダイニングルームからは、森の間を流れるボウ川が見下ろせ、眺望もすばらしい。

🏠300 Mountain Ave.
☎403-762-3356
📠403-762-4132
URL www.rimrockresort.com
🛏343室
💲6月〜10月上旬／ⓈⓉⒹⒸ$278〜、オフシーズン／ⓈⓉⒹⒸ$168〜

149 バンフ ホテル

ホテル名	料金ランク	地図位置	住所・電話（市外403）	部屋数・料金	URL www.
アーウィンズ・マウンテン・イン Irwin's Mountain Inn	C	p.144-B	429 Banff Ave. ☎403-762-4566	65室ⓈⓉⒹ C$182〜	irwinsmountaininn.com
エルクホーン・ロッジ Elkhorn Lodge	D	p.141-B	124 Spray Ave. ☎403-762-2299	8室ⓈⒹ C$128〜275	elkhornbanff.ca
バンフ・イン Banff Inn	C	p.141-B	501 Banff Ave. ☎403-762-8844	99室ⓈⓉ C$152〜	banffinn.com
ダグラス・ファー・リゾート Douglas Fir Resort	C	p.141-B	525 Tunnel Mountain Rd. ☎403-762-5591	130室ⓈⓉ C$186〜	douglasfir.com
ハイ・カントリー・イン High Country Inn	C	p.144-B	419 Banff Ave. ☎403-762-2236	70室ⓈⒸ C$169〜	banffhighcountryinn.com
バンフ・インターナショナル Banff International	C	p.144-B	333 Banff Ave. ☎403-762-5666	162室ⓈⓉ C$170〜	banffinternational.com
バンフ・アルパイン・センター Hostelling International Banff Alpine Centre	YH	p.141-B	Hidden Ridge Way On Tunnel Mountain Rd. ☎403-762-4123	220beds C$40〜165	hihostels.ca
YWCAバンフ・マウンテン・ロッジ YWCA Banff Mountain Lodge	E	p.144-B	102 Spray Ave. ☎403-762-3560	100beds C$33〜169	ywcabanff.ca

※料金ランク欄のYHはユースホステル

レイクルイーズ

Lake Louise 🍁 アルバータ州 🍁 市外局番403　MAP p.39-I

レイクルイーズへの交通　🚌グレイハウンドがカルガリーからレイクルイーズ・ビレッジまで1日に4本運行、約2時間30分。カルガリー国際空港からブリュースターが1日5本運行。いずれもバンフからも乗車可能。

ロッキーの宝石ルイーズ湖

レイクルイーズの歩き方のヒント▶レイクルイーズ・ビレッジが中心。ここからルイーズ湖まで約4km。モレイン湖へは10km以上。ヨーホー渓谷やエメラルド湖へは車で40分～1時間。ツアーやレンタカーが便利。

街を知る　世界中の人々を魅了する カナダで最も美しい湖

　ルイーズ湖（レイクルイーズ）は、カナディアン・ロッキーにおよそ300ある湖のなかでも、もっとも美しいといわれている。年間100万人を超える観光客が訪れ、カナダ観光のハイライトともいえよう。

　ルイーズ湖は、バンフから国道1号線で約60km。ボウBow川沿いのレイクルイーズ・ビレッジと呼ばれる地区が情報収集などの拠点になっている。湖周辺は山々に囲まれた渓谷沿いのリゾート地で、日本でいえば上高地のような場所。周囲をロッキーの自然が囲み、高山植物や野生動物の宝庫だ。

　見どころはルイーズ湖をはじめ、モレイン湖、アグネス湖などの湖だ。湖面に映る厳しくそそり立つロッキーの山並みとの対比は美しい。観光以外では、ハイキングや釣り、湖でのボートやカヌーなどのアクティビティを楽しんでみよう。車で1時間ほどのヨーホー国立公園へ足を延ばしてみるのもいい。

レイクルイーズを目指すサイクリスト

レイクルイーズ🛈（インフォメーション）MAP p.151-C　☎403-522-3833　夏期／9:00～19:00　冬期／木～日曜9:00～16:30、春・秋期／9:00～17:00　休12月25日、冬期の月～水曜

街歩き カルガリーやバンフから出発
ツアーやレンタカーでアクセスしよう

　レイクルイーズの町は、国道1号線沿いの**レイクルイーズ・ビレッジ**が中心。ここに観光案内所からホテル、ロッジ、キャンプ場、レストラン、小さなショッピング・モール、長距離バスの発着所などが集まっている。空の便はなく、レイクルイーズへはカルガリーやバンフからバス、またはレンタカーを利用する。

　レイクルイーズ観光の中心は、ルイーズ湖畔のフェアモント・シャトー・レイクルイーズ。レストランやショッピング・モールがある。レイクルイーズ周辺の見どころへは、タクシーまたはレンタカーを利用するか、現地発のツアーに参加するのがよいだろう。

　ヨーホー国立公園は山麓の村、**フィールド**が拠点となる。観光案内所やモーテルはあるが、滞在向きではない。バンフやレイクルイーズの宿から観光に訪れよう。

(上)ビレッジ地区にある観光案内所／(下)ビレッジの中心にあるサムソン・モール

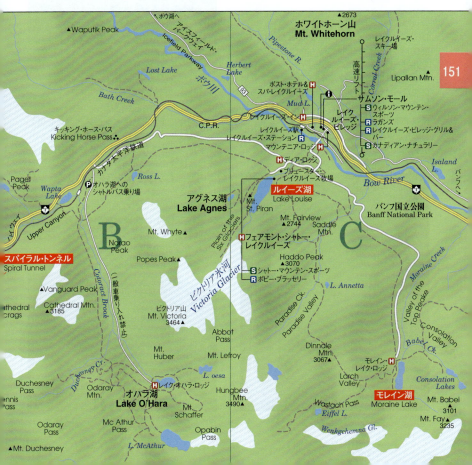

見どころ

ルイーズ湖
Lake Louise MAP p.151-C

行き方 レイクルイーズ・ビレッジから車で10分

　ロッキー屈指の美しさをたたえる湖。1882年にやってきたカナダ太平洋鉄道の測量技師トーマス・ウィルソンが発見し、ビクトリア女王の娘、ルイーズ王妃にちなんで命名された。先住民のストニー族はこの湖を「小さな魚の湖」と呼んでいた。

　長さ2.4km、幅300mの湖は、氷河に浸食された窪みに氷河の解けた水が注ぎ込んでできあがったもので、氷河湖特有のエメラルド・グリーンに輝く湖水が広がっている。背後にそびえるビクトリア山Mt. Victoriaに横たわる白く輝くビクトリア氷河Victoria Glacierが冷たい湖水に映え、実に神秘的な風情をたたえる。

○フェアモント・シャトー・レイクルイーズ
The Fairmont Chateau Lake Louise MAP p.151-C

行き方 レイクルイーズ・ビレッジから車で10分

　ルイーズ湖の湖畔にあるデラックスなリゾートホテルで、レイクルイーズ観光の中心地にもなっている。湖水に浮かんでいるように見える白い外壁の広壮な建物は、趣あふれ優美さを感じさせる。ロビーやダイニングルームからの湖面の眺めが美しい。ホテル前の庭園は、絶好の撮影ポイントだ。

モレイン湖
Moraine Lake MAP p.151-C

行き方 レイクルイーズ・ビレッジから車で30分

　ルイーズ湖への道路を登っていく途中、標識に従って左に折れて10kmほどで着く湖。ルイーズ湖同様、冷たく輝く氷河湖特有の湖水の色が美しい。モレインとは、氷河が押し出した岩や砂などの堆積物のこと。ただし、この湖は落石によってせき止められてできたものだ。背後には氷河を抱いて厳しくそそり立つ10の峰々があり、テン・ピークスと呼ばれている。湖畔にリゾートホテルのモレイン・レイク・ロッジが建つ。

勇壮な風景が人気のモレイン湖

スパイラル・トンネル
Spiral Tunnel MAP p.151-B

行き方 レイクルイーズ・ビレッジから車で20分

　急勾配のキッキング・ホース・パスを越えるためにカナダ太平洋鉄道が造った珍しい8の字形のトンネル。大陸横断鉄道の建設に際し、最大の難関だったところで、渓谷の対岸の展望台からその一部を見渡せる。ただし、見えるのはトンネルから出た部分で、列車の通過も少ない。なお、キッキング・ホース・パス（峠）は北米大陸の分水嶺でもあると同時に、アルバータ州とブリティッシュ・コロンビア州の州境になっている。

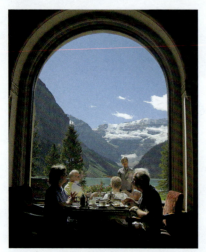
レイクビュー・ラウンジからビクトリア氷河を望む

国道1号線沿いの展望台からトンネルが見える

ヨーホー渓谷

Yoho Valley MAP p.150-A

行き方 レイクルイーズ・ビレッジから車で50分

　ヨーホー国立公園内を流れるヨーホー川沿いの美しい渓谷。バンフ、ジャスパー両国立公園の賑やかさに比べ、交通の不便さもあって、静かな環境が保たれている。観光にはレンタカーがないと不便。ただし、道路には冬の雪崩の跡があったり、スイッチバックと呼ばれるZ状の急な上り坂があったりと、ここの自然の厳しさを伝えるものが多い。終点近くになると再び視界が開けるが、そこにタカカウ滝がある。

ヨーホー渓谷を歩くトレッキング・コースもある

○タカカウ滝

Takakkaw Falls MAP p.150-A

行き方 レイクルイーズ・ビレッジから車で50分

　静かなヨーホー渓谷の一番奥にある、水量豊かな滝。380m余の落差はカナダ随一で、その轟音が渓谷内に響きわたっている。タカカウは先住民の言葉で「すばらしい」という意味。落ちる途中に一度、水がぶつかる滝壺があり、ここで跳ね上がる水がこの滝の豪快さをいっそう際だてている。水源はワプティック氷原の一部、ダリー氷河。

エメラルド湖

Emerald Lake MAP p.150-A

行き方 レイクルイーズ・ビレッジから車で40分

　レイクルイーズに隣接するヨーホー国立公園内にある美しい湖。その名のとおりエメラルドグリーンに輝く湖水で、その色彩は氷河から流れる堆積物の混入によるものだ。湖畔を1周する5kmほどのハイキング・コースを歩いたり、湖面でのカヌー遊びが楽しめる。湖畔にはコテージタイプのエメラルド・レイク・ロッジがあり、静かな環境のなかで宿泊できる。

エメラルド湖でカヌーを楽しもう

ナチュラル・ブリッジ

Natural Bridge MAP p.150-A

行き方 レイクルイーズ・ビレッジから車で30分

　国道1号線からエメラルド湖へ行く途中にある岩でできた自然の橋。長年に渡って川床のライムストーンをキッキング・ホース川の水流が浸食し続けてできあがった。橋の中央は少し切れているが、またげば渡れそうなほどの間隔。ここから流れ出した水流の勢いはすさまじく、かつてこの地を馬に乗って移動した旅人の苦労が偲ばれる。

自然の力を強烈に感じさせる

レイクルーズのビレッジ地区に**サムソン・モール**と呼ばれる小さなショッピングエリアがあるが、店の数はわずかだ。ほかには湖畔のリゾートホテル内におみやげなどのショップやブティックがある。

Shops

ビレッジのバス停からすぐ／アウトドア用品
ウィルソン・マウンテン・スポーツ Wilson Mountain Sports

MAP p.151-C

サムソン・モールの東端にあるアウトドア用品専門店。トレッキングやキャンプ、フライフィッシング、マウンテン・バイク用品、さらにそれらのウエアが豊富に揃っている。アメリカのコロンビアやパタゴニア、ザックのロウアルパインなどはかなりの品揃え。

ハイキング用のバックパックやブーツをはじめ釣り道具、マウンテン・バイク、冬はスキーやスノーボードのレンタルも行っている（クレジットカード必要）。レイクルイーズだけでなく、周辺エリアの詳しい情報を提供してくれるのも心強い。夏の終わりにはクリアランス・セールも行っているので、のぞいてみよう。お気に入りがみつかるはずだ。

- Samson Mall, Lake Louise
- 403-522-3636
- www.wssll.com
- 8:00～20:00
- 無休
- 1日レンタル料／バックパックC$10、フライロッドC$19、MTB C$39～（1時間 C$15～）、フィッシング・ネットC$5

ビレッジのバス停からすぐ／ギフトグッズ
カナディアン・ナチュラリー Canadian Naturally

MAP p.151-C

こぢんまりとした女性に人気のギフト・ショップ。かわいいクマ柄のTシャツ、動物や花の描かれたカップと皿、シックな色合いのブランケットやひざかけ、匂いつきキャンドルなど、おみやげによさそうな商品が揃っている。

- Samson Mall
- 403-522-2077
- 夏／9:30～20:00、7～8月～21:00、冬／10:00～18:30、季節により変更
- 無休
- コーヒー・マグC$27.50、動物柄のブランケットC$120～

フェアモント・シャトー・レイクルイーズ内／アウトドア・ウエア
シャトー・マウンテン・スポーツ Chatetau Mountain Sports

MAP p.151-C

ウエア中心のアウトドア・ショップでアークテリックス、パタゴニアなどの有名ブランドを数多く取り揃える。店員はハイキングやウエアの知識が豊富なので、アドバイスを受けよう。ハイキング、トレッキングの前に立ち寄ってみたい。

- The Fairmont Chateau Lake Louise
- 403-522-3837
- 夏／8:00～22:00、冬／8:00～21:00
- 無休
- アークテリックス社のゴアテックス・ジャケットC$570～

とっておき情報

クマへのマナーを忘れずに

カナダの自然は観光地であると同時に、野性動物たちの生息地だ。それゆえ彼らと共存するマナーがある。例えば写真のマークはビレッジ内の観光地のゴミ箱に付いているもの。ゴミ箱はクマが漁っても中身が取れない仕掛けがある。ゴミがクマを呼び寄せるので、食べ物や包み紙の放置は厳禁だ。必ずゴミ箱に捨てるようにしよう。

レイクルイーズの市外局番 403 ※レイクルイーズでは市内から市内にかける際も403からプッシュする

ホテルに付随する併設レストランが中心となる。古い駅舎を利用した店など個性的で楽しめるところもある。ビレッジ地区にあるファミリーレストランは、カジュアルな雰囲気で気軽に利用できる。

料金ランク
A C$40以上
B C$30～
C C$20～
D C$10～
E C$10未満

Restaurants

ビレッジのバス停から徒歩15分／コンチネンタル料理 D
レイクルイーズ・ステーション Lake Louise Station

MAP p.151-C

レイクルイーズ駅の駅舎を利用した、旅の情緒が漂うレストラン。窓からはプラットホーム越しに線路や周囲の山々が見渡せる。また、敷地内に固定された古い車輌内にも客席があり、こちらは長距離列車内でのディナー気分が味わえる（要予約）。メニューはコンチネンタルと各国料理。落ち着いた雰囲気で食事ができる。

🏠200 Sentinel Rd.
☎403-522-2600
⏰11:30～16:00、17:00～21:30
休無休
💰主菜、サーモン、メイン料理C$16～36、スープC$8～、サラダC$9～

ビレッジのバス停からすぐ／ウエスタン料理と中国料理 D
レイクルイーズ・ビレッジ・グリル&バー Lake Louise Village Grill & Bar

MAP p.151-C

サムソン・モール内の2階にあるファミリーレストラン。カジュアルな雰囲気の中でウエスタン料理や中国料理を食べることができる。価格がリーズナブルで、ファミリーの観光客が多い。子ども用の料理も用意されている。

🏠Samson Mall
☎403-522-3879
⏰夏／8:00～22:00、バーは12:00～2:00AM、夏期以外／11:00～22:00
休無休
💰ハンバーガーC$10.95、アルバータステーキC$26.95

フェアモント・シャトー・レイクルイーズ内／コンチネンタル料理 C
ポピー・ブラッセリー Poppy Brasserie

MAP p.151-C

フェアモント・シャトー・レイクルイーズにあるレストラン。ルイーズ湖の眺めも良く明るい雰囲気。ドレスコードはリゾートカジュアル。宿泊客でなくても気軽に利用できる。そのほか、ホテル1階にはテイクアウトのカフェもある。いずれも料金は高め。

🏠The Fairmont Chateau Lake Louise
☎403-522-1601
⏰6:30～11:30、17:00～21:00 季節により時間変更あり
休無休
💰朝食ビュッフェスタイルC$30、ディナーのサーロイン・ステーキC$38

ビレッジのバス停からすぐ／パン E
ラガンズ Laggan's

MAP p.151-C

全粒粉パン、ライ麦パン、フランスパンなど早朝から焼き立てのパンが並ぶ。デニッシュなどペストリーの種類も豊富。サンドイッチ、サラダ、スープのメニューもあり、イートイン・スペースは朝食、ランチ、お茶にといつも混雑している。

🏠Samson Mall Box 28
☎403-522-2017
⏰6:30～19:00 冬期は時間短縮あり
休無休
💰クロワッサンC$3、ペストリーC$3～、サンドイッチC$7
💳クレジットカード不可。現金のみ

レイクルイーズ
155
ショップ／とっておき情報／レストラン

レイクルイーズ周辺の湖の湖畔に高級リゾートホテルが建っており、ビレッジ地区にも数軒のホテルがある。観光地なのでどの宿もレベルが高い。ただ、夏の観光シーズンのみ営業しているところもあるので確認を。宿泊の際は必ず予約を入れよう。

料金ランク	
A	C$300以上
B	C$200〜
C	C$150〜
D	C$100〜
E	C$100未満

Hotels

ビレッジのバス停から車で10分 A

MAP p.151-C

フェアモント・シャトー・レイクルイーズ　The Fairmont Chateau Lake Louise

湖畔にそびえ立つ、フェアモント系列のホテル。カナディアン・ロッキー周辺でも有数の高級リゾートだ。

ホテルはバレット・ウイングを中心に、湖から見て右にグレーシャー・ウイング、左にペインター・ウイングと3つのウイングに分かれている。1890年にはじめてこの地に建てられた宿泊施設は火災で焼失し、1918年に現在のペインター・ウイングの部分が完成した。その後増築が行われ、バレット・ウイングが1928年に、グレーシャー・ウイングが1988年に完成した。どのウイングにも湖向きの部屋、山に面した部屋がある。

館内には5つのレストランのほか、軽食とお酒が楽しめるサルーン、コーヒーやサンドイッチをテイクアウトできるデリがある。結婚式などに使われるビクトリア・ダイニング・ルームは、豪華な内装で有名だ。

ショッピング・アーケードも充実している。湖側のレイクビュー・ラウンジで味わうアフタヌーンティーも人気が高い。

ホテルの目の前に広がるルイーズ湖

エレガントな内装のレイクルイーズ・ビュー・キングルーム

レイクビュー・ラウンジの窓からは、額縁のようにルイーズ湖とビクトリア氷河が見える

レイクビュー・ラウンジでアフタヌーンティーが楽しめる

フェアモント・シャトー・レイクルイーズ・ホテルは、ロッキーのランドマーク的存在でもある

- 111 Lake Louise Dr.
- 403-522-3511
- FAX 403-522-3834
- URL www.fairmont.com/lake-louise/
- 550室
- S 夏／S T D C$449〜、オフシーズン／S T D C$279〜

Hotels

ビレッジのバス停から車で30分 A
モレイン・レイク・ロッジ Moraine Lake Lodge

MAP p.151-C

モレイン湖の湖畔に建つ唯一のホテルで、6月～9月の間だけ営業。ロッジとキャビンの2タイプあり、どちらもダブルかツイン仕様。目の前に広がるモレイン湖の湖面と、その背後にそびえるテン・ピークスが間近に望める、すばらしい景観だ。

- P. O. Box 70
- 403-522-3733
- FAX 403-522-3719
- URL www.morainelake.com
- 33室
- S T D C $524～、6月上旬～中旬と9月中旬～下旬はC$499～

ビレッジのバス停から車で10分 C
ディア・ロッジ Deer Lodge

MAP p.151-C

ルイーズ湖への途上にある木造のロッジで、山小屋風の建物がカントリー調でかわいらしい。60年以上の歴史を誇り、カナダらしさにあふれている。動物の剥製や暖炉のあるこぢんまりしたロビーが印象的。歴史ある宿なので、部屋は狭め。ルーフトップ・ホットバスが人気。

- 109 Lake Louise
- 403-522-3991
- FAX 403-522-4222
- URL www.crmr.com/deer-lodge.php
- 71室
- シーズン S T D C $179～、シーズン外 S T D C $119～
- 部屋はシンプルで清潔

ビレッジのバス停から徒歩3分 C
マウンテニア・ロッジ Mountaineer Lodge

MAP p.151-C

ビレッジ地区にあるモーテルのような造りのロッジで、交通が便利。駐車場は広い。
部屋に電話がないなど不便な点もあるが、ファミリー用の部屋やスイートを多人数で利用するとかなり割安になる。5月～10月のみの営業。

- 101 Village Rd.
- 403-522-3844
- FAX 403-522-3902
- URL www.mountaineerodge.com
- 78室
- S T D C $214～、シーズン外 S T D C $134～、スイート／シーズン C$269～

ビレッジのバス停から徒歩3分 B
レイクルイーズ・イン Lake Louise Inn

MAP p.151-C

ビレッジ地区では最大の近代的なホテル。エコノミーツイン、スイートルームなど数種類の部屋から選べ、ゆったりとした造りのキッチン付きのコンドミニアム・タイプは、ファミリー客に人気がある。室内プールやサウナのほか、ランドリールームも完備している。

- 210 Village Rd.
- 403-522-3791
- FAX 403-522-2018
- URL www.lakelouiseinn.com
- 247室
- S T D C $199～、シーズン外 S T D C $159～

ビレッジのバス停から徒歩3分 A
ポスト・ホテル＆スパ・レイクルイーズ Post Hotel & Spa Lake Louise

MAP p.151-C

川縁に建つ赤い屋根が目印のかわいらしい建物で、窓辺やいたるところに花が飾られ、ヨーロッパのペンションを思わせるメルヘンチックなホテル。かつて郵便局に併設されていたことからこの名前が付いた。10月中旬～11月下旬は休業。

- 200 Pipestone Rd.
- 403-522-3989
- FAX 403-522-3966
- URL www.posthotel.com
- 94室
- シーズン S T D C $385～、シーズン外 S T D C $295～

レイクルイーズの市外局番 403　※レイクルイーズでは市内から市内にかける際も403からプッシュする

DRIVE ROUTE

Icefield Parkway
アイスフィールド・パークウェイ
レイクルイーズ〜ジャスパー ▶230km

MAP p.39-I、p.158

最大の見どころは青く輝くペイトー湖

ルートを知る　見どころ以外の駐車場で、美しい風景を満喫しよう

アイスフィールド・パークウェイはレイクルイーズからジャスパーへと続く約230kmの山岳観光道路。コロンビア大氷原Columbia Icefieldを源とするアサバスカ氷河Athabasca Glacierやドーム氷河Dome Glacier、クロウフット氷河Crowfoot Glacierなど、数々の氷河が点在するところから、アイスフィールド（氷原）の名前が付いた。3000mを越える山々に挟まれ、豪快な滝や美しい湖など見どころも多く、観光客に人気のルートだ。

見どころ以外にも展望地には駐車場が設けられているので、ぜひドライブの旅を。カルガリーからブリュースターがバンフ、レイクルイーズ、ジャスパーを結び、シャトルバスを走らせているが、観光には不向き。このルートを楽しむ最良の方法はドライブだ。カルガリーで車を借りてロッキーをドライブで回る場合でも、バンフからジャスパーへの日帰りは無理。レイクルイーズやジャスパーに泊まり2泊3日の旅を計画してみよう。

本書ではバンクーバーからVIA鉄道のカナディアン号でジャスパーへ旅し（→p.28）、ジャスパーで車を借りてカルガリーへと戻る設定で、ルートを紹介している。雄大なロッキーを、鉄道と車でアクティブに旅してみよう。

DRIVE ROUTE
ジャスパー〜バンフ

ジャスパー
▼ 93号線　30km
アサバスカ滝
▼ 93号線　25km
サンワプタ滝
▼ 93号線　48km
アサバスカ氷河
アイスフィールド・センター
雪上車ツアー
▼ 93号線　88km
ボウ峠
▼ 93号線　3km
ボウ湖
▼ 93号線　4km
クロウフット氷河
▼ 93号線　35km
レイクルイーズ
▼ 1号線 or 1A号線（ボウ・バレー・ハイウェイ）　58km
バンフ

アイスフィールド・パークウェイ
Icefield Parkway

見どころ

ジャスパーから93号線でおよそ30kmの地点にあるのが、アサバスカ川の流れを集める豪快な**アサバスカ滝**Athabasca Falls。雪解け水で水量の増える春先が見頃。周囲には所要約20分のハイキングコースがあり、冬期はクロスカントリー・スキーのコースとしても親しまれている。

ジャスパーから約60km、アサバスカ滝に続いて現れるのは、サンワプタ川がアサバスカ川に合流する直前にある**サンワプタ滝**Sunwapta Falls。石灰岩の渓谷を水が激しく流れ落ちる。周辺には遊歩道があり、約15分で渓谷の下の滝へと行くことができる。

ハイウェイ最大の見どころ、**コロンビア大氷原**(→p.160)は、ジャスパーから約103km。広さ325km²、厚さ約350m、北極を除いた北半球で最大級の氷原だ。地球温暖化の影響からか、1850年当時と比べて氷河の末端が1.5kmも後退しているという。

ハイウェイ沿いの**アイスフィールド・センター**には、インフォメーション、レストラン、ギフト・ショップ、ホテルなどがある。**雪上車ツアー**もここで申し込む。コロンビア大氷原から流れる氷河のひとつ、**アサバスカ氷河**を訪れる雪上車ツアーは、4月中旬～10月中旬まで催行される。

アイスフィールド・センターとハイウェイを隔てて反対側の駐車場からは、氷河の末端まで行ける歩道もある。末端とはいえ、冷えるので防寒着を着用しよう。氷河を歩く際は、クレバス(氷河の割れ目)には充分気をつけよう。氷河に興味がわいたら、氷河シーニックツアーにも参加してみよう。

ボウ川とミスタヤ川の分水嶺にあたるのが標高2068mの**ボウ峠**Bow Summit。ハイウェイから西に入り、登り着いた駐車場から10分ほど高山植物の山道を歩くと、**ペイトー湖**Peyto Lakeの展望台に出る。

展望台から見下ろすペイトー湖は、コバルト・ブルーの不思議な色をした湖。氷河が砕いた岩粒(ロックフラワー)が溶け込み、緑色だけを反射して青緑色に輝くのだ。

ボウ峠を過ぎるとまもなく**ボウ湖**Bow Lakeが現れ、その先で、**クロウフット氷河**を望む。今から1世紀ほど前には3本の氷河がカラスの足のように延びていたところから、この名が付いたが、現在ではその足は2本しか残っていない。ここまで来れば**レイクルイーズ**までは約30分のドライブだ。レイクルイーズから**バンフ**までは1号線で約60km、1時間ほどで着く。

豪快なアサバスカ滝

アイスフィールド・パークウェイ　ドライブルート

ボウ湖からジャスパーよりに少し走ったアイスフィールド・パークウェイ。爽快なドライブが楽しめる

とっておき情報

氷河のなりたち

　氷河とは、今から数百年前に積もった雪がその重さにより圧縮されて氷となったもので、氷河の氷が1cmできるのに12mの積雪が必要だといわれている。カナダ西部にはロッキー山脈だけでなく、コロンビア山脈、コースト山脈に多くの氷河がある。アイスフィールド・パークウェイのほぼ中間付近に位置するコロンビア大氷原は、北極圏をのぞく北米大陸で最大規模の氷原である。

　コロンビア大氷原は面積325km²、日本の小豆島のほぼ2倍の広さだ。厚さは一番厚いところで約350mあるといわれている。氷原から流れ出た水が太平洋、大西洋、北極海の3つの海に注いでおり、氷原が大分水嶺となっている。

　コロンビア大氷原から流れ出た氷河にはアサバスカ氷河、サスカチュワン氷河、ドーム氷河、スタッドフィールド氷河など、名前が付いているものだけでも全部で8つの氷河がある。氷河は年平均15mというゆっくりしたスピードで流れており、日射や温暖化の影響で年ごとに後退している。

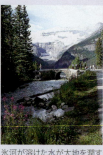
氷河が溶けた水が大地を潤す

ロッキーの氷河観光ポイント

　氷河観光の見どころは、アサバスカ氷河、その北のドーム氷河、スタッドフィールド氷河。それ以外では、ボウ湖の近くのカラスの足形にたとえられるクロウフット氷河、ジャスパーの南のエディス・キャベル山の天使が羽を広げたようなエンジェル氷河などが挙げられる。

コロンビア大氷原から流れ落ちるアサバスカ氷河。日本では見ることのできない大自然のスケールに圧倒される

氷河に触れてみよう

コロンビア大氷原から流れるアサバスカ氷河に行ったら、日本では体験できない氷河を手と足裏で、そして氷河の氷でオンザロックを作りノドで味わってみたい。**コロンビア大氷原グレイシャー・アドベンチャー**は、世界で唯一、雪上車に乗ってアサバスカ氷河の中腹まで行けるツアーだ。

グレイシャー・アドベンチャーに参加する場合、氷河の上は滑りやすいので、ハイキングシューズのような靴底のしっかりしたものを履いて行った方がいい。サンダルやハイヒールはおすすめしない。それに、氷河から吹き下ろす風が冷たいので、ジャケットやウインドブレーカーなどを着て防寒対策にも注意を払おう。

時間がない場合は、93号線をはさんでアイスフィールド・センターの反対側、氷河の真下にある駐車場に車を停め、そこから歩けば、氷河の末端に触れることができる。

駐車場から急坂を登ると横に1980年などと書かれた標識がある。これはその年にはそこまで氷河があったことを示すもので、年々かなり後退しているのがわかる。氷河の末端は土砂まじりであまり美しいとはいえない。氷河にはクレバスといわれる氷の割れ目があいていることもある。国立公園がつけた立ち入り禁止を示すテープのところで引き返したい。

クレバスには要注意！

2014年にアイスフィールド・センターから北に約5kmのところに、**グレイシャー・スカイウォーク** Glacier Skywalkというアトラクションがオープンした。崖に飛び出すようにつけられた遊歩道を歩くというもの。足元は透明になっており、スリルある眺めを楽しめる。

雪上車に乗って氷河の上へ！

特別仕様の雪上車で、雪上車ツアーが催行される

コロンビア大氷原グレイシャー・アドベンチャー
Columbia Icefield Glacire Adventure

雪上車（アイス・エクスプローラーIce Explore）に乗ってアサバスカ氷河の上に降り立てる、所要1時間半のツアー。

場所 アイスフィールド・センター MAP p.158 ☎1-866-606-6700
URL www.brewster.ca 営 4月中旬〜4月30日10:00〜16:00、5月1日〜5月下旬10:00〜17:00、5月下旬〜9月上旬9:00〜18:00、9月上旬〜9月30日10:00〜17:00、10月1日〜中旬10:00〜16:00 休 期間中無休 S 16歳以上C\$54.95、6〜15歳C\$27.50

グレイシャー・スカイウォーク
Glacier Skywalk

場所 ツアーはアイスフィールド・センターから出発 ☎1-866-606-6700
URL www.brewster.ca 営 6月〜10月中旬（10月は天候による）S おとなC\$29.95、子どもC\$14.95

とっておき情報

161

雪上車に乗って氷河の上へ！

ジャスパー

Jasper 🍁 アルバータ州 🍁 市外局番780　MAP p.39-I

ジャスパーへの交通　🚆バンクーバーからVIA鉄道カナディアン号で約19時間30分。エドモントンから約5時間30分。🚌グレイハウンドでバンクーバーから約13〜16時間。5月上旬〜10月中旬はカルガリー〜バンフ〜ジャスパーの便あり。

山の空気に包まれるジャスパーの町

ジャスパーの歩き方のヒント▶VIA駅正面、国立公園案内所を中心にした一画が中心街。レストラン、みやげ物店、ホテルは町の中心部に、モーテルは北の外れに多い。町の規模は小さいので、歩いて回れる。

街を知る　大陸横断鉄道で生まれた国立公園の町

バンフ国立公園の北側に位置するジャスパー国立公園は面積約11,000km²と、カナディアン・ロッキーの4つの山岳国立公園のなかでは最大の広さを誇る。カナダで7番目の国立公園に指定されたのは1907年のことだ。

ジャスパーの開拓は大陸横断鉄道の建設と大きな関わりを持つ。鉄道の敷設は1870年代に始まり、1885年に完成するが、その後の第2計画として、ジャスパーを経由する北部ルートが建設され、町ができることとなった。町の名は1800年代初頭にこの地の毛皮交易所の経営者、ジャスパー・ハウスにちなむ。交易所はジャスパー・ハウスと呼ばれ、それがそのまま町の名前になったのだ。

年間約220万人が訪れるジャスパーでは、雄大な山と湖が彩る自然のなかでハイキングやボートクルーズなどのアクティビティが楽しめる。

ジャスパーの周囲にはなだらかな山が連なり、たくさんの湖がある。ハイキング、フィッシング、ラフティングといったスポーツを楽しむには申し分のない環境といえるだろう。なおジャスパーは北海道富良野市と姉妹都市となっている。

街歩き　町中は徒歩で現地ツアー利用で郊外を観光

バス・ディポはVIA鉄道ジャスパー駅に隣接しており、VIA駅のすぐ向かい側が中心街なので観光には便利だ。国立公園案内所❶（住500 Connaught Dr.）も歩いて2分の距離で、主なホテルへも歩いて行ける。ホテルは町の北外れに多い。車がないと不便なエリアだ。また、郊外に点在するキャビンタイプの宿も人気がある。

コンノート通りConnaught Dr.やその西を走るパトリシア通りPatricia St.がメインストリート。❶の南、300mほどの区間に店が集中していて、東はコンノート通り、西はギーキー通りGeikie St.までの間が町の中心部となる。ツアー会社のオフィスがあるのもこの辺りだ。レンタサイクルを利用するのもいいだろう。

郊外への観光はツアーを利用しよう。自由に楽しむならタクシーで回るとよい。台数が少ないので電話で予約を。ジャスパー・タクシーJasper Taxi（☎780-852-3600）、マウンテン・エクスプレスMountain Express（☎780-852-4555）などがある。レンタカーのカウンターはVIA駅構内にある。レンタカーは日本で予約しておこう（→p.338）。

かわいらしい国立公園案内所

ジャスパーの市外局番☎780　※ジャスパーでは市内から市内にかける際も780からプッシュする　ジャスパー国立公園❶（インフォメーション）MAP p.165　☎780-852-6176　営冬期10:00〜17:00（日曜〜16:00）、夏期9:00〜19:00

見どころ

ジャスパー・イエローヘッド博物館
Jasper Yellowhead Museum & Archives MAP p.165
行き方 VIA駅から徒歩10分

　ジャスパーの町が造られた19世紀頃の人々の生活や、毛皮交易を行ったノース・ウエスト社、ハドソン・ベイ・カンパニーの取り引きの様子など、ジャスパーの歴史が見えてくるさまざまな資料を展示している。1925年に日本山岳会がアルバータ山に初めて登った際の記録や、使われた登山用具も展示されているのは興味深い。ビデオが見られるコーナーや、楽しみながら歴史を学ぶコーナーがあり、狭いながらも充実している。
🏠400 Bonhomme St. ☎780-852-3013 圏10:00〜17:00 休6〜9月／無休、他の期間は月〜水曜休み
💲おとなC＄6、学生C＄5

日本山岳会の槇有恒が使ったピッケル

ウィスラー山とロープウェイ
Whistler Mountain & Jasper Tramway MAP p.163
行き方 市街から車で10分

　360度のパノラマが楽しめる標高2464mのウィスラー山へは2277m地点までロープウェイが運行している。市街地からロープウェイ乗り場までは約6km。ロープウェイは標高1304mの山麓から山頂駅までの標高差973m

山頂駅までは約7分

を約7分でつなぐ。ロープウェイ山頂駅からはジャスパーの町並みやピラミッド湖、パトリシア湖が一望の下に見渡せ、天気が良ければロッキー山脈の最高峰、ロブソン山まで望むことができる。山頂駅にはみやげ物店とレストランがある。春、秋は山頂付近の気温もかなり低くなるので、防寒着を用意しておこう。頂上まで続くハイキングコースがあり、こちらは中〜上級者向け。
Jasper Tramway（ロープウェイ）☎780-852-3093
圏4月上旬〜11月上旬運行、6月下旬〜9月上旬／9:00〜20:00、その他の期間は時間短縮 休10月上旬〜4月下旬運休 💲おとなC＄37、6〜15歳C＄18.50、5歳未満無料

山頂からジャスパーの町が見渡せる

エディス湖とアンネット湖
Edith Lake & Annette Lake MAP p.163

行き方 VIA駅から車で15分

市街から近く、静かな環境のエディス湖とアンネット湖。どちらも付近にみやげ物店やレンタルボートなどはまったくないので、美しい自然を満喫したい人におすすめだ。湖畔にはピクニックエリアがあり、テーブルとファイアー・ピット

ハイキングコースは車椅子でも利用可

アンネット湖ではダイバーの姿も見られる

（バーベキュー台）が設置されている。ピクニックを楽しんでみては。

アンネット湖には一周2.4kmのハイキングコースがあり、それ以外にも森の中を走るサイクリングコースが設定されている。市街でマウンテンバイクを借りて、1日走り回るのもおもしろい。

ボーベール湖
Beauvert Lake MAP p.163

行き方 VIA駅から車で10分

1周約3kmの小さな湖。ハイキングコースがあり、約1時間で回ることができる。ハイキングのスタートは湖の南側、オールド・フォート・ポイントか、北のほとりに建つフェアモント・ジャスパー・パーク・ロッジの前から。ホテルが経営するマリーナではボートの貸し出しも行っている。

マリーン湖、メディシン湖とマリーン渓谷
Maligne Lake, Medicine Lake & Maligne Canyon MAP p.163、p.163外

行き方 VIA駅からマリーン湖まで車で1時間

市街から11kmほど離れた**マリーン渓谷**は、カナディアン・ロッキーでもっとも深く、細い渓谷として知られている。メディシン湖から流れ出すマリーン川が石灰岩を浸食してできた自然の造形美が見られる。30分ほどで回れる散策コースがあり、さらに3.6km先まで、ハイキングコースが延びている。

激しく流れる川が岩を噛むような滝

街角ワンショット

湖でダイビング？

エディス湖やバンフのミネワンカ湖などで潜水タンクを担いだ人に出会うことがある。そう、ロッキー周辺では湖でのダイビングがけっこう盛んなのだ。たしかに海が遠いこの地方のこと、ダイビングを楽しみたければ湖にでも潜るしかない。透明度の高い湖を潜るのは、意外に楽しいようにも思われる。だが水の比重が海より小さく難しいといわれる淡水でのダイビング、誰にでも簡単にできるものではない。実際、現地の旅行ガイドを読んでも、ツアーやスクールは紹介されていない。カルガリーやバンクーバーといった都市のダイビング・クラブの人たちがプライベートで潜りに来ているのだ。すでにダイビングの経験があり、ぜひトライしてみたいなら予め都市のダイビング・ショップに聞いてみよう。

ジャスパーの市外局番 780　※ジャスパーでは市内から市内にかける際も780からプッシュする

魔法の湖と呼ばれているメディシン湖

メディシン湖は市街から約27km。マリーン渓谷からマリーン湖道路をさらに15分ほど入ったところにある。湖底から水が伏流水となってマリーン渓谷へ流れてしまうため、流れ込む水の量が減る秋になると水が涸れる。そのため「消える湖」、「魔法の湖」と呼ばれている。

マリーン湖は道路の一番奥にある。標高は市街より600m以上高い1665m、氷河をかぶった山々に囲まれた、ジャスパー国立公園でもっとも大きい湖だ。

マリーン渓谷、マリーン湖にはマリーン・ツアーズ（→p.167参照）のシャトルバスが運行している。フィッシング、ボート遊びや観光船でのクルーズ、周辺のハイキングなどが楽しめる。

マリーン湖ではボート遊びも楽しめる

ピラミッド湖とパトリシア湖
Pyramid Lake & Patricia Lake MAP p.163

行き方 VIA駅からピラミッド湖まで車で15分

市街の北西、ピラミッド湖道路を約7km上ったところにある**ピラミッド湖**には、5つのピクニック・サイトがある。湖畔のピラミッド・レイク・リゾートではボートを借りることも可能だ。

パトリシア湖はそのすぐ手前にある南北に細長い湖。道路から見える範囲に建物がなく、静かな雰囲気だ。どちらの湖からも雄々しい山容を誇るピラミッド山が望める。周囲にはハイキングコースが多数あり、どれも初級者向けの設定なので歩きやすい。湖へ向かう道の途中にあるジャスパー・ライディング・ステーブルス（乗馬センター→p.167）から馬に乗って巡るのもいい。

レンタル・カヌーがあるピラミッド湖

Tour & Activity

■マリーン渓谷観光&ボートクルーズ

サン・ドッグ・ツアー
SunDog Tour Company

🏠414 Connaught Dr. ☎780-852-4056、1-888-786-3641 URL www.sundogtours.com

マリーン渓谷とメディシン湖、マリーン湖を巡る。マリーン湖ではボートクルーズか湖沿いをウォーキング。英語ガイド付き。

営夏期の催行 ＄おとなC$109（クルーズ付き）、おとなC$65（ウォーキングのみ）

ボートクルーズで訪ねるマリーン湖スピリット島

■コロンビア大氷原観光／マリーン渓谷観光

ブリュースター
Brewster

☎1-800-760-6934 URL www.brewster.ca

アサバスカ滝を見学した後、アイスフィールド・パークウェイを通ってコロンビア大氷原で雪上車ツアーとグレイシャー・スカイウォーク（→p.161）を楽しむ。所要約5時間30分。宿泊ホテルへのピックアップあり。

営5月上旬〜10月中旬の毎日。主要ホテルから8:00前後に出発 ＄おとなC$176、子どもC$88

なお同社ではマリーン渓谷、メディシン湖、マリーン湖を巡るツアーも催行している。所要約6時間。

営6月〜9月の毎日催行。ジャスパー・パーク・ロッジ7:50発、VIAジャスパー駅8:30出発 ＄おとなC$117、子どもC$58

アサバスカ氷河を雪上車で探訪

■ジャスパー発バンフツアー

トロコ・ツアー
Toloco Tours

☎403-762-4771 URL www.toloco.net

ジャスパーからコロンビア大氷原などを観光しながらバンフまで行く日本語ツアー。ジャスパー市内ならどこのホテルでもピックアップ・サービスあり。アサバスカ滝、ペイトー湖、ルイーズ湖などの見どころにも立ち寄る。

営4月中旬〜10月中旬　ジャスパーを10:00出発、バンフに19:00くらいに到着。所要約10時間 ＄おとなC$298、子どもC$198。コロンビア大氷原の雪上車は別料金。バンフに本社のある日本語ツアーを催行する会社なので、インターネットでinfo@toloco.netへ問合せ、事前の予約を

■ハイキング（自然観察）

ジャスパー・アドベンチャー・センター
Jasper Adventure Centre

🏠611 Patricia St.、冬期 🏠414 Connaught Dr.
☎780-852-5595 URL www.jasperadventurecentre.com 営夏期／8:00〜21:00　その他の期間／9:00〜17:00

「ミエッテ温泉と自然観察」ツアーではクマ、シカ、シロイワヤギなどの野生動物が見られるミエッテ温泉まで出かける。所要約4時間。
営夏期催行。ツアーオフィス前を18:00出発 ＄おとなC$75、子どもC$40

「マウント・エディス・キャベル」ツアーは、エンジェル氷河を見ながら、高山植物地帯をハイキングする。所要約3時間。
営夏期催行。ツアーオフィス前を13:00に出発 ＄ひとりC$65

「ジャスパー・カヌー・ツアー」は、野生動物遭遇チャンスも多い朝に、ピラミッド湖でガイド付きカヌーを楽しむ。

水量豊富なアサバスカ滝に虹がかかる

🚌夏期催行。ツアーオフィス前を8:00出発 💲おとなC$99、子どもC$45

パトリシア通りにあるマリーン・ツアーズのオフィス

湖周辺の森を乗馬で巡る

■マリーン湖ボートクルーズ／フィッシング
マリーン・ツアーズ
Maligne Tours
🏠616 Patricia St. ☎780-852-3370 URL www.malignelake.com 🚌6月上旬〜9月上旬／8:00〜22:00、5月〜6月上旬と9月中旬〜10月上旬／8:00〜18:00

　屋根付きボートに乗ってマリーン湖を巡る観光クルーズ。最終目的地のスピリット島のすぐ近くに上陸して、散策を楽しむ。所要約1時間30分。
🚌5月下旬〜10月上旬に毎日運行。ハイシーズンは10:00〜17:00 💲おとなC$67、6〜12歳C$33.50

　また同社ではマリーン湖でのガイド・フィッシングも実施。ルアー、フライ、トローリングなどが楽しめる。道具のレンタルあり。半日または1日ツアーで、1日の場合は昼食付き。
🚌解禁期間のみ毎日催行。ホテルまで送迎あり 💲半日ひとりC$349、2人以上の場合ひとりにつきC$199、1日ひとりC$425、以降2人以上の場合ひとりにつきC$249

■ラフティング
ロッキー・マウンテン・リバー・ガイズ
Rocky Mountain River Guides
🏠626 Connaught Dr. ☎780-852-3777 URL www.jasperrafting.com 🚌夏期のみ／8:00〜22:00

　5マイルコースはアサバスカ川でのフロート・トリップ。難易度も低く、誰でも参加できる。所要約2時間。
🚌5月上旬〜9月下旬の毎日催行。出発時間、集合場所は予約時に確認
💲おとなC$64、12歳未満C$32

　サンワプタ川での本格的なラフティングも実施。体重41kg以上なら子供でも参加可能。着替えは忘れないように。所要3時間30分。
🚌6月中旬〜8月中旬の毎日催行。出発時間、集合場所は予約時に確認 💲ひとりC$94

■乗馬
ジャスパー・ライディング・ステーブルス
Jasper Riding Stables
🏠Pyramid Lake Rd. (4km from Jasper Townside) ☎780-852-7433 MAP p.163

　ピラミッド湖やパトリシア湖周辺でのガイド付き乗馬ツアー。
🚌5月上旬〜10月上旬の毎日催行 💲1時間C$42、2時間C$72、3時間C$105

森林地帯の乗馬は気持ちいい

■ゴルフ
ジャスパー・パーク・ロッジ・ゴルフ・コース
Jasper Park Lodge Golf Course
🏠Old Lodge Rd. ☎780-852-6090 🚌5月上旬〜10月上旬 MAP p.163

　自然の地形を生かしたコース設計。専門誌では、世界で十指に入るといわれる。カート、クラブ、シューズのレンタルあり。
🚌5月上旬〜10月上旬の毎日 💲6月上旬〜9月30日C$199、オフシーズン割引、トワイライト割引、18歳以下割引あり

広々としたゴルフコース

ジャスパー　ツアー＆アクティビティ

ジャスパーの市外局番 ☎780　※ジャスパーでは市内から市内にかける際も780からプッシュする

国立公園でのアウトドア・アクティビティが盛んな町なので、ショップもアウトドア関係のものに注目したい。アウトドア・ウエアやマウンテンバイクなどの店をのぞいてみよう。

Shops

VIA駅から徒歩6分／アウトドア用品

ワイルド・マウンテン Wild Mountain

MAP p.165

日本でもすっかりおなじみになったザ・ノース・フェイス（TNF）だが、ここはカナディアン・ロッキーのなかでもTNFの商品を豊富に揃えた店だ。

ウエアだけでなく、バックパックからテント、スリーピング・バッグなどのグッズ類が揃っている。季節ごとにプライスダウンされている商品があるので、気軽にのぞいてみよう。

また、親切なスタッフが質問に答えてくれるので、アウトドア初心者でも心強い。わからないことがあればどんどん質問して、納得のいくショッピングを楽しみたい。随時、ディスカウントされている商品は、サイズが合えばお買い得だ。掘り出し物も見つかるかもしれない。

🏠610 Patricia St.
☎780-852-5304
🕐夏期／月～金 曜9:00～19:00、土・日 曜9:00～21:00／冬期／9:00～18:00
休無休
💲ジャケットC$100～600

VIA駅から徒歩5分／マウンテンバイクとスノーボード

フリーウィール Freewheel

MAP p.165

カナダ製のコナ社、スペシャライズド社のマウンテンバイクを取り扱うショップ。特価品は市価の約10％引き。日本に持ち帰る観光客もいる。ウエアも充実している。冬はスノーボードがメインになる。マウンテンバイク、スノーボードのレンタルもある。

🏠618 Patricia St.
☎780-852-3898
URL freewheeljasper.com
🕐夏期／9:00～21:00、冬期／9:00～18:00、金・土曜／～21:00
休無休
💲レンタルバイク1日C$24～50、レンタルスノーボード&ブーツ1日C$25～

VIA駅から徒歩5分／みやげ品

アワ・ネイティブ・ランド Our Native Land

MAP p.165

パトリシア通り沿いにあるネイティブ・カナディアン・アートの店。銀の指輪などのアクセサリー、ドリーム・キャッチャーなどのクラフト、動物の角などに彫刻した置き物、モカシンなど、おみやげに向く品々が各種揃う。お気に入りの一点を探したい。

🏠601 Patricia St.
☎780-852-5592
URL ournativeland.com
🕐夏期／10:00～22:00、冬期／10:00～19:00
休不定休
💲ソープストーンの置物C$25～、アクセサリーC$25～

VIA駅から徒歩5分／みやげ品とキッチン用品

ジャスパー・ロック&ジェイド Jasper Rock & Jade

MAP p.165

アルバータ州で採掘されるアンモライトなどの鉱石、ユーコン準州から出土したマンモスの歯の化石などに加え、陶器やキッチン用品も豊富に揃うみやげ物店。ソルト&ペッパーの陶器の調味料入れなどがあり、ユニークなおみやげが見つかるかも。

🏠620A Connaught Dr.
☎780-852-3631
🕐10:00～18:00、夏期延長あり
休12月25日
💲ソルト&ペッパー陶器調味料入れC$25位、陶器のマグカップC$20～、アンモライトC$300～

ジャスパーの市外局番 ☎780 ※ジャスパーでは市内から市内にかける際も780からプッシュする

小さな町なのでレストランの数はそれほど多くはないものの、西洋料理、和食、中華など、バリエーションはひととおり揃っている。気さくな観光地だけあって、気軽に入れる店が多い。

料金ランク
A C$40以上
B C$30〜
C C$20〜
D C$10〜
E C$10未満

Restaurants

VIA駅から車で5分／肉料理 A
ムース・ノック・チョップハウス　The Moose's Nook Chophouse

MAP p.163

フェアモント・ジャスパー・パーク・ロッジ内にある落ち着いた雰囲気の店。ベニソン(鹿肉)、バイソン、ラム、アルバータ・ビーフ、鱒など、カナダ特産の素材を厳選した料理が味わえる。リゾート・カジュアルのドレスコードで、男性は襟付きシャツの着用が望ましい。

- Old Lodge Rd.
- 780-852-6052
- 18:00〜21:30
- 不定休（イベントがあるときは休む）
- スープC$13〜、前菜C$18〜、主菜C$35〜55
- なるべく予約を。ドレスコードはリゾート・カジュアル

VIA駅から徒歩5分／コンチネンタル料理 C
フィドル・リバー　Fiddle River

MAP p.165

ジャスパー駅向かいの建物2階にある、地元の人にも定評のレストラン。食材はカナダ西海岸から取り寄せたシーフードやアルバータ牛など、新鮮な材料などを選んでいる。メニューは季節ごとに替わり、盛り付けにもこだわっている。

- 620 Connaught Dr.
- 780-852-3032
- www.fiddleriverrestaurant.com
- 17:00〜22:00、冬期は時間短縮あり
- 無休
- メインS$25〜40、スープC$8

VIA駅から徒歩2分／ステーキ C
パパ・ジョージズ　Papa George's

MAP p.165

アストリア・ホテルの1階にある、落ち着いた雰囲気のレストラン。ボリュームたっぷりのステーキをはじめ、メニューは常に変更されているので、ジャスパーへ訪れるたびに味わってみたくなる。カップルやファミリーにおすすめ。夏期に6人以上で行く時は予約を。

- 404 Connaught Dr.
- 780-852-2260
- 7:30〜14:30、17:00〜22:00
- 無休
- リブアイ・ステーキC$36、サンドイッチ（ランチ）C$10〜20

VIA駅から徒歩6分／イタリア料理 D
ミス・イタリア・リストランテ　Miss Italia Ristorante

MAP p.165

パトリシア・センターの2階にある、イタリア人経営のレストラン。自慢は本格的なパスタ料理。一番人気のカルボナーラを試してみたい。明るい雰囲気のパティオで食事をとるのもいい。朝食、ランチはC$12くらいからと手軽だ。

- 610 Patricia St.
- 780-852-4002
- 11:00〜23:00、季節により時間変更あり
- 11月、12月24・25日
- ディナー／ラザニアC$19.95、フェットチーネアルフレッドC$16.95

VIA駅から徒歩7分／ギリシア料理、イタリア料理 D
L&Wレストラン　L & W Restaurant

MAP p.165

町の一番南に位置する、ギリシア料理とパスタ、ピザが自慢のファミリー向けレストラン。豊富なメニューが揃っている。オープンは1970年と古いが、店内は広々としており、きれいで明るい。席数は300もあり、夏でも予約なしで入れる。

- Hazel Ave. & 1 Patricia St.
- 780-852-4114
- 夏期／11:00〜23:00、冬期／11:00〜22:00
- 無休
- ラムスブラキC$18.95〜、L&WスペシャルピザC$19〜23.50、パスタC$15〜

ジャスパー　ショップ／レストラン

169

料金ランク	
A	C$300以上
B	C$200〜
C	C$150〜
D	C$100〜
E	C$100未満

フェアモント・ジャスパー・パーク・ロッジをはじめとした高級リゾートから町なかのエコノミー・ホテルまで、予算に応じて選ぶことができる。季節によって細かく料金が設定されているのでよく確認しよう。

Hotels

▶VIA駅から車で5分 A

MAP p.163

フェアモント・ジャスパー・パーク・ロッジ The Fairmont Jasper Park Lodge

　ジャスパー最大の歴史あるリゾートホテル。1922年に開業した当時は世界最大の丸太づくりのホテルとして名を馳せたが火災により焼失。1952年に現在の建物になった。本館内の客室は40室ほどで、その周辺に大小さまざまなキャビンが建ち並ぶ。ボーベール湖を見渡せる部屋をとって、長期滞在型のリゾートを楽しみたい。

　本館内にはエメラルド・ラウンジ、ムーズ・ヌック・チョップハウス、オルソー・トラットリアと名付けられたレストランやラウンジがあり、それぞれに特徴ある料理が楽しめる。館内のショッピング・モールも充実しており、みやげ物も手に入れやすい。屋外プール、スパのほかヘルスクラブ、乗馬コース、レンタルカヌーなど、各種スポーツが楽しめる施設も揃っている。とくに、ゴルフコースはコース設計、周囲の景色ともにすばらしく、カナダ随一ともいわれる。きれいな空気のなかで存分に汗を流したい。

カナダの一大リゾートホテル。長期滞在を楽しみたい

住Old Lodge Rd.
☎780-852-3301
Fax780-852-5107
URLwww.fairmont.com/jasper
客451室
S S T D C$367〜、季節により変更あり

▶VIA駅から徒歩10分 B

MAP p.165

シャトー・ジャスパー Chateau Jasper

　VIA駅からの無料送迎バスで約5分、町の中心から少し離れたところに建つホテル。

　建物は少し古めだが、内装は豪華でゆったりとした作り。部屋は4タイプあり、どの部屋もエアコン、無料Wi-Fi、冷蔵庫、コーヒーメーカー、電気ポット、ルームセーフ（金庫）などが揃っている。家族連れならダブル・ベッド2つとソファ・ベッド1つの広めのファミリー・ルームがおすすめだ。館内施設もダイニングルーム、室内プールなど充実している。宿泊客専用のパソコンもあり、無料でインターネットを利用できる。

住96 Geikie St.
☎780-852-5644
Fax780-852-4860
URLwww.mpljasper.com/chateau
客119室
S 6月上旬〜9月30日／S T D C$250〜、冬期／T C$160〜

ジャスパーの市外局番 780　※ジャスパーでは市内から市内にかける際も780からプッシュする

Hotels

VIA駅から徒歩10分 B
ザ・クリムゾン・ジャスパー The Crimson Jasper

VIA駅から無料送迎バスで約3分の距離にある大きなモーテルで親切なサービスが自慢。レストラン、ラウンジのほか、屋内プールやフィットネスジムがある。また、全室に無料Wi-Fiが完備していて、キッチン付きの部屋もある。

MAP p.165
- 200 Connaught Dr.
- 780-852-3394
- FAX 780-852-5198
- URL www.mpljasper.com
- 99室
- 夏6～10月／STDC$238～、11～5月／STDC$160～、季節により変更あり

VIA駅から車で15分 B
ピラミッド・レイク・リゾート Pyramid Lake Resort

湖畔の一軒宿。すべての部屋に暖炉と冷蔵庫が完備されている。湖ではボート遊びや釣り、湖水浴を楽しむ家族連れも多い。とくに日の出や日没の景色はすばらしく、ピラミッド山が赤く染まる姿は絶景。町から離れているが、ぜひ一度は泊まってみたい。

MAP p.163
- Pyramid Lake Rd.
- 780-852-4900
- FAX 780-852-7007
- URL www.mpljasper.com
- 62室
- 夏STDC$269～、オフシーズンSTDC$124～

VIA駅から徒歩1分 C
ウィスラーズ・イン Whistlers Inn

ジャスパーの町ができたころに建てられたピラミッド・ホテルが、このホテルの前身。VIA駅に近く、市内を歩いて観光するのに便利だ。レストラン、パブ、ホット・タブなど、基本的な設備はすべて揃っている。部屋は比較的広く、料金もリーズナブル。

MAP p.165
- 105 Miette Ave.
- 780-852-3361
- FAX 780-852-4993
- URL www.whistlersinn.com
- 64室
- STDC$199～、ひとり追加C$15、オフシーズン割引あり

VIA駅から徒歩10分 C
ベアー・ヒル・ロッジ Bear Hill Lodge

シャトー・ジャスパーの西、静かな環境にある丸太小屋風バンガロー・タイプのホテル。1棟1棟が独立しているのでプライバシーを保てるのがうれしい。ただし電話は客室にはない。静かな環境の中で、のんびりくつろいでみよう。夏期は2泊以上から予約できる。

MAP p.165
- 100 Bonhome St.
- 780-852-3209
- FAX 780-852-3099
- URL www.bearhilllodge.com
- 39室
- STDC$199～、オフシーズンSTDC$159～
- キッチン付きの部屋も多い

ホテル名	料金ランク	地図位置	住所・電話（市外780）	部屋数・料金	URL www.
ベスト・ウェスタン・ジャスパー・イン Best Western Jasper Inn	B	p.165	98 Geikie St. 780-852-4461	144室 STD C$225～	bestwesternjasperinn.com
アルパイン・ビレッジ Alpine Village	B	p.163	Highway 93 A 780-852-3285	48室 ST C$195～	alpinevillagejasper.com
トンキン・イン Tonquin Inn	B	p.165	100 Juniper St. 780-852-4987	137室 ST C$210～	decorehotels.com
マウント・ロブソン・イン Mount Robson Inn	B	p.165	902 Connaught Dr. 780-852-3327	80室 ST C$200～	mountrobsoninn.com
ロブスティック・ロッジ Lobstick Lodge	B	p.165	94 Geikie St. 780-852-4431	139室 ST C$250～	mpljasper.com

Activity Guide

カナディアン・ロッキー
日帰りハイキング案内

深い針葉樹の林、そそり立つ岩壁、足元を埋めつくすお花畑、歴史を秘めた氷河、大自然に暮らす動物たち。ロッキーの真のすばらしさを知るには、やはり自分の足で歩くハイキングがいい。雄大なカナダの自然を体全体で感じられるだろう。

清々しいロッキーの風景

楽しい自然散策

最近人気のハイキング。ロッキーの自然は、ぜひ一度歩いてみたいと思わせる美しさと景観をたたえている。

山の空気感、風の流れ、雲の動き、木々の香り、水の音や輝き、植物の色や形、自らの足で歩くことで本当に澄んだロッキーの自然を肌で感じられるのが、ハイキングの最大の魅力だ。人気コース以外では人に出会うこともまれで、静かな山歩きができる。

コースの選び方

カナディアン・ロッキーでハイキングのポイントとなるのが、交通機関の確保だ。路線バスは町と町を結んで走っているだけで、しかも本数は少なく、登山口に行く便はあまりない。レンタカーを利用するか、町から近いコースを選び、タクシーを利用するのがいいだろう。

日帰りコースを考えた場合、バンフの町、レイクルイーズの湖畔、ジャスパーの町をそれぞれ起点とするコースが日本から来た人にとっては歩きやすい。ハイカーも多いので安心感もある。国立公園の❶（インフォメーション）でコースの説明が聞けるので相談してみよう。マップなども手に入る。ガイドブックも多数販売されているのでそれを参考にしてもいい。

野生のリスに会えるかも

最適な時期は

カナディアン・ロッキーのハイキングの時期となるのは、初夏といえる6月から晩秋、もしくは初冬といえる10月上旬だ。7月、8月が日照時間も長く、花もたくさん咲き、もっともハイキングに向く時期といえる。ラーチ（カラマツ）やポプラの葉が黄色に変わる9月も空気がいっそう澄んだように思える時期だ。

初夏と晩秋は冷えこむことが多いので防寒対策を忘れないようにしよう。国立公園の❶では、登山道の状況などの情報が得られるので、出かける前にぜひ確認しておきたい。

夏は花も咲き美しい

機能的な服装と靴を

1日のうちに冬と夏があるといっていいほど、カナディアン・ロッキーでは寒暖の差が激しく、朝と晩、晴天時と悪天時では気温がずいぶん違う。真夏であっても雨が雪に変わることも珍しくない。

真夏の晴天時ならば、半袖、半ズボンでOKだが、天気が崩れた時に備えて、レインウエアや、防寒着としてセーター類を持っていこう。Tシャツやパンツも伸縮性のある乾きの早い素材のものが便利だ。

靴は防水性のきいた靴底が厚く、しっかりした滑りにくいハイキングシューズを履いていこう。靴下もクッションの良いハイキング用がいい。

Hiking

持ち物と装備

日帰りハイキングでも、最低限の装備は備えたい。まず水筒とランチ、非常食にもなるスナック類。地図とコンパス、救急用品、ナイフ、防虫スプレー、帽子、レインウエア、防寒用のセーターなども持っていこう。

レインウエア / 水筒 / 帽子 / セーターかフリース

ハイキング・ツアー会社

●ヤムナスカ　Yamnuska Inc.
住200 50 Lincoln Park Canmore, Alberta T1W 3E9 ☎403-678-4164 URLwww.yamnuska.com
登山、ハイキング、スキーツアーなどのガイド。日本人ガイドもいる。

●ホワイト・マウンテン・アドベンチャー　White Mountain Adventures
住120 Eagle Crescent, P.O Box4259 Banff, Alberta T1L 1A6 ☎403-760-4403
URLwww.whitemountainadventures.com
サンシャイン・ビレッジ・スキー場でのハイキング、ヘリ・ハイキングなど。

●ジャスパー・アドベンチャー・センター　Jasper Adventure Centre
住Box 1064, Jasper, Alberta T0E 1E0
☎780-852-5595 URLwww.jasperadventurecentre.com
エディスキャベル山、アサバスカ川周辺でのハイキング。

●用具のレンタルは

ハイキング・ツアーに参加した場合、用具のレンタルを行う会社もあるので予約時に確認しよう。レイクルイーズのウィルソン・マウンテン・スポーツ（→p.154参照）などで用具のレンタルがあるが、ツアーによっては、ハイキングシューズを貸してくれる場合もある。

●ガイドは必要か？

地図が読めて山の経験があれば、ガイドなしでも歩けるコースは多い。しかし、現地のことに詳しいガイドを頼めば安心だ。交通機関の確保ができ、動物や植物の説明も聞ける。ハイキングツアーを行う会社に相談してみよう。

アクティビティガイド　ハイキング

自然と親しむハイキングはカナダのライフスタイルのひとつ。ちなみにカナダではトレッキングとはいわず、ハイキングというのが一般的

Activity Guide

ハイキング・コース・ガイド

バンフ周辺

シーレベル・サーク
C Level Cirque

岩壁に囲まれた
マーモットが住むカールへ

歩行距離：8 km	歩行時間：3時間
初心者向き	5万分の1地図： Banff 82 O/4

バンフの町の北側にそそり立つカスケード山の荒々しい岩壁を間近に望める軽いハイキング。サークとは氷河に削られた地形のことで、日本ではカールと呼ばれている。シーレベルとはバンフに炭坑があった時代の名残で、もっとも高い位置にあった採鉱場所を呼んだ。今も当時の建物の一部と金網の張られた採鉱跡が見られる。

かわいらしい花々

シーレベル・サークからはカスケード山の東壁が間近に望める

▶**コースガイド**

コースは地リスが多く遊ぶアッパーバンクヘッド・ピクニックエリアから始まる。付近は明るい林に囲まれ、夏にはバターカップの黄色い花が咲き乱れ、ピクニックに訪れるだけでも楽しい。登山口には指導標があるので確認して歩き出そう。

コースは林の中に続く一本道を行く。初夏には足元にホテイランの仲間のレディ・スリッパーの姿が多く見られる。昔の炭坑跡の建物の先で右手に分かれる道を行くと林を抜け出て、ミネワンカ湖やランドル山の眺めのよい場所に立てる。元の道に戻り右手（北西）へ進む。まもなく道は方向を変え、回り込むように静かな針葉樹の林の中を登っていく。

左手にランドル山あたりが見えるようになると、まもなく目の前にカスケード山の東壁がそそりたち、初夏には残雪で埋まったカールに出る。右手の斜面につけられた登山道を15分ほど登ると、さらに岩壁の眺めがいい。道は岩がごろごろしているあたりで自然に終わっている。道中、運がよければ、タヌキほどの大きさの愛らしい顔をしたホーリー・マーモットに出合えるかもしれない。

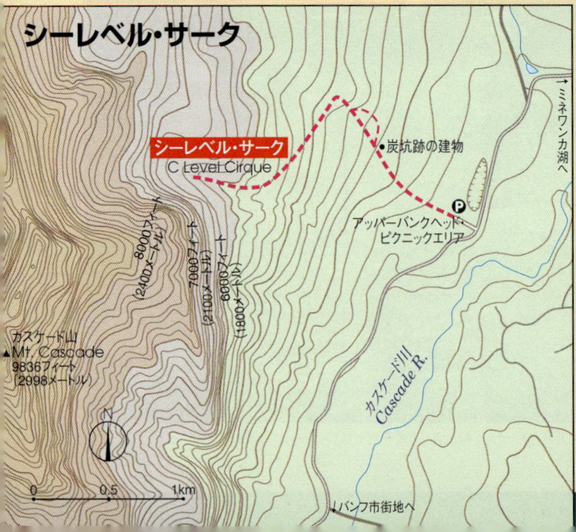

シーレベル・サーク

シーレベル・サーク
C Level Cirque

炭坑跡の建物

ミネワンカ湖へ

アッパーバンクヘッド
ピクニックエリア

カスケード山
▲Mt. Cascade
9836フィート
（2998メートル）

カスケード川
Cascade R.

N

0　0.5　1km

バンフ市街地へ

●**コースタイム**：登山口（30分）→炭坑跡の建物（1時間）→シーレベル・サーク（15分）→登山道終点（1時間15分）→登山口
●**登山口へのアプローチ**：バンフから車で5分。ミネワンカ湖手前のアッパーバンクヘッド・ピクニックエリアが登山口。駐車場の西に登山口の標識がある。登山口に電話はないので行きにタクシーを利用した場合は帰りのタクシーを頼んでおく。バンフの街から自転車のアプローチが可能だが行きは上りで苦しい。

1フィート（feet）＝約30cm

Hiking

ヒーリー・パス（峠）
Healy Pass

歩行距離：18.5km	歩行時間：5時間20分
中級者向き	5万分の1地図：Banff 82 0/4

お花畑のなかを抜け展望の峠へ

花のシーズンに訪れた人は、あまりの美しさにもう一度歩きたくなること請合いのすばらしいコースだ。お花畑に入るまでの行程が多少単調で長く、ヒーリー・パスまで往復18.5kmと、かなり歩く。花の時期は雪解け状況によって変わるが、例年6月下旬～7月上旬に黄色いグレイシャー・リリーやウエスタン・アネモネの大群落が見られ、7月の半ばごろから赤いインディアン・ペイントブラシや薄紫のフリーベンなどが咲き乱れる。

ヒーリー・パスへと登る途中で現れるお花畑。7月下旬には紫色のフリーベン、黄色のアーニカが満開だ

▶コースガイド

登山口はサンシャイン・ビレッジ・スキー場ゴンドラ乗り場の後ろにあり、ヒーリー・クリークを渡って林道を行く。10分ほどで分岐になるので右の道へ。1時間ほど歩くと橋でヒーリー・クリークを渡り返し、西に進む。ヒーリー・クリーク・キャンプ場の先でシンプソン峠への道を分けると登りになる。

周辺の花の数が増えてくると自然にサブアルパイン・メドウ（亜高山帯草原）に入る。再びヒーリー・クリークを渡るあたりからがお花畑のハイライト。峠まで約50分、お花畑の中をゆるやかに登っていく。峠からはボール山をはじめ西方の眺めがすばらしい。年によっては遅くまで雪が残っているので雪解け状況を国立公園案内所で確認してから出かけよう。

ヒーリー・クリークでひといき

●**コースタイム**：登山口（1時間30分）→ヒーリー・クリーク・キャンプ場（1時間30分）→ヒーリー・パス（1時間）→ヒーリー・クリーク・キャンプ場（1時間20分）→登山口

●**登山口へのアプローチ**：バンフから車で20分のサンシャイン・ビレッジ・スキー場のゴンドラ乗り場が登山口。ゴンドラ乗り場の建物の背後に登山口の標識がある。レンタカー利用または帰りのタクシーを予約しておきたい。
※ヒーリー・パスの南側には花畑で有名なサンシャイン・メドウが広がり、夏は花を愛でるハイキングが楽しめる。コースは巻頭特集（p.16）も参考にしてほしい。

アクティビティガイド　175　ハイキング

ヒーリー・パスとサンシャイン・メドウ・トレイル

Activity Guide

レイクルイーズ周辺

アグネス湖と ビッグ・ビーハイブ
Lake Agnes & Big Beehive

歩行距離：10km	歩行時間：4時間
中級者向け	5万分の1地図：Lake Louise 82 N/8

ホワイト山など3000m級の山に囲まれたアグネス湖

ルイーズ湖畔から人気トレイルをたどる

　ルイーズ湖湖畔から始まるハイキングには、いくつかのコースがある。一番楽なのがアグネス湖を往復するもの。人気があるのはビクトリア氷河を間近にできるプレーン・オブ・シックス・グレイシャーズのトレイルだ。ふたつを結んで歩くこともでき、その場合は歩行距離約18kmの1日ハイキングになる。

▶コースガイド

　前述の2コースは湖畔に建つフェアモント・シャトー・レイクルイーズの前で分かれる。分岐を右に進み、乗馬の道を横切り、ゆるやかな道を登ると1時間ほどで緑色のミラー湖に着く。ここからアグネス湖へはふたつの道があるが、わかりやすい右手の道を行こう。回り込むようにして登ると右にリトル・ビーハイブへの道を分け、最後に急な階段を登るとアグネス湖だ。アグネス湖畔には飲み物や軽食のとれるティーハウスと、少し離れたところにトイレがある。
　ここから元来た道を戻ってもいいが、湖畔北側に進み、湖を半周したところからビッグ・ビーハイブ展望台に登ってみたい。湖の西端から急斜面につけられた道をジグザグに折り返していく。足元になった湖の色がいっそう濃くなりとても美しい。登り着いた峠から左手にしばらく行くと、ルイーズ湖が真下に見えるビッグ・ビーハイブ展望台に出られる。
　先ほどの峠に戻りアグネス湖とは反対側に下る。やがて分岐となり、左はミラー湖、右

氷河を望む道を行く

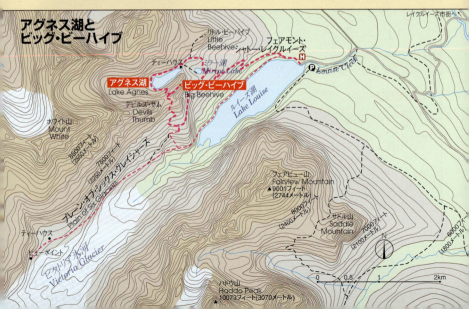

Hiking

はプレーン・オブ・シックス・グレイシャーズへの道。左に進み次の分岐からルイーズ湖に戻ろう。
　一方プレーン・オブ・シックス・グレイシャーズへはルイーズ湖畔の道を行く。30分ほどで湖畔沿いの道が終わり、林の中を抜けビクトリア山を正面に見ながら、日当たりのよい道を登る。石がごろごろしている箇所もあるので足元に注意して歩こう。1時間30分ほどでティーハウスに着く。ベンチやトイレがある。さらに30分行くとビクトリア氷河が眼前に開けるビューポイントに到着する。

●コースタイム：フェアモント・シャトー・レイクルイーズ（1時間30分）→アグネス湖（1時間）→ビッグ・ビーハイブ展望台（1時間30分）→フェアモント・シャトー・レイクルイーズ
●登山口へのアプローチ：ルイーズ湖畔までの行き方はp.150、152参照。

ジャスパー周辺

オールド・フォート・ポイント
Old Fort Point

歩行距離：2.5km	歩行時間：1時間10分
初心者向き	5万分の1地図：Jasper 83 D/16

ジャスパーの町とアサバスカ川の展望台

　ジャスパーの東を流れるアサバスカ川を見下ろす小さな丘、オールド・フォート・ポイントは町からも近く、簡単に登れて眺めも抜群だ。町から登山口まで歩けないことはないが、タクシーか自転車を利用してもいいだろう。

▶コースガイド

　アサバスカ川を渡った駐車場が登山口。駐車場右手の急な階段から登りだすと、すぐに足元に橋が望めるようになる。アサバスカ川の説明のある碑を過ぎ、バリー・オブ・ファイブ・レイクスに行く道を右に分け急斜面を登ると、いくつもに分かれて流れるアサバスカ川やウィスラー山が望めるようになる。
　丘の斜面を右手に巻くように歩くとケルンのある場所に出る。左手の丘の上がオールド・フォート・ポイントだ。足元に気をつけて上にあがると、ピラミッド山や、川向こうに広がるジャスパーの町が望める。
　展望を楽しんだら、先に進もう。丘の上から下りたら東に向かう道をとって、広々とした尾根を緩やかに登っていく。右手遠く斜めに縞の入ったエディス・キャベル山の姿がよく望め、アスペンの林を抜けていく。登山道を外れて左手に少し登った尾根上は展望がよい。バリー・オブ・ファイブ・レイクスへ向かうナンバー9の登山道を右に分け、ナンバー1の登山道をたどっていけば、35分ほどでオールド・フォート・ポイントの駐車場に戻ることができる。

オールド・フォート・ポイントからの眺め

●コースタイム：駐車場（20分）→オールド・フォート・ポイント（50分）→駐車場
●登山口へのアプローチ：93Aハイウェイから標識にしたがいオールド・フォート・ポイントへの道を走り、アサバスカ川を渡った右手に駐車場がある。ここに電話はないのでタクシーの場合は帰りの予約をしておくこと。

初心者におすすめの
ハイキング・スポット

キャンモア発

神秘的な湖水に感動！
グラッシー・レイクス
Grassi Lakes

(中)上下ふたつの湖からなるグラッシー・レイクス。湖の周りを快適な遊歩道が囲み、極上散歩が楽しめる／(右)木々の陰を映すロウワー・レイク／(左)奥の崖はクライマーたちの練習の場

バンフの隣町キャンモア郊外にあるグラッシー・レイクスは、青緑色をしたふたつの湖からなる人気のハイキング・スポット。道は、登山口からすぐ二手に分かれる。通常、行きは左の道を登り、帰路、右の林道から戻ってくる。夏には、林床を可憐な花々が飾り、花好きにも嬉しいコースだ。トレイルは急坂を登ったり、滝を眺めたり、けっこう変化に富んでいる。

到着した湖は、こぢんまりとしているが、その色がじつに神秘的で、何時間でも見ていたくなるほど美しいのだ。

コースタイム：所要2～3時間　MAP p.138外
アクセス：キャンモアから西にスプレイ・レイク・ロードを行き、標識に従い左折すると登山口。町から約5km。タクシーかレンタカーを利用。
歩行距離：3.8km、初心者向き
MAP Gem Trek Publishingの「Canmore and Kananaskis Village」

ジャスパー発

氷河湖に現れた天使
パス・オブ・ザ・グレイシャー・トレイル
Path of the Glacier Trail

ジャスパーの南に優美な姿を見せるマウント・エディス・キャベル。その東壁には、天使が羽を広げたようなエンジェル氷河があり、真下に氷河の溶けた水でできた小さな湖がある。

駐車場から階段を上がって、よく整備された道を歩くとすぐに道はふたつに分かれる。まっすぐに進むと、まもなく小さな湖が足元に見える展望台に着く。湖には氷のかたまりが浮き、氷河の様子もよく観察できる。

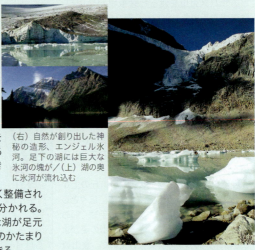

(右)自然が創り出した神秘の造形、エンジェル氷河。足下の湖には巨大な氷河の塊が／(上)湖の奥に氷河が流れ込む

先ほどの分岐から東に登っていく道は、キャベル・メドウと呼ばれる高山植物の咲く草原に続いている（所要約4時間）。余裕があれば、この道を30分ほど登って、右手の岩の積み重なる場所に立ってみよう。先ほどの湖の上にエンジェル氷河が真正面に望める。

コースタイム：所要1時間
アクセス：ジャスパーからハイウェイ93Aに入り、エディス・キャベル・ロードEdith Cavell Roadを約15km。タクシーまたはレンタカーを利用。
歩行距離：1.4km、初心者向き
MAP Gem Trek Publishingの「Jasper」

極北
Arctic Canada

ユーコン準州、ノースウエスト準州とヌナブト準州

Yukon Territory, Northwest Territories & Nunavut

大自然の別天地ユーコン準州で至福のひとときを
© Yukon Tourism

極北のアウトライン	180
ホワイトホース（YT）	182
ドーソンシティ（YT）	183
イエローナイフ（NT）	184
カナダのオーロラを観賞しよう	186

極北のアウトライン

　カナダの魅力とはその雄大な自然にあるが、北緯60度より北の大地はとくに人の手が及んでいない、世界に残された数少ない秘境のひとつだ。カナダ人にとっても未知の「もうひとつのカナダ」が極北にはある。
　ユーコン準州Yukon Territory🔗yukonjapan.jp（日本語）、**ノースウエスト準州** Northwest Territories🔗www.spectacularnwt.jp（日本語）、**ヌナブト準州** Nunavut🔗nunavuttourism.com（英語）からなる極北では、先住民族のイヌイットなどネイティブ・カナディアンたちが守り続けてきた伝統と、長い時間をかけて造り出された大自然とがみごとに調和している。過酷で、ときに容赦のない気候は人を寄せつけず、まったく開発されず、だからこそ地球上でもっとも美しく神秘に包まれた大地を維持し続けているのだ。

ユーコン準州
　ユーコン準州はブリティッシュ・コロンビア州の北に位置し、西はアラスカと接する。山岳地帯と森林地帯が占める土地で、夏には適量の雨も降り植生も豊かなので、野生動物が暮らす環境に恵まれている。グリズリーやカリブー、ムースといった大型動物の棲息数はカナダ最多。まさに野生の王国なのだ。
　ユーコンは道路網が発達しており、主な町を陸路で移動できる。アラスカへと抜けるアラスカ・ハイウェイの一部がユーコンを横切っており、キャンピングカーで何日もかけて長距離を移動するのが、ユーコンを旅するスタイルのひとつだ。旅のハイシーズンは5〜9月の初夏から秋だが、キャンプやハイキング、カヌーを楽しむなら、7、8月がいい。ユーコンは自然環境も人も歴史もアラスカの文化圏とよく似ている。

ノースウエスト準州
　ノースウエスト準州は西はユーコン準州、東はヌナブト準州に挟まれた、北緯60度以上の極北中央に位置する。地理的にはほとんどがバレン・ツンドラといわれる極北圏のツンドラ地帯。北西部のイヌービックInuvikの南端からマニトバ州にかけて、斜めに走る森林限界の北限ラインがある。ここを境に、樹木が育たないツンドラの東部極北と、タイガと呼ばれる樹林が広がる西部極北に区分され、ノースウエストは両方の性質を合わせ持つ。
　ノースウエストへの旅は、イエローナイフでのオーロラ観測が定番となっている。夏期には北西部のイヌービック、南西部のナハニ国立公園でトレッキングが楽しめる。秋の紅葉はメープル街道とは違った、野性味の感じられる雄大さがある。

オーロラ観賞は冬がベストシーズン

ヌナブト準州

　ヌナブト準州は1999年4月に誕生したカナダで最も新しい準州。面積は旧ノースウエスト準州の中央からバフィン島をはじめ東部諸島にまでと、実にカナダ全土の5分の1を占める。

　イヌイットの言葉でヌナブトとは「我々の土地」を意味する。住民のほとんどがイヌイットで、文化的にも独自性が強い。

　自然は厳しいツンドラ地帯で、ノースウエストとの州境に位置するニルヴァーナ山は標高2100m。バフィン島付近は手付かずの自然が今なお残り、セイウチ、北極グマ、ベルーガといった野性動物が生息しており、夏には自然観察ツアーが行われている。バフィン島にある州都、イカルイットには、オタワから定期便があり、所要約3時間で結ばれている。

極北地方の人々

　極北には大きく分けて5つの民族が住んでいる。イヌイットは東部極北に暮らす。少し暖かい地域に分布するのは、イヌイットと近い関係にあるイヌビアルイットで、マッケンジー川流域から西部北極海沿岸に暮らしている。ネイティブ・カナディアンのデネー族はタイガを中心とした森林地帯に生活の基盤を持ちつつ、季節ごとに移動する狩猟生活をしている。

　フランス人の入植は、1700年代に始まり、先住民女性との間に生まれたメティスを誕生させた。彼らは土地の生産物で生活することで、北西カナダの発展に重要な役割を果たしてきたとされている。最後はゴールドラッシュ以降に移り住んだ白人だ。

　イヌイットは彼らの言語で「人びと」を意味する。彼らの祖先は、約4万年前、マンモス、カリブー、バイソンを追ってアジア、シベリアからベーリング海峡を渡ってアラスカ経由でカナダにやってきた狩猟民族。やがて、グリーンランドへとたどり着き、北極圏に定住した民と、その後南下していったパレオ族とに分かれることになる。

イヌイット芸術

　イヌイットの伝統文化である彫刻や版画、絵画などの芸術は、大変高い評価を得ている。イエローナイフをはじめ都市の博物館にはイヌイット芸術を展示しているところもある。その作品は自然界の動物に神や精霊を宿し、その象徴を石や木や皮、骨に彫ったり描いたりしたものだが、現在ではより芸術性の高い、売買されるものとして形を変えてきており、彼らの生活収入の大切な一要素となっている。

　地元のショップを探してみれば、イヌイット芸術の意匠を施したアクセサリー類や置き物など、旅の記念になるようなものが見つかるかもしれない。

ホワイトホース

Whiteborse 🍁ユーコン準州🍁市外局番867　MAP p.181

ホワイトホースへの交通　✈バンクーバーからエア・カナダ（AC）が1日2便、エア・ノース（AN）が1日2便。所要約2時間30分。夏期はウエスト・ジェット（WS）便もある。

極北の夏を満喫　©Tourism Yukon

ホワイトホースの歩き方のヒント▶ユーコン川西岸に市街地が開けており、中心部は南北1km、東西500mほどの狭い範囲だ。

街を知る　アウトドアを楽しむ　ユーコンの州都

ユーコン準州の州都であるホワイトホースはユーコンの行政、観光の中心。1942年アラスカ・ハイウェイや石油パイプライン建設の基地として誕生し、1953年にドーソンシティから州都が移され、発展した。人口は約2万3000人で、ユーコンの経済の中心でもある。

ホワイトホースはユーコン準州の各地への玄関口。ドーソンシティ、オールド・クロウやイヌビックへ、エア・ノース（AN ☎867-668-2228、予約☎1-800-661-0407）が定期便を運航している。アルカン・エア（Alkan Air ☎867-668-2107）をチャーターすることもできる。その他、ホワイトホースとドーソンシティの間にハスキー・バスHusky Bus（☎867-993-3821）が4月下旬〜9月の間に週2〜3本運行している。詳しくは、URL www.huskybus.caを参照。

街歩き　アクティビティに参加し　カナダならではの自然を体感

空港からダウンタウンへはシャトルバスかタクシーで約5km。バス・ディポはダウンタウンの北端にあり、中心部からは500mほどの距離。❶（インフォメーション）はダウンタウン中心部にあり、❶の東および南側にホテル、ショップ、官庁関係の建物が多い。

ダウンタウンにはグレイハウンド（Greyhound Canada、🏠2191 2 Ave. ☎867-667-2223）の最北終点地がある。ドーソン・クリークやフォート・セント・ジョンから便がある。

ユーコンではアウトドア・フィールドに分け入ってこそ、その魅力を感じることができる。カヌー、フィッシング、マウンテンバイク、乗馬、ハイキングやキャンピングなどのアクティビティに参加すれば、日本では味わうことのできないスケールの大きな体験ができる。現地のアクティビティ・ツアーは内容が充実しており、ガイドを含め受け入れ態勢がしっかりしている。

日程や時間に余裕があるならば、キャンピングカーやレンタカーで旅をするのもいい。ブリティッシュ・コロンビア州のフォート・ネルソン辺りから北上し、何日もかけてアラスカ・ハイウェイを車で走れば、ユーコンの大自然が一層迫ってくる。ハイウェイ沿いにはキャンプ場やB&Bなど手頃な宿泊施設も整っている。フロートプレーン（水上飛行機）で内陸部の湖や川にアプローチもできる。

Tour&Activity

■カヌー、フィッシング

カヌー・ピープル
Kanoe People
🏠1147 Front St.
☎867-668-4899　Fax 867-668-4891
URL www.kanoepeople.com

ユーコン川沿いにあり、ガイド付きのカヌー・ツアーやフィッシング・ツアーを催行。カヌー（1日C$45〜）、カヤック、自転車（半日C$25〜）のレンタルもある。

■ゴールドラッシュ・ツアー

ホワイト・パス&ユーコンルート
White Pass & Yukon Route
🏠#4, 1109 Front St. ☎1-800-343-7373

アラスカのスキャングウェイへバスと鉄道で行くゴールドラッシュ時代を偲ぶツアー。

❶☎867-667-3084　🏠2nd Ave. & Lambert St.　開5〜9月／8:00〜20:00、他の期間／月〜金曜8:30〜17:00、土曜10:00〜14:00　休日曜　ホワイトホースの市外局番☎867

ドーソンシティ

Dawson City 🍁 ユーコン準州 🍁 市外局番867　MAP p.181

> **ドーソンシティへの交通**　✈ホワイトホースからエア・ノース（AN）が週3～6便運航、所要1時間。スケジュールは変更が多いのでURL www.flyairnorth.comで確認を。

懐かしき町並み　©Tourism Yukon

ドーソンシティの歩き方のヒント▶ホワイトホースの下流、ユーコン川の東岸に開けた市街地は、中心部で500m四方ほどの小さな町だ。

街を知る｜ゴールドラッシュの栄華を伝える町

　ドーソンシティは北米の歴史を大きく変えたゴールドラッシュの発祥の地。1896年、ボナンザ・クリークBonanza Creekで初めて金が発見され、多くの金鉱掘り（クロンダイク）がやってきた。町には短期間のうちに豪華なホテルやレストラン、カジノが建ち、サンフランシスコをしのぐ北米最大の町として栄華を極めた。だが10年後ゴールドラッシュが去ると建物だけが残され、町はさびれてしまった。

街歩き｜ユーコン川で時代の面影を感じる

　空港から市内へはタクシーか、宿泊施設の送迎を利用する。ユーコン川の川岸に近い通りほど、ゴールドラッシュ時代の面影を強く残している。

見どころ

ドーソンシティ歴史建物
Dawson City Historical Complex

行き方 市内各所から歩いていける

　ゴールドラッシュ当時のパレス・グランド劇場などの建物が国の史跡となっている。

Tour&Activity

■各種ツアー・宿情報

クロンダイク・ビジター・アソシエーション
Klondike Visitors Association
🏠P. O. Box 389 Front & Kings St.　☎867-993-5566
（10～4月は867-993-5575）

　各種オプショナル・ツアーや宿の情報、予約ができる。

ドーソンシティ郊外で犬ぞりを楽しもう
©Tourism Yukon

ℹ️ ☎867-993-5566　🏠Front St. & King St.　⏰5～9月／8:00～20:00　❌他の期間
ドーソンシティの市外局番 ☎867

イエローナイフ

Yellowknife 🍁 ノースウエスト準州 🍁 市外局番867　MAP p.181

イエローナイフへの交通 ✈カルガリーからエア・カナダ (AC) が1日2便、所要約2時間。エドモントンからACが1日1便、カナディアン・ノース (CN) が1日1〜2便、ファースト・エア (FA) が1日1〜2便、ウエスト・ジェット (WS) が1日1便、所要約1時間40分。

広々とした風景が広がる　©NWTT/Terry Parker

イエローナイフの歩き方のヒント▶半島にある旧市街は300m四方ほど。新市街はいくつかの小さな湖に囲まれたエリアで、中心部はほぼ1km四方。

街を知る　地下資源の豊富な極北の経済都市

北緯62度、世界で10番目に大きいグレート・スレーブ湖畔に位置するイエローナイフ。イエローナイフという地名は、かつてこの地域に住み、コッパーマイン川から採れる銅で武器や道具を作っていたというイエローナイフ・チッパマン族に由来している。もともとこのカナダ極北地方は先住民族の土地だった。白人がやってきたのは1930年代のゴールドラッシュの時代。以来、カナダ極北の中心地だ。1967年に旧ノースウエスト準州の州都となった。現在のイエローナイフは人口約1万8000人。金やダイヤモンドをはじめとする豊かな地下資源を背景に、近年の経済成長率もカナダの諸都市にひけをとらず、活気にあふれている。

イエローナイフは観光資源に恵まれた町だ。とくに冬のオーロラ観賞は有名で、世界的にももっともオーロラの出現率が高い場所にある。このほか、犬ゾリやアイス・フィッシングを楽しんだり、カリブーの群れや郊外のイヌイットの村を訪れたり、さまざまなアトラクションが楽しめる。極北地方の伝統工芸に触れる機会も多いだろう。冬の平均気温は−25℃前後と非常に寒いが、夏ともなれば18℃と過ごしやすく、白夜の世界が体験できるのも魅力的だ。

街歩き　オーロラ観光の拠点冬のカナダの醍醐味を

空港から市街へは、タクシーか宿泊施設の送迎バスを利用する。グレート・スレーブ湖に臨む半島にゴールドラッシュ時代の旧市街、内陸部に高層建築が並ぶダウンタウンがある。❶(インフォメーション) はダウンタウンの49番通りの西端にあり、フレーム湖のすぐそば。ダウンタウンにはホテルやレストラン、ショッピング・モールもある。

イエローナイフはオーロラ観賞のために訪れる拠点の町となる。気候などの諸条件がそろえば、オーロラが見られる確率は95%といわれる。3〜4日滞在すればほぼ見られる確率だ。時期的には12〜4月がベストシーズンで、日本からも冬期にはツアーが催行されている。観測小屋や防寒具など、現地側の受け入れ態勢も整っている。

見どころ

ノーザン・ヘリテージ・センター
Northen Heritage Center

行き方 ダウンタウンから徒歩5分

イヌイットやネイティブ・カナディアンの伝統工芸、カナダ極北探検や鉱山開発の歴史と文化を中心に、極北地方を紹介している。
🏠4750 48th St., ☎867-873-7551 開10:30〜17:00、季節により時間の変更あり 休祝日 S寄付金

イエローナイフはオーロラ観賞の最適地

❶ 🏠4807-49th St. ☎1-877-881-4262 URL www.visityellowknife.com 開夏/8:30〜19:00 (土・日曜10:00〜17:00)、冬/8:30〜17:30 (土・日曜10:00〜17:00)　イエローナイフの市外局番867

Tour&Activity

■オーロラ観賞

オーロラ・ビレッジ
Aurora Village
住P.O Box 1827, Yellowknife ☎867-669-0006
URL www.auroravillage.com

　オーロラ観賞、犬ぞり、スノーモービル、カリブー観察などのツアーを催行。日本人スタッフが常駐。近郊にオーロラ観賞施設「オーロラ・ビレッジ」を所有している。

夏はカヌーも楽しめる
©NWTT/Terry Parker

Restaurants

トレイダーズ・グリル
Trader's Grill

　エクスプローラー・ホテル内にあるレストラン。落ち着いた雰囲気のなかでステーキ、グリルド・サーモン、エルク、バイソン料理などが味わえる。
☎1-800-661-0892、867-873-3531

Hotels

エクスプローラー
The Explorer Hotel

　イエローナイフで一番の高級ホテル。日本人の利用者も多い。ツアーデスクがあるほか、空港シャトルバスも利用できる。Wi-Fiも無料。
住4825 49 Ave. ☎867-873-3531 Fax867-873-2789 URL www.explorehotel.ca 数187室

リージェンシー・ディスカバリー・イン
The Regency Discovery Inn

　ダウンタウンの中心にあり、観光の拠点としても便利。また、リーズナブルな宿としても人気がある。
住4701 Franklin Ave. ☎867-873-4151
Fax867-920-7948 URL www.discoveryinn.ca
数41室

○本音でガイド○

**イヌイットの文化を継承する
ヌナブト準州は、野生動物の宝庫**

　ヌナブト準州は1999年4月に誕生したカナダで3番目の準州だ。ノースウエスト準州の東にあり、本土と北極の島々から成り立っており、その面積はカナダ全土の約5分の1。州都は東のカナダ最大の島であるバフィン島のイカルイト。人口約4000人で、周辺には手つかずの大自然が今なお残っている。

　ヌナブトの最大の特徴はイヌイット文化だ。住民のほとんどがイヌイットであり、「ヌナブト」も彼らの言葉であるイヌクティトゥト語で「我々の土地」という意味を持つ。実際彼らは数千年にわたり、この広大な極北の地で、自然のなかに神々を見、狩猟生活をしながら彼ら独自の文化をはぐくんできた。

　またバフィン島周辺ではセイウチ、北極グマ、北極クジラ、イッカク、ベルーガといった野生動物が生息しており、これらを観察する氷上キャンプツアーや、夏にはボートツアーなどが行われている。

石や岩で造った石像「イヌクシュク」はイヌイット文化の象徴　©Nunavut Tourism

○本音でガイド○

カナダのオーロラを観賞しよう

神秘的なオーロラの輝き　©Yukari MIYAJIMA

極北の夜空に輝く神秘の光
　オーロラとは、太陽の黒点の活動と関係した現象で、太陽から放出された帯電粒子が、地球の磁力によって極地に引き寄せられ、大気中の原子と衝突したときに発生する光といわれている。その色彩は、緑、赤、黄色などさまざまだ。
　カナダのオーロラ観賞地として有名なのは、ノースウエスト準州のイエローナイフ、ユーコン準州のホワイトホース、アルバータ州のフォート・マクマレー、マニトバ州のチャーチルなどだ。オーロラは通年発光しているが見頃は11月中旬～4月上旬。天候に左右されるので、3日以上は現地に滞在したい。オーロラが出現する時間は、夜9時ごろから深夜2時くらい。
　極北に位置する観賞地は、-30℃、ときには-40℃に下がることもあるので、防寒対策はしっかりと。防寒着、防寒靴、手袋、帽子、マフラーは必需品だが、現地でレンタルできるので、ツアー会社に相談してみよう。

カナダの主なオーロラ観賞地
■イエローナイフ　Yellowknife
　3日間滞在すれば、オーロラを見られる確率は95％といわれる、オーロラ観光の町。犬ぞり体験、カリブーウォッチング、スノーモービルなどのアクティビティも楽しめる（→p.184）。

■ホワイトホース　Whitehorse
　イエローナイフと並ぶ人気で、タキーニ温泉ツアーの他、アイス・フィッシング、犬ぞりなどのアクティビティが楽しめる（→p.182）。

■フォート・マクマレー　Fort McMurray
　バンクーバーから一番近いアルバータ州の観賞地で、ツアーの値段も安め。
✈エドモントンからエア・カナダで所要約1時間。
MAP p.188-A

バンクーバー発のオーロラツアー会社
■H.I.S.カナダ　バンクーバー支店
住636 Hornby St.
☎604-685-3524
URL www.his-canada.com
■ナビ・ツアーカナダ
住#911-470 Granville St.　☎604-682-5885
URL www.navitourca.com
■IACEトラベル
住220, 736 Granville St.　☎604-602-7551
URL www.iace-canada.com

雄大な雪原の中で犬ぞりを楽しむこともできる
©Tourism Yukon

カナダ中部
Central Canada
サスカチュワン州と
マニトバ州
Saskatchewan & Manitoba

カナダ中部のアウトライン 188
レジャイナ（SK） 190
ウィニペグ（MB） 194

マニトバ州リトル・ライムストーン湖にて
© Travel Manitoba

カナダ中部のアウトライン

なりたち・歴史

西のロッキー山脈とオンタリオ州の丘陵地帯に挟まれた、東西約1500kmにおよぶ広大な平原にあるアルバータ、サスカチュワン、マニトバの3州は、平原州と呼ばれている。その面積は196万3000km²で、日本の国土の5倍強という広さになる。このうちサスカチュワン州とマニトバ州を合わせて大平原地帯（プレーリー）と呼ぶ。見渡す限りの地平線に広がる小麦畑や菜の花畑は、カナダ中部ならではの景観だ。

かつてこの地域にはアシニボイン族とクリー族などの先住民が住んでいた。彼らは平原を行き来するバッファローなどの狩猟で生活していたが、東海岸から白人の移民が大挙してやってきて、この広大な土地を開拓したのである。

この大平原へ開拓民が初めてやってきたのは19世紀末。宗教上の迫害を受けたり、労働条件が悪化していたヨーロッパ諸国からやってきた人たちであった。この頃にはカナダ大陸横断鉄道が全面的に開通。樹立されたばかりのカナダ政府も、開墾した人にその土地を与えるなど、積極的な支援策を打ち出していた。

見渡す限りのヒマワリ畑　©Travel Mnitoba

そのため世界各国から移民が訪れ、わずか100年余の間に平原は開墾され、今やカナダ随一の生産量を誇る穀倉地帯だ。穀物の生産量はサスカチュワン州がカナダ全体の約50％、マニトバ州は全生産量の約約15％を占める。

この大平原地帯の中央にある**サスカチュワン州**は、南部にある人口約23万人の**レジャイナ**（→p.190）が州都。その北西約250kmには同州最大の都市、サスカトゥーンがあり、今日では農作物の生産よりもカリウム資源の発掘や研究活動が盛んなため「ミニ・シリコンバレー」と呼ばれている。

東隣の**マニトバ州**の州都は人口約77万人の**ウィニペグ**（→p.194）で、カナダ第7位の人口を要する大都市だ。北部のハドソン湾に面して、**チャーチル**がある。シロクマやベルーガなどの野生動物の観察やオーロラ観光で有名な小さな町。ここウィニペグから西を一般的には、「カナダ西部」と呼んでいる。

ぜひサスカトゥーンへ
©Tourism Saskatchewan/Douglas E. Walker

自然環境・気候

大平原地帯は、典型的な内陸性気候。年間を通して空気が乾燥している。緯度が高いため、夏も涼しく過ごしやすい。南部のレジャイナやウィニペグの夏の最高気温は25〜26℃と快適だが、最低気温は12〜13℃で肌寒さを感じる。逆に冬の1月の最低気温は−23〜−24℃にまで下がる。積雪はそう多くはないが、寒さは相当に厳しく、この時期に訪れるなら完全な冬支度をしておこう。北部では年間を通じてさらに気温は低い。夏でもジャケットやセーターは必需品だ。

大平原地帯の季節は夏と冬に分かれるといってもいい。その変わり目は4〜5月の間と、9〜10月の間。この時期を境に1日の最低気温は−と＋を行き来する。実質的には、6〜9月が観光に快適な時期といえよう。

文化

この地域はイギリス、フランス、ウクライナ、中国など多国籍の移民によって開拓された。その子孫が定住しているため、各地にフランス人やウクライナ人の住むエリアや、各母国や民族に関連する文化センターや博物館がある。各民族独自の祝祭日もあり、年間を通じてイベントは多く、人種のモザイクであるカナダを象徴している。

街中の表示や使用する言語は公用語の英語とフランス語だが、上記のような特定の地域にはその民族の言葉も飛び交う。さらに先住民の文化があり、加えてカウボーイ、農民、さらにはアイスホッケーなどカナダならではの文化もある。移民が持ち込み育てたウィニペグのロイヤル・バレエ団や交響楽団、演劇のレベルは相当に高い。時間があれば、ぜひ観賞したい。

7月末から8月の初めにかけてレジャイナで行われるバッファロー・デイズ。ウエスタンのライブなどのイベントが連日催される

旅のアドバイス

広大な草原と多民族文化に彩られたこの地域では、先住民をはじめ多民族の文化イベントや民族独自の祭りを楽しみたい。歴史を知るならレジャイナのR.C.M.Pヘリテージ・センター（→p.192）やウィニペグのマニトバ博物館（→p.195）、ウクライナ文化センター（→p.195）などへ足を運ぼう。

大平原地域というだけに自然が豊かなのも特徴のひとつ。「10万の湖」という別名のとおり、ワスカナ湖をはじめボートトリップが楽しめるところもある。

穀倉地帯だけに食材も新鮮。キャビアは特産品のひとつなので味わってみたい。さらに多様な民族が暮らす土地ゆえに、素朴な味わいの各国料理も楽しめる。

レジャイナ

Regina 🍁 サスカチュワン州 🍁 市外局番306　MAP p.188-B

レジャイナへの交通　✈バンクーバーからエア・カナダ（AC）が1日2便、約2時間。トロントからACが1日5便、ウエスト・ジェット（WS）が1日2便、約3時間20分。🚌グレイハウンドの大陸横断便カルガリー発1日2本、所要約10時間。ウィニペグから1日2本、所要約8時間～9時間30分。

冬のワスカナ湖　©Tourism Saskatchewan/Douglas E. Walker

レジャイナの歩き方のヒント▶街の中心はワスカナ・センターの北側、鉄道駅前のビクトリア公園を囲む一画。見どころやホテル、レストランはこのエリアを中心に徒歩10分圏内に集まっている。ビクトリア公園から4kmほどの郊外にはR.C.M.P.ヘリテージセンターがある。

街を知る　開拓の歴史を伝える大草原の街

レジャイナはカナダ中部にあるサスカチュワン州の州都。人口は約23万人。「レジャイナ」とは女王を意味するラテン語で、開拓が盛んな19世紀末に大勢の人々がこの地を訪れた際、英国のビクトリア女王にちなんで付けられた。別名「クィーン・シティ」。

レジャイナの開拓が始まったのは1882年。それまでは一本の木もない漠然とした平原で、先住民のクリー族が居留し、バッファローの狩猟を中心とした生活を営んでいた。

1885年の大陸横断鉄道の開通を機にこの地への入植は本格化。世界各国からの移民が訪れ、カナダ騎馬警察隊の本部も置かれるようになった。その後、原住民やフランス系移民との抗争を経て、20世紀初頭に、レジャイナはサスカチュワン州の州都となる。1920年代に空港が建設されたことで、中部カナダの穀物生産・輸送の拠点として発展し、第二次大戦後は石油のパイプラインが建設されたことで、経済的にも豊かになった。

広大な小麦畑

街歩き　広大な自然と多様な文化が混在

レジャイナ市街の中央に鉄道駅があるが、現在ではほとんどの人が市街西部5kmにあるレジャイナ空港か鉄道駅近くのバス・ディポからグレイハウンドのバスを利用している。空港と市内を結ぶ交通手段はタクシーのみだが、所要約10分、料金はC$15ほどだ。

開拓により人工的に造られた街なので、通りは道がまっすぐに直角に交差しているのでわかりやすい。

バス・ディポはサスカチュワン・ドライブ（Saskachewan Dr.）とブロード通り（Broad St.）が交わるところにある。

観光案内所はビクトリア・アベニュー（Victoria Ave.）とローズ通り（Rose St.）が交差するところにある。地図はここで入手しておこう。

街の中心は観光案内所の西側にあるビクトリア公園を囲む一画で、旧市庁舎やホテル、レストランなどもこの周辺に集まっている。欧州的な景観と、カナダならではのおおらかさをたたえた独特な雰囲気が漂っている。

見どころはさらに南のワスカナ湖周辺にあり、街の景観と広々とした空気を楽しみながら、徒歩で巡れる距離にある。

また、市街には市バス（☎306-777-7433）が網の目のように走っている。旧市庁舎前のコーンウォール・センターにはトランジット・インフォメーションがあり、ほとんどのバスがここを起点に約10分間隔で運行している。市バスの路線図も入手できるので必要ならもらっておこう。運賃は1回C$2.75で、頻繁に使うなら1日乗車券C$8がお得だ。

治安は悪くないが、夜間の女性のひとり歩きは充分に注意が必要だ。

サスカチュワン州 ❶ MAP p.191　🏠1925 Rose St.　☎306-789-5099　⏰8:00～17:00　休土・日曜
レジャイナの市外局番●306　※レジャイナでは市内から市内にかける際も306からプッシュする

見どころ

ワスカナ湖周辺
中心部の南側に広がるワスカナ湖は植林と灌漑によって造られた人造湖だ。ワスカナ・センターや州議会議事堂、マッケンジー美術館など、開拓の歴史とともに湖と緑の景観を楽しみたい。

ワスカナ・センター
Wascana Centre MAP p.191
行き方 旧市庁舎から車で10分

ワスカナ湖を含む9.3k㎡もの広大な緑地公園。当初、細い川が1本あっただけの草地が都市計画に沿った植樹で現在のような緑豊かな公園になった。遊歩道、ピクニック広場もあるレジャイナ市民の憩いの場だ。

園内にはサスカチュワン州議会議事堂やレジャイナ大学、マッケンジー美術館のほか、サスカチュワンの自然をミニチュア模型などの展示でわかりやすく解説したロイヤル・サスカチュワン博物館（☎306-787-2815 開9:30～17:30 休クリスマス ＄おとなC$6）のような施設がある。公園内をボートでめぐるツアーもあり、センターで予約を受け付けている。
住 2900 Wascana Dr.
☎ 306-522-3661
URL www.wascana.sk.ca

開拓時代の植樹の成果

サスカチュワン州議会議事堂
Saskatchewan Legislative Building MAP p.191
行き方 旧市庁舎から車で7分

1912年に完成したサスカチュワン州議会の議事堂。ワスカナ湖畔から眺める姿はまさに優美。内部を見学する無料のツアーがあり、受付で記名するとガイドしてくれる。先住民の生活を描いた壁画や、有名な部族長の写真を集めたギャラリーを見ておきたい。
住 Albert St. & Legislative Dr. ☎306-787-5357 開夏／8:00～21:00、冬／8:00～17:00 休12月25日・1月1日・イースターのグッドフライデー ＄無料

議事堂のドーム内部

マッケンジー美術館
MacKenzie Art Gallery MAP p.191
行き方 旧市庁舎から車で10分

北米の現代美術を中心に収蔵した美術館。法律家のノーマン・マッケンジーが収集したコレクションで、開拓時代のヨーロッパのペーパーワークなどのコレクションも収蔵している。現在は、19～20世紀のヨーロッパの作品を数多く所蔵している。なお美術館では、随時、活躍中のアーティストの作品展が開催され、併設のショップでは、トップアーティストやデザイナーが制作した陶器、ジュエリーなどのユニークな作品を購入できる。美術館の庭には約10体の彫像が展示され、目を楽しませてくれる。
住 T. C. Douglas Building, 3475 Albert St. ☎306-584-4250 URL www.mackenzieartgallery.ca 開10:00～17:30（日曜12:00～）休12月25日、1月1日 ＄志納（寄付金程度）

芝生に映えるダグラス・ビル。美術館はこの中にある

R.C.M.P.ヘリテージ・センター
R. C. M. P. Heritage Centre MAP p.191外
行き方 旧市庁舎前からR.C.M.P.行きバスで10分

　カナダのシンボルである王室騎馬隊（R.C.M.P.）に関する博物館で、カナダ唯一のR.C.M.P.訓練学校も併設している。博物館内は、1873年に発足したR.C.M.P.の伝統やレジャイナの歴史が人形やオーディオシステムなどで展示されている。演習パレードは月〜金曜の午後12:45からで、12:00までに受付を済ませないと見学できない。
住5907 Dewdney Ave. ☎306-522-7333 URLwww.rcmpheritagecentre.com 営11:00〜17:00 休11月11日、12月25・26日、1月1〜14日 SおとなC$10、6〜17歳C$6

歴代の使用車輌も展示

とりたてて華やかなショップや特産品エリアがあるという地域ではない。ショッピングセンターや市場、アーケードなどを覗いてみよう。

Shops

旧市庁舎からすぐ／ショッピングセンター
コーンウォール・センター Cornwall Centre
MAP p.191

　ビクトリア公園の北、市街地中心部にある巨大ショッピングセンター。3ブロック分のスペースにまたがる大きな建物の中に、デパートも含め約90の店舗が入っている。衣料品から食品など、必要なものはほとんど手に入る。

住11th Ave. at Scarth St.
☎306-525-5808
営月・火・土曜9:30〜18:00、水〜金曜9:30〜21:00、日曜・祝日12:00〜17:00
休12月25日、1月1日

ビクトリア公園周辺にレストランが集まっているので、観光の合間に食事を取るのは便利だ。格式の高い店から庶民的なものなど、予算や好みに応じた店を探すことができるだろう。

料金ランク
A C$40以上
B C$30〜
C C$20〜
D C$10〜
E C$10未満

Restaurants

旧市庁舎から徒歩5分／ステーキ B
ゴルフ・ステーキハウス Golfs Steak House
MAP p.191

　カナダ中部のおいしい牛肉を使ったステーキハウス。店内のインテリアも高級で、ディナーの気分も盛り上がる。8オンスのフィレミニオンのメインディッシュには、スープ、サラダ、ポテトかライスが付き、ボリュームもたっぷりだ。

住1945 Victoria Ave.
☎306-525-5808
営11:00〜23:00、土曜16:00〜23:00、日曜16:00〜22:00
休無休
S8オンスフィレミニオンC$39.99

旧市庁舎から徒歩5分／小皿料理 C
クレーブ・キッチン＆ワイン・バー Crave Kitchen & Wine Bar
MAP p.191

　ビクトリア通りに面して建つレストランで、建物は1912年建造のクラブハウスを利用している。20世紀初頭の趣が漂い、雰囲気もいい。80種以上のワインを揃え、タパス・スタイルの小皿料理が楽しめる。ランチメニューも充実している。

住1925 Victoria Ave.
☎306-525-8777
URLwww.cravekwb.com
営月〜水曜11:00〜23:00、木曜〜24:00、金曜16:00〜1:00AM、土曜16:00〜1:00AM
休日曜
Sランチメニューは C$15位、前菜3種盛りC$15〜

レジャイナの市外局番 ☎306　※レジャイナでは市内から市内にかける際も306からプッシュする

市街と空港が近いので、中・高級ホテルはレジャイナ市街の中心部に集中している。ほとんどのホテルがゴルフパッケージや家族割引を設けているので、利用したい。

料金ランク	
A	C$300以上
B	C$200〜
C	C$150〜
D	C$100〜
E	C$100未満

Hotels

旧市庁舎から徒歩5分 C　MAP p.191
ホテル・サスカチュワン Hotel Saskatchewan

ビクトリア公園に面して建つ、格式高い伝統あるホテルで、レジャイナのランドマークのひとつ。ダウンタウン中心部にあるので観光にも便利だ。

ロビーやバーをはじめ、内装は非常にクラシカルで高級感があり、格調高い雰囲気が漂っている。従業員も高級ホテルらしく礼儀正しいが、一方でとてもフレンドリーなところがカナダらしい。またこのクオリティで価格も意外とリーズナブルなのもうれしい。

全224室中スイートルームが27室。2015年に部屋の改装が行われ、さらに快適に過ごせるようになった。室内に冷蔵庫、コーヒーメーカー、アイロン、Wi-Fiが完備されている。観光はもちろん、ビジネスでの利用もいい。そのほか、館内には結婚式などに使われる8つのコンベンションホール、室内プール、フィットネスジムなどの施設が整う。ダイニングルームは、朝食、ランチ、ディナーに営業している。

クラシックなふんいきのロビー

外観は近代的

住2125 Victoria Ave.
☎306-522-7691
FAX306-757-5521
URLwww.marriott.com
客224室
S S T C$195〜、スイートC$220〜

旧市庁舎から徒歩5分 D　MAP p.191
ダブルツリー・バイ・ヒルトン・ホテル&コンファレンス・センター・レジャイナ DoubleTree by Hilton Hotel & Conference Centre Regina

シティ・センターの南東部にあるホテルで、インターネットやコピー、ファクスなどビジネスサービスが充実している。ファミリーパッケージやスパ・パッケージなどのお得なプランが設定されているのでウェブサイトでチェックしてみよう。

住1975 Broad St.
☎306-525-6767
FAX306-352-1858
URLwww.doubletree3.hilton.com
客235室
S S T D C$149〜
他フィットネスセンターあり

旧市庁舎から徒歩3分 C　MAP p.191
デルタ・レジャイナ Delta Regina

駅前のトレード&コンベンションセンターに隣接するホテル。コーンウォール・センターの裏に当たり、ショッピングや観光にはとても便利な場所のうえ、設備も整っている。4つ星にランクされているが、通りを挟んでカジノがあるせいか、1日中賑やかだ。

住1919 Saskatchewan Dr.
☎306-525-5255
FAX306-781-7188
URLwww.deltahotels.com
客274室
S S T C$179〜、季節により変更
他カフェ、バーなど設備は充実

ウィニペグ

Winnipeg マニトバ州 市外局番204　MAP p.188-E

ウィニペグへの交通 ✈バンクーバーからエア・カナダ(AC)とウエスト・ジェット(WS)がそれぞれ1日3便、所要約3時間。🚆VIAがバンクーバー、トロントへそれぞれ週3便運行。🚌グレイハウンドが1日2本運行。カルガリーから所要約20時間。

ザ・フォークスのエクスチェンジ・ディストリクト　©Travel Mnitoba

ウィニペグの歩き方のヒント▶ホテルが集中するダウンタウンは約1km四方。北部に旧市街、南東部にザ・フォークス、レッド川の東側にフレンチ・クォーターと呼ばれる地区がある。これらの界隈をすべて徒歩で移動するのは大変なので、市バスや無料バス「ダウンタウン・スピリット」を利用しよう。

街を知る　川の合流地点に位置するマニトバの州都

ウィニペグはカナダのほぼ中央に位置するマニトバ州の州都で、人口は約77万人。街を東西に分けるようにレッド川が流れ、南部でアシニボイン川と交わる。この2つの川の合流地点は、600年ほど前から先住民ネイティブ・カナディアンの交易所でもあった。

ヨーロッパから人々が入植を開始したのは19世紀初頭からで、特にフランス人やウクライナ人が多かった。毛皮と開拓地を求めてやってきた移民たちは、1881年の大陸横断鉄道の開通とともに数を増し、街も発展していく。ウィニペグは西部からの鉱物資源や穀物などを輸送する拠点となった。ダウンタウン北部の古いビル群は商業取引地区としての名残で、当時の賑わいを偲ばせている。

またウィニペグはレッド川西側がイギリス系をはじめとする各国民族、東側が主にフランス系の文化を土台にして発展してきた。フランス系移民の多い東側はフレンチ・クォーターと呼ばれている。

この街は経済都市であると同時に、ロイヤル・ウィニペグバレエ団やカナダ屈指と言われるウィニペグ交響楽団を擁し、ダウンタウンにはオペラや演劇を上演する劇場も並ぶ芸術都市でもある。

街歩き　バスを利用して効率よく街を巡ろう

市街の西、約10kmにウィニペグ空港がある。市街への交通手段はタクシーで、所要15分、料金はC$15〜20程度。空港から市バス15、20番でもダウンタウンに行ける。市街はレッド川とアシニボイン川の合流地点を中心に広がっていて、合流地点にVIA駅がある。ポーテージ通り(Portage Ave.)とメイン通り(Main St.)、さらにアシニボイン川に囲まれた中心部に主要ホテルが集中している。

主な見どころはこのダウンタウンの西側にあるマニトバ州議会議事堂、北東部の旧市街、南東部のフォークス・マーケット、レッド川対岸のサン・ボニファス地区だ。距離があるため、移動にはウィニペグ・トランジットが運行する市バスか、ダウンタウン・スピリットと呼ばれる無料のバスを利用するといい。

市バスは10〜15分おきに運行されている。バス停には時刻表と路線図が明示されているので旅行者にも利用しやすい。運賃は距離に関わりなく1回C$2.60で、1週間乗車券C$22.50もある。

ダウンタウン・スピリット・バスは3つのルートがダウンタウンをカバーしている。運行ダイヤは季節により変更される。詳しくは、URL www.winnipegtransit.comで確認しよう。

ザ・フォークスは憩いの場
©Travel Mnitoba

ℹ️ MAP p.195-A　300-259 Portage Ave.　📞204-943-1970　🕒8:30〜16:30　休 土・日曜
ウィニペグの市外局番☎204　※ウィニペグでは市内から市内にかける際も204からプッシュする

見どころ

ダウンタウン周辺

レッド川西側からアシニボイン川北側のVIA鉄道駅周辺の地域がダウンタウン。マニトバ州議会議事堂やウィニペグ美術館がおもな見どころだ。ダウンタウン北部地域は「商業取引地区」とも呼ばれ、交易拠点として栄えた開拓当時をしのばせるエリアだ。

マニトバ博物館
Manitoba Museum MAP p.195-B

行き方 VIA駅から徒歩13分

人間と自然との関わりを歴史的な視点で展示する博物館。自然史、先住民の文化と生活、カナダの植民史、生態系などの内容に分かれている。先住民の昔の生活や、入植してきた人々の暮らしぶりや町の様子を館内に再現。プラネタリウム、サイエンス・ギャラリーが併設されている。

住 190 Rupert Ave. ☎204-956-2830 URL www.manitobamuseum.ca 開 5月下旬〜9月上旬/毎日10:00〜17:00、9月上旬〜5月中旬/火〜金曜10:00〜16:00、土・日曜11:00〜17:00 休月曜 料 おとなC$10、シニアと学生C$8.50

ウクライナ文化センター
Ukrainian Cultural Centre MAP p.195-B

行き方 VIA駅から徒歩15分

ウィニペグではフランス系に次いで移民の多いウクライナ系の人たちの生活と文化を紹介している。ウクライナ以外の地にある文化センターとしては最大の規模を誇るもの。内部には工芸品や民族衣裳、美術品などが展示され、ライブラリーも併設されている。

住 184 Alexander Ave. East ☎204-942-0218 URL www.ukrainianwinnipeg.ca 開 10:00〜16:00 休 日曜 料 無料(寄付金のみ)

ウィニペグ美術館
Winnipeg Art Gallery MAP p.195-A
行き方 VIA駅から徒歩10分

イヌイットの美術品のコレクションを常設展示しており、その充実ぶりは世界でも有数で見応えがある。カナダやマニトバ州をはじめ、北アメリカの芸術家の作品コーナーもある。企画展の内容は、2週間ごとに入れ替えられる。三角錐のユニークな外観が目印。

独特な外観

住300 Memorial Blvd. ☎204-786-6641 URLwww.wag.ca 開11:00～17:00（金曜～21:00）休月曜、聖金曜日、復活祭の月曜日、感謝祭、12月25日、1月1日 Sおとな C$12、シニアと学生C$8、5歳以下無料

マニトバ州議会議事堂
Manitoba Legislative Building MAP p.195-A
行き方 VIA駅から徒歩10分

最上部にドームを頂いたネオ・ゴシック様式の大理石造りの議事堂で、街のランドマークのひとつとなっている。20世紀初頭に建築予定だったが、第一次世界大戦の勃発で中断され、完成したのは1920年のことだった。

ドームの上には州の象徴とされる「ゴールデン・ボーイ」と呼ばれる銅像が立っている。この銅像は高さ4mで金メッキが施され、右手には経済的な発展を意味するトーチを、左手には主要産業である農業を表す小麦の束を抱えている。

内部は見学が可能で、5月下旬～6月の月～金曜と7・8月の毎日には無料ツアー（9:00～16:00）が行われている。

住450 Broadway ☎204-945-5813 URLwww.gov.mb.ca/legtour 開8:00～20:00、季節により変動あり。S無料

ザ・フォークス
The Forks National Historic Site MAP p.195-B
行き方 VIA駅から徒歩3分

レッド川とアシニボイン川が合流するこの地は、歴史的に重要な場所として国立公園が管理している。少なくとも6000年前からネイティブ・カナディアンがこの地でキャンプしたという証拠が見つかっており、その後、ハドソン・ベイ・カンパニー（ハドソン湾会社）が拠点をおいたり、英語を話す先住民が居住地を造ったり、鉄道が引かれ発展していったという歴史の舞台である。現在は市民の"ミーティングプレイス"と呼ばれ、川沿いに散歩道が整備されている。7月1日のカナダ・デーには花火が打ち上げられる、市民の憩いの場。

ガイドツアーやウォーキングツアー、歴史を語るショーなども開催されている。

住25 Forks Market Rd. ☎204-983-6757 URLwww.parkscanada.gc.ca/forks 休無休　ガイドツアーとショーは5月下旬～8月の金～月曜。ガイドツアーSおとなC$3.90、6～16歳C$1.90、65歳以上C$3.40。国立公園のインフォメーションはザ・フォークス内のトラベル・マニトバ・センターにある。

フレンチ・クォーター
レッド川東側一帯はフレンチ・クォーターと呼ばれる地域で、オールド・ボニファスとも称される。ケベック州以西では最大かつ歴史あるフランス系住民のコミュニティだ。

サン・ボニファス聖堂
St. Boniface Cathedral MAP p.195-B
行き方 VIA駅から徒歩15分

レッド川沿いに建つカトリックの教会で、フレンチ・クォーターのシンボルとなっている。1968年に火災に見舞われ、現在は1908年に建てられたファサードが残るのみだ。1885年に反乱をおこして処刑されたルイ・リエルの墓がある。

住190 Ave. Cathedrale ☎204-233-7304 URLwww.cathedralestboniface.mb.ca

サン・ボニファス博物館
St. Boniface Museum MAP p.195-B
行き方 VIA駅から徒歩15分

建物は1864年建造と、市内で最も古い建築物のひとつで、フランス系住民の歴史と文化を紹介しているほか、メティスのリーダーであったルイ・リエリについての展示がある。

住494 Tache Ave. ☎204-237-4500 URLwww.msbm.mb.ca 開10:00～16:00（土曜12:00～）休日曜 SおとなC$5、シニアと学生C$3

ネオ・ゴシック様式の美しい建物

ウィニペグの市外局番☎204　※ウィニペグでは市内から市内にかける際も204からプッシュする

経済都市だけあり、ショッピング・モールから小売店など、多様なスタイルの店が揃っている。ダウンタウンには衣料やアクセサリー、雑貨などさまざまな専門店が集中しており、ウィンドー・ショッピングだけでも楽しめる。アウトレットを扱うショッピング・モールもあるが、まずはフォークス・マーケットをのぞいてみよう。

Shops

VIA駅から徒歩5分／ショッピング・モール
ポーテージ・プレイス Portage Place

ダウンタウンのポーテージ通り沿いにあるダウンタウン最大規模のショッピング・モールで、約90店舗が入る。スカイウォークで、デパートのベイ、アイスホッケーやコンサートの行われるMTSセンターとも結ばれている。

MAP p.195-A

- 393 Portage Ave.
- 204-925-4636
- www.portageplace.mb.ca
- 月〜水・土曜10:00〜18:00、木・金曜〜21:00、日曜12:00〜17:00
- 無休
- 店によって異なる

VIA駅から徒歩3分／マーケット
フォークス・マーケット The Forks Market

倉庫を改造した4棟の建物の中に、新鮮な野菜や世界各国の食材を扱う店が並ぶ。上の階には、手作りの工芸品や衣服、ネイティブ・カナディアンのアクセサリーを扱うショップが約50軒。カフェもあるのでひと休みすることもできる。

MAP p.195-B

- At The Forks
- 1-888-942-6302
- www.theforks.com
- 7・8月／月〜土曜9:30〜21:00、日曜18:30、9月〜6月／9:30〜18:30、金曜21:00
- 無休

フランスやイギリス、ウクライナをはじめ、世界各国の移民の伝統を持つ街だけに、料理も和食を含め、世界各国の味が楽しめる。ごく一部しか紹介できないが、どの店もリーズナブルで良い雰囲気だ。ダウンタウンのホテルが集中するエリアなどにはレストランも並んでいるので、好みの店を探してみるのもいいだろう。

料金ランク
A C$40以上
B C$30〜
C C$20〜
D C$10〜
E C$10未満

Restaurants

VIA駅から徒歩10分／レストラン&バー D
モクシーズ・グリル&バー Moxie's Grill & Bar

コンサートやスポーツの試合が行われるMTSセンター内、ポーテージ通りに面してあるレストラン。メニューはバーガーやピザなどのカジュアルなものからステーキ、アジアンテイストを入れたシュリンプやサーモンのシーフードまでバラエティに富んでいる。

MAP p.195-A

- 300 Portage Ave.
- 204- 926-5757
- www.moxies.ca
- 11:00〜24:00（金曜〜1:00 AM、土曜10:00〜1:00AM、日曜16:00〜22:00）
- 無休
- サーモン&アボガド・コブ・サラダC$17.79

VIA駅から徒歩2分／カフェ&レストラン D
アールズ Earls

VIA駅そばのカフェ&レストラン。緑と白のストライプで統一されたインテリアがすがすがしいオープン・カフェだ。午後は遅めのランチから早めのディナーをとる人などが次々と訪れ、客足が絶えない。メイン通り側のパティオ席に座ってのんびりするのもいいだろう。

MAP p.195-B

- 191 Main St.
- 204-989-0103
- 月・火曜11:00〜24:00、水〜土曜〜1:00AM、日曜〜23:00
- 無休
- ハンバーガーやチキン料理、パスタなどメニューは豊富。ピザC$13.50〜

ウィニペグ

197 見どころ／ショップ／レストラン

ホテルは空港付近やダウンタウンに集中している。中部最大規模の都市だけに、カテゴリーも5つ星の格式高い高級ホテルからビジネスに便利なシティホテルなど多彩だ。

料金ランク	
A	C$300以上
B	C$200〜
C	C$150〜
D	C$100〜
E	C$100未満

Hotels

VIA駅から徒歩7分 B
フェアモント・ウィニペグ　The Fairmont Winnipeg
MAP p.195-A

旧市街とダウンタウンの境界にある5つ星ホテル。旧市街の観光やマニトバ博物館、センテニアル・コンサート・ホールでの観劇やコンサートへは徒歩5分圏内と便利。フェアモント系列だけあって部屋も清潔に保たれている。インドアプールも完備。

- 2 Lombard Pl.
- ☎204-957-1350
- FAX 204-956-1791
- URL www.fairmont.com/winnipeg
- 340室
- S T D C$169〜419
- 他施設が完備されフルサービスを受けられる

VIA駅から徒歩7分 B
ラディソン・ホテル・ウィニペグ・ダウンタウン　Radisson Hotel Winnipeg Downtown
MAP p.195-A

デパートのベイに隣接するシティホテル。空港まで無料シャトルサービスがあり、無料インターネットなども完備。各室とも広い。ホテル内にインドアプール、ジャクージ、サウナ、エクササイズルームなどの施設が完備されている。

- 288 Portage Ave.
- ☎204-956-0410
- FAX 204-947-1129
- URL www.radisson.com
- 272室
- S T D C$199〜266
- 他部屋には2回線の電話、TV、コーヒー・メーカーなどが完備

VIA駅から徒歩7分 C
デルタ・ウィニペグ　Delta Winnipeg
MAP p.195-A

ダウンタウンの中心にありショッピングや食事・観光に便利な場所にある。客室は広々として落ち着いたインテリア。プールなどの施設も充実。スカイウォークでRBCコンベンション・センターと接続している。ビジネスと観光どちらにも使い勝手がよい。

- 350 St. Mary Ave.
- ☎204-942-0551
- ☎1-888-890-3222
- FAX 204-943-8702
- URL www.deltahotels.com
- 393室
- S T D C$129〜

VIA駅から徒歩10分 D
ホリデイ・イン・ウィニペグ・ダウンタウン　Holiday Inn Winnipeg Downtown
MAP p.195-A

大陸横断のバス発着所すぐそばに位置するホテル。ウィニペグ美術館が目の前にあり、観光には絶好のロケーションだ。部屋には無料のコーヒー&ティーセットが用意されているのもうれしい。リーズナブルな価格に見合った快適さだ。

- 360 Colony St.
- ☎204-786-7011
- FAX 204-772-1443
- URL www.holidayinn.com
- 140室
- S T D C$126〜
- 他プールあり

ウィニペグ空港から徒歩5分 B
ヒルトン・スイーツ・ウィニペグ・エアポート　HILTON SUITES WINNIPEG AIRPORT
MAP p.195-A外

空港の近くにあるホテルの中でも3つ星にランクされるホテル。市街へは車で10分程度。周辺にはポロパーク・ショッピングセンターもあるので、簡単な買い物にも便利。全室スイート仕様なので部屋も広く、のびのびと過ごせる。

- 1800 Wellington Ave.
- ☎204-783-1700
- FAX 204-786-6588
- URL www.hilton.com
- 160室
- S T D C$139〜、シニア割引あり

ウィニペグの市外局番 ☎204　※ウィニペグでは市内から市内にかける際も204からプッシュする

カナダ東部 I
Eastern Canada I

オンタリオ州
Ontario

オンタリオ州のアウトライン･････200
トロント･････････････････････204
メープル街道･････････････････222
ナイアガラフォールズ･･･････････226
ナイアガラ・オンザレイク･･･････233
キングストン･････････････････236
オタワ･･･････････････････････239

アルゴンキン州立公園はカヌーイストの聖地

オンタリオ州の アウトライン

なりたち・歴史

　考古学的観点で見ると、オンタリオ州に残るもっとも古い人間の足跡は、今からおよそ1万年前の氷河期末期にさかのぼる。現在のイロコワ族とアルゴンキン族と呼ばれる先住民たちはその子孫であるとされている。「オンタリオ」という名も、この先住民イロコワ族に敬意を表して、彼らの言葉である「きらめく水」からとったものだ。だが文化の側面からみた歴史は、17世紀にヨーロッパ人が入植してくることで始まったといっていいだろう。

　イギリス人のヘンリー・ハドソンは、1610年、この地に最初に船を着けたヨーロッパ人となった。ハドソン湾の名も彼にちなんで付けられた。しかし先住民と最初に接したのは、フランス人のサミュエル・ド・シャンプランとエティエンヌ・ブルレで、とくにシャンプランの名は、カナダ開拓史にたびたび登場するので覚えておきたい。

　その後、1774年に、イギリスは現在のオンタリオ南部をケベックの一部とともに平定し、1791年のイギリス立憲条例に基づき、オンタリオ側をアッパー・カナダ、ケベック側をロウワー・カナダと命名する。オンタリオがアッパー（上部）とされたのは、この地にはアメリカ合衆国の独立戦争後に、大勢のロイヤリスト（英国王室忠誠派）が移住していたためである。

　しかし1840年、アッパー、ロウワーの両地は統合され、1867年のカナダ自治領成立とともに、再びオンタリオ州、ケベック州となる。トロントに州都が置かれたのはこの時だ。別々の州として自治領に認められたのである。さらに1931年にはカナダ自体がイギリスから独立し、現在に至る。

オタワなどで行われる衛兵交替式

自然環境・気候

イロコワの「きらめく水」の名のとおり、オンタリオ州は五大湖のうちの4つの湖と接していて、州土の6分の1にあたる17万7000km²という広大な面積が、川と湖に占められている。

地理的には、その五大湖を含むセント・ローレンス低地と、ハドソン湾に沿った狭い沿岸地域であるハドソン低地、そして州北部に広がる岩だらけの広大な地域であるカナダ楯状地の、3つの地域からなっている。

土壌は全体に痩せていて、大規模農業には向かないが、鉱物資源や森林資源には恵まれているので、湖の対岸に位置するアメリカの工業地帯へは膨大な鉱物資源が輸出されている。

気候は太平洋側のように温暖ではなく、セント・ローレンス川沿岸の各都市部は、夏は意外にも蒸し暑く、冬の寒さも厳しい。いわゆる内陸性気候だが、それでも日本の暑さに比べればかなり過ごしやすい。

州都であるトロントは1月の最低気温が-7℃から9℃、7月の最高気温は26℃から28℃、ときには30℃を超すこともあり、寒暖の差は激しい。それだけに、四季折々の変化は雄大で美しく、とくに秋の紅葉の時期は、木々の色の変化に圧倒されるものがある。特

にオンタリオ州のトロントからケベック州のケベックシティを結ぶ道は、「メープル街道」と呼ばれ、毎年紅葉シーズンになると、世界各国から大勢の観光客が訪れる。

一方、北部のハドソン湾沿いの町ウィニスクでは、同じ1月の最低気温が-25℃以下、7月の最高気温でも12℃から15℃止まりと、北極圏に近い気候なので、冬期の観光には、それなりの準備が必要だ。

(上) 活気あふれるトロントのチャイナタウン／(下) トロントの中心街ダンダス広場周辺

オンタリオ州

201

オンタリオ州主要部
Ontario Main

五大湖には遊覧船やヨットが浮かぶ

五大湖とオンタリオ州

　オンタリオ州の自然を語るうえで欠かせないのが、五大湖（The Great Lakes）だ。アメリカとの国境付近に広がる、5つの巨大な湖は、西からスペリオル湖、ミシガン湖、ヒューロン湖、エリー湖、オンタリオ湖と名付けられている。総面積は24万5300km²で、これは日本の本州がスッポリと入ってしまう大きさだ。

　水深がもっとも深いのはスペリオル湖で406m、浅いのはヒューロン湖で229mとなっている。水量も五大湖の全部を合わせると、全地球の淡水の4分の1の量に当たるという、驚くべき量だ。

　この大きな湖の出現は、およそ1万4000年前から1万700年前、氷河の進退による侵食作用（氷食）による。湖はいずれもセント・ローレンス水系で、五大湖のうち、ミシガン湖だけはカナダと接していない。観光名所であるナイアガラの滝は、エリー湖からオンタリオ湖の間にある。

　五大湖は観光的要素ばかりでなく、経済的にも重要な位置付けにある。とくにアメリカとの共同事業で完成したセント・ローレンス水路は、2万7000トン級の貨物の航行を可能にした。五大湖のうち4つの湖と接するオンタリオ州が、カナダの製造業生産高の40％を占めるのは、紛れもなく、この水運の力によるものだ。リゾート地としての開発も盛んで、とくにオンタリオ湖、エリー湖はレクリエーション地域として人気が高い。

　しかし、アメリカ側にはシカゴ、デトロイト、クリーブランド、そしてカナダ側には、トロント、ハミルトンなどの重工業地帯が広がり、また人口の増加もともなって、水質の汚染が問題視されている。

　こうしたなか、2005年にアメリカの湖沿い8州と、カナダ側のオンタリオ、ケベックの2州が「五大湖協定」を締結。湖の保全と環境保護にあたることになった。

(上)湖畔の緑地地帯は市民の憩いの場／(下)キングストンには五大湖博物館がある

多様な文化

　文化圏としてのオンタリオ州は、先のロイヤリストの流入という基盤があるためイギリス文化を受け継いでいるが、多民族の様式を内包しているのは他の州と変わりない。州人口がカナダでもっとも多く1000万人を超えているので、英語圏でありながらイタリア、ドイツ、中国、オランダ、その他の移民も比率は小さくても重要な存在だ。ネイティブ・カナディアン、メティス、イヌイットなどの民族だけでも25万人近くになる。

　文化の多様性は教育にも浸透していて、トロントでは公立学校の生徒の半数以上が、英語以外の言語を話すことができ、教育の場でも多文化主義、反人種主義の教育プログラムが組まれている。全国では70を超える民族を抱えている、カナダならではの教育方針といえる。

首都オタワには、英仏2カ国語の看板も
©Ottawa Tourism

旅のアドバイス

　カナダ連邦の首都であるオタワをはじめ、トロントやナイアガラといった主要都市、観光地は、すべてセント・ローレンス川か五大湖沿いにあるので、旅のルートも必然的にそれに沿った形になる。隣のケベック州も同様なので、バスや鉄道を利用して街を移動するのが合理的だ。北部のハドソン沿岸部へは陸路がほとんど開発されていないので、空路で入るか特殊な全輪駆動車を使ったツアーに参加することになるが、その場合は滞在期間に余裕を持たせよう。

　オタワもトロントも官公庁などの政府機関の建物が多く、いずれも立派で格式を感じる。旧市街と新興開発地域の両方を見比べながら観光したり、中心街を少し離れた郊外の住宅街を散策するのも楽しい。多民族国家ならではの世界各国料理を楽しんだり、ナイアガラ・オンザレイクを中心としたワイナリーを訪れ、雄大な自然に育まれた味覚を堪能するのもいいだろう。

CNタワーや高層ビルが建ち並ぶトロントのハーバーフロント

トロント

Toronto 🍁 オンタリオ州 🍁 市外局番416　MAP p.200-B

トロント・イートン・センターは人気の観光スポット

街を知る　日系人が多く住むカナダ最大の国際都市

　カナダ最大の都市トロントは、オンタリオ湖北岸に位置する。メトロポリタンエリアの人口は約605万人。トロントとは、ヒューロン族の言葉で「人の集う場所」という意味だ。

　フランス人探検家のシャンプランが、トロントを訪れたのは1615年。その後間もなくヨーロッパからの入植が始まり、フランス領として開拓がはじまったが、英仏間の抗争が勃発。1763年に英仏間の7年戦争が終結すると、トロントはイギリス領になった。

　その後、アッパー・カナダ（現オンタリオ）の首都であるナイアガラ・オンザレイクが、アメリカ合衆国に近すぎるという理由で、首都がトロントに移されたとき、ヨーク・ビルという名に変わったり、1812年の米英戦争によって焼き落とされるなど、紆余曲折を経てきた町でもある。

　1941年の移民政策後は、世界中から移民が集まり、国際色豊かな都市となった。第二次世界大戦の際に日系人が強制収容され、戦後の移住先にこのトロントを選んだため、カナダでもっとも日系人の多い町となった。

トロントへの交通

✈ 飛行機

トロント・ピアソン国際空港 MAP p.207-A

　成田と羽田からエア・カナダ（AC）の直行便が毎日運航される。直行便で所要約12時間。国内線はバンクーバー、オタワ、モントリオール、ケベック、ハリファックスなどの主要都市からエア・カナダやウエスト・ジェット（WS）の便がある。

ビリー・ビショップ・トロント・シティ空港

　ウオーターフロントの沖合にある空港。ポーター・エアラインやエア・カナダのモントリオール便が発着し、乗り継ぎに便利。

🚆 鉄道

ユニオン駅 MAP ●切りとり-44、p.206、p.211-F

　ダウンタウンの65 Front St., Westにあり、バンクーバー発VIA鉄道の終着駅。ナイアガラやニューヨークからの便も到着する。

🚌 バス／トロント・コーチ・ターミナル

MAP ●切りとり-38、p.206、p.211-D

　地下鉄ダンダス駅の1ブロック西、610 Bay St.にある。グレイハウンドでモントリオールから所要8時間で到着。

トロントの市外局番☎416　※トロントでは市内から市内にかける際も416からプッシュする
❶ MAP ●切りとり-44、p.211-F　🏠 65 Front St. West（ユニオン駅構内）　☎ 416-392-9300　🕐 10:00～18:00

空港から市内へ

空港から市内中心部に行くには、ダウンタウンまでユニオン・ピアソン・エクスプレスやタクシー、市バスを利用するのが一般的だ。タクシーだと、市内中心部まで 通常30〜40分だが、料金はゾーン制になっているので、乗車時に料金を確認したい。

空港とユニオン駅を結ぶ直行列車
ユニオン・ピアソン・エクスプレス

2015年6月に空港とダウンタウンのユニオン駅をつなぐ鉄道、ユニオン・ピアソン・エクスプレスUnion Pearson Expressが開通した。空港の ターミナル1を出るとすぐにピアソン駅があり、15分間隔で列車は運行されている。ピアソン駅の次がウエストン駅、ブロア駅と続き、終点がユニオン駅。所要はユニオン駅まで25分。この鉄道の運行によって、交通渋滞や市バスから地下鉄の乗り継ぎを計算に入れなくてはいけなかったアクセスが、非常に便利になった。鉄道の開通により、以前、運行されていた空港とダウンタウンの主要ホテルを結ぶ空港バス、エアポート・エクスプレスは廃止になった。

チケットはオンラインのほか、駅の券売機などで購入できる。ユニオン駅までおとな片道C$27.50、往復C$53。65歳以上と学生片道C$23.40、往復44.80。子ども片道C$13.75、往復C$25.50。距離によっても値段が違う。
☎416-874-5900　URL www.upexpress.com

トロント・ピアソン国際空港内の案内所

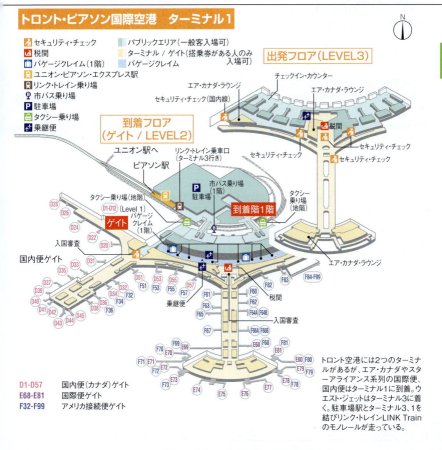

D1-D57	国内便(カナダ)ゲート
E68-E81	国際便ゲート
F32-F99	アメリカ接続便ゲート

トロント空港には2つのターミナルがあるが、エア・カナダやスターアライアンス系列の国際便、国内便はターミナル1に到着。ウエスト・ジェットはターミナル3に着く。駐車場駅とターミナル3、1を結びリンク・トレインLINK Trainのモノレールが走っている。

安さが魅力
市バス
C$3〜　URL www.ttc.ca

ピアソン国際空港・ターミナル1のグラウンド・レベルから、192番Airport Rocketsのバスが地下鉄キプリング駅とを結ぶ。20分に1本の割合で運行。キプリング駅からはBloor線で市内中心部へ。ターミナル1のGround Transportation Levelに市バスの券売機がある。

ホテルへ直行
タクシー
C$55〜

空港からのタクシーやリムジンはゾーン制になっている。ユニオン駅まで乗った場合、タクシーはC$53〜、リムジンはC$58〜で、さらにチップ10〜15％を払う。

市内交通

トロントは公共交通機関が充実した街。郊外への交通網GOトランジットと、ダウンタウン内を網羅する地下鉄や市バス、ストリート・カー（路面電車）を運行するTTC※があり、両者がVIA鉄道ユニオン駅で接続している。TTCの各交通機関の料金は共通で、トランスファー・チケットで乗り継ぎが可能。

分かりやすく手軽
地下鉄　MAP p.206
C$3〜、1日券C$11.50　URL www.ttc.ca

TTCの公共交通機関には地下鉄、市バス、ストリート・カー、LRTの4つがある。旅行者に一番利用しやすいのは**地下鉄**だ。ルートもシンプルでわかりやすい。ダウンタウン内なら地下鉄と徒歩で移動するのがいい。4路線あるうちダウンタウン内を走るのは2路線。ひとつはダウンタウン内をU字型に走る**ヤング**Yonge（ヤング〜ユニバーシティ〜スパダイナ）線で、ヤング通りからユニバーシティ通りの下を走る。もうひとつはダウンタウンの北部を東西に走る**ブロア**Bloor（ブロア〜ダンフォース）線。2つの路線はブロア／ヤング駅、セント・ジョージ駅、スパダイナ駅の3カ所で乗り換えできる。この2路線で、ダウンタウンの主な見どころはほとんど回ることができる。

●トークン＆回数券、デイパスの購入

チケット代わりの**トークン**は地下鉄駅の自販機で買える。現金払いよりお得。シニア、学生はトークンより割安の**回数券**を。トークンは3枚C$8.40、7枚C$19.60。回数券は5枚C$9.75。有人改札の窓口で買える**デイパス**Day Passと呼ばれる1日券はC$11.50。デイパスなら始発から翌朝5:30までTTC乗り放題。土・日曜・祝日は1枚のデイパスを最大6人（おとな2人まで）で使える。

トークン自販機

●乗車方法

有人改札口は料金を払うか、1日券を提示してから通る。1日券を初めて使う時は、改札で日付を打刻してくれる。自動改札機はトークンと定期券しか受け付けない。改札口の近くには、トランスファー・チケットの発券機がある。現金やトークンで地下鉄に乗り、降車駅から路面電車や市バスに乗り換える時は、これを提示すれば無料で乗れるので、必要であれば取っておこう。

※TTCとは、Toronto Transit Commissionトロント市交通局の略。LRTはLight Rail Transitの略。

トロントTTC地下鉄路線図（ダウンタウン周辺）

市内のルートが充実
ストリート・カー（路面電車）
S C$3〜、1日券C$11.50　**URL** www.ttc.ca

　ダウンタウンを東西南北に結ぶ11のルートがある。東西方向の路面電車は、地下鉄ヤング線の各駅と交差する場所に停留所があり、乗り換えも楽だ。
　地下鉄駅や観光案内所でもらえるTTCルート図「Transit Ride Guide」の500番台と300番台がストリート・カーのルート。北からカレッジ通り、ダンダス通り、クイーン通り、キング通りを走っている。停留所は白地に赤い帯が目印で、市電のイラストが描かれている。主な停留所にはルート図と時刻表があるので、目的地に行くかを確認しよう。
　ストリート・カーのほとんどが朝6:00くらい（日曜は9:00〜）から1:00AMくらいまでの運行。300番台の4路線（301 Queen、304 King、306 Carlton、317 Spadina）は、ブルー・ナイト・ルートと呼ばれ、いずれも500番台のルートと同じ路線を走るが、深夜から早朝運行部分を分けて300番台で示している。

●乗車方法

　料金は、トークンか現金を料金箱に入れる。1日券を持っていれば自由に乗り降りでき、1回券でも乗車時にトランスファー・チケットをもらっておけば、ほかの路線への乗り換えも可能だ。ただしトランスファー・チケットで乗り換えができるのは目的地までの利用のみ。単なる途中下車や、往復の利用には使えない。

レトロなストリート・カー

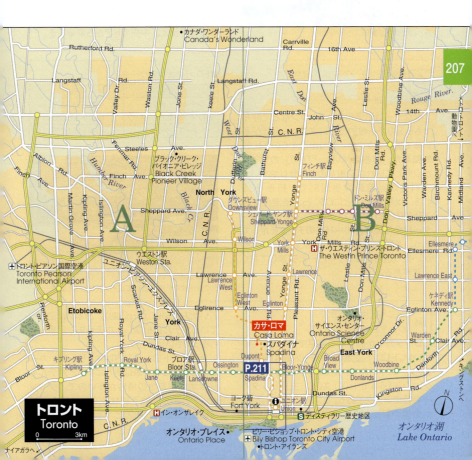

郊外へ行く時に利用したい
市バス
S C$3〜、1日券C$11.50　URL www.ttc.ca

　市バスの交通網は郊外を広くカバーしている。ルートはシンプルなので観光客も利用しやすく、トロント動物園、オンタリオ・サイエンス・センターや空港へも行ける。ラッシュ時は交通渋滞の恐れがあるので、地下鉄やストリート・カーで目的地の近くまで行き、そこから市バスに乗り換えるほうが安心だ。

　市バスはTTCの交通網のひとつなので、料金は地下鉄、ストリート・カーと同じ。
　TTCのルート図で、赤い線で示されているのがバスのルート。実線で描かれた主要路線は15〜30分間隔で運行している。太波線で描かれた路線は、時間限定で運行するもの。点線のルートはラッシュ時のみの運行だ。どの路線も深夜1:30頃まで走っており、ブルーナイト・サービスと呼ばれる主要ルートは朝の5時頃まで運行している。

● 乗車方法

　バス停の目印は白地に赤い帯。交差点の角にあり、路線番号が書かれている。主要なバス停にはルート図、時刻表がある。
　料金はストリート・カーと同様、料金箱にトークンか現金を支払う。現金の場合は釣り銭が出ないので、小銭を用意しておくように。1日券は提示をすればよい。乗り換えをする場合は「Transfer Please」と運転手にいえば、トランスファー・チケットをくれる。
　降りる時は窓についているひもを引いて降車意思を伝え、中央のドアから降車する。

赤と白の車体が目印

屋根のサインで空車を識別
タクシー
初乗り **S** C$4.25〜

　タクシーはホテルやレストランなどで呼んでもらうのが一般的だが、タクシー会社が多いので流しのタクシーをつかまえるのも比較的簡単だ。屋根に付いた「TAXI」のサインが点灯していれば空車なので見分けやすい。
　料金は距離時間併用制で、初乗りC$4.25、以降143mごとにC$0.25、渋滞停車は1分毎にC$0.50ずつ上がっていく。このメーター料金に降車時10〜15％のチップを足して払う。長距離は定額制で支払うこともできるが、乗り込む前にドライバーと交渉しておく必要がある。

■トロントの主なタクシー会社

会社名	TEL
シティー・タクシー	416-740-2222
ダイアモンド・タクシー・キャブ	416-366-6868
コープ・タクシー	416-504-2667

タクシーはホテル正面やユニオン駅で拾うとよい

郊外を自由に回る
レンタカー

　レンタカーが必要なら空港で借りておくのがいい。トロント空港にはハーツ（416-674-2020）、エイビス（905-676-1100）、バジェット（905-676-1500）など、主要レンタカー会社のデスクがある。
　希望の車種がある場合は事前に予約しておいた方がいい（→p.338）。あるいは泊まっているホテルに相談し、ホテルまで配車してもらってもいいだろう。
　ただし、トロント市内はストリート・カーが走っているので車は走りにくい。ホテルも駐車場が別料金の場合が多いので、ダウンタウンの観光は地下鉄など、公共交通機関を使った方がスムーズだ。

市内観光におすすめ
観光バス

トロントにもグレイ・ライン・オブ・トロントやショップ・ダイン・ツアーなどが運行するホップ・オン・ホップ・オフ・シティツアーがある。2階建てのバスで2階部分はオープンエアー。市内約20カ所の主要観光地を結んでおり、乗り降り自由なので、移動と観光両方に利用できる。おとな2人・子ども2人が利用できるファミリー・パスもある。なお運行ルート、料金などは変更される場合があるので、詳細は現地で確認を。

オープントップの観光バス

■グレイ・ライン・オブ・トロント
☎1-800-594-3310
URL www.grayline.com
　チケットは3日間有効。乗車時に直接買うこともできるが、始発地のニコルビイズ・ストア、ショッピング・モールなどにあるチケットマスター、主要ホテルでも手に入る。⑤おとなC$43、子ども（5〜11歳）C$23

■ショップ・ダイン・ツアー
☎416-463-7467
URL www.sightseeingtoronto.com
　市内の主要観光地20カ所を巡る。チケットはヤング・ダンダス・スクエアのオフィスのほか、ユニオン駅やクイーンズ・キー・ターミナル、セントローレンス・マーケットのキオスクで購入できる。⑤おとなC$43、子ども（2〜12歳）C$25、ファミリー・パスC$121.60

街歩き エリアガイド
TTCの交通網をフル活用しよう

　トロントは密集した市街地だけでも東西30km、南北15km以上はある大都市。中心地と呼べる地域でも、5km四方はあるので、市バスやストリート・カーなど、TTCの公共交通を上手に利用したい。郊外など離れた見どころへは、ツアーを使うのもいいだろう。

ダウンタウンはユニオン駅中心に

　トロントの見どころは、大まかにダウンタウンとその郊外に分けられる。
　ダウンタウンの観光の見どころはユニオン駅から**ハーバーフロント**にかけての南部と、州議会議事堂を中心とする北部にそれぞれ集中しているので、どちらかを起点とすることになる。交通や買い物などの利便性を考えたら、**ユニオン駅**を起点にしたほうが何かと都合がいい。
　TTC（→p.206）の市バス、地下鉄、ストリート・カーにトークンを買って乗れば、現金支払いの面倒もなく、しかも安上がりに移動できる。ただし、中心街から少し離れているカサ・ロマなどへは、市内観光ツアーに参加するほうが簡単。

市内観光に参加し、土地勘をつかむ

　市内観光には半日から1日コースのバス・ツアーが各種あるので、全体を足早に回ってからじっくりと見たい場所の見当をつけるといい。乗り降り自由な**観光バス**（→上記）を利用しながら土地勘をつかんでいくのもひとつの方法だ。いずれにしても地下鉄の路線や駅の場所と、目的地の位置関係をつかんでおこう。
　徒歩で回るにはトロントはかなり広いが、それでも頑張るなら、東西に延びる**クイーン通り**Queen St.か**キング通り**King St.、そして南北に走る**ヤング通り**Yonge St.のうちのいずれか大きな通りを基準にしたい。

"街歩き"を楽しむならヨークビル通りへ

　ショッピングが目的なら、なんといっても**ヨークビル通り**Yorkville Ave.一帯がおもしろい。ここは70年代前半までは、ヒッピーたちの集まる雑然とした場所だったが、現在では古い家並みを改装したファッショナブルな通りに変貌している。最寄り駅はブロア／ヤング駅か、ベイ駅、ミュージアム駅だ。また、総延長が世界一という地下街と、そこにつながる巨大ショッピング・モールのイートン・センターも一見の価値あり。大都市ならではの賑やかさが感じられるだろう。
　家族連れやグループなら、CNタワーやトロント・アイランズ、オンタリオ・プレイスなどがあるハーバーフロントあたりがいい。
　人口約513万人の大都市でありながら清潔感や安全性などで、「世界の住みやすい都市」ランキングの常に上位に登場する。そんな近代都市の醍醐味をぜひ味わいたい。

見どころ

ダウンタウン

トロントの主要な見どころが集まる街の中心部。ポイントとなるのは州議会議事堂周辺とオンタリオ湖を望む南部のユニオン駅あたりだが、直線距離で3kmほどあるので、TTCを利用しながら巡りたい。州議会議事堂周辺にはクイーンズ公園やロイヤル・オンタリオ博物館、ガーディナー陶器美術館などがある。州議会議事堂を南下し、ユニオン駅に向かう中間あたりに建つのが、オンタリオ美術館や新・旧市庁舎、イートン・センター。ユニオン駅を西に歩けばCNタワーやロジャーズ・センターが、またベイ通りで6番のバスに乗れば、ハーバーフロントへもすぐ。

トロント市庁舎

New & Old City Hall MAP ●切りとり-38, p.212-F
行き方 地下鉄クイーンQueen駅から徒歩3分

およそ100年前に建てられたロマネスク様式の旧市庁舎と、1965年建築のトロント市庁舎が並んで建っている。特に新市庁舎は、フィンランド人建築家ビルジュ・レベルの設計で、円盤状の議事堂を囲むように2つのオフィス棟が並ぶユニークな建築。ネイザン・フィリップ・スクエアでは夏期の水曜（8:00～14:00）にファーマーズ・マーケット、11月下旬にはクリスマス・ツリーの点灯式など、さまざまなイベントが開かれ、冬はスケートリンクに変身する。

住 100 Queen St. W. ☎416-392-2489 営 8:30～16:00 休 土・日曜 S 無料

オンタリオ美術館

Art Gallery of Ontario (AGO) MAP ●切りとり-37, p.212-E
行き方 地下鉄セント・パトリックSt. Patrick駅から徒歩3分

彫刻家、ヘンリー・ムーアの作品を、800点以上も所蔵することで知られている。ピカソやゴッホなどヨーロッパの画家の作品や、カナディアン・アート、イヌイット・アート作家の作品も数多く展示。1920年代に独自の表現スタイルを築いたカナダの画家集団『グループ・オブ・セブン』の作品群も見逃せない。また本館南側には、AGOの元となったThe Grangeという邸宅がある。

住 317 Dundas St. W.
☎416-979-6648 営 10:00～17:30、水曜～20:30 休 月曜 S おとなC$19.50、シニアC$16、学生C$11、水曜18:00～20:30は無料

2011年に大改修されたAGO

オンタリオ州議会議事堂

Ontario Legislative Building
MAP ●切りとり-32, p.212-C
行き方 地下鉄クイーンズ・パークQueen's Park駅から徒歩5分

1993年に100周年を迎えた、ロマネスク様式の由緒ある議事堂。赤砂岩でできているため、ときにはピンク色の外観にも見える。もちろん現在もここで議会が開かれ、観光客でも傍聴することが可能だ。天然大理石やマホガニー材をふんだんに使った内装は、現代では考えられない豪華さ。議事堂を囲むクイーンズ公園は市のシンボルになっている。

住 1 Queens Park ツアー ☎416-325-0061 営 9:30～17:30（7月上旬～9月上旬の土・日曜9:00～16:30）休 9月中旬～6月の土・日曜 S 無料

（上）ユニークな造型のトロント市庁舎／（下）歴史を感じさせる旧市庁舎

カナダ建国の功労者たちの肖像画がある

トロントの市外局番 ☎416　※トロントでは市内から市内にかける際にも416からプッシュする

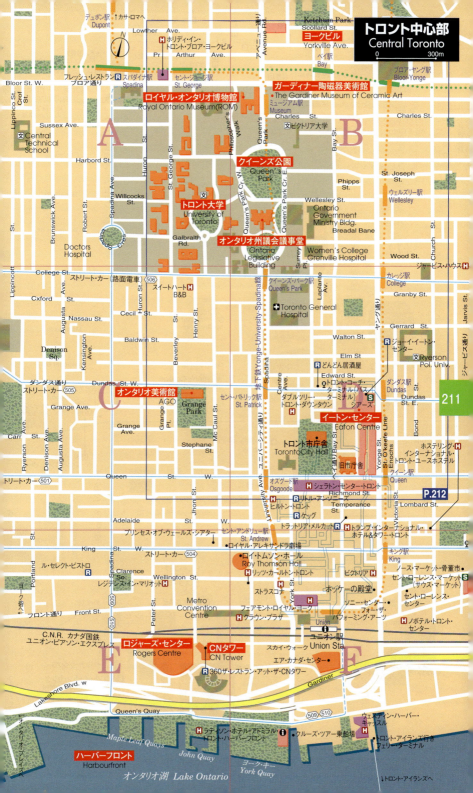

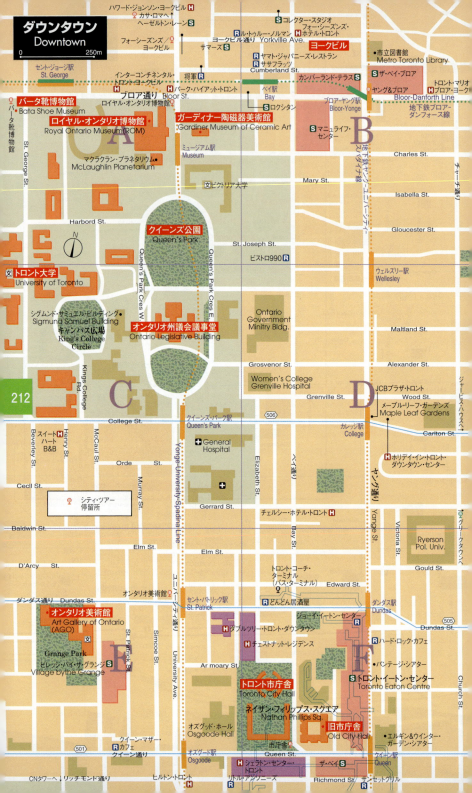

ロイヤル・オンタリオ博物館
Royal Ontario Museum (ROM)
MAP ●切りとり-26、p.212-A
行き方 地下鉄セント・ジョージSt. George駅から徒歩5分またはミュージアムMuseum駅からすぐ

　カナダは博物館の多い国だが、この博物館の620万点以上という所蔵品は紛れもなく国内最大。展示物は考古学、生物学を含む自然科学全般、美術が中心だが、とくに中国美術に関するコレクションが有名で、ビショップ・ホワイト・ギャラリーの仏教壁画や仏像が見事だ。そのほかエジプト美術や、300種以上になる鳥類の剥製、バット・ケイブというコウモリの住む洞穴の再現展示、恐竜の骨などが人気が高い。規模の大きさだけでなく、各分野の資料が渾然となった展示方法もユニークで、世界的に注目されている。またイヌイットや、その他のカナダ先住民に関する展示は、カナダの歴史的背景を察するとなかなか興味深いものだ。1階にはミュージアム・ショップのほかに喫茶室、4階にはレストランがある。

住 100 Queen's Park　☎416-586-8000　URL www.rom.on.ca　開10:00～17:30、金曜～18:30　休12月25日　$おとなC\$17、シニアと学生C\$15.50、4～14歳C\$14、特別展は別料金

ROMで必見はT-REXの恐竜化石

斬新な外観のROM

ガーディナー陶磁器美術館
Gardiner Museum of Ceramic Art
MAP ●切りとり-26、p.212-A
行き方 地下鉄ミュージアム駅からすぐ

　北米で唯一の陶磁器の専門美術館。収蔵品は15～19世紀のヨーロッパ製品が中心で、イタリアのマジョルカ陶器やルネッサンス時代のマイオリカ食器、ドイツのマイセン磁器人形の逸品など、滅多に見ることのできない貴重品が揃う。イギリスやオランダの美術館と協力関係にあり、たびたび展示品の交換が行われているので、陶器ファンは繰り返し訪れるという。ヨーロッパ以外では日本、中国などのアジア諸国、その他メキシコやベネズエラといった中南米の土器などがあり、コレクションは幅広い。ミュージアム・ショップにも陶磁器製品が並んでいる。

住 111 Queen's Park　☎416-586-8080　URL www.gardinermuseum.on.ca　開10:00～18:00(金曜～21:00、土・日曜～17:00)　休12月25日、1月1日　$おとなC\$15、シニアC\$11、学生C\$9　他ガイドツアー14:00～

陶磁器好きなら訪れたい美術館

バータ靴博物館
Bata Shoe Museum MAP ●切りとり-25、p.212-A
行き方 地下鉄セント・ジョージSt.George駅からすぐ

　シューズ・メーカーBATAのオーナー夫人が集めた、世界の靴1万点以上を展示。4500年前のエジプトのサンダルや、プレスリーやエルトン・ジョンのブーツ、中世から近代までのヨーロッパ女性の靴の変遷などが見られる。靴で見る文化人類学といったところ。

住 327 Bloor St.W.　☎416-979-7799　開10:00～17:00、木曜～20:00、日曜12:00～　休12月25日　$おとなC\$14、シニアC\$12、学生C\$8、子どもC\$5。木曜17:00～20:00無料（寄付推奨）

世界的にも珍しい靴の博物館

トロントの市外局番 ☎416　※トロントでは市内から市内にかける際にも416からプッシュする

トロント大学

University of Toronto MAP ●切りとり-31、p.211-A

行き方 地下鉄クイーンズ・パーク駅から徒歩5分

　創立はオンタリオがアッパー・カナダと呼ばれていた時代の1827年で、キングス・カレッジとして始まったカナダの名門大学。1921年に薬学部が糖尿病の治療薬であるインシュリンを発見したことで、一躍世界に知られた。
住 Kings College Rd. ☎416-978-5000 開 構内ツアーは月〜金曜11:00と14:00、土曜11:00、ノナ・マクドナルド・ビジターセンターを出発。日曜はなし S 無料

構内ツアーは英語とフランス語で行われる

ホッケーの殿堂

Hockey Hall of Fame
MAP ●切りとり-44、p.211-F

行き方 地下鉄キングKing駅から徒歩3分

　カナダの国技であるアイスホッケーの歴史と殿堂入りしたスター選手たちの栄光をたどれる博物館。NHLの資料が揃っているのはもちろん、NHLの優勝チームに捧げられるスタンレー・カップも展示されている。
住 Brookfieldplace, 30 Yonge St. ☎416-360-7765 開 月〜金曜10:00〜17:00、土曜9:30〜18:00、日曜10:30〜17:00、6月下旬〜9月上旬/月〜土曜9:30〜18:00、日曜10:00〜 休 12月25日、1月1日 S おとなC$18、シニアC$14、4〜13歳C$12

ホッケーの殿堂へはこの入口から入る

ユニオン駅とCNタワー

CNタワー

CN Tower MAP ●切りとり-43、p.211-E

行き方 ユニオンUnion駅から徒歩10分

　自立式の電波塔として建てられ、全高553.3mで世界第3位の高さ。展望台は346mのルックアウトと447mのスカイポッドがある。床がガラス張りのグラスフロアも話題だ。タワーの外周を命綱をつけて歩くEdgeWalkという新アトラクションも登場した。
住 301 Front St.W. ☎416-868-6937 開 9:00〜22:30、季節により時間変更あり 休 12月25日 S おとなC$35（スカイ・ポッド込みC$44）

ロジャーズ・センター

Rogers Centre MAP ●切りとり-43、p.211-E

行き方 ユニオン駅から徒歩10分

　世界初のドーム型スタジアム。レストランやバーなどの施設が充実。併設のホテルの部屋から直接観戦できる。メジャーリーグMLBのトロント・ブルージェイズのホームグラウンドでもある。
住 1 Blue Jay way ☎416-341-1000（ツアー申し込み☎416-341-2771）開 見学ツアーの時間は問い合わせを S おとなC$16

センターへの入口

ハーバーフロント

ハーバーフロント

Harbourfront MAP p.211-E

行き方 ユニオン駅から徒歩10分、バスは6番利用

　ユニオン駅南側のオンタリオ湖畔には、トロント・ミュージック・ガーデンと呼ばれる美しい庭園やハーバーフロント・センター、アッパー・カナダの初代総督シムコーが築いた**ヨーク砦**などが並ぶ。沖合にはビリー・ビショップ・トロント・シティ空港やトロント・アイランズがある。

トロントの市外局番 ☎416 ※トロントでは市内から市内にかける際にも416からプッシュする

トロント・アイランズ
Toronto Islands MAP p.207-B

行き方 トロント・アイランズ行きフェリー乗り場へは、ユニオン駅からストリート・カー509番Harborfront、510番Spadina Streetcar South、Bay St.を走る市バス6番BayでLake Shore下車 場所 Jack Layton Ferry Terminal at 9 Queens Quay W.

　ダウンタウンの喧騒を逃れてリフレッシュするならトロント・アイランズへ。島は古くからの居住区があるワーズ島、空港のあるハンランズ島、センター島の3つから成っている。旅行者はカフェやミニ遊園地のあるセンター島へ。緑がいっぱいの島内をサイクリングで楽しんでは？ 夕暮れ時、島から見るダウンタウンの夜景はとてもロマンチックだ。

トロント・アイランド・フェリー
MAP p.211-F外
416-392-8193
4月下旬～5月下旬&9月上旬～10月上旬 月～金曜9:00～22:30、土・日曜8:00～23:15、5月下旬～9月上旬 月～金曜8:00～23:15、土・日曜8:00～23:30、冬はワーズ島行きフェリーのみ運航
おとなC$7.25、学生&シニアC$4.75、14歳以下C$3.50、2歳以下無料

フェリー・ターミナル（上）とワーズ島から望むダウンタウン

オンタリオ・プレイス
Ontario Place MAP p.207-A

行き方 ユニオン駅からLRTでエキシビション・プレイスExhibition Place下車、さらに徒歩10分

　トロント・アイランズの西に浮かぶ3つの小さな人工島にあるアミューズメントパーク。2017年まで改修工事により閉鎖中。
955 Lakeshore Blvd.W. 416-314-9900 URL www.ontarioplace.com

トロント郊外

カサ・ロマ
Casa Loma MAP p.207-B

行き方 地下鉄デュポンDupont駅から徒歩12分

豪華な屋敷は一見の価値がある

　ナイアガラ瀑布での水力発電で大富豪となったヘンリー・ミル・ペラット卿が、全財産を投じて建てた大邸宅で、建設の始まった1911年当時の金額で300万ドルをかけた。98もの部屋、地下トンネル、温室、酒倉など、贅の限りを尽くしている。しかし、第一次世界大戦の勃発もあり、ペラット卿は10年足らずでこの邸宅を手放した。
1 Austin Terrace 416-923-1171 9:30～17:00（入場は16:00まで） 12月25日 おとなC$24、60歳以上と14～17歳C$18、子どもC$14

トロント・アイランド・フェリーからダウンタウンを望む。白いドームはロジャーズ・センター

Tour & Activity

■セント・ジェイコブズ・ツアー

H.I.Sトロント支店
H.I.S.Toronto
☎416-216-0937　URL www.his-canada.com
営月〜金曜9:00〜18:00

　航空券はもとより現地発着ツアーや宿泊ツアーなどを催行。日本語現地ガイドと行くトロントのパブ潜入ツアーなどユニークな企画から、定番のナイアガラ＆ナイアガラ・オンザレイクの日本語日帰りツアーなどがある。季節、期間限定で個人では行きにくい地域や場所を訪れる日帰りツアーも随時、実施されているので、ホームページをチェックしてみたい。

　日本語現地ガイドと行くトロントのパブ潜入ツアーは、おとなC＄45、平日のみ催行。シェラトン・センター・トロントを18:00出発、所要2時間。

　ナイアガラ＆ナイアガラ・オンザレイクのツアーは、おとなC＄180、2名より催行、所要10時間。

■シーニック・ハーバー・ツアー

マリポサ・ハーバー・ツアー　Mariposa Harbor Tour
☎416-203-0178　URL www.mariposacruises.com

　約45分、クラシックな船でトロント港をクルーズ。ガイドが観光案内もしてくれる。船内のバーで軽食も楽しめる。

営5/15〜9/30毎日12:00、13:00、14:00、15:00、16:00、出港地はQueen Quay Terminal　S おとなC＄20、65歳以上C＄18.10、5〜15歳C＄13.33

■ナイアガラへの観光ツアー

グレイライン・オブ・トロント　Grey Line of Toronto
☎1-800-594-3310　URL www.greyline.com

　ホーンブロワー・ナイアガラ・クルーズを含む、トロント発のナイアガラ滝日帰りツアー。
営10:00発、所要9時間30分、通年催行　S おとなC＄164、子どもC＄108

■トロントの日系旅行会社

近畿日本ツーリスト
☎905-670-8710
JTBトロント支店
☎416-367-0024
ナイアガラ観光ツアーズ
☎905-671-2747

　トロントのショッピング街は、イートン・センターを中心としたヤング通り周辺、クイーン通り西界隈、そしてハイセンスな高級ブティックやデパートが並ぶヨークビル界隈だろう。さらにケンジントン・マーケット Kensington Marketや、市民の台所でもあるセント・ローレンス・マーケット、歴史地区を再開発したディスティラリー歴史地区もオシャレなショッピングゾーンとなっている。

Shops

キング駅から路面電車でJarvis St.下車徒歩10分。ユニオン駅からFront st.を東へ徒歩30分／市場 MAP ●切りとり-45、p.211-F

■セント・ローレンス・マーケット　St. Lawrence Market

　トロント市が運営する1803年に開業した大規模な市場で、市民の台所となっている。

　レンガ造りのサウス・マーケット内には、肉、魚、野菜、パン屋、チーズやソーセージ専門店など、いくつもの店舗が軒を連ね、見て回るだけでも楽しい。道を挟んで向かいにあるノース・マーケットでは、毎週土曜に新鮮な野菜が買えるファーマーズ・マーケットが開かれる。軽食などを手軽に食べられる店もたくさんあるので、見物がてらランチ時に利用することもできる。

住92-95 Front St. E.
☎416-392-7219
URL www.stlawrencemarket.com/
営サウス・マーケット/火〜木曜8:00〜18:00、金曜〜19:00、土曜5:00〜17:00、ノース/ファーマーズ・マーケット土曜5:00〜15:00、骨董市日曜朝〜17:00
休月曜、日曜

トロントの市外局番 ☎416　※トロントでは市内から市内にかける際にも416からプッシュする

Shops

キング通りの路面電車504番で東へ、パーラメント通りで下車、Mill st.を2ブロック。徒歩5分／ショッピング・エリア　MAP p.207-B

ディスタラリー歴史地区　Distillery Historic District

国の史跡に指定されている歴史地区が再開発され、赤レンガ造りの建物内にギャラリー、シアター、アーティストのクラフトショップ、レストランなどが入ったおしゃれなエリアに変貌をとげた。赤レンガや石畳みも趣きがあり、買い物はもちろん、市民の間ではデートスポットとしても人気。

自家醸造のビールが味わえるミル・ストリート・ブリュワリー（☎416-681-0338）では、常時、数種類の生ビールを味わえる。

- 55 Mill St.
- 416-364-1177
- www.thedistillerydistrict.com
- 月～水曜11:00～19:00、木～土曜～20:00、日曜～17:00
- 店により異なる
- 店により異なる

地下鉄ダンダス駅かクイーン駅下車、徒歩2分／ショッピング・モール　MAP ●切りとり-38、p.212-F

トロント・イートン・センター　Toronto Eaton Centre

トロントで最も有名なショッピング・モールがここ。アバクロやバナリパ、コーチやMACなど、ブランドショップを含む230以上の店がズラリと並び、壮観。高い吹き抜けのモール内には、レストランやカフェ、ファストフード店もあり、半日はゆうに遊べそうだ。

- 220 Yonge St.,
- 416-598-8560
- www.torontoeatoncentre.com
- 月～金曜10:00～21:30、土曜9:30～、日曜～19:00
- 12月25日
- 店ごとに異なる

地下鉄ベイ駅から徒歩5分／化粧品　MAP ●切りとり-26、p.212-B

ロクシタン　L'Occitane

日本でもおなじみのロクシタン。1976年、フランスのプロヴァンス地方でオリビエ・ボーサンによって創業されると、瞬く間に世界中の女性を虜にしたオーガニック植物から作られる自然派化粧品。ここカナダでも大人気。お得なセットなど、掘り出し物を探しては？

- 102 Bloor St., W.
- 416-413-4899
- ca.loccitane.com
- 月・水・土曜10:00～19:00、木・金曜～20:00、日曜11:00～18:00
- 無休

地下鉄ベイ駅から徒歩5分／モータースポーツ　MAP ●切りとり-26、p.212-B

コレクター・スタジオ　Collector Studio

F1レースで活躍した選手のヘルメットやレーシングスーツなど、ヴィンテージな商品を集めたモータースポーツ・ファン必見の店。ホームページでは新しく入荷したものもアップデイトされているのでチェックしたい。

- 72 Scollard St.
- 416-975-5442
- www.collectorstudio.com
- 10:00～17:30
- 日曜
- モデルカーC$50位～、フェラーリ帽子C$40位～

トロント　ツアー＆アクティビティ／ショップ

トロントでもイタリア料理の人気が高いが、美食ブームに乗って、新しいレストランが次々にオープンしている。ユニークな創作料理と、オールドスタイルの食べ比べも楽しい。ハーバーフロントにはリーズナブルな店が並ぶ。

料金ランク	
A	C$30以上
B	C$20〜
C	C$15〜
D	C$10〜
E	C$10未満

Restaurants

地下鉄ベイ駅から徒歩3分／フランス料理 A
ササフラッツ Sassafraz

MAP ●切りとり-26、p.212-B

今トロントで人気のレストランのひとつ。味、彩り、個性、そしてセンスも満点だ。基本的にはフランス料理だが、どの料理も独創性に富んでいて、しかも素材の味を活かした、さっぱりした味付けだ。

パスタやステーキ、サラダなどもあるが、ツナやエビを使ったシーフードの人気が高い。ラム、カモ、ビーフなどの肉料理もやわらかくておいしい。繊細な味わいを楽しみたい。

つけ合わせのパンもユニークなものが

100 Cumberland St.
416-964-2222　URL www.sassafraz.ca
月・火曜11:30〜24:00、水〜金曜〜2:00AM、土曜11:00〜2:00AM、日曜11:00〜
無休
スープC$9、パスタC$21〜、主菜C$21〜41

地下鉄キング駅から徒歩7分／ステーキ＆シーフード B
ケッグ The Keg

MAP ●切りとり-44、p.211-D

ビジネス街のヨーク通りにある。プライムリブステーキ（ローストビーフ）がウリで、肉汁たっぷりの厚切り肉の味わいは驚くばかり。季節によって、ロブスターやカキ、カニなどもお手頃価格で食べられる。店内のバーは仕事帰りの人々で、いつも賑わっている。

165 York St.
416-703-1773
URL www.kegsteakhouse.com
ランチ／月〜金曜11:00〜16:00、ディナー／月〜水曜16:00〜23:00、木〜土曜〜深夜、日曜〜22:00
無休
トップサーロインC$31

LRTキング通りとスパダイナ通りの角から徒歩3分／カフェ B
ル・セレクト・ビストロ Le Select Bistro

MAP ●切りとり-43、p.211-E

フランス映画のポスターが貼られ、落ち着いた雰囲気のバーやパティオ席があって、フランスのビストロを思わせる。ワインのセレクションにも定評あり。無農薬の野菜や豆、契約農家の卵など食材にもこだわり、メニューは肉、魚、ベジタリアンとバラエティに富む。

432 Wellington St. W.
416-596-6405
URL www.lesect.com
月〜水曜11:30〜23:00、木・金曜〜23:30、土曜11:00〜深夜、日曜10:30〜22:30
無休
マッシュルームのリゾットC$16.95

地下鉄オズグード駅から徒歩3分／カフェ C
クイーン・マザー・カフェ Queen Mother Cafe

MAP ●切りとり-37、p.212-E

個性的な店が軒を連ねるクイーン通りで30年以上続くカフェ。築150年の古い建物には味のあるバーカウンターやボックス席などがあり、常連客で賑わっている。メニューはエダマメ、ワンタンの皮を使った前菜、タイの麺料理パッタイなどのフュージョン系。

208 Queen St. W.
416-598-4719
URL www.queenmothercafe.ca
月〜土曜11:30〜1:00AM、日曜〜23:00
無休
エダマメC$7.95、ディムサムカルテットC$8.95、パッタイC$14.50

トロントの市外局番 416　※トロントでは市内から市内にかける際にも416からプッシュする

Restaurants

地下鉄スパダイナ駅から徒歩3分/ベジタリアン料理 D
フレッシュ・レストラン　Fresh Restaurant

スムージーなどのジュースの販売店が進化してベジタリアン・レストランへ。肉を使わず、豆腐、そば、玄米などを利用したボリューム満点の料理が魅力。絞りたてのジュースやスムージー、卵や乳製品を一切使わないヴィーガン・マフィンなどのお菓子も販売。

MAP ●切りとり-25、p.211-A

- 326 Bloor St., W.
- 416-599-4442
- URL www.freshrestaurants.ca
- 月〜金曜11:30〜22:00、土・日曜10:30〜22:00、週末のブランチは15:00まで
- 休なし
- $ 週末ブランチのパンケーキC$8.50〜、バナナジュースC$7〜、サラダC$8〜

地下鉄キング駅からアデレイド通りAdelaide St.を西へ徒歩7分/イタリアン B
トラットリア・メルカット　Torattoria Mercatto

イートン・センター内のイタリアン・レストラン。イートン・センターからも入れるし、表のパティオ側からも入れる。夏場はかなり込む。料理はパスタやピザがおいしく、ボリューム満点。特にトマトとチーズの相性がいいスパゲッティはおすすめ。

MAP ●切りとり-44、p.211-D

- 330 Bay St.
- 416-306-0467
- URL www.mercatto.ca
- 月〜水曜7:00〜22:00、木〜金曜〜23:00、土曜17:00〜23:00
- 休日曜
- $ マルガリータピザC$15、スパゲッティC$18、ラビオリC$20

地下鉄オズグッド駅から徒歩5分/イタリアン B
リトル・アンソニーズ　Little Anthony's

2012年にリニューアルオープンしたイタリアンバー。元はクラシックなイタリアンレストランだったが、ポップでおしゃれなダイニングバーに変貌した。おすすめはアンティパスト・ボードで、9種類の前菜から3、4、6種類を選ぶというもの。ワインのお供に最高！

MAP ●切りとり-44、p.212-E

- 121 Richmond St., W.
- 416-368-2223
- URL littleanthonys.ca
- 月〜木曜11:30〜22:00、金曜〜22:30、土曜17:30〜22:30
- 休日曜
- $ ランチのスパゲッティ・ポモドーロC$15、バターナッツ・スコワッシュ・ラビオリC$21

地下鉄ダンダス駅から徒歩5分/カナディアン C
ジョーイ・イートン・センター　Joey Eaton Centre

1992年にBC州で創業した人気のレストランがトロントに上陸。カジュアルでおしゃれなバーはトロントニアンに大人気。イートン・センターにあるので、買い物帰りにワインをどうぞ。ピリリと辛いチリチキンやバーガー、パスタ、ステーキ、サーモンなど。

MAP ●切りとり-38、p.212-F

- 1 Dundas St., W.
- 647-352-5639
- URL www.joeyrestaurants.com/eaton-centre
- 11:00〜1:00AM（木〜土曜〜2:00AM）
- 休無休
- $ アヒツナタコスC$13、ステーキ&スシC$25.25

地下鉄ダンダス駅から徒歩7分/居酒屋 C
どんどん居酒屋　Don Don Izakaya

入店すると和太鼓で"ドンドン"と歓迎される。揃いのTシャツを着たスタッフがテキパキ働き、活気がある店内。日本人スタッフも多く、居心地は抜群。和風メニューも今風だ。日本酒やビールも豊富に揃い、値段もリーズナブル。

MAP ●切りとり-38、p.212-F

- 130 Dundas St., W.
- 416-492-5292
- URL dondonizakaya.com
- 11:30〜16:00、17:00〜24:00（金曜〜1:00AM）、土曜17:00〜1:00AM、日曜〜24:00
- 休無休
- $ 豆乳豆腐C$4.70、アトランティックサーモンと卵のサラダC$7.90、鶏の唐揚げC$9

ホテルは、ダウンタウンを中心に広い範囲に点在している。ユニオン駅正面には、街の発展とともに生まれた由緒あるホテルがあり、州議会議事堂周辺やハーバーフロントには新しいホテルが多い。ダウンタウンの住宅街には、B&Bもある。

料金ランク
A C$300以上
B C$200〜
C C$150〜
D C$100〜
E C$100未満

Hotels

地下鉄ベイ駅から徒歩3分 A
フォー・シーズンズ・ホテル・トロント　Four Seasons Hotel Toronto

MAP ●切りとり-26、p.212-B

2012年秋にグランドオープンしたヨークビルを代表するラグジュアリーホテル。55階建て259室の客室とプライベートレジデンスからなり、有名シェフが手掛けるレストランも2軒併設。広々としたスパには17の個室を設け、豪華にアップグレードした。

- 60 Yorkville Ave.,
- 416-964-0411
- FAX 416-964-2301
- URL www.fourseasons.com/toronto/
- 259室
- S T D C$585〜

VIAユニオン駅から徒歩1分 B
フェアモント・ロイヤル・ヨーク　The Fairmont Royal York

MAP ●切りとり-44、p.211-F

英国王室御用達、天皇皇后両陛下も宿泊された格式高いホテル。ライブラリー・バーでは毎週末英国風アフタヌーンティー（要予約）が楽しめる。屋上にはシェフが作るガーデンもあり、ハーブの栽培や養蜂が行われ、レストランの素材に活かされている。

- 100 Front St.W.
- 416-368-2511
- FAX 416-368-9040
- URL www.fairmont.com/royal-york-toronto
- 1365室
- S T D C$269〜、冬期割引あり
- 温水プール、スパ

地下鉄ユニオン駅から徒歩7分 A
リッツ・カールトン・トロント　The Ritz-Carlton, Toronto

MAP ●切りとり-44、p.211-F

劇場街にも近く、ハーバーフロントやCNタワーにも便利な5つ星ラグジュアリーホテル。ロイ・トムソン・ホールの目の前にあり、セレブ御用達ホテルのひとつ。レストランTOCAでは地元アーティストがデザインした食器を使用、食材にもこだわっている。

- 181 Wellington St.,
- 416-585-2500
- FAX 416-585-2503
- URL www.ritzcarlton.com/toronto
- 267室
- S T D C$455〜

地下鉄キング駅から徒歩7分 A
トランプ・インターナショナル・ホテル&タワー・トロント　Trump International Hotel & Tower Toronto

MAP ●切りとり-44、p.211-D

桜色とオニキスの黒で高級感と愛らしさを演出した豪華な内装。フロントデスクの後ろには、桜をテーマにしたスワロフスキーのデコレーションがあり、圧巻！　客室のミニキッチンやバスルームミラーのテレビモニターなど、使い勝手も工夫されている。

- 325 Bay St.,
- 416-306-5800／1-855-888-7867
- URL www.trumphotelcollection.com/toronto
- 261室
- S T D C$395〜

地下鉄セント・ジョージ駅から徒歩3分 B
インターコンチネンタル・トロント・ヨークビル　InterContinental Toronto Yorkville

MAP ●切りとり-25、p.212-A

ロイヤル・オンタリオ博物館のほぼ向かい、おしゃれなヨークビル通りに位置し、観光・ショッピングに絶好のロケーション。部屋も広めで気持ちよく滞在できる。レストランやラウンジなど館内施設も充実し、フレンドリーできめ細かいサービスを心掛けている。

- 220 Bloor St. W.
- 416-960-5200
- FAX 416-960-8269
- URL www.toronto.intercontinental.com
- 208室
- S T D C$220〜

トロントの市外局番 416　※トロントでは市内から市内にかける際にも416からプッシュする

Hotels

VIAユニオン駅から徒歩3分 D
ストラスコナ The Strathcona Hotel

ユニオン駅すぐそばのブティックホテル。客室は狭いが、赤や白を基調にしたモダンな内装で居心地は悪くない。ホテルには珍しくフローリングの床。客室にはコーヒーメイカーやアイロンもあり、Wi-Fiは有料。全室禁煙。町中のホテルなので風情にはやや欠ける。

MAP ●切りとり-44、p.211-F

- 60 York St.
- 416-363-3321
- FAX 416-363-4679
- URL www.thestrathconahotel.com
- 194室
- S T D C$129
- カフェ、パブあり

地下鉄カレッジ駅から徒歩5分 C
ジャービス・ハウス Jarvis House

海外駐在経験の長い日本人夫婦が経営するB&B。もてなしぶりは上品で親切だ。なかでもボリューム満点の朝食が自慢。客室は清潔に調えられ、全室に専用バスを備え、ペットもおらず、全室禁煙。ダウンタウン中心部にあり、市庁舎へも徒歩15分ほど。

MAP ●切りとり-33、p.211-B

- 344 Jarvis St.
- 416-975-3838
- FAX 416-975-0159
- URL www.jarvishouse.com
- 11室
- S T D C$99〜169、冬季割引あり S T D C$79〜139
- ランドリー完備

地下鉄クイーンズパーク駅から徒歩4分 E
スイートハートB&B Sweetheart B&B

トロント大学正門から徒歩1分のダウンタウン中心部にある。安さで長期滞在者に人気の宿。ホストは紀美子さんと夫のジョーさん。料金は安いが清潔に調えられ、朝食もフルーツやジュース付き。専用の食堂で食べるセルフ式だ。各部屋にTVがあり、Wi-Fiも無料。

MAP ●切りとり-31、p.212-C

- 72 Henry St.,
- 416-597-9897
- URL www.sweetheartbb.com
- 11室
- S SC$40〜55、D T C$60〜（1人）、70〜（2人）、ドミトリーC$35女性専用
- 現金のみ。近くに2号館もある

ホテル名	料金ランク	地図位置	住所・電話（市外416）	部屋数・料金	URL www.
ウェスティン・ハーバー・キャッスル The Westin Harbour Castle	B	p.211-F	1 Harbour Square ☎416-869-1600	977室 S T C$209〜499	westinharbourcastletoronto.com
シェラトン・センター・トロント Sheraton Centre Toronto	B	●切りとり-38 p.212-D	123 Queen St. W. ☎416-361-1000	1377室 S T C$219〜498	sheratontronto.com
ヒルトン・トロント Hilton Toronto	B	●切りとり-44 p.212-E	145 Richmond St. W. ☎416-869-3456	600室 S T C$179〜	hilton.com
チェルシー・ホテル・トロント Chelsea Hotel Toronto	B	●切りとり-38 p.212-D	33 Gerrard St. ☎416-595-1975	1592室 S T D C$148〜	chelseatoronto.com
ノボテル・トロント・センター Novotel Toronto Centre	B	●切りとり-45 p.211-F	45 The Esplanade ☎416-367-8900	262室 S T C$179〜	novotel.com
ダブルツリー・トロント・ダウンタウン DoubleTree Toronto Downtown	C	●切りとり-38 p.212-E	108 Chestnut St. ☎416-977-5000	427室 S T D C$152〜390	doubletree3.hilton.com
ビクトリア Victoria	C	●切りとり-44 p.211-F	56 Yonge St. ☎416-363-1666	56室 S T C$129〜281	hotelvictoria-toronto.com
ホリデイ・イン・トロント・ダウンタウン・センター Holiday Inn Toronto Downtown Centre	C	●切りとり-33 p.212-D	30 Carlton St. ☎416-977-6655	513室 S T C$150〜	holidayinn.com
ホスティリング・インターナショナル・トロント・ユースホステル HI-Toronto Youth Hostel	YH	●切りとり-45 p.211-D	76 Church St. ☎416-971-4440	35室、187ベッド C$30〜109(非会員)	hostellingtoronto.com

※料金ランク欄のYHはユースホステル

DRIVE ROUTE

Maple Route
メープル街道
ナイアガラフォールズ〜ケベックシティ ▶ 1244km

MAP p.251

DRIVE ROUTE

ナイアガラフォールズ〜ケベックシティ
ナイアガラフォールズ
▼
RR-102、ON-420W、QEW、ON-403E、Gardiner Expy E. **127km**

トロント
▼
Don Valley Pkwy N、ON-401 E、RR-9 **261km**

キングストン
▼
ON-401 E、721出口よりON-416 N、75B出口よりON-417 E、120出口よりKent St.、Ottawa Rd. **195km**

オタワ
▼
A-50 E、QC-148 E **78km**

モンテベロ
▼
QC-148 O、QC-323 N、Rue Montigny、Montee Ryan、Chemin de la Chapelle/QC-327 N **90km**

ロレンシャン（モン・トランブラン）
▼
Chemin de la Chapelle、Montee Ryan、Route Transcanadienne/QC-117 S、63E出口よりA-10 **145km**

モントリオール
▼
A-25 N/A-40 N **140km**

トロワ・リヴィエール
▼
A-40 E、A-440 E **126km**

ケッベクシティ
▼
QC-138 E or QC-360/Chemin du Roi **20km**

サンタンヌ・ド・ボープレ

ルートを知る　深紅に染まるカナダの歴史街道

　ケベックシティの東約900kmにあるガスペ半島からセント・ローレンス川をさかのぼり、トロントを経てナイアガラフォールズまで、ヘリテイジ・ハイウェイ（歴史遺産の道）と呼ばれる歴史街道が通っている。日本ではメープル街道と呼ばれ、秋の紅葉シーズンには大勢の日本人観光客で賑わう。「街道」といっても一本の道を指すのではなく、トロント、オタワ、モントリオールといった都市の周りに点在する、**アルゴンキン州立公園やロレンシャン**などを含めた紅葉エリアの総称。都市間は鉄道やバスで結ばれているが、紅葉を楽しむにはドライブが最適。ナイアガラからケベックシティまでは1週間から10日は必要だが、アルゴンキンやロレンシャン中心なら5日間もあれば観光できるだろう。紅葉時期は年によって違うが、9月下旬〜10月中旬。アルゴンキンの見頃は10月初旬。それより北のロレンシャンの見頃はもう少し早い。

222

見どころ

ナイアガラフォールズ

Niagara Falls MAP p.200-B、p.222-A

行き方 トロントから、グレイハウンドやメガバスなどが定期バスを運行、ナイアガラフォールズまで約2時間

　トロントからナイアガラフォールズ（→p.226）の間は快適なハイウェイが続く。ナイアガラの滝からオンザレイクにかけては果樹園が続き、オーチャードロードOrchard Rd.の愛称で親しまれるこのルートのハイライト。

　見どころはもちろんナイアガラの滝。カナダ滝とアメリカ滝の両方を見てみたい。トロントからバスツアー（グレイライン URL www.greyline.com ☎1-800-594-3310）も数多く催行されている。

　ナイアガラフォールズの北に位置するナイアガラ・オンザレイク（→p.233）周辺はワインの産地として知られている。特にナイアガラ地域特産のアイスワインは有名。点在するワイナリーを巡るのも観光の楽しみとなっている（→p.234）。トロント発のワイナリー巡りツアーも催行されているので、テイスティングを楽しみたければツアーで訪れるのがいいだろう。爽やかなカナダの秋風のなかで、土地の料理とともに、極上ワインを味わってみたい。

トロント

Toronto MAP p.200-B、p.207、p.222-A

行き方 空路、成田と羽田国際空港からトロント・ピアソン国際空港へエア・カナダ（AC）の直行便が毎日1便運航。バンクーバーからトロントへは約4時間30分

　トロント（→p.204）はカナダ最大の都市。100年以上前に建てられた州議会議事堂や旧市庁舎など重厚な石造りの建物が多くある一方で、スタイリッシュな建築物も建ち並ぶ。オンタリオ湖畔沿いのハーバーフロントやトロント島で秋の風情を満喫しよう。

歩行者天国で賑わう、トロントのヤング通り

キングストン

Kingston MAP p.201-C、p.222-B

行き方 飛行機でトロントから約1時間、モントリオールからも約1時間。グレイハウンドのバスでオタワから約2時間30分

　オンタリオ湖東端にあり、カラタキ川がセント・ローレンス川に注ぐ湖岸に拓けた町（→p.236）。1841年～44年までカナダの首都ともなった古都。町並み散策の後は、ガナノケでサウザンド・アイランド・クルーズを楽しもう。

メープル街道

223

オタワ

Ottawa MAP p.201-D、p.222-B

行き方 飛行機でトロントから約1時間。オタワとトロントの間は約420km。グレイハウンドのバスで約5〜7時間

オタワ川を望む首都オタワ（→p.239）は、別名水の都。キングストンとを結ぶ、オタワ川から始まるリドー運河沿いの両岸には、カエデ並木が続き、秋には色鮮やかな紅葉が川面を彩る。オタワ川を挟んで対岸は、ケベック州ガティノーGatineauの街。郊外に広がるガティノー公園Gatineau Park（MAP p.222-B）は、秋ともなれば紅葉狩りを楽しむ人々でいっぱいだ。

トロントから直接オタワに入るなら、オシャワOshawaの先でRR-115に入り、RR-7からON-417でアクセスするといい。RR-7がON-417に合流するまでの約350kmが、このルートのハイライト。トランス・カナダ・ハイウェイにも指定された沿道には、立ち枯れた原生林に囲まれた湿地帯やいくつもの湖、夏なら紫色のルピナスの群落が楽しめる。

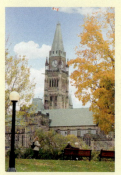

自然の色合いとともに風情を増すオタワ
©Ottawa Tourism

モンテベロ

Montebello MAP p.201-D、p.223-C

行き方 モントリオールから148号線を西へ約130km。オタワからは約80km

ログハウスの名門ホテルとして知られる、フェアモント・ル・シャトー・モンテベロがある通年型リゾート地。メープルの森に囲まれた一帯はまさに紅葉の穴場。ハイキングやバードウォッチング、ゴルフ三昧の休日で、豪華リゾートでの珠玉の秋を満喫しよう。

ロレンシャン

Laurentian MAP p.201-D、p.223-C、p.251

行き方 モントリオールからA-15を経由して、QC-117を北へ約80km。なお、モントリオール市内のバス・ディポから1日3本のバスがサン・ジョヴィ経由でモン・トランブランまで運行

ロレンシャン（→p.264）は、森と湖に囲まれた、自然豊かなリゾートエリア。紅葉の美しさは、メープル街道周辺で屈指のエリアだ。モン・トランブランMont-Trembrant（→p.264）がリゾートの中心で、秋はもちろん、冬のスキーリゾートとして、ホテルやレストランなどの施設が整っている。

6月上旬〜10月中旬にはモントリオールからグレイラインの日帰りバスツアーが催行されている。市内の主要ホテルへのピックアップ・サービスもある。毎日8:00発、所要10時間、おとなC$100、子どもC$75。URL www.greyline.com。

ロレンシャンの紅葉。時期によっては緑・黄・赤が織りなす珠玉の風景に出逢える

＊道路略号　RR（Regional Road州道）、ON-420W（オンタリオ州州道ハイウェイ420号線西行き）、QEW（Queen Elizabeth Highway）、Expy（Express Way高速道路）、QC-148 O（ケベック州道ハイウェイ西行き）、

紅葉の中でカヌーを楽しむのもいい

ケベック様式の古い民家が美しい、オルレアン島の秋

モントリオール
Montréal MAP p.201-D、p.223-C、p.251

行き方 飛行機でトロントから約1時間15分、バンクーバーからは約4時間50分、ケベックシティからは約50分。モントリオールとオタワ間は約210km。グレイハウンドのバスで約2時間30分～4時間15分

　セント・ローレンス川の中州に築かれたモントリオール（→p.252）は、1642年、メゾヌーヴことポール・ショメディによって建設された。その発祥の地、旧市街には古い石造りの建物が並び、そぞろ歩きが楽しめる。秋は、高台のモン・ロワイヤル公園で紅葉を満喫しよう。

　モントリオールへは、キングストンからセント・ローレンス川沿いにON-401 Eを291km、所要3時間半。オタワからはON-417 E、A-40 Eで約200km、所要2時間半。

トロワ・リビエール
Trois-Rivières MAP p.223-D、p.251

行き方 ケベックシティからQC-40を西へ約130km。ケベックシティからは1日5本、オルレアン・エクスプレスのバスで約2時間

　セント・ローレンス川の北岸、サン・モーリス川の河口に拓けた古都。サン・モーリス川がセント・ローレンス川に合流する手前に島が二つあって、川の流れが3本になることからトロワ・リビエール（3本の川）と命名された。1634年、シャンプランが派遣したラヴィオレッタがここに毛皮の交易所を築き、町は発展した。ダウンタウンにはウルスラ派修道院やトロワ・リビエール聖堂がある。町から東へA-40を5kmの場所に、2度の奇跡で聖地となったケベック三大巡礼地のひとつ、キャップ・ド・ラ・マドレーヌ聖堂Cap-de-la-Madelaine Shrineがある。

ケベックシティ
Québec City MAP p.223-D、p.251

行き方 日本からの直行便はない。飛行機でトロントから約1時間40分、モントリオールから約50分。ケベックシティとモントリオール間は約270km。オルレアン・エクスプレスのバスで約3時間15分

　歴史をたどって、セント・ローレンス川をさかのぼるのであれば、ケベックシティがスタート地点になる。ケベック州の州都であるケベックシティ（→p.266）は、中世の町並みを色濃く残した典型的な城塞都市。秋には、街路や緑地に植えられたメープルなどの木々が色づき、古い街並みとも見事に調和し、美しい。旧市街の散策を楽しんだ後は、郊外のオルレアン島などへも足を延ばしてみたい。

サンタンヌ・ド・ボープレ
Sainte-Anne de Beaupré MAP p.223-D、p.251

行き方 ケベックシティから東にQC-138 EかQC-360 E（旧道）で20km。QC-138 Eなら所要25分

　ケベックシティから東に向かうQC-360 Eは王の道Chemin du Roiと呼ばれる、北米最古の道だ。沿道は、ボープレコーストと呼ばれ、平行してQC-138 Eが走っているが、旧道の方が風情がある。30～40分で北米カトリック三大巡礼地のひとつ、サンタンヌ・ド・ボープレ大聖堂に到着。内陣入口には神のご加護を受けた人々が奉納した松葉杖がうずたかく積まれ、信仰の深さを物語っている。王の道沿いには、ケベックから10kmの地点にモンモランシーの滝Parc de la Chute-Montmorencyや滝の手前に橋でつながれたオルレアン島Île d'Orléansもある。聖堂からさらに東進すれば、ホエールウォッチングで名高いタドゥサックTadoussacに至る。

A（Aotoroute高速道路）、※オンタリオ州からケベック州に入ると、道路標識がフランス語表記に変わる

メープル街道　ドライブルート

ナイアガラフォールズ

Niagara Falls 🍁 オンタリオ州 🍁 市外局番905　MAP p.200-B

ナイアガラへの交通 🚌 トロントとトロント空港からナイアガラ・エアバス、メガバス、グレイハウンドが運行する。所要約2時間。🚆 VIA鉄道でトロントから約2時間、ナイアガラフォールズ駅下車。

大人気のジャーニー・ビハインド・ザ・フォールズ

ナイアガラフォールズの歩き方のヒント▶市街地は東西2km、南北3kmほど。滝を見に行くだけなら移動の範囲は1km四方くらいなので、トロントから日帰りで往復しても4〜5時間の行程だ。でも1泊はしてほしい。

街を知る　ダイナミックな景観はカナダ屈指の観光地

　世界三大瀑布のひとつ、ナイアガラの滝。（残りの二つは、南米イグアスの滝とアフリカのヴィクトリアの滝）。ナイアガラの語源はネイティブ・カナディアンの言葉で「雷轟く水」に由来する。

　欧州人が初めてこの滝を目にしたのは1678年のことだが、ナイアガラの滝の形成は1万2000年も前のことだった。エリー湖からオンタリオ湖へと注ぐこの大瀑布は、アメリカ合衆国との境にあり、国境で隔てられた2つの滝はカナダ滝とアメリカ滝と呼ばれている。

　大きな方のカナダ滝は、その形から**ホースシュー・フォールズ**（馬蹄形の滝）の別名もあり、滝の描く曲線の長さは670m、高さは56m。アメリカ滝は幅260m、高さ21〜34m。毎秒2832㎥という途方もない量で流れ落ちる水は、ナイアガラ川からオンタリオ湖に注ぎ、さらにセント・ローレンス川となって大西洋へと流れ込む。

　現在はこの滝を中心にホテルやレストラン、みやげ物屋が集まっており、夏ともなると、ナイアガラフォールズの町は交通渋滞が起きるほど混雑する。滝が一番美しいのは氷が崩れながら流れ落ちる早春のころといわれている。滝周辺には、滝の裏側へ回れるアトラクションやホンブロワー・ナイアガラ・クルーズなど、滝と遊ぶアクティビティが満載だ。

街歩き　橋やタワーなど多角的に滝を楽しむ

　滝周辺の公園は、たいへんきれいに整備されており、いろいろな角度から滝を見ることができる。公園は滝の落ち口を見下ろす高さにあり、長い遊歩道を川に沿って上流から下流へ歩けば、滝壺に落ちる滝そのものを見ることができるし、下流から振り返れば、アメリカ滝と一緒にナイアガラの滝の全景を一望できるようになっている。

　町歩きの基点となるのがテーブル・ロックで、観光案内所❶やレストラン、ギフトショップの入ったテーブル・ロック・センターがあり、目の前は滝を見る大展望台になっている。町歩きはここから始めよう。

　滝の周辺には、ウィゴーWego（☎905-356-1179 URL www.wegoniagarafalls.com）というバスが走る。路線はブルー、グリーン、レッド、パープルと色分けされ、見どころや主要ホテルを結ぶ。おとなC$7、子どもC$4、1日有効。チケットは観光案内所や主要ホテルで購入できる。運行期間や時刻は季節によって変動があるので、注意が必要だ。

　バス・ディポやVIA鉄道のナイアガラフォールズ駅は、町の北側にあり、町の中心まで車で5分ほど。タクシー利用か、ウィゴー・バスのパープル路線を利用できる（夏は30分おきに運行）。

　テーブル・ロック・センターの西側は急傾斜地になっていて、そこにインクライン・レイルウェイというケーブルカーが運行する。フォールズビュー通りFallsview Blvd.周辺に行く時に役立つ。片道おとなC$2.50。

テーブル・ロック・センター内❶-a　MAP p.227-E　☎905-356-2241、営夏期9:00〜21:00、冬期〜16:00　ナイアガラフォールズ観光局❶-b　MAP p.227-C　☎905-356-6061、営8:30〜17:00、夏期以外は時間短縮　休土・日曜

ナイアガラの滝周辺

テーブル・ロックとカナダ滝
Table Rock, Horseshoe Falls MAP p.227-E, F
行き方 ウィゴー・バスでテーブル・ロック下車

　カナダ滝が真正面に見える絶好の位置に、テーブル・ロックという大きな岩棚がある。そこは公園の一部であり、大展望台にもなっていて、ナイアガラを訪れた観光客は、まずここから川が滝に変わる瞬間を見る。

　この展望台にはテーブル・ロック・センターという建物があり、「ジャーニー・ビハインド・ザ・フォールズ」という、探検ツアーの入口になっている。チケットを買うと黄色いポンチョが渡され、それを着て専用エレベーターで約38m降下。そこから歩いてトンネルを抜けると、カナダ滝の裏側に出られるのだ。毎秒370万リットルもの水が落下する現場が目前に迫り、激しい轟音とともに巻き上げる水煙であたり一面真っ白な世界だ。このアトラクションに参加するなら、すべての持ち物が濡れてしまう覚悟が必要だ。防水カメラでないなら持ち込みは諦めたほうがいいだろう。

住6650 Niagara Parkway 905-354-1551 開夏期／9:00～20:00、冬期／～17:00、季節変更あり 休12月25日 夏期／おとなC$16.75、6～12歳C$10.95、冬期／おとなC$11.25、6～12歳C$7.30

カナダ滝の滝つぼの向こうにはアメリカ滝が見える

スカイロン・タワー
Skylon Tower MAP p.227-C
行き方 テーブル・ロックから徒歩15分

　高さ約160mと、ナイアガラフォールズでは最も高い建物。天気がよければトロントまで見渡せる。上部の円盤型の部分には展望台やレストランがあるので、食事をしながら上空から滝を眺めることができる。

展望塔スカイロン・タワー

　近くにあったもうひとつの展望タワーはその名もザ・タワー・ホテルThe Tower Hotelというおしゃれなブティックホテルに生まれ変わった。27～30階の高層階客室から滝を一望できる。

住5200 Robinson St. 905-356-2651 URL www.skylon.com 開夏期／8:00～24:00、冬期／9:00～22:00 休無休 おとなC$13.91、12歳以下C$8.11
The Tower Hotel 住6732 Fallsview Blvd. 905-356-1501 URL www.niagaratower.com

優美な姿のアメリカ滝

アメリカ滝とブライダル・ベール滝
American Falls, Bridal Veil Falls MAP p.227-D, F
行き方 レインボー橋から徒歩10分

　アメリカ滝は幅260m、高さは21～34mとカナダ滝に比べるとかなり小さいが、滝壺がなく崩れた岩の上に水が落ちるので、それがカナダ滝とは異なった美しさを感じさせる。アメリカ滝と並んで「花嫁のベールの滝（ブライダル・ベール滝Bridal Veil Falls)」と名付けられた滝もあるが、近くで見るにはレインボー橋を渡ってアメリカへ入国しなければならない。(→p.229レインボー橋、p.312査証の項参照)

住Robert Noses Parkway（アメリカ合衆国ニューヨーク州）

アイマックス・シアター
IMAX Theatre MAP p.227-C
行き方 スカイロン・タワー向かい

　視野いっぱいに広がる巨大画面の映画館。『ナイアガラの奇跡・伝説・魔力』という歴史や伝説など、滝にまつわる数々のエピソードを45分間の映像にまとめている。滝の上を綱渡りした芸人や、猫とともに樽に入って滝下りに挑戦した女性の話など、手に汗握る

■ナイアガラフォールズ観光の日系旅行社／H.I.S.トロント支店 416-216-0937 URL www.his-canada.com
ナイアガラフォールズの市外局番 905 ※ナイアガラフォールズでは市内から市内にかける際も905からプッシュする

内容もあり、スリリングなエンターテインメント番組を見ているかのよう。日本語のヘッドフォンも用意されている。
🏠6170 Fallsview Blvd. ☎905-358-3611 🈺夏期／9:00〜21:00、冬期／〜17:00、営業時間は季節により変更あり 休無休 💲おとなC$14.50、4〜12歳C$10.44。他季節により、フランス語、韓国語で上映されることもある

ホーンブロワー・ナイアガラ・クルーズ
Hornblower Niagara Cruises MAP p.227-D

行き方 ウィゴー・バスでホーンブロワー・ナイアガラ・クルーズ下車

　1846年以来、人気を集めてきたボートツアー「霧の乙女号Maid of the Mist」は、2014年から運行する会社が変わり、名前が変更になった。ちなみにアメリカ側で運航している「霧の乙女号」はそのまま営業している。

　名前は変わっても、ナイアガラ観光のハイライトとして以前と変わらぬ人気で、世界中から訪れる観光客を楽しませている。混むので予約したほうがよい。

　チケットを購入すると、エレベーターで乗船口まで降りる。乗客全員に赤いポンチョが渡されるので、それをしっかりと着て、いざ出発。乗船前にカメラやスマホなどは濡れないようにビニール袋に入れるなど、事前準備は怠らないように。もちろん、タオルも必須だ。まずはアメリカ滝の前を通り、カナダ滝の滝壺に向かう。滝壺近くはものすごい飛沫で、なかなかスリリング。

🏠5920 Niagara Pkwy ☎905-642-4272または1-855-264-2427 URLwww.niagaracruises.com 🈺5月〜11月下旬の毎日運行。夏期は8:30〜20:30の間、15分ごとの出発。時期により変動があり、最終の出発時間が早まるので、ホームページで確認したい。💲おとなC$19.95、5〜12歳C$12.25

クルーズ・ボートで滝を体感しよう

クイーン・ビクトリア公園
Queens Victoria Park MAP p.227-D

行き方 テーブル・ロックから徒歩10分

　アメリカ滝が正面に見える、緑豊かな州立公園。1885年に造られた由緒ある公園で、チューリップやバラなど、季節の花々が彩る花壇をはじめ手入れの行き届いた美しさで知られている。ピープル・ムーバーの停留所もある。川沿いにはレストランもあり、観光に疲れた人たちの手ごろな休憩所になっている。

レインボー橋
Rainbow Bridge MAP p.227-D

行き方 テーブル・ロックから徒歩15分

　カナダとアメリカの国境をまたぎ、ナイアガラの滝を望む絶好の位置にある、大きく優雅なデザインの橋。カナダ側の橋のすぐ近くには、1827年に建てられたナイアガラフォールズ博物館がある。徒歩で橋を渡り、アメリカに入国する場合は、パスポートの他に橋の通行料50¢（車はC$3.25)、入国税US$6、入国カードI-94Wへの記入が必要。顔写真と指紋の採取が行われる。

カナダとアメリカの両国を結ぶレインボー橋

クリフトン・ヒル
Clifton Hill MAP p.227-C

行き方 テーブル・ロックから徒歩10分

　レインボー橋にほど近い、ナイアガラ・パークウェイからビクトリア通りへとつながる坂道があるクリフトン・ヒルの周辺が、ナイアガラフォールズでもっとも賑やかな繁華街だ。ろう人形館やファストフード店、遊戯場、みやげ物屋が並び、いかにも昔ながらの観光地として発展した感じである。世界の不思議な風習や記録を集めて展示した『ビリーブ・イット・オア・ノット・ミュージアム』や、恐竜の実物大模型が展示されているミニゴルフ場『ダイナソー・アドベンチャー・ゴルフ』などには、つい足が向いてしまう。

ナイアガラ川周辺

ホワイト・ウォーター・ウォーク
White Water Walk MAP p.227-B
行き方 VIAナイアガラフォールズ駅から徒歩5分

　ナイアガラの滝から落ちた膨大な量の水が、谷が狭まるこの場所で激流に変貌する。速さは時速50kmに達し、1秒間に2832トンもの水が流れていくのだ。ホワイト・ウォーター・ウォークはその激流のある谷底へエレベーターで降下し、迫力満点の水のうねりを目前に見ることができるほか、渓谷に沿って造られた遊歩道を散策することもできる。急流によってえぐられた石の壁は1万2000年前のもの。トンネルの出口には、冒険者たちの展示室も。
住4330 Niagara Parkway ☎905-371-1221 開6月下旬～9月上旬／9:00～20:00、それ以外の時間は短縮 休11月中旬～4月下旬 ＄おとなC＄11.95、子どもC＄7.80

ワールプール・エアロ・カー
Whirlpool Aero Car MAP p.227-A
行き方 VIAナイアガラフォールズ駅から徒歩15分

　ナイアガラの下流に、ワールプールと呼ばれる渦が巻いている。その渦を眼下76mに見ながら、ゆらゆらと往復するゴンドラがこれ。クラシカルなゴンドラは、スペイン人の設計によるもの。対岸までの距離は539mあり、それを往復10分で渡るのだが、激流の上空は常に風も吹き荒れていて、想像以上に迫力がある。高所恐怖症の人は要注意。
住3850 Niagara Parkway（滝から下流へ5km）
☎905-354-5711 開6月中旬～9月上旬／9:00～20:00
休11月上旬～4月中旬。それ以外の期間は時間短縮
＄おとなC＄13.95、子どもC＄9.10

ボタニカル・ガーデンズ
Botanical Gardens MAP p.227-A
行き方 ウィゴー・バスでバタフライ・コンサーバトリー下車

　カナダで唯一の園芸専門学校の学生たちが丹精込めて世話をしている見事な花壇が一般公開されている。
住2565 Niagara Parkway, Botanical Gardens
☎905-356-8554 開日出～日没 休無休 ＄無料

クイーンストン・ハイツ公園
Queenston Hights Park MAP p.227-A
行き方 ウィゴー・バスで公園前下車

　1812年にアメリカの侵攻を受け、クイーンストン一帯が占拠された。それを奪回したのがブロック将軍が率いるカナダ軍部隊だった。その戦場の記念として残されたのがこの公園。勇敢なブロック将軍の銅像がある。滝から14km離れた、ナイアガラ・オンザレイクの町との中間にある。
住Niagara Parkway Queenston 開終日開放 休無休 ＄無料

ナイアガラ公園蝶温室保護館
Niagara Parks Butterfly Conservatory MAP p.227-A
行き方 ウィゴー・バスでバタフライ・コンサーバトリー下車

　ボタニカル・ガーデンズ敷地内にあり、世界中から集められた2000種類以上の蝶が、1022㎡の温室の中を飛び交う。ナイアガラ発電所の電力を利用して、温室内は1年中25度以上に保たれている。同時に熱帯植物も育てられていて、多くの観光客が訪れている。
　近くには最新設計の、身障者配慮を施し

ワールプール・エアロ・カーはオープンエアのゴンドラで、スリル満点

た鳥と香りの植物園もあり、夏には直径12.2mの花時計も姿を現わす。
🏠2405 Niagara Parkway ☎905-358-0025 🕐6月中旬〜9月上旬／10:00〜19:00（閉館時間は季節・気象により変動、冬期／10:00〜17:00）🚫12月25日 💰おとなC\$13.95、6〜12歳C\$9.10、5歳以下無料

マクファーランド邸
McFarland House MAP p.227-A
行き方 公共交通のアクセスなし、滝から20km
　古きイギリスの様式を今に伝える建造物。18世紀後期に、スコットランドから来た大工のマクファーランドによって建てられたジョージアン・スタイルの住宅。しかし、この邸宅の価値は古いということだけではない。1812年のアメリカ軍侵攻の時には病院として使用され、その後も周辺で唯一焼け残った屋敷なのである。当時を懐かしむだけではなく、この家が現在に至るまで残っているということが、カナダの幸運の象徴となっている。邸内は調度品が当時のままに残されている。
🏠15927 Niagara Parkway ☎905-468-3322 🕐12:00〜17:00 🚫11月〜5月中旬と9月上旬〜10月の月〜金曜 💰おとなC\$6、子どもC\$3.90

　滝の周辺には、観光色の強いレストランや軽食を出すカフェなどが多い。本格的な食事を楽しみたければ、滝付近のホテルにあるレストランに行こう。ビクトリア通り沿いにも、おいしいレストランが並んでいる。イタリアンやシーフードなど、ボリューム満点のすてきな店が並んでいる。

シーフードも美味！

料金ランク	
A	C\$40以上
B	C\$30〜
C	C\$20〜
D	C\$10〜
E	C\$10未満

Restaurants

エレメンツ・オン・ザ・フォールズ・レストラン Elements on the Falls Restaurant
テーブル・ロック・センター内／西洋料理 **C**　MAP p.227-E

　テーブル・ロック・センター内にあるカナダ滝に一番近いレストラン。広々とした店内は滝側がガラス張りになっていて、眺めを楽しみながら食事ができる。ランチはバーガーやサンドイッチ、ディナーはステーキやニジマス料理などのメニューが揃う。

🏠6650 Niagara Parkway ☎905-354-3631 🌐www.niagaraparks.com/niagara-falls-restaurants/elements-on-the-falls.html 🕐6月下旬〜9月上旬11:30〜22:00、それ以外の時期は閉店の時間が早まる 🚫12月25日 💰バーガーC\$18〜、スープC\$8〜、サラダC\$10〜 ※ハイシーズンは混むので予約したほうがいい

レミングトンズ・オブ・ナイアガラ Remingtons of Niagara
ピープル・ムーバーのクリフトン・ヒルから徒歩3分／ステーキ **B**　MAP p.227-C

　豊富なメニューが評判のステーキとシーフードの店。シェフのおすすめはプライムリブステーキ。仔牛の背肉を肉汁が逃げないようにじっくり時間をかけて焼いてあり、本来の肉のうまみを実感できる。肉以外に魚介類も豊富に揃えている。

🏠5657 Victoria Ave. ☎905-356-4410 🕐16:00〜23:00 🚫無休 💰プライムリブ8オンスC\$25.95、12オンスC\$29.95

コパカバーナ Copacabana
インクライン・レイルウェイの頂上駅から徒歩3分／ブラジル料理 **A**　MAP p.227-E

　その場で焼く香ばしい肉料理シュラスコが好評のブラジル・レストラン。ウェイターが客席を回り、串刺しの肉をその場でそぎ、皿にのせてくれる。サラダバー、肉料理も食べ放題なので、食欲旺盛な人向き。週末にはサンバを踊るダンサーが雰囲気を盛り上げる。

🏠6671 Fallsview Blvd ☎905-354-8775 🌐www.thecopa.ca 🕐17:30〜21:30、金曜〜23:00、土曜16:00〜23:00、日曜16:00〜21:30 🚫無休 💰ひとりC\$43.95〜（金・土曜C\$48.95〜）

ナイアガラフォールズの市外局番 ☎905 ※ナイアガラフォールズでは市内から市内にかける際も905からプッシュする

ナイアガラフォールズに宿泊して、ライトアップされた夜のナイアガラの滝や、朝の水しぶきなどを楽しむのもいい。朝一番でひと気のない滝の風景を独占するのも宿泊してこその楽しみだ。ホテルは、フォールズビュー通りやスタンレー通りに集中している。さすがカナダを代表する観光地だけあってか、世界チェーンの大型ホテルが揃っていて、どこも滝の景観を競うように建っている。

料金ランク
A C$200以上
B C$150〜
C C$100〜
D C$80〜
E C$80未満

Hotels

フォールズ・シャトル・ブルー線ホテル前下車 A
フォー・ポイント・バイ・シェラトン Four Points by Sheraton

MAP p.227-E

カジノ・リゾートの目の前にあるホテル。2つのクイーンサイズのベッドがある部屋をはじめ、ファミリー・スイートなどさまざまなタイプの部屋から選べる。客室で滝が見えるのは滝側の14階からだけなので注意。イタリアン・レストランやステーキハウスがある。

住 6455 Fallsview Blvd.
☎ 905-357-5200
Fax 905-357-3422
URL www.starwoodhotels.com/fourpoints/
客 391室
料 S T DC$129〜、冬期割引あり
他 ジャクージ付きの部屋あり

インクライン・レイルウェイの頂上駅から徒歩3分 B
マリオット・ナイアガラフォールズ・フォールズビュー&スパ Marriott Niagara Falls Fallsview & Spa

MAP p.227-E

カナダ滝近くの高台に建つため、足元に滝を望む絶好のロケーションにある。部屋のタイプは、フォールズ・ビューとリバー・ビューに分かれ、フォールズ・ビューのほとんどからカナダ滝とアメリカ滝の両方が望める。レストラン、プールなども併設。

住 6740 Fallsview Blvd.
☎ 905-357-7300
URL www.niagarafallsmarriott.com
客 432室
料 S T DC$149〜、日によって料金の変動あり
他 コーヒーメイカー、ミニバー、アイロン、金庫なども設置されている

232

ナイアガラ・オンザレイク

Niagara on the Lake 🍁オンタリオ州 🍁市外局番905 **MAP** p.200-B

ナイアガラ・オンザレイクへの交通
🚌ナイアガラフォールズからウィゴー・バス利用（フローラル・クロックバス停から乗り換えて30分、5月下旬～10月中旬運行）☎905-356-1179 URL www.wegoniagarafalls.com

カフェでくつろごう

ナイアガラ・オンザレイクの歩き方のヒント
▶町の大きさは1km四方ほど。見どころはナイアガラ歴史協会博物館が少し離れているほかはクイーン通りに集中している。北側がオンタリオ湖、東がナイアガラ川だ。ナイアガラワインのワイナリーを訪ねてもいい。

街を知る　郷愁が香るオンタリオの古都

　ナイアガラの滝から北へ20kmのところにある。18世紀の終わり、オンタリオ州がまだアッパー・カナダと呼ばれていた頃の、首都だった町。町並みは、開拓時代の面影を色濃く残し、懐かしい雰囲気が漂う。通りの家々は決して大きくはないが、手入れが行き届き、まるで映画のセットのように美しい。しかしセットと違うのは、この町はここで生まれ育った人たちが守り続けてきたということ。歴史が作った、嘘のない美しさがあるのだ。

　またこのエリアは、広大なオンタリオ州の中で、ブドウ栽培に適したカナディアンワインの名産地でもある。近年その質と知名度は飛躍的に向上している。

街歩き　古い町並みを楽しみワイナリーにも足を延ばす

　メインストリートのクイーン通りQueen St.は、ナイアガラフォールズの町から続く、ナイアガラ・パークウェイの延長線上にある。この通りにショップやレストランのすべてが集まっていて、町のシンボルである時計台もここにある。❶はコートハウス劇場内にある。賑やかな目抜き通りはほんの300mくらいのつつましいもので、その他は静かな住宅街が広がっている。見て歩くだけなら1時間もあれば足りる。

　町の北側はオンタリオ湖に面していて、そこはゴルフコースと船着き場になっている。東側のナイアガラ川が湖に注ぐあたりには、過激で有名なジェットボートの乗船場がある。西側も南側もブドウ畑が続き、ワイナリーが多く、ワイナリー巡りが楽しめる。

見どころ

クイーン通り周辺

ジョージ砦
Fort George MAP p.232-B
行き方 時計台から徒歩15分

　独立した当初のアメリカ合衆国と、植民地としてカナダを維持しようとしていたイギリスの間は、一触即発の緊張状態にあり、その際に造られたのがこの要塞。1813年にここで激戦が繰り返された。現在の姿は1799年に設計された状態を復元したもの。要塞内では当時の兵士たちの生活の様子が再現され、戦闘シーンなどを上演している。
🏠26 Queen St. ☎905-468-6614 開10:00～17:00（12～3月12:00～16:00）休11～4月の平日 $ C$11.70

米加の歴史を物語る戦場跡

❶ MAP p.232-A ☎905-468-1950 営5～10月10:00～18:00、11～4月10:00～17:00　ナイアガラ・オンザレイクの市外局番☎905　※ナイアガラ・オンザレイクでは市内から市内にかける際も905からプッシュする

ナイアガラ歴史協会博物館
Niagara Historical Society Museum [MAP] p.232-B
行き方 時計台から徒歩5分

オンタリオ州で最初に設立された歴史民族資料館で、住宅街にひっそりと建つ。先住民族の生活文化資料から、カナダ・アメリカ戦争当時の資料や道具を2万点以上も展示している。

🏠 43 Castlereagh St. ☎ 905-468-3912 開 5〜10月／10:00〜17:00、11〜4月／13:00〜17:00 休 12月25・26日・1月1日 💲 おとなC$5、子どもC$1

ナイアガラ薬局博物館
Niagara Apothecary Museum [MAP] p.232-A
行き方 時計台前

1866年に開業し、100年近くも営業を続けていた薬局を、薬剤師協会が博物館として保存運営している。

建物自体もビクトリア朝の様式をそのまま残していて、目を引く。棚には無数とも思える、当時の薬瓶が並んでいる。

🏠 5 Queen St. ☎ 905-468-3845 開 12:00〜18:00（7〜8月11:00〜）休 9月上旬〜10月中旬の平日と10月下旬〜5月上旬 💲 無料（寄附金）

ナイアガラ・オンザレイク郊外

ワイナリー巡り
行き方 ナイアガラ・オンザレイクから3〜20Km

ナイアガラ周辺はカナダ有数のブドウ生産地で、数多くのワイナリーがある。凍結させたブドウから作るアイスワインは、世界的に評価が高い。ナイアガラ・オンザレイクやナイアガラフォールズから専用車や自転車で回るワイナリー・ツアーが開催されているので、観光案内所で相談してみよう。

代表的なワイナリー　[MAP] p.227-A
テュリアス・ワイナリー Trius Winery
🏠 249 Niagara Stone Rd. ☎ 905-468-7123
URL www.triuswines.com
コンゼルマン・エステート・ワイナリー Konzelmann Estate Winery
🏠 1096 Lakeshore Road ☎ 905-935-2866
URL www.konzelmann.ca
イニスキリン・ワインズ Inniskillin Wines
🏠 1499 Line 3 Niagara Parkway ☎ 905-468-2187
URL www.inniskillin.com/Contact-Us
ランコート・ワイナリー Rancourt Winery
🏠 1829 Concession 4 ☎ 905-468-2882
URL www.rancourtwinery.com
アイス・ハウス・ワイナリー The Ice House Winery
🏠 14778 Niagara Parkway ☎ 1 855-331-6161
URL theicehouse.ca

19世紀のたたずまいがそのままに残るこの町では、流行の品といったものはそぐわない。だからといって、古いものでなくてもいい。控えめで素朴ではあるが温かみのある、生活に彩りを与えてくれるような、そんなシンプルなものを探したい。それがこの町を訪ねた記念にふさわしい。

Shops

時計台から徒歩5分／アロマ雑貨
クラブツリー＆イヴリン　Crabtree & Evelyn
[MAP] p.232-A

フレグランスやバスソープ＆ソルト、ローション、ポプリなど、生活雑貨を扱うイギリスのブランドショップ。製品は花やハーブなど天然素材によるもので、店内は花畑のような香りでいっぱいだ。ローズウォーターのローションは人気の品のひとつ。

🏠 15 Queen St.
☎ 905-468-4741
営 夏期／10:00〜18:00、冬期／〜17:00、季節によって時間変更あり
休 12月25日、1月1日
💲 ローズウォーター・ローションC$24〜

時計台から徒歩5分／チョコレート
ロッキー・マウンテン・チョコレート・ファクトリー　Rocky Mountain Chocolate Factory
[MAP] p.232-A

量り売りのチョコレートやキャラメルなど、スイーツがいろいろ並ぶ。店の名物はキャラメルで、リンゴを1個まるごとコーティングしたキャラメル・アップル。ダイナミックで、かわいらしいスイーツだ。すぐに食べる場合はその場でスライスしてもらえる。

🏠 70 Queen St.
☎ 905-468-0800
URL www.rockychoc.com
営 9:30〜18:00（夏期〜21:00）、季節によって時間変更あり
休 12月25日、1月1日
💲 キャラメル・アップルC$5、チョコ7個入りC$10〜

ナイアガラ・オンザレイクの市外局番 ☎ 905　※ナイアガラ・オンザレイクでは市内から市内にかける際も905からプッシュする

素朴ながらも歴史と格式のある町ゆえに、本格的なディナーを食べさせてくれるレストランはホテルも兼ねている店が多い。クイーン通りなど目抜き通りにある店はランチやスナック、ケーキなど軽いものが中心。メニューはサンドイッチやバーガー類、パスタなど、現代的なフュージョン料理が並ぶ。

料金ランク	
A	C$40以上
B	C$30～
C	C$20～
D	C$10～
E	C$10未満

Restaurants

時計台から徒歩5分／カフェ＆ワイン C
ショー・カフェ＆ワイン・バー　Shaw Cafe & Wine Bar
MAP p.232-A

クイーン通りの真ん中にある、オープンエアの華やかなカフェ。パスタや、バーガーといったメニューが人気。デザートの種類も豊富で、地元産の果物をふんだんに使ってボリューム満点だ。夜にはワインバーになるので、ちょっと飲みたい時に訪ねたい。

- 92 Queen St.
- 905-468-4772
- www.shawcafe.ca
- 10:00～22:00、月曜～21:00、冬時間短縮
- 無休
- パスタ各種C$18位、ショー・バーガーC$16.95、メインメニューC$17～25

時計台から徒歩5分／パスタ、ステーキなど B
ジーズ・パティオ＆グリル　Zee's Patio & Grill
MAP p.232-B

ショー・フェスティバル・シアターの向かいにあり、広々としたパティオやおしゃれなダイニングルームでゆったり食事ができる。ランチはパスタ、バーガーからサーモンやチキンまで幅広いメニューが揃う。ディナーはフレンチベースのフュージョン・メニュー。

- 92 Picton St.
- 905-468-5715
- www.niagarasfinest.com
- 朝食8:00～10:00、ランチ11:30～14:30、ディナー17:00～21:00（金・土曜～22:00）
- 無休
- ランチC$15～25、ディナーメインC$24～43

古い町並みを大切に残している町だけあって、雰囲気のよいホテルが並んでいる。いずれも規模自体は小さいが、由緒ある建物を残し、かつての首都を彷彿とさせる趣がある。ロビーから客室まで、すべてがロマンチックに調和しており、上品な食事も堪能できる。

料金ランク	
A	C$200以上
B	C$150～
C	C$100～
D	C$80～
E	C$80未満

Hotels

時計台から徒歩5分 C
モーファット・イン　Moffat Inn
MAP p.232-B

1835年に創業した、この町にとっても記念碑的なホテル。毎年のように訪れるリピーターの多い宿で、家庭的なもてなしがその理由だ。160年前にできた老舗の味わいをたたえつつ設備は近代化。無料のワイヤレス・インターネットを完備している。

- 60 Picton St.
- 905-468-4116
- なし
- www.vintage-hotel.com/moffat
- 24室
- S D C$190～、T C$310～389、冬期割引あり
- レストラン、駐車場あり

時計台から徒歩7分 A
ゲート・ハウス　Gate House
MAP p.232-A

カナダ人とイタリア人の建築家が設計したホテル。モダンとクラシックを組み合わせ、白を基調とした部屋は明るくしゃれている。併設のイタリア料理レストラン「ジャルディーノ」は本格的なイタリアンが味わえるとあって、地元での評判もいい。

- 142 Queen St.
- 905-468-3263
- 905-468-7400
- www.gatehouse-hotel.com
- 10室
- S T D C$168～283

キングストン

Kingston 🍁 オンタリオ州 🍁 市外局番613　MAP p.201-C

キングストンへの交通 ✈トロントから約1時間。🚆VIA鉄道でトロントから約2時間30分。モントリオールから約2時間40分。🚌グレイハウンドでオタワから約2時間45分。メガバスでトロントから約3時間。

オンタリオ湖岸の古都

キングストンの歩き方のヒント▶ 市庁舎のある一画から延びるプリンセス通り、クイーン通りが中心地。ホテルもこの周辺に多い。見どころは湖沿いのオンタリオ通りやキング通りに沿うように並んでいる。

街を知る｜オンタリオ湖を望むカナダ連邦初の首都

キングストンはオンタリオ湖の東の端、湖水がセント・ローレンス川とカラタキ川に流れ込む場所に位置する人口6万人ほどの町。サウザンド・アイランズの観光拠点として知られ、見どころも数多い。

町の歴史は1673年、フランス総督の命により、毛皮交易所と砦が築かれたことに始まる。1841年から1844年まではカナダで最初の、イギリスの植民地自治政府の首都だった。現在の市庁舎は、当時国会議事堂として建設されたものだ。

街歩き｜プリンセス通りを中心に効率のよい滞在を

VIA駅からは市バスまたはタクシーでダウンタウンへ。空港からはタクシーを利用する。バス・ディポは、住1175 John Counter Blvd.という郊外にあるので、ダウンタウンへはタクシーを利用しよう。

ホテルやB&Bは、プリンセス通りPrincess St.を中心にかたまっている。郊外にもモーテルはあるが、交通の便が悪いので、レストランやみやげ物店が多い、ダウンタウン周辺で宿を探すのが賢明だ。

見どころはほとんど徒歩圏内にある。市内観光にはキングストン商工会が運行するトロリーバス（5月下旬～10月上旬運行）が❶（インフォメーション　住209 Ontario St.）前から30～45分おきに出発している（おとなC$25）。乗り降り自由のホップ・オン・ホップ・オフ・ツアーとして運行。詳細はURL www.kingstontrolly.caへ。

見どころ

ダウンタウンとその周辺

市庁舎
City Hall　MAP p.237-B

行き方 ❶の前

1843年に国会議事堂として建築された、19世紀のカナダでもっとも優れた建築物のひとつ。ステンドグラスで飾られたメモリアル・ホールは威厳をたたえ、一見の価値がある。夏には見学ツアーも催行。裏手の広場では、毎週火・木・土曜にフリーマーケットも開催されている。

住216 Ontario St.　☎613-546-4291　開ツアーは5月中旬～10月中旬／月～金曜10:00～16:00に行われるほか、パンフレットによるセルフガイド（自由見学）もできる。S無料

旧首都を象徴する威厳を備えた建物

❶ MAP p.237-B　☎613-548-4415　営7月～9月上旬9:30～20:00、木～土曜～21:00、9月下旬～10月中旬9:30～17:00、木～土曜～18:00、10月中旬～5月下旬10:00～16:00、5月下旬～6月次30～18:00、木～土曜19:00　休12月25日、1月1日　キングストンの市外局番613　※キングストンでは市内から市内にかける際も613からプッシュする

五大湖博物館とアレクサンダー・ヘンリー博物船
Marine Museum of The Great Lakes at Kingston, The Museum Ship Alexander Henry
MAP p.237-B

行き方 ❶から徒歩8分

　五大湖博物館は、五大湖を航海した船の歴史を中心に、写真や船の模型、船具などを展示している。なかでも1913年、悪天候により19隻の船が沈んだ災害の資料は、当時の五大湖航行がいかに困難であったかを物語る。隣接するアレクサンダー・ヘンリー博物船は、カナダの沿岸警備隊が使用していた砕氷船をもとに造られた。

🏠55 Ontario St. ☎613-542-2261　五大湖博物館 ⏰10:00～16:00（5月下旬～9月上旬～17:00）休3月～5月中旬と9月上旬～11月下旬の土・日曜、11月下旬～2月。アレクサンダー・ヘンリー博物船 ⏰5月下旬～10月中旬の10:00～16:00 休10月中旬～5月下旬 💲博物館と博物船共通で、おとなC$8.50、シニアC$7.75

砕氷船を改造した船の博物館

ポンプ・ハウス蒸気博物館
Pump House Steam Museum MAP p.237-B

行き方 ❶から徒歩10分

　1850年代に当時の動力源として活躍した蒸気機関の実物やスケールモデルがずらっと並ぶユニークな博物館。多くの蒸気機関は稼働可能な状態で保存されている。ビクトリア様式の建物は、もとは水を汲み上げるための施設だった。

🏠23 Ontario St. ☎613-546-4291 ⏰10:00～17:00、4月～5月下旬と9月上旬～11月下旬の木・金曜は12:00～17:00 休月曜、4月～5月下旬と9月上旬～11月下旬の日・火・水曜、11月下旬～3月 💲おとなC$5.45

キングストン

237

五大湖の海運の歴史が紹介されている

マーニー・タワー
Murney Tower National Historic Site MAP p.237-A
行き方 ❶から徒歩12分

　オレゴン戦争（米英の国境紛争）のさなか、町を守るために1846年に建造された小さな砦。内部を見学できるのは夏の間だけだが、湖に面したマクドナルド公園の中にあるので、散歩をかねて訪れてみたい。2階は展望台で、オンタリオ湖を一望できる。
住 18 Barrie St. at King St. West ☎613-507-5781
開 10:00～17:00 休 9月上旬～5月中旬 料 おとなC$5、6歳以下無料

ベルビュー・ハウス
Bellevue House National Historic Site MAP p.237-A
行き方 市バス2番利用。ユニオン通りのバス停から徒歩5分

　カナダの初代首相、ジョン・A・マクドナルドが1848～49年に住んでいた歴史的な建物。イタリア風の邸宅の内部にある調度品は当時のもの。19世紀当時のメイドのコスチュームを着たガイドによる説明が聞ける。
住 35 Centre St. ☎613-545-8666 開 10:00～17:00 休 5月下旬～6月と9月上旬～10月上旬の火・水曜、10月上旬～5月下旬 料 おとなC$3.90、6～16歳C$1.90、シニアC$3.40

独特な建築は他に類を見ない

イタリア建築がミックスされた貴重な建物

アグネス・イザリントン美術館
Agnes Etherington Art Centre MAP p.237-A
行き方 市バス2、6番利用。クイーンズ大学構内

　広大な敷地を誇るクイーンズ大学の構内に建てられた美術館で、オンタリオ州で3番目に大きい規模のもの。ギャラリーでは絵画のほか、キルト、彫像、アフリカン・アートなど多彩な美術品のほか、前衛的なアートも数多く展示されている。
住 University Ave. at Barder Lane ☎613-533-2190
開 火～金曜10:00～16:30、9～4月の木曜～21:00、土・日曜・5～9月の祝日13:00～17:00 休 月曜・10～4月の祝日・12月24日～1月1日 料 おとなC$5、シニアC$3、木曜無料

ヘンリー砦
Fort Henry MAP p.237-B
行き方 ❶からタクシーで5分。または市バス12番（月～土曜のみ）利用

　アメリカ合衆国からの脅威を退けるために1830年代に造られた砦。国の史跡に指定されているとともに、ユネスコの世界遺産にも登録されている。見学ツアーが行われ、内部にはギフトショップやレストランもある。
住 Fort Henry Hill ☎613-542-7388 URL www.forthenry.com 開 9:30～17:00 休 9月上旬～5月中旬 料 おとなC$17、65歳以上C$14、6～12歳C$14、5歳以下無料 他 スペシャル・イベント開催時は料金変更あり

1万点におよぶ美術品を所蔵

キングストン湾の守りの要だったヘンリー砦

キングストンの市外局番☎613　※キングストンでは市内から市内にかける際も613からプッシュする

オタワ

Ottawa 🍁 オンタリオ州 🍁 市外局番613　MAP p.201-D

おごそかな衛兵交代式

街を知る　英仏語両圏を繋ぐカナダの首都

1613年シャンプランがオタワ川を遡ったことからこのエリアの入植が始まり、その後、林業と毛皮の交易で繁栄。1826年からはリドー運河も開通し、オンタリオ湖とオタワが結ばれ交通の要衝となった。リドー運河建設を指揮したバイ少佐にちなみバイタウンと呼ばれたが、1855年オタワに改名、1857年ビクトリア女王がここを首都に定めた。フランス領ケベックとイギリス領オンタリオの境界に位置するオタワは、英仏2つの文化圏の架け橋となるべく建設された都市なのだ。首都圏の人口は約100万人、カナダで4番目の規模。

街歩き　エリアガイド　国会議事堂を中心に街巡りを

オタワ川とリドー運河に臨む市街地が広がり、川の対岸にはケベック州ガティノーの街がある。町の中心は国会議事堂のあるパーラメントヒル。ウェリントン通りに❶がある。見どころやホテル、レストランなどはこの界隈に集中している。ウェリントン通りからサセックス・ドライブへ行くとバイワード・マーケットや国立美術館がある。市内バス乗り放題のデイパスはC\$8.10。グレイライン（☎613-562-9090）の名所めぐりツアーのほか、リドー運河のクルーズ（ポールズボート☎613-235-8409）もあるので効率よく利用しよう。

オタワへの交通

✈ 飛行機
オタワ国際空港

エア・カナダ（AC）などの国内線やアメリカからの便が乗り入れており、トロントからは約1時間。市内までは約8kmで、タクシーで約20分、C\$40。市バスのオー・シー・トランスポの97番Transit wayがダウンタウンへ運行している。

🚆 鉄道
VIAオタワ駅

トロントから約4時間、モントリオールから約2時間20分。市街まではオー・シー・トランスポのバスかタクシーで約15分。

🚌 バス
バス・ディポ

グレイハウンドでモントリオールから約2時間30分、トロントから約5～7時間。

キャピトル・インフォセンター・キオスク❶　MAP p.240-C　🏠90 Wellington St.　☎819-997-0055、1-844-878-8333（カナダ、アメリカ合衆国から）　⏰9:00～17:00　休12月25日・26日、1月1日

見どころ

リドー運河西側

ダウンタウンと呼ばれる地域で、国会議事堂がそびえる官庁街。銀行やホテルもこのエリアに集まっている。

パーラメント・ヒルと国会議事堂

Parliament Hill, Parliament Building MAP p.243-B
行き方 ❶からすぐ

オタワ川を見下ろす丘、パーラメント・ヒルに建つ国会議事堂は青銅の屋根をもつゴシック建築。イースト、ウエスト、センターの3ブロックからなり、センター・ブロックには高さ89.5mの平和の塔がそびえる。53個のベルを備えたカリヨンと巨大な鐘、戦没者を祀る追悼室がある。鐘の下にセンター・ブロックの入口があり、上院、下院の本会議場などが配されている。中央の塔は展望台でもあり、市内を一望できる。最初の建物は1867年に完成したが火災で消失し、現在の建物は1922年に再建されたもの。常時、見学ツアーが行われている。

前庭中央では建国100年を記念して、1967年に点火されたセンテニアル・フレームCentennial Flameが燃え続けている。またこの前庭で、6月末から8月末までの毎日朝10時から衛兵交替式が行われる。赤い制服に黒の毛皮帽を被った衛兵がバグパイプを先頭に行進するもので、壮観そのもの。

丘の裏手の緩やかな坂道からは東にリドー運河、西にオタワ川、そしてアレクサンドラ橋の向こうにはガティノーの町が見渡せる。
🏠Parliament Hill Ottawa ☎1-866-599-4999
URL www.parl.gc.ca 🕐見学ツアー（英語・フランス語）は7月2日〜9月上旬／9:00〜16:30、土・日曜・祝日と9月上旬〜7月1日、及び議会開催中は、時間変更あり。ツアーチケットは、ウェリントン通りの❶でもらえる。🚫7月1日、12月25日、1月1日。💲無料

首都オタワを象徴する国会議事堂

リドー運河

Rideau Canal MAP p.243-C
行き方 パーラメント・ヒルから徒歩5分

オタワとオンタリオ湖畔の町、キングストンを結ぶ全長202kmの運河で、世界遺産に登録されている。軍事物資を運ぶため1826年から6年かけて開削された。これによりオタワの町は飛躍的に発展し、建設に貢献したバイ大佐の名をとってバイタウンと呼ばれた。40以上の水門があり、高低差を利用して船が進む。運河では夏はクルーズの船が運航され、冬は結氷してダウン湖まで約8kmがスケートリンクになる。冬のウインタールード（下記コラム参照）もここで開かれる。夏期のクルーズ船は国立アートセンターの対岸から発着する。

オタワとキングストンを結ぶリドー運河

街角ワンショット
凍った運河を舞台に開かれる
ウインタールード Winterlude

冬のオタワ名物といえば、凍結したリドー運河。夏はクルーズ船が行き交う運河だが、冬の運河はスケートリンクに変身する。ダウン湖まで約8kmも続き、このリンクをスケートしながら通勤する人もいるという。通勤のみならず、ソリやカーリングを楽しむにも最適。

華やぎを増すのは1月下旬〜2月中旬頃に開催されるウインタールード。リドー運河を舞台に多彩な催しが行われる。たとえばカウチポテト・レースは、男性が寝そべったカウチを、女性が引っ張るというもの。アクシデントの続出で、リンク内は爆笑の渦に包まれる。その時期には氷の彫刻も街に飾られ、冬ならではの芸術鑑賞が楽しめる。2007年、リドー運河はユネスコの世界遺産に登録された。

オタワの市外局番 ☎613 ※オタワでは市内から市内にかける際も613からプッシュする

バイタウン博物館

Bytown Museum MAP p.243-B

行き方 パーラメント・ヒルから徒歩5分

　オタワ川の南岸を測量し、オタワの前身バイタウンの建設に貢献したバイ大佐の功績を讃えて設立された博物館。オタワで最も古い石造の建物を改造して博物館としており、館内では、リドー運河の建設の歴史など、貴重な資料を展示している。

住 Ottawa Locks, Rideau Canal ☎613-234-4570
開 5月中旬～10月上旬／10:00～17:00、木曜～20:00、10月中旬～5月中旬／木～月曜11:00～16:00 休 10月中旬～5月中旬の火・水曜 ⓢ おとなC$6.50、子どもC$3

とっておき情報

水陸両用車で行く オタワ市内観光ツアー MAP p.243-B

　バスがそのままボートになる乗り物レディ・ダイブLady Diveを使って歴史あるオタワの町を観光しよう。歴史的街並みをながめつつ、さらにオタワ川のクルーズも楽しめるので人気だ。しぶきを上げて水に入るところがハイライト!?。
営 5月～10月上旬催行。所要1時間。乗り場（チケット売り場）は、エルジン通りとスパークス通りの角。5月～6月下旬と9月上旬～10月上旬は10:30～16:30の間に4回、6月下旬～9月上旬は10:30～18:40の間に7回出発。おとなC$32、子どもC$22。アンフィバス・レディダイブ・ツアー ☎613-223-6211、613-524-2221 URL www.ladydive.com

---

オタワの市外局番 ☎613　※オタワでは市内から市内にかける際も613からプッシュする

国立自然博物館

Canadian Museum of Nature MAP p.240-F

行き方 バス5、6番マクレオドMacleod下車

　市街中心部の南東、リドー運河西側にあり、ビクトリア王朝時代の歴史的な建物を使った博物館。地球の成り立ちが子どもでも分かるように展示している。恐竜から現在のカナダに生息する動植物、鳥などの息生が解説されている。目玉は恐竜の骨格標本。世界的権威のスタインベック博士の研究成果により、直接手で触れられるようになっている。ミュージアムショップも充実していて、恐竜グッズに人気が集まっている。

住 240 MacLeod St. ☎613-566-4700 開 6月～9月上旬／9:00～18:00、木・金曜～20:00、9月上旬～5月／9:00～17:00、木曜～20:00 休 9月上旬～5月の月曜、12月25日、1月第1週 ⓢ おとなC$13、3～12歳C$9、2歳以下無料

迫力のある恐竜の骨格標本

リドー運河東側

運河の東側はロウワー・タウンでオタワの商業地区となっている。バイワード・マーケットやノートルダム大聖堂など、史跡もある。

国立美術館
National Gallery of Canada MAP p.243-B

行き方 パーラメント・ヒルから徒歩15分

ガラス張りのモダンな造りで、建物自体が美術品といわれている。

収蔵作品はカナダの風景画家集団「グループ・オブ・セブン」をはじめ、エル・グレコ、レンブラント、16～20世紀のヨーロッパ絵画、アメリカやアジアの現代画家、イヌイット美術、版画、写真と、実にバラエティに富んでいる。とくにカナダの雄大な自然を描いた「グループ・オブ・セブン」の作品は必見だ。ヨーロッパ絵画もエル・グレコ、レンブラントやモネ、マチス、ゴッホ、セザンヌ、ルノワールといった印象派作品やクリムトなど、モダンアートではピカソやモンドリアン、ジャコメッティと、見応えのあるものが揃っている。また、イヌイット美術の彫刻や工芸品は秀逸なコレクションだ。美術館の一画には、1972年に解体されたリドー修道院の礼拝堂も移築され、展示されている。ステンドグラスの美しい光を心ゆくまで鑑賞しよう。

なお、館内にはカナダ現代写真美術館も併設され、国立美術館のチケットで見学できる。収蔵作品は12万5000点にのぼり、前衛的な作品や写真史に残る作品など、こちらも幅広い。館内の照明にも写真の退色を防ぐ工夫が施されている。

🏠380 Sussex Dr. ☎613-990-1985 開10:00～17:00（5月中旬～9月上旬～18:00、木曜～20:00）、10～4月／10:00～17:00、木曜～20:00 休10～4月の月曜、12月25日、1月1日 S常設展（カナダ現代写真美術館と共通）おとなC$12、学生・シニアC$10、12～19歳C$6、特別展おとなC$16ぐらい

モダンなガラスの美術館

ノートルダム大聖堂

Cathedral-Basilica of Notre Dame MAP p.243-B

行き方 パーラメント・ヒルから徒歩15分

国立美術館の向かい側にあるオタワ最古の教会。1840年に建設が始まり、完成までに70年の歳月がかかったという。ふたつの尖塔をもち、壁に施された飾りや彫刻、聖人の像などがあり、その丁寧な仕事ぶりに驚かされる。入口付近にある黄金の聖母子像も見事なできえで、当時の職人の技術の確かさを今に伝えている。

天を突く尖塔

住 Sussex Dr.& St. Patrick St. ☎613-241-7496 開月曜11:30〜18:00、火〜土曜10:00〜18:00、日曜8:00〜20:00。特別なイベントがある場合は見学不可 休無休 S無料

国立歴史博物館

Canadian Museum of History MAP p.242-A

行き方 対岸のガティノー市❶から徒歩5分

オタワ川を挟んだパーラメント・ヒルの対岸という、眺望抜群の地にある。カナダ全域における、先住民の伝統文化と文明史をまとめあげた博物館で、とくにイヌイットをはじめとした先住民族の美術品展示に力を入れている。また、20世紀以降のカナダの発展ぶりを、生活文化の観点から解説展示している。子ども博物館やアイマックスシアターも併設されている。

住 100 Laurier St. Gatineau ☎819-776-7000 開9:30〜17:00、木曜〜20:00 休12月25日、1月第1週 S おとなC\$15、3〜12歳C\$8

カナダの先住民の歴史や文化を紹介する国立文明博物館

オタワの市外局番☎613、ガティノーの市外局番☎819る。ガティノーは819からプッシュする。

オタワ郊外

市街地周辺のオタワ川沿いや、リドー川を渡った川沿いに博物館や総督公邸（リドーホール）がある。市バスを利用して出かけたい。

リドー滝

Rideau Falls MAP p.240-A

行き方 バス9番サセックス通りとアレキサンダー通りの角下車

リドー川がオタワ川と合流する地点にできた滝。リドーとはフランス語でカーテンの意味。毛皮商人たちが名付けた愛称で、今も親しまれている。周囲は美しい公園になっていて、チューリップの咲く時期や紅葉の時期には多くの人々で賑わう。凍った滝の氷が溶けて流れ出すころがもっとも美しいといわれる。夜にはライトアップされ、ダウンタウンの町並みを背景に浮かびあがるリドー滝の姿は幻想的でさえある。

住 Sussex Dr. & Stanley Ave.

リドー・ホール（総督公邸）

Rideau Hall MAP p.240-B

行き方 バス9番サセックス通りとアレキサンダー通りの角下車

カナダ総督は女王の代理を務める象徴的な存在で、首相の推薦に基づき女王が任命する。その総督邸宅がリドー・ホールだ。もともとは裕福な石切り工が1838年に建てた大邸宅だったが、後に政府が買い取り、歴代総督の公邸となった。改築されてはいるものの、ビクトリア様式のすばらしい内装で、広い庭園とともに豪華な雰囲気が楽しめる。紅葉の時期は庭園の木々が色づき、一層美しい。グループ客は通年、見学可能（要予約）。個人旅行者は夏のみ邸内を見学できる（予約は不要）。

住 1 Sussex Dr. ☎1-866-842-4422 URL www.gg.ca 開8:00〜日没1時間前（夏20:00頃、冬16:00頃）S無料 他内部見学ツアーは5月〜6月下旬土・日曜10:00〜16:00、6月下旬〜9月上旬10:00〜16:00、9月上旬〜10月土・日曜12:00〜16:00

歴代総督の公邸になっている

※オタワでは市内から市内にかける際も613からプッシュする。

オタワで買い物を楽しむなら、バイワード・マーケットの周辺か、スパークス通りに行ってみよう。両者は場所的にも近く、歩いて充分に行き来ができ、周辺にはレストランも多い。

Shops

パーラメント・ヒルから徒歩5分／マーケット
バイワード・マーケット・スクエア ByWard Market Square

MAP p.243-B

バイワード・マーケットの創業は1826年。一般化したのは1910年のこと。以来オタワ市民の生活の中心であり続け、食料品や日曜雑貨から衣料品まで、あらゆる生活品が手に入る。さらに中心となるスクエアは、年中無休の商店が集まり、露店も出店する。

- 55 ByWard Market Square
- 613-562-3325
- www.byward-market.com
- 店によって異なる
- 12月25日、1月1日
- 野菜、メープルシロップ、鮮魚、衣料品、日用雑貨、レストラン、カフェなど

パーラメント・ヒルから徒歩10分／コイン
ロイヤル・カナディアン・ミント・ブティック Royal Canadian Mint Boutique

MAP p.243-B

カナダの造幣局の施設。ブティックがあり、メープルリーフの金貨や銀貨、限定もののカナダの珍しいコインなどが購入できる。コインの製造過程の見学ツアーは有料だが、ブティックだけなら無料。ちょっと高価だが、メープルリーフ金貨はプレゼント用によい。

- 320 Sussex Dr.
- 613-993-8990、1-800-276-7714
- www.mint.ca
- 9:00〜18:00
- 12月25日、1月1日
- ツアー 10:00〜17:00、おとな$6

パーラメント・ヒルから徒歩5分／紙
ペーパー・パピエ Paper Papier

MAP p.243-B

ペーパーは英語で紙、パピエはフランス語で紙。その名のとおり、かわいらしいイラストのカード類やギフト用のラッピングペーパーなど、紙製品を扱う紙の専門店だ。オーナーのヘイさんは日本に滞在経験があるため、折り紙や浮世絵のカードが充実している。

- 18 Clarence St.
- 613-241-1212
- paperpapier.com
- 月・火曜9:30〜17:00、水曜〜20:00、木・金曜〜21:00、土曜〜18:00、日曜10:00〜17:00、冬期変更
- 無休
- カード類C$3〜

パーラメント・ヒルから徒歩5分／日用品
ゾーン Zone

MAP p.243-B

サセックス通りの中でも明るさでひときわ目立つ店。食器や燭台、置き時計、カーテンなど、居間と台所の用品や小物類が並んでいる。明るく優しいデザインはカナディアン・モダニズムといった雰囲気で、これが全製品共通のコンセプトだ。

- 471 Sussex Dr.
- 613-562-2755
- www.zonemaison.com
- 10:00〜21:00、土・日曜〜18:00、冬期変更
- 無休
- ワインラックC$40〜60

パーラメント・ヒルから徒歩5分／アンティークプリント
アストロレイブ・ギャラリー The Astrolabe Gallery

MAP p.243-B

ポスターや挿絵といった印刷物の専門店。1920年代から60年代の作品を中心とした、貴重なアンティークプリントが揃い、ちょっとしたギャラリーのようでもある。近年のポスターは複製品もあるので、手頃な価格で購入できる。

- 71 Sparks St.
- 613-234-2348
- www.astrolabegallery.com
- 10:00〜18:00
- 日曜
- 複製ポスターC$25〜、額装C$55〜

Shops

パーラメント・ヒルから徒歩5分／みやげ物
カナダズ・フォー・コーナーズ　Canada's Four Corners

ソープストーンと呼ばれる独特な質感をもつ石を使った、ネイティブ・カナディアンたちの彫刻や、ペインティングアートをたくさん揃えている。手頃な価格の小物も多く、カナダらしいみやげ品として、まとめ買いにも便利だ。

MAP p.243-B

- 93 Sparks St.
- 613-233-2322
- 月～土曜9:00～22:00、日曜10:00～　オフシーズンは時間変更あり
- 無休
- 絵はがきC$1～、ソープストーン人形C$20.98～

パーラメント・ヒルから徒歩5分／先住民アート
スノー・グース　The Snow Goose

先住民の作る工芸品を売る店は多いが、ここは先住民アートの政府公認ショップのひとつ。品数と品質の高さを誇り、北極圏でしか取れない石を使った彫刻などが並び、なかなかおもしろい。日本語の小冊子もある。オタワで極北のアートをおみやげに！

MAP p.243-B

- 83 Sparks St.
- 613-232-2213
- www.snowgoose.ca
- 月～金曜9:30～17:30、土曜～17:00
- 日曜
- 石の動物（イヌイット・アート）C$100位～、鳥のハンドペイント小C$59～

街の造りもゆったりしたオタワだけあって、レストランも、広くて大きな店が多い。しかも１カ所に集中するのではなく、さまざまなエリアに分散していて、どの店も個性的だ。家庭的な店、素材が新鮮な店、メニューの品数が豊富な店など、それぞれにオーナーのこだわりが見えるようだ。

料金ランク
A C$40以上
B C$30～
C C$20～
D C$10～
E C$10未満

Restaurants

パーラメント・ヒルから徒歩3分／フレンチ＆シーフード　C
メトロポリタン・ブラッセリー・レストラン　Metropolitain Brasserie Restaurant

サセックス通りとリドー通りの角にあるパティオが人気のレストラン。店内はいくつかのセクションに分かれ、落ち着いた雰囲気のバーカウンターもある。フレンチを中心としたメニューだが、新鮮なカキなどシーフードメニューも充実。

MAP p.243-B

- 700 Sussex Dr.
- 613-562-1160
- metropolitainbrasserie.com
- 8:00～24:00、土・日曜9:00～14:00、16:00～24:00
- 不定休
- 朝食C$10～20、前菜C$11～20、メインC$15～35

バイワード・マーケットからすぐ／イタリア料理　C
ヴィットリア・トラットリア　Vittoria Trattoria

市内に３店舗を展開するイタリア料理店。ミートやチーズを盛り合わせたアンティパスト・デラ・カーサ、釜で焼いたピザ各種、蒸したマッスル、スモーク・サーモンのパスタなどが人気メニュー。２階にもダイニングルームがある。

MAP p.243-C

- 35 William St
- 613-789-8959
- www.vittoriatrattoria.com/byward-market/
- 11:00～22:00、土・日曜10:00～
- 不定休
- アンティパスト・デラ・カーサC$22、マッスルC$13

オタワの市外局番 613　※オタワでは市内から市内にかける際も613からプッシュする

Restaurants

バイワード・マーケットから徒歩1分／ティーラウンジ E

ティー・パーティ　The Tea Party

MAP p.243-C

住まいの一部を店にしたような、家庭的なティーラウンジ。紅茶やコーヒーの数は、紅茶約100種、コーヒー約20種類という充実ぶり。量り売りもしてくれる。12～17時にはサンドイッチやスコーン付きのアフタヌーンティーもやっている。

- 119 York St.
- 613-562-0352
- www.theteapartycafe.com
- 10:00～19:00（月～水曜～18:00）
- 無休
- ホット・ティーC$3～、日替わりコーヒーC$2、アフタヌーンティーC$15～

バイワード・マーケットからすぐ／魚料理 C

フィッシュ・マーケット　The Fish Market

MAP p.243-B

バイワード・マーケットに面したレストラン。店内には大きな水槽が並び、生きたマスやロブスターを目の前に、食事ができる。生ガキやシュリンプカクテルなどのシーフードを中心としたメニュー。そのほかにもパスタ類、ステーキ料理など多彩に揃う。

- 54 York St.
- 613-241-3474
- www.fishmarket.ca
- 11:30～22:00、金・土曜～23:00
- 無休
- ニジマスのソテーC$25.99、生カキ（12個）C$32.99、クラムチャウダーC$8、ホタテのガーリックC$29.99

パーラメント・ヒルから徒歩5分／パブ D

ハイランダー・パブ　Highlander Pub

MAP p.243-C

スタッフ全員がキルトをはいている、本格的なスコティッシュ・パブ。客はもちろんイギリス系の常連が多く、フィッシュ&チップスでビールを飲むのがスタンダード。生ビールは15種類以上、スモーキーなシングルモルトウイスキーは約200種が揃う。

- 115 Rideau St.
- 613-562-5678
- www.thehighlanderpub.com
- 10:00～1:00AM
- 12月25日
- フィッシュ&チップスC$12.95、バーガーC$14.95～

バイワード・マーケットからすぐ／ステーキ&シーフード C

リュクス　Luxe Bistrto Steakhouse

MAP p.243-B

バイワード・マーケットの向かいにあるスタイリッシュなレストラン。夏はパティオ席のほか、店内の反面を開け放し、開放感を演出する。メニューは季節ごとに替わるが、ステーキをはじめ、カキやエビなどのシーフード、地元の野菜を使ったサラダも新鮮だ。

- 47 York St.
- 613-241-8805
- www.luxebistro.com
- 11:30～23:00（土・日曜17:30～）
- 無休
- トマトサラダ前菜C$18、8オンスサーロインステーキC$29

パーラメント・ヒルから徒歩7分／ベーカリー&カフェ D

フレンチ・ベーカー&ベニーズ・ビストロ　Le French Baker & Benny's Bistro

MAP p.243-B

焼きたてのクロワッサンやフランスパンを求めて行列ができる店。NYタイムズでオタワのベストクロワッサンに選ばれた。ベーカリーの奥は、おしゃれなカフェになっていて、ブランチやランチが楽しめる。焼きたてのパンを使ったサンドイッチもある。

- 119 Murray St.
- フレンチ・ベーカリー 613-789-7941
- www.frenchbaker.ca
- ベーカリーは7:00～18:30（土・日曜～17:30）、ビストロは11:30～14:00（土・日曜10:30～14:30）
- 無休
- サラダ付きサンドイッチC$14

オタワは首都であるだけに、クオリティの高いホテルのほとんどが街の中心部に集まり、選びやすい。城郭風造りの豪華なホテルから、近代的なホテルまで多彩に揃う。

料金ランク	
A	C$220以上
B	C$170〜
C	C$150〜
D	C$120〜
E	C$120未満

Hotels

パーラメント・ヒルから徒歩3分 A
フェアモント・シャトー・ローリエ　Fairmont Châteua Laurier

MAP p.243-B

青銅の屋根をもつ城を模した格式と伝統を誇る豪華ホテルで、世界の著名人に親しまれている。客室はスタンダードからスイートまで約10種類。パーラメント・ヒルの眺めのよいレストランのほか、カクテルなどが楽しめるラウンジがある。ヘルスクラブなども完備。

- 1 Rideau St.
- ☎613-241-1414
- FAX 613-562-7030
- URL www.fairmont.com/laurier-ottawa
- 429室
- S T C$199〜399、スイートC$429〜、冬期割引あり

パーラメント・ヒルから徒歩5分 B
ウェスティン・オタワ　The Westin Ottawa

MAP p.243-C

リドー運河沿いにある。ロビーは3階の高さまで吹き抜けになっており、スピンドル型をした光のオブジェがゲストを迎える。客室はモノトーンを基調にまとめられ、ゆとりの広さを確保。窓辺に広がるオタワの夜景も素晴らしい。屋内プールなど施設も充実。

- 11 Colonel by Dr.
- ☎613-560-7000
- FAX 613-234-5396
- URL www.thewestinottawa.com
- 496室
- S T C$159〜、スイートC$319〜

パーラメント・ヒルから徒歩5分 C
ロード・エルジン　Lord Elgin

MAP p.240-D

1941年創業の中級クラスのホテル。クラシカルなスタイルの老舗ホテルのひとつで、トラディッショナルルームにはクイーンサイズやキングサイズのベッドが配されている。メインダイニングのグリルのほか、バーやスターバックスがある。

- 100 Elgin St.
- ☎613-235-3333
- FAX 613-235-3223
- URL www.lordelginhotel.ca
- 359室
- S T C$145〜、冬期割引あり
- 無料インターネットあり

ホテル名	料金ランク	地図位置	住所・電話（市外613）	部屋数・料金	URL www.
カルチエ・プレイス・スイート Cartier Place Suite	C	p.240-D	180 Cooper St. ☎613-236-5000	250室 S T C$140〜269	suitedreams.com
エンバシー・ホテル&スイート Embassy Hotel & Suites	D	p.240-D	25 Cartier St. at Cooper ☎613-237-2111	130室 S T C$118〜227	ottawaembassy.com
ノボテル・オタワ Novotel Ottawa	C	p.243-C	33 Nicholas St. ☎613-230-3033	281室 S T C$149〜	novotelottawa.com
マリオット・コートヤード Marriott Coutyard	C	P.243-C	350 Dalhousie St. ☎613-241-1000	183室 S T C$144〜	marriott.com
アーク Arc	B	p.240-C	140 Slater St. ☎613-238-2888	112室 S T C$135〜342	arcthehotel.com
シェラトン・オタワ Sheraton Ottawa	B	p.240-C	150 Albert St. ☎613-238-1500	236室 S T C$153〜	sheratonottawa.com
デルタ・オタワ・シティセンター Delta Ottawa City Centre	B	p.240-C	101 Rue Lyon St. ☎613-237-3600	411室 S T C$161〜	deltahotels.com
ビジネス・イン Business Inn	D	p.240-D	180 Maclaren St., ☎613-232-1121	156室 S T C$109〜	thebusinessinn.com
オタワ・インターナショナル・ホステル Ottawa International Hostel	YH	p.243-C	75 Nicholas St. ☎613-235-2595	150beds C$34〜95	hihostels.ca

オタワの市外局番 ☎613　※オタワでは市内から市内にかける際も613からプッシュする
※料金ランク欄のYHはユースホステル

カナダ東部 II
Eastern Canada 2

ケベック州
Québec

モントリオールの奇跡と讃えられるサン・ジョセフ礼拝堂

ケベック州のアウトライン‥‥250
モントリオール‥‥‥‥‥‥252
ロレンシャン‥‥‥‥‥‥‥264
ケベックシティ‥‥‥‥‥‥266

ケベック州のアウトライン

なりたち・歴史

ケベック州の総面積は154万2056㎢。準州を除くカナダで最大の州で、フランス国土の2.5倍、日本の3.6倍にもなる。北はハドソン海峡、南は1000kmにわたるセント・ローレンス川とガルフ湾、西はジェームス湾とハドソン湾というように、州境のほとんどを水に囲まれ、しかも100万を超えるといわれる湖沼を抱えている。その水利を活かし、州内の電力供給量の95%を水力で賄っている。

地理的には、北極圏の海岸地帯からローレンシア山脈に及ぶカナダ楯状地、南側のセント・ローレンス低地、そしてアパラチア山脈の3つの地域からなっている。カナダ楯状地は州の陸地面積の60%を占め、また世界最古の山岳地帯として、地球物理学や地質学の観点から世界中の注目を集めている。

州人口は約791万人で、その80%はセント・ローレンス川流域の都市部に集中し、382万人がモントリオールとその周辺に住む。州都のケベックシティは人口66万人だ。

ケベックの名は、先住民族であるアルゴンキン族の言葉で「狭い通路」を意味していて、これはセント・ローレンス川がケベックシティのディアマン岬付近で急に狭まることからきている。

ヨーロッパ人との関わりの歴史は、ここでもやはり、毛皮の交易から始まる。

ヌーベル・フランス（新しいフランス）と呼ばれていたこの地を植民地として確立すべく、フランス人の入植に力を注いだのが、カナダ史にたびたび登場するサミュエル・ド・シャンプランである。ケベックシティは1608年にヌーベル・フランスの首都とされ、住民数でイギリス人を上回るようになったが、世界的な植民地政策をとっていたイギリスとの対立が激化し、1754年にフレンチ・インディアン戦争が勃発した。この戦いでイギリスが勝利し、100年以上も続いたヌーベル・フランスは陥落。1763年のパリ条約によって、ケベックは正式にイギリス領となった。

だが条約の調印当時は、ケベック（シティとその周辺地域）に定住していたフランス系住民が6万人以上もいたのに対して、イギリス系の住民は数百人に過ぎず、フランス民法と信教の自由、そしてフランス語の使用を公認せざるを得なかったのである。

そして1775年には、アメリカ独立戦争から逃れた約4万人ものイギリス系の人々が流入したため、1791年にケベック植民地を東西に分断。西側は後にオンタリオ州となる。1840年の連合法制定による再度の統一、自治領としてのイギリスからの独立、急激な経済成長、連邦政府と州の対立など、その成り立ちは平坦ではなかった。州民投票でも、依然カナダ連邦からの独立を望む声は多い。

カナダのフランス文化圏

ほかの州と違って、ケベックにはフランス人開拓による独自の文化が形成されている。「ヌーベル・フランス」とは「北米大陸におけるフランス文化の地」という意味合いもあり、フランス語をはじめとするフランス文化は彼らの誇りなのである。フランス語とカトリックの信仰が、1774年のケベック法によって保護されたことなどは象徴的な出来事だ。他州が公用語の英語一元化を進めているなかで、1977年には、フランス語のみをケベック州の公用語とするフランス語憲章の制定などもそれを象徴している。ケベック州に入ると道路標示などもすべてフランス語で表示される。

現在ケベック州の車のナンバープレートには、「Je me souviens（ジュ・ム・スヴィアン＝私は忘れない）」という言葉が書かれているが、これは一般的には、かつてのフランス植民地時代の豊かで文化的な暮らしを想い、英国の支配に屈しなかった祖先を忘れまいという風に解釈されている。これもケベック文化の一端を表すものだ。

ケベックシティのロワイヤル広場は人気の観光スポット

自然環境・気候

　ケベックで創られたシャンソンには「私の国は土地ではない、冬だ」と歌われるものがあるが、この言葉からも分かるようにケベックの冬は厳しい。

　ケベックシティの緯度は北海道の稚内と同じ北緯47度。真冬には気温が-30℃にも下がることがあり、平均降雪量も2mを超す。やや南にあるモントリオールでも-20℃になるのは、珍しいことではない。

　南部にわずかに平野があるものの、ほとんどがタイガと呼ばれる森林地帯と、ツンドラ（永久凍土）で、環境的にはシベリアと変わらないといっていいだろう。そこにはカリブーやクマ、ムース、ビーバーなど多くの野生動物が棲息し、日本人の感覚では、とうてい推し量れないほどの豊かな大自然が横たわっている。

　そしてケベックは5月に遅い春を迎える。木々はいっせいに芽吹き始め、その緑の美しさは世界中のどこの土地にも引けを取らない。また真夏の日没は9時頃で、意外にも蒸し暑い日が続き、日中は30℃を超えることもある。

旅のアドバイス

　まずフランス文化が色濃く残る、ケベックシティへはぜひとも訪れたい。同じカナダでもカナダに残されたフランス文化に触れることができる。とくに世界遺産にも指定される旧市街は、町全体が博物館のようだ。

　そしてメープル街道をレンタカーなどを使って移動すれば、カナダの農村風景を楽しめるし、トロワ・リビエールの古い町並みを探訪しながら、ロレンシャンへ立ち寄ってモントリオールに入れば、雄大で素朴なカナダを満喫できるだろう。

　モントリオールでは、やはり旧市街は見どころのひとつだが、アンダー・グラウンドシティと呼ばれる大地下街や、川沿いの再開発地域も、間違いなく楽しめる。

　いずれの都市もセント・ローレンス川沿いにあり、鉄道やバス路線も発達しているので、予算とスケジュールに合わせて目的地を選ぶことができる。

　冬の寒さは想像以上に厳しいので、もし冬に行くのであればそれなりの用意が必要だ。寒いけれど、ロマンチックな風景に必ず出合える。

モントリオール

Montréal 🍁 ケベック州 🍁 市外局番438／514　MAP p.251-A

ジャック・カルチエ広場脇のアーティスト通り

街を知る　毛皮商人が拓いた経済の中心地

　1642年、セント・ローレンス川を遡ってきたフランス人入植者、メゾヌーブがビル・マリーという町を造った。これが今日のモントリオールの礎だ。その小さな港町は毛皮交易の基地として賑わい、18世紀の半ばには人口5000人を超える街へと発展した。

　やがて貿易会社や銀行が集まり、18世紀末から19世紀初めに大貿易会社ノースウエスト・カンパニーの本社が置かれ、内陸の要所を占める港湾都市となった。現在も主要銀行や鉄道会社の本社が置かれ、陸運、水運の利、さらにアメリカの工業地帯と隣接する地の利もあって、発展。また「オゾン層を破壊する物質に関するモントリオール議定書」締結の時には、国際政治の表舞台にも登場した。

　フランス本国を除くと、最も大きなフランス語文化圏であり、フランス語を母語とするフレンチ・カナディアンが8割を占めている。町中の標識、看板類、行き交う言葉もほとんどがフランス語。とはいえ、世界各国からの移民を受け入れてきた国際都市だけあって、さまざまな国の人々が共存しつつ暮らしており、モザイク都市とも呼ばれている。

街歩きエリアガイド　空港・鉄道駅からダウンタウンを目指そう

　モントリオールはセント・ローレンス川の中州に発達した町。中心部のダウンタウンと旧市街、オリンピック公園に分けられる。

　市内の西約22kmにあるトルドー国際空港には国内線とアメリカ線が発着。この空港から市内まではタクシーで約30分、C$40（定額制）。空港からはSMT（モントリオール交通局）が運行する747番バスを利用する。ダウンタウンのベリ・ユカム駅とを結び24時間運行される。チケットは到着フロアの券売機で購入するか、直接コインで Ⓢ C$10を払う。お釣りは出ない。

　鉄道はダウンタウンの中央駅Gare Centraleからすべての列車が発着。バス・ディポは地下鉄ベリ・ユカムBerri-UQAM駅と地下で直結し、トロント、ケベックシティ、ロレンシャン、オタワなどからの便が発着する。

市バス＆地下鉄で街めぐり

　市内交通は整備されており、地下鉄・メトロMétroと市バスがある。地下鉄は4路線（→p.254）あり、早朝5時半ごろから深夜1時ごろまで運行。料金は1回C$3.25。市バ

ⓘ-a MAP ●切りとり-46、p.256-E　住1255 Peel St., Square Dorchester　☎514-873-2015　営夏期9:00〜18:00、冬期9:00〜17:00　休12月25日・1月1日　ⓘ-b MAP ●切りとり-36、p.256-B　住174 rue Notre-Dome Est　営夏期9:00〜19:00、冬期10:00〜18:00

スは路線数も多く、乗り換えも複雑。駅や❶（インフォメーション）で路線図をもらうといい。市バスに乗り換える際は、ドライバーの横にある機械にチケットを通せばよい。120分以内の乗り継ぎは無料だが、同じ番号のバスに2度乗ることはできない。観光に便利なのが、地下鉄・市バスに乗り放題のデイパスC$10。空港からの747番バスにも使える。

市内観光に2日は必要

ダウンタウンの目抜き通りはサント・カトリーヌ通りRue Ste-Catherine。デパートやブティックが並び、買物客で賑わう。冬の寒さが厳しい土地柄ゆえ、地下街が発達している。夜はサン・ドニ通りやクレセント通りでナイトライフを満喫しよう。

ダウンタウンから15分も歩けば旧市街。北側からノートルダム・ド・ボンスクール教会、市庁舎、旧裁判所などの古い建物を巡ろう。ダウンタウンの西にはモン・ロワイヤルの丘がある。地下鉄利用ならオリンピック公園はすぐ。周辺にはモントリオール植物園などがある。

中心部だけを見るなら1日で充分だが、美術館や、オリンピック公園周辺の施設を見るなら最低2日間はかかる。

モントリオールへの交通

✈ 飛行機
モントリオール・ピエール・エリオット・トルドー国際空港
MAP p.253-A

国際空港だが、日本からトルドー国際空港に到着する直行便はないので、トロントかアメリカ国内で乗り継ぐ。トロントから約1時間15分、バンクーバーから約4時間50分。国内便も多数運航され、ニューヨークなどからの便もある。

🚌 バス
モントリオール・バス・セントラル・ステーション
MAP ●切りとり-28, p.256-A

トロントからメガバスで約6時間30分。グレイハウンドで約8時間、オタワからは2時間30分、ケベックシティからオルレアン・エクスプレスで約3時間15分。

🚆 鉄道／VIAセントラル駅
MAP ●切りとり-41, p.256-C

VIA鉄道の中核を担う駅で発着本数も多い。駅はクイーンエリザベス・ホテルの地下にあり、オタワから約2時間、ケベックシティから約3時間、トロントから約5～7時間。

見どころ

気持ちのいい公園、ドチェスター・スクエア

ダウンタウン

人口340万人を数えるモントリオールの心臓部で、プラス・ビル・マリーあたりは高層ビルの林立する金融、官庁街となっている。地下街が発達しているエリアで、もっとも賑わう繁華街は、サント・カトリーヌ通りだ。

ドチェスター・スクエア
Dorchester Square ●切りとり-46・47、p.256-E
行き方 地下鉄ピールPeel駅から徒歩5分

ダウンタウンのほぼ中央にある広場。高層ビルが林立する中心部にありながらも、あふれる緑に心が癒され、一息つくのにもいい。すぐ近くには観光案内所❶があり、観光バスがここから発着しているので、何度か立ち寄ることになるだろう。

広場のはす向かいには「世界の女王マリア聖堂」がある。1886年にローマ・カトリックの大本山、バチカンのサンピエトロ大聖堂を模して建てられたもので、カトリックを礎として発展したケベック州の歴史を伝える。園内をひと巡りしたら、市内観光に出かけよう。

プラス・ビル・マリー
Place Ville-Marie ●切りとり-41、p.256-C
行き方 ドチェスター・スクエアから徒歩2分

ドチェスター・スクエアの2ブロック北にある老舗ショッピング・モール。レストラン街や5棟の高層オフィスビルからなり、買い物や食事からビジネスまで、市民にとってランドマーク的存在の場所。ビルの下は巨大な地下街となっている。買い物や散策を楽しもう。

モダンなオフィスビル

モントリオール美術館
Montréal Museum of Fine Arts　MAP●切りとり-46、p.256-E
行き方 地下鉄ピールPeel駅、またはギィ・コンコルディア駅Guy-Concordiaから徒歩10分

　1860年創立のカナダ最古の美術館。神殿のような外観の旧館と、1991年オープンの斬新なデザインの新館からなる。その設計はモントリオールを代表する建築家モシュ・サフディ氏。旧館ではカナダ全土の美術を中心に版画、彫刻、家具などを主に展示。新館は意欲的な企画展にも積極的で、イヌイットやネイティブ・カナディアンの工芸品も充実。ミュージアムショップもある。シェルブルック通りを挟み両館は地下道で連絡している。
住 1380 Rue Sherbrooke Ouest ☎514-285-2000 開 10:00～17:00（企画展の場合水曜～21:00）休 月曜 料 常設展31歳以上C$12、特別展31歳以上C$20、13～30歳C$12

マッコード・カナダ歴史博物館
McCord Museum of Canadian History　MAP●切りとり-40、p.256-C
行き方 地下鉄マギルMcGill駅から徒歩5分

　ユニバーシティ通り沿い、マギル大学の向かい側にある。ケベック州を中心にした18世紀のカナダの服飾、装飾、民俗学など、生活に密着したものを通して歴史を探る歴史博物館。ネイティブ・カナディアンに関する展示も多い。フランス人がこの地を訪れた理由のひとつでもある、毛皮交易の歴史も紹介されている。

住 690 Rue Sherbrooke Ouest ☎514-398-7100 開 火～金曜10:00～18:00、水曜～21:00、土・日曜と夏期・祝日の月曜10:00～17:00 休 夏以外の月曜 料 おとなC$15、65歳以上C$12、学生C$9、12歳以下無料

モントリオール現代美術館
Musée d'art Contemporain de Montréal
MAP●切りとり-34、p.256-C
行き方 地下鉄プラス・デザールPlace-des-Arts駅からすぐ

　モントリオールは芸術が盛んな都市。その中心が芸術広場と訳されるプラス・デザール。有名なモントリオール交響楽団の演奏会をはじめ、演劇、バレエが上演されている。そんな広場の一画にある美術館は1940年から現代までのケベック州、カナダ全土、世界各国から集められた作品5000点を収蔵する。
住 185 Rue Ste-Catherine Ouest ☎514-847-6226 開 11:00～21:00（火曜～18:00、土・日曜～18:00）休 月曜、12月25日、1月1日 料 おとなC$14、シニアC$12、学生C$10、12歳以下無料、水曜17:00以降半額

プラス・デザール周辺はジャズ・フェスティバル会場になる

街角ワンショット

ストリート・アートに遭遇!?

　プラス・ビル・マリーの北東約1.5km、シェルブルック通りと並行して延びるプリンス・アーサー通りとサン・ローラン通り周辺は歩行者天国。ギリシャ料理、イタリア料理などのレストランが軒を並べ、夕刻ともなると大勢の人で賑わう。値段はどこもリーズナブル。しかもほとんどの店がワインの持ち込みが可能!?　半信半疑で近くのリカーショップでワインを買い、店へ直行。バグパイプやフォルクローレの調べを耳にお酒を飲み、心が弾んだ。

　ほろ酔い気分になった時、一瞬なんだろうと思ったオブジェに出会った。枯れ葉色のロングドレスに金粉で化粧した美人がじ～っと立っている。微動だにせず、呼吸しているはずだが、その気配がまるでない。周囲の風景に調和してさながら絵画。パントマイムはケベックでも見たが、これはすっかりアートしている。さすが芸術の盛んな街と関心させられた。

　夏の呼び物はご存じモントリオール・ジャズ・フェスティバル。7月の開催時にはいろいろな通りでジャムセッションが楽しめる。そういえばシルク・ドゥ・ソレイユはモントリオールが本拠地。パフォーマンスはモントリオールの伝統なのかも!?

彫刻のような人間アート！

モントリオールの市外局番☎438／514　※モントリオールでは市内から市内にかける際も438／514からプッシュする

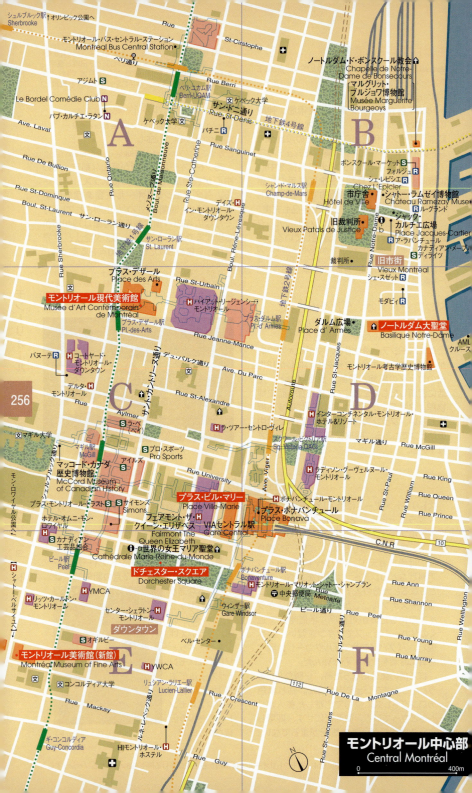

旧市街

ヴュ・モンレアルと呼ばれる旧市街は、1642年、ビル・マリーが建設されたモントリオール発祥の地。ダルム広場からジャック・カルチエ広場へと、町歩きを楽しもう。

ダルム広場
Place d'Armes MAP ●切りとり-36、p.256-D

行き方 地下鉄プラス・ダルム Pl-d'Armes駅から徒歩3分

1644年にフランス軍と先住民のイロコワ族が戦った古戦場の跡で、現在は公園となっている。入植者メゾヌーブの像が立てられ、その周りをイロコワ族の像が取り囲み、開拓の歴史を物語る。観光馬車カレーシュCalècheの発着場所。

大聖堂前の広場

ノートルダム大聖堂
Basilique Notre-Dame MAP ●切りとり-36、p.256-D

行き方 地下鉄プラス・ダルム Pl-d'Armes駅から徒歩3分

1842年、街を治めていたシュルピス会領主によって建てられたゴシック・リバイバル様式のバジリカ聖堂。丸天井の下に、神秘的な青い光に照らされた黄金の祭壇が飾られ、その壮麗さに圧倒される。内陣には7000本のパイプを持つ世界最大級のパイプオルガンがあり土・日曜に演奏会も開かれる。祭壇の奥にはセリーヌ・ディオンが結婚式を挙げた礼拝堂がある。大聖堂の隣はシュルピス会修道院。

住 110 Rue Notre-Dame Ouest ☎514-842-2925 開 8:00～16:30、日曜12:30～16:00 行事がある日以外無休 S おとなC$5、7～17歳C$4 他 ガイドツアーは英語とフランス語

モントリオール観光のハイライト

ジャック・カルチエ広場
Place Jacques-Cartier MAP ●切りとり-36、p.256-B

行き方 地下鉄シャン・ド・マルスChamp-de-Mars駅から徒歩5分

市庁舎の前から旧港に向かって延びる細長い広場。脇にはシャトー・ラムゼイ博物館もある。ノートルダム通り沿いにそそり立つ円柱上の人物は、1805年トラファルガーの戦いでフランス軍を破ったネルソン提督。夏、広場には似顔絵描きやパフォーマーも登場。ノートルダム通り沿いには、❶観光案内所もある。

似顔絵はいかが？

市庁舎
Hôtel de Ville MAP ●切りとり-30、p.256-B

行き方 ジャック・カルチエ広場から徒歩3分

創建は1878年だが、その後、火災で焼失し、現在の石造りの建物に修復された。ケベック州で独立の運動が最高潮に達した1960～1970年代、1967年にはフランスのドゴール大統領がモントリオールを訪れ、このバルコニーから、ケベック分離主義者のスローガン「自由ケベック万歳！」を叫ぶ事件も起きた。

レトロな外観の市庁舎

住 275 Rue Notre-Dame Est ☎514-872-0311 開 8:30～17:00 休 土・日曜、祝日 S 無料

シャトー・ラムゼイ博物館
Château Ramezay Museum MAP ●切りとり-30、p.256-B

行き方 地下鉄シャン・ド・マルスChamp-de-Mars駅から徒歩5分

11代総督クロード・ラムゼイの私邸だったが、ラムゼイの死後、西インド会社に売却され、1756年改築され、現在は博物館。18世紀の家具や衣装などが展示されている。

住 280 Rue Notre-Dame Est ☎514-861-3708 開 6～10月中旬／9:30～18:00、10月中旬～5月／10:00～16:30 休 冬期月曜 S おとなC$10、学生C$8、子どもC$5

モントリオールの市外局番 ☎438／514 ※モントリオールでは市内から市内にかける際も438／514からプッシュする

モン・ロワイヤル公園周辺とオリンピック公園

　ダウンタウンの西側が癒やし系スポット、モン・ロワイヤル公園。東側には広大なオリンピック公園が広がっている。

モン・ロワイヤル公園
Parc Mont-Royal MAP p.253-B

行き方 地下鉄ピールPeel駅から徒歩25分。あるいは、地下鉄モン・ロワイヤルMont-Royal駅から11番バスでCentre de la montagne下車

　セント・ローレンス川の中州に位置し、モントリオールで最も高い、標高234mの丘。1876年フレデリック・オムステッドによって公園として

街を望む展望台

整備され、200haにも及ぶ森の中に彫刻公園やビーバー湖Beaver Lake、展望台（2カ所）や観察センターCentre de la montagneが配され、数多くのトレイルが刻まれている。まずは山頂直下の展望台ベルベデーレ・コンディアロンBelvedere Kondiaronkへ行こう。眼下に広がる町並みの向こうにセント・ローレンス川が望める。山頂には街の開祖メゾヌーブが建てたという十字架がある。伝説では、1642年12月に起こった洪水から定住地を守ってほしいと誓願をたてたところ、被害を免れたことから建立されたとか。現在の十字架は1924年に建てられた金属製。高さ36.3m。夜ライトアップされる。

サン・ジョセフ礼拝堂
Oratoire Saint-Joseph MAP p.253-B

行き方 地下鉄コート・デ・ネージュCôte-des-Neiges駅から徒歩10分

　ロワイヤル山の北西斜面に建つカトリックの礼拝堂。年間200万人もの巡礼者が訪れる聖地。ノートルダム・カレッジの門番だったアルフレッド・ベセット（1845-1937）は、40年間、カナダの守護聖人である聖ジョセフに帰依すれば救われると説き続けた。1870年、アンドレ修道士となったベセットは、病に苦しむ人々とともに祈りを捧げ、その信仰の力は奇跡となって人々を救い続けたという。病が癒えた人々が奉納した車いすや杖でいっぱいになり、1904年には大きな礼拝堂を建てる必要に迫られ、1924年に工事が開始されたが、完成したのは1967年。高さ112m、

八角形の銅板拭きのドームの上には高さ8mの十字架が立つ。礼拝堂の壁際には人々が奉納した松葉杖がびっしり並ぶ。3階の特別展示室・礼拝堂博物館には、アンドレ修道士の心臓が保存されている。

住 3800 Chemin Queen Mary　電 514-733-8211　開 教会6:00～21:30・無料、博物館10:00～16:00　料 おとなC$4、学生C$3、子どもC$2

ケベック三大巡礼地のひとつ

オリンピック公園
Parc Olympique MAP p.253-B

行き方 スタジアムは地下鉄ピ・ナフPie-IX駅下車、タワーやバイオドームは地下鉄ビオViau駅下車

　1976年に開催されたモントリオール・オリンピックの会場跡地に造られた商業施設。スタジアムを囲むように世界一の傾斜塔や温室、植物

バイオドーム館内

園などが並ぶ。まずはスタジアム北側のモントリオール・タワーに登ってみよう。地上165mの展望台からは360度の絶景が楽しめる。スタジアム東側のバイオドームBiodomeはドーム内が「熱帯雨林」「ロレンシャンの森」「セント・ローレンス湾」「ラブラドール沿岸」「極北の島々」の5つの生態系に分けられた体験型自然博物館。汗ばむジャングルから酷寒の極北へ時間旅行を体験できる。バイオドームの西側には植物園もある。

オリンピック公園　住 4141 Ave. Pierre-De Coubertin　電 514-252-4141　URL www.parcolympique.qc.ca

モントリオール・タワー　営 9:00～17:00（月曜13:00～、6月下旬～8月下旬～20:00）　料 おとなC$22.50、シニアC$20.25、学生C$18、5～17歳C$11.25

モントリオール・バイオドーム　営 6月下旬～9月上旬9:00～18:00、9月上旬～6月下旬9:00～17:00、休 月曜　料 おとなC$19.25、シニアC$17.25、学生C$14.25、5～17歳C$9.75、タワーやドーム、植物園を組ませたコンビチケットもある

ジャンタロン・マーケット
Jean-Talon Market MAP p.253-B
行き方 地下鉄ジャンタロンJean-Talon駅から徒歩5分

　1933年に創設された公設市場。週末になると家族連れや旅行者で大いに賑わう。広いオープンスペースに、新鮮な季節の野菜や果物が並び、かたわらにはケベック州特産のメープルシロップやリンゴジュースなどの名産品も取り揃えられ、おみやげ探しもできる。夏場は、色とりどりの花々や青々としたハーブの美しさに購買欲をそそられる。マーケットを囲むようにチーズや肉類、オリーブオイルなどの専門店も軒を連ね、ケベック州の地産地消の精神や食に対するこだわりが感じられる。

住 7070 Ave. Henri-Julien ☎514-937-7754 URL www.marchespublics-mtl.com 営 月～水・土 曜7:00～18:00、木・金曜～20:00、日曜～17:00 休 12月25日、12月26日、1月1日、1月2日

市場のオレンジは新鮮！

街角ワンショット
アンダーグラウンド・シティ
　モントリオールは別名「アンダーグラウンド・シティ」とも呼ばれ、地下鉄と地下街を利用すれば、地上に出ることなく生活できる都市だ。なぜこれほど地下が発達したかといえば、冬の厳しい寒さと降雪から都市機能と人々の暮らしを守るためだ。

　その建設は1960年代はじめにプラス・ビル・マリーの地下にショッピング・モールを造ったことに始まる。今では地下街の総延長は30km以上。VIAセントラル駅を中心にボナバンチュール、マギル、ピールの3駅が地下街で結ばれている。

明るい地下街

Tour & Activity

■市内&郊外ツアー

グレイ・ライン・モントリオール
Gray Line Montréal
住 1255 Peel St.
☎ 514-398-9769、1-800-461-1223
URL www.grayline.com/montreal

シティ・ツアー
Hearts of Montreal Motorcoach City Tour
　ガイドの案内を聞きながら巡るツアー。旧市街やオリンピック公園、モン・ロワイヤル公園の展望スポット、サン・ジョセフ礼拝堂などで写真撮影も可。
営 3月下旬～11月上旬の9:00と13:00出発。所要3時間30分 料 おとなC$55、子どもC$35 ホテルでのピックアップかドチェスター・スクエア発

ホップ・オン・ホップ・オフ・ダブルデッカー・ツアー
　2階建ての赤いバスで、ガイドの案内を聞きながら回るツアー。市内10カ所の見どころで自由に乗り降りできるので観光の足として活用できる。バスは経路を循環しているので降りたら、次のバスに乗車すればいい。
営 5月中旬～10月下旬 料 おとなC$55、子どもC$35

■セント・ローレンス川クルーズ

AMLクルーズ
AML Cruises MAP p.256-D
☎ 514-284-7792、1-866-228-3280
URL www.croisieresaml.com

ブランチ・クルーズ
　旧港のQuai des Convoyeursから出港し、セント・ローレンス川を1時間半かけて周遊するブランチ・クルーズ。
営 5月中旬～10月中旬の土・日曜催行。10:30乗船、11:30出港 料 おとなC$52.95、子どもC$30.95

■自転車／レンタサイクル

ヴェロ・モントリオール
Velo Montréal MAP p.253-B
住 3880 Rachel Est ☎ 514-259-7272
URL www.velomontreal.com

　総延長500km以上のバイクパス（サイクリングロード）が整備されているモントリオールで、サイクリングを楽しんでは？　旧港やオリンピック公園周辺がおすすめ。
料 2時間C$15～、1日C$30～

旧市街は観光の中心地なので、みやげ物店には事欠かない。お菓子や雑貨、北米らしいスポーツグッズなどいろいろなものが揃う。最新のファッションを求めるなら、マギル駅周辺かサン・ドニ通りがいい。

Shops

地下鉄ピール駅から徒歩7分／デパート
オギルビー Ogilvy

MAP ●切りとり-46、p.256-E

ダウンタウンのサント・カトリーヌ通りにある1866年創業の老舗デパート。店内にブティックを取り入れた先駆けのデパートだとか。5階には音楽ホールもある。正統派デパートらしくブランド店や上質なブティック、スパなども入店。化粧品のM.A.C.もある。

住 1307 Rue Ste-Catherine Ouest
☎ 514- 842-7711
URL ogilvycanada.com
営 月～水曜10:00～18:00、木・金曜 ～21:00、土曜9:30～18:30、日曜11:00～
休 祝日

地下鉄マギル駅から徒歩3分／地下街
プラス・モントリオール・トラスト Place Montréal Trust

MAP ●切りとり-40、p.256-C

サント・カトリーヌ通り沿いの地下街ではEaton Centreのすぐ西側。噴水を中心にZARA、ARDENE、Winnersなどローカルにはお馴染みのブランドをはじめ、大型書店Indigoやスターバックスのスタンドも。地下2階にはフードコートもあり、休憩にもいい。

住 2000 McGill College Ave.
☎ 514-843-8000
URL www.placemontrealtrust.com
営 月・火曜10:00～20:00、水～金曜 ～21:00、土曜～19:00、日曜11:00～17:00
休 祝日

地下鉄ピール駅から徒歩3分／デパート
サイモンズ Simons

MAP ●切りとり-40、p.256-C

ケベックシティ発祥で州内数カ所でのみ営業する衣料専門店。若者向けファッションが中心で、価格も良心的。洋服だけでなく、独自ブランドの寝具やテーブルリネン、アクセサリー類もある。他の州にはないデパートなので、滞在中にぜひ一度訪れてみて!!

住 977 Rue Ste-Catherine Ouest
☎ 514-282-1840
URL www.simons.ca
営 月～水曜10:00～18:00、木・金曜 ～21:00、土曜～17:30、日曜11:00～17:30
休 祝日

地下鉄シャン・ド・マルス駅から徒歩7分／ブティック、クラフトショップ
ボンスクール・マーケット Bonsecours Market

MAP ●切りとり-30、p.256-B

旧市街の東、ジャック・カルチエ広場のすぐそば。ドーム型の屋根がひときわ目立つ建物の中には、地元アーティストが作ったアートやクラフト、地元デザイナーのブランドなどが販売され、オリジナリティ満載。お気に入りの1点を探すにはピッタリの場所だ。

住 350 Rue Saint-Paul Est
☎ 514-872-7730
URL www.marchebonsecours.qc.ca
営 6月下旬～9月上旬 10:00～21:00、9月上旬～6月下旬10:00～18:00
休 オフシーズンの祝日

地下鉄プラム・ダルム駅から徒歩8分／メープルシロップ
カナディアン・メープル・ディライツ Canadian Maple Delights

MAP ●切りとり-36、p.256-B

カナダのおみやげに適したメープル・シロップ、メープル・スプレッド、メープル・マスタードなどを販売する専門店。店内ではメープル風味のジェラートが食べられ、メープル・シロップのほどよい甘さが一度味わったらやめられないと人気を呼んでいる。

住 84 Rue Saint-Paul Est
☎ 514-765-3456
営 10:00～22:30、季節により変更あり
休 無休
●メープル・スプレッド150グラム入りC$7.95、メープル・マスタード200ml C$10.95

モントリオールの市外局番 ☎438／514　※モントリオールでは市内から市内にかける際も438／514からプッシュする

レストランも旧市街と新市街では趣が異なっている。昔ながらの味を楽しむなら旧市街の店へ。新しいカフェや創作料理ならば、イートン・センターを中心としたエリアに多い。

料金ランク	
A	C$20以上
B	C$15～
C	C$10～
D	C$5～
E	C$5未満

Restaurants

地下鉄サン・ローラン駅から徒歩20分、あるいは#55バスで7分／スモークミート D　　MAP p.253-B

シュワルツ　Schwartz's

ルーマニアから移民してきたユダヤ人のReuben Schwartzが、メイン通りにユダヤの肉料理スモークミートの店をオープンさせて80年。秘伝のたれに10日間漬け込んで燻製にした牛肉はジューシーで香り豊か。コールスローやピクルスと一緒にどうぞ！

- 3895 Blvd. St-Laurent
- 514-842-4813
- schwartzsdeli.com
- 日～木曜8:00～24:30、金曜～1:30AM、土曜～2:30AM、店内での食事は10:30～
- 無休
- スモークミートサンドイッチC$9.35、ピクルスC$2.10、コールスローC$3

地下鉄プラス・デザール駅から#80バスで15分／ベーグル D　　MAP p.253-B

サンビアタ・ベーグル　St.Viateur Bagle Shop

ユダヤの伝統食ベーグルの老舗。東欧からの移民Myer Lewkowiczが1957年に創業。故郷のレシピを基に薪の窯で焼き始め、たちまち人気店に。現オーナーはベーグル職人になって45年以上のJoe Morenaさん。市内に4店舗、ベーグルカフェも2店舗に増えた。

- 263 St. Viateur Ouest
- 514-276-8044
- www.stviateurbagel.com
- 24時間営業
- 無休
- セサミベーグル、ポピーシードベーグル C$0.80、1ダースC$8.15

地下鉄ローリエ駅から徒歩12分／ベーグル D　　MAP p.253-B

フェアモント・ベーグル　Fairmount Bagle

サンビアタと人気を二分するベーグルの老舗。1919年に祖父が創業し、1949年フェアモント通りへ出店。祖父のレシピと技術は孫に引き継がれ、薪窯で手作りされたベーグルは街の顔になった。ゴマ、ケシ、プレインをまずお試しあれ。焼きたてはモチモチ熱々！

- 74 Fairmount Ouest
- 514-272-0667
- www.fairmountbagel.com
- 24時間営業
- 無休
- セサミベーグル C$0.80、1ダースC$8.15～

地下鉄モン・ロワイヤル駅から徒歩10分／朝食カフェ D　　MAP p.253-B

ビューティーズ　Beauty's

ユダヤ人街の名物カフェ。1942年、ハイミー＆フリーダ夫妻が仕立屋街で働く職人たちのためにランチを出す食堂を始めたところ大評判に。以来、街の名物カフェとなった。ベーグルにチーズやサーモンを挟んだビューティーズスペシャルをぜひお試しあれ！！！

- 93 Mont-Royal Ouest
- 514-849-8883
- beautys.ca
- 月～金曜7:00～15:00、土・日曜8:00～16:00　無休
- ビューティーズスペシャルC$10.00　ビューティーズベーシック（アメリカンスタイルの朝食）C$8.50、写真はビューティーズボンジュールC$6

地下鉄マギル駅から徒歩5分／カフェ D　　MAP ●切りとり-40、p.256-C

バヌーテ　Van Houtte

軽食とコーヒーの店で、ランチタイムには女性客で賑わっている。メニューは新鮮な素材を生かしたサンドイッチをはじめ、ツナ・オリーブがたっぷり載ったピザなど。軽食とはいうものの、ボリュームたっぷりなのがうれしい。Wi-Fiあり。

- 500 Rue Sherbrooke Ouest
- 514-845-6051
- 7:00～16:00
- 土・日曜
- コーヒーC$2～、サンドイッチ（サラダ付き）C$8.99～、ツナ・オリーブC$9.99
- 市内に支店あり

Restaurants

地下鉄シャン・ド・マルス駅から徒歩7分／フレンチ A

シェ・レピシエ　Chez L'Epicier

MAP ●切りとり-30、p.256-B

住 311 Rue Saint-Paul Est
℡ 514-878-2232
URL www.chezlepicier.com
営 17:30～22:00
休 無休
S 前菜C$10～21、メイン C$28～40、デザートC$8～10

旧市街のジャック・カルチエ広場にほど近い、新感覚フレンチの名店。オーナーシェフ、ローラン・ゴドブー氏のフレンチは、アジアやスペイン料理の影響も受けた斬新なフレンチ。まっ白なお皿におしゃれに盛りつけられて出てくる。店内も小粋でサービスも確か。

地下鉄プラス・ダルム駅から徒歩7分／クレープ C

シェ・スゼット　Chez Suzette

MAP ●切りとり-36、p.256-D

住 3 Rue Saint-Paul Est
℡ 514-874-1984
営 10:00～21:00（土・日曜9:30～22:00）、冬期は時間短縮あり
休 無休
S デザート・クレープC$7.99～、ミール・クレープC$12.99～

メニューは食事系のミール・クレープとデザート・クレープのほか、フォンデュ、キッシュ、サンドイッチなど豊富で、ランチやおやつタイムにも利用できる。フルーツ好きなら、季節の果物などがふんだんに載ったシンフォニー・クレープを試してみたい。

とにかくモントリオールは"眠らない町"。街中にジャズをはじめDJやクラブといったスポットが多く、"不夜城"の異名を誇る都市だ。特に夕刻から深夜にかけて、もっとも華やかに賑わうのはジャック・カルチエ広場周辺。観光の中心地ともいえる広場にはレストラン、カフェ、パブが軒を連ね、夜遅くまで観光客で賑わう。ケベック大学があるサン・ドニ通りは若者に人気のエリアで、音楽を演奏するパブやカフェが軒を連ねている。

Night Spots

地下鉄ベーリ・ユカム駅から徒歩4分／パブ C

パブ・カルチエ・ラタン　Pub Quartier Latin

MAP ●切りとり-28、p.256-A

住 318 Rue Ontario Est
℡ 514-845-3301
営 15:00～3:00AM
休 無休
S フレンチ・ワイン（グラス）C$8～、カリフォルニア・ワイン（グラス）C$7.50～、ビールC$6～、ウイスキーC$7～

パブが多く集まるサン・ドニ通り界隈で人気のパブ。お酒の種類も豊富に揃い、そちらのこだわり方もすごい。ビール20種類以上、スコッチ、バーボン、スピリッツ類も各種。店は午前3時まで営業。隣にコメディー・クラブ、Le Bordelがある。

地下鉄プラス・ダルム駅から徒歩7分／地中海料理 B

モダビィ　Modavie

MAP ●切りとり-36、p.256-D

住 1 Rue Saint-Paul Ouest
℡ 514-287-9582
URL www.modavie.com
営 11:00～22:30（金・土曜11:30～23:00）
休 無休
S スープC$5～、前菜C$10～、パスタC$17～

旧市街にある地中海料理とワインのお店。ほぼ毎晩のようにジャズの生演奏があり、人気を呼んでいる。魚、肉料理のほか、パスタやクリエイティブな前菜などのメニューが揃う。お酒の種類も豊富で、ワインはグラスでも注文できる。ジャズライブは夜7時から。

モントリオールの市外局番 438／514　※モントリオールでは市内から市内にかける際も438／514からプッシュする

モントリオールのホテルは高級ホテルからエコノミーなユースホステルまでバラエティに富んでおり、ダウンタウンのルネ・レベック通りには高級ホテル、シェルブルック通りにはクラシカルなプチホテルがある。

料金ランク
A C$250以上
B C$200～
C C$150～
D C$100～
E C$100未満

Hotels

地下鉄スクワール・ビクトリア駅から徒歩3分 B

インターコンチネンタル・モントリオール・ホテル&リゾート InterContinental Montréal Hotel & Resorts

MAP ●切りとり-41、p.256-D

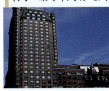

ダイニングやピアノ・ラウンジなどに配されたビクトリア調のインテリアがシックな雰囲気を漂わせ、高級感を醸し出す。客室はスタンダードのほかにスーペリアやデラックスのタイプがある。約15mのプールやフィットネスセンターなどを完備。

360 Rue St-Antoine Ouest
☎514-987-9900
Fax 514-847-8550
URL montreal.intercontinental.com
357室
S T D C$199～、オフシーズン割引あり

VIA駅と直結している A

フェアモント・ザ・クイーン・エリザベス Fairmont The Queen Elizabeth

MAP ●切りとり-41、p.256-C

市内では最大の客室数を誇る伝統あるホテル。プラス・ビル・マリーの向かいという立地の良さに加え、ビジネスツールの充実度が高く、ビジネスマンの利用が多い。3カ所のレストランやヘルスクラブをはじめとする諸設備が整い、料金も比較的安い。

900 Blvd. René-Lévesque Ouest
☎514-861-3511
Fax 514-954-2256
URL www.fairmont.com/queen-elizabeth-montreal
982室
S T D C$279～、オフシーズン割引あり

地下鉄プラス・デザール駅から徒歩3分 C

ハイアット・リージェンシー・モントリオール Hyatt Regency Montréal

MAP ●切りとり-35、p.256-C

プラス・デ・ザールの斜め南角のビルの上階にあるホテル。コンパクトながらスペースを上手く利用し、プール、ヘルスクラブなどクオリティの高い設備が整っている。エレベーターで地下街に行くことができ、買い物にも便利だ。

1255 Rue Jeanne Mance
☎514-982-1234
Fax 514-285-1243
URL www.montreal.hyatt.com
605室
S T D C$188～

ホテル名	料金ランク	地図位置	住所・電話（市外514）	部屋数・料金	URL www.
センター・シェラトン・モントリオール Le Centre Sheraton Montréal	C	●切りとり-47 p.256-E	1201 Blvd. René-Lévesque Ouest ☎514-878-2000	825室 S T C$169～	starwoodhotels.com/sheraton
シャトー・ベルサイユ Château Versailles	C	p.253-B	1659 Rue Sherbrooke Ouest ☎514-933-3611	65室 T C$151～	chateauversaillesmontreal.com
リッツ・カールトン・モントリオール Ritz-Carlton Montréal	A	●切りとり-46 p.256-E	1228 Rue Sherbrooke Ouest ☎514-842-4212	129室 S T C$436～	ritzcarlton.com
ホテル・オムニ・モン・ロワイヤル Hôtel Omni Mont-Royal	C	●切りとり-40 p.256-C	1050 Rue Sherbrook Ouest ☎514-284-1110	299室 S T C$171～	omnihotels.com
モントリオール・マリオット・シャトー・シャンプラン Montréal Marriott Château Champlain	B	●切りとり-47 p.256-F	1 Place du Canada ☎514-878-9000	611室 S T C$220～	montrealchateauchamplain.com
デルタ・モントリオール Delta Montréal	C	●切りとり-40 p.256-C	475 Ave.Président-Kennedy ☎514-286-1986	456室 S T C$179～	deltahotels.com
ボナバンチュール・モントリオール Bonaventure Montréal	B	●切りとり-41 p.256-D	900 de la Gauchetière Ouest ☎514-878-2332	395室 S T C$169～	hotelbonaventure.com
デイズ・イン・モントリオール・ダウンタウン Days Inn Montréal Downtown	D	●切りとり-35 p.256-A	215 Boul.René-Lévesque Est ☎514-393-3388	123室 T C$140～	daysinnmontreal.com
HIモントリオール・ホステル HI-Montréal Hostel	YH	p.256-E	1030, Rue Mackay ☎514-843-3317	230ベッド C$30～110	hostellingmontreal.com

※料金ランク欄のYHはユースホステル

ロレンシャン

Laurentians ケベック州 市外局番819 MAP p.251-A

ロレンシャンとモン・トランブランへの交通 🚌モントリオールからギャランド・バス(☎1-877-806-8666、URL www.galland-bus.com)で所要3時間、1日3本運行。

秋のトランブラン山

ロレンシャンの歩き方のヒント▶ 中心となる町は、ロレンシャン高原の最奥にあるモン・トランブラン。ボイジャー広場周辺に、ホテルが集まっている。ゴンドラやリフト、あるいはハイキングでトランブラン山に登ったり、サイクリングを楽しみたい。

街を知る 紅葉の美しい高原リゾート

ロレンシャンはモントリオールの北に位置する、800m前後の山々が連なる高原リゾート。トランブラン山や点在する湖など美しい自然に囲まれ、紅葉シーズンは世界各国からの観光客で賑わう。夏はハイキングやカヌー、冬はクロスカントリースキーなどが楽しめる通年型リゾートエリアだ。2月下旬から4月頃にはシュガーシャックと呼ばれる砂糖小屋で、メープルシロップの収穫風景を見学できる。

街歩き モン・トランブラン拠点にアクティビティを楽しむ

ロレンシャンで最も標高の高いトランブラン山のふもとに広がる町、モン・トランブランが中心地。❶のあるボイジャー広場にモントリオールからのバスも到着する。ビレッジ内のバス停は、Montagne Chalet des Voyageursなので注意。広場中心付近は、車の立ち入りができない歩行者専用の道となっているので、歩きやすい。

パノラマ・ゴンドラで、トランブラン山へ登ることができる。また近郊の村サンジョヴィSaint-Joviteまでサイクリングロードが整備されているので、レンタサイクルを借りて走ってみてもいい。

❶ MAP p.265 ☎1-866-356-2233 営夏期10:00～17:00、冬期月～金曜9:30～16:30、土・日曜10:00～17:00
ロレンシャンの市外局番☎819

見どころ

モン・トランブラン
Mont-Tremblant MAP p.265
行き方 モントリオールからバスで2時間30分

モントリオールから車なら1時間ほどの町で、ロレンシャン滞在の拠点。ボイジャー広場から延びるランパーツ通りは緩い坂道で、両側にレストランやショップ、ホテルが並ぶ目抜き通りだ。この通りは歩行者専用道路になっているので、車の心配をせずのんびりとウィンドーショッピングや散策を楽しめる。広場から400mほど離れたところにサン・ベルナール広場があり、両地点を無料の立ち乗りリフトが繋いでいるので活用しよう。

トランブラン山
Mont-Tremblant MAP p.265外
行き方 サン・ベルナール広場からゴンドラ約10分

最高地点標高970mの、ロレンシャンで最も高い山。モン・トランブランのサンベルナール広場からのゴンドラに乗り、約10分で360度が見渡せる頂上に着く。山頂へは難易度に合わせてハイキングコースが数本設定されており、手頃に楽しめるのはAやBコース。またトランブラン山のふもとに付けられたコースでは、滝を見たり川沿いを歩いたりと、変化のある景観が楽しめる。ハイキングの地図は観光案内所で入手できる。

パノラマエクスプレスゴンドラ ☎1-888-738-1777 開5月中旬～9月上旬／9:00～17:00、9月上旬～10月中旬／9:30～16:30（金・土曜～18:30、日曜10:00～17:00）休10月下旬～5月上旬 料おとなC$16.89、子どもC$12.99、紅葉時はおとなC$19.99、子どもC$15.99

Tour & Activity

■レンタサイクル

シャレー・ボイジャー
Chalet Des Voyageurs　MAP p.265
☎819-681-3000内線45564

　自転車をレンタルし、サイクリングを楽しもう。場所は観光案内所の前で、カウンターではサイクリングロードの地図ももらえる。
Ⓢレンタサイクル　2時間C$18.49〜、1日C$33.99〜

■アウトドア・アクティビティ

アクティビティ・センター
Activity Centre　MAP p.265
☎819-681-4848　URL www.tremblantactivities.com

　乗馬、ラフティング、ガイド付きカヌーツアー、ロッククライミングなどが楽しめる。受付場所はサン・ベルナール広場。ラフティングはツアーに参加する。
Ⓢラフティング1日ツアーおとなC$109〜（週末はC$120〜）。乗馬1時間C$55。ガイド付きカヌーツアーC$61

紅葉の時期は一面深紅に染め上げられる

ケベック州を代表するリゾート地なので、リーズナブルなホテルやB＆Bなど、宿泊施設の種類は豊富。昔ながらの保養地でもあるロレンシャンには、4〜5つ星のラグジュアリーな高級リゾートホテルもある。ホテルはモン・トランブランの中心部に集まっており、食事や買い物も便利。

料金ランク
A C$300以上
B C$200〜
C C$150〜
D C$100〜
E C$100未満

Hotels

バスターミナルから徒歩10分 Ⓒ

フェアモント・トランブラン　Fairmont Tremblant
MAP p.265

　リゾートを代表する4つ星ホテルで、年間を通して人気が高い。天井の高いゆったりしたロビーやアンティーク調の家具が並ぶラウンジなど、随所に高級感が漂う。レストランもおいしいと評判。スパでのんびりからだを休めることもできる。

🏠 3045 Chemin de la Chapelle
☎819-681-7000
FAX 819-681-7099
URL www.fairmont.com/tremblant
🛏 314室
ⓈⓈⓉC$219〜

バスターミナルから徒歩3分 Ⓓ

マリオット・レジデンス・イン　Marriott Residence Inn
MAP p.265

　全室キッチン付きのスイートルーム。部屋が広く、ゆったり過ごすことができ、さらに朝食付きとあって、特にグループや家族連れに人気が高い。シャトー風の外観もエレガントで高級感がある。ゴルフやスキー、スパをセットにしたパッケージもある。

🏠 170 Cure-Deslauriers
☎819-681-4000
FAX 819-681-4099
URL www.marriott-tremblant.com
🛏 127室
ⓈⓈⓉC$149〜
無料インターネット

ケベックシティ

Québec City 🍁 ケベック州 🍁 市外局番418　MAP p.251-B

ケベックシティへの交通　✈トロントからエア・カナダ（AC）、ウエスト・ジェット（WS）で1時間45分、モントリオールからACで50分　🚅モントリオールからVIA鉄道で3時間20分　🚌オルレアン・エクスプレスでモントリオールから約3時間15分。

板張りの遊歩道テラス・デュフランとシャトー・フロントナック

ケベックシティの歩き方のヒント ▶ 城壁に囲まれた「旧市街」は、東西600m、南北約1km。城壁の下の「ロウワータウン」と城壁の外側、サンジャン門とサンルイ門の西側に広がる「新市街」へも、徒歩やエコロバスを上手に利用して街歩きを楽しもう。

街を知る　フランス系が開拓した世界遺産都市

　ケベック州の州都であるケベックシティは、1534年フランス人探検家ジャック・カルチエによって毛皮の交易地として築かれた。その後、セント・ローレンス川沿いにロウワータウンが造られ、商業地として賑わった。17世紀半ばに起こった英仏植民地戦争は、この地にも及び、何度かの戦いの末、ケベックシティはついにイギリスに割譲される。しかしフランス系住民はその後も植民地に留まり、フランスの文化や習慣を温存しつつ、イギリス系と融和し、現在に至る。今も住民の8割以上がフランス語を母国語とする。とはいえ、観光地であるケベックシティでは、英語は問題なく通じる。

街歩き　世界遺産都市　カナダのフランス文化圏を歩く

　空港は市街の西12kmにあるジャン・ルサージュ国際空港Québec City Jean Lesage International Airport。日本からは、トロント乗り継ぎでその日のうちに到着する。空港バスはないのでタクシーで市内へ。所要25分。料金はC$34.25。長距離バスはモントリオールからオルレアン・エクスプレスOrléans Expressが運行。所要3時間15分。バス・ターミナルは旧市街まで徒歩10分ほどのパレ駅Terminus d'autobus de la Gare du Palais。すぐ隣がVIAパレ駅だ。VIA鉄道でモントリオールから所要3時間20分。毎日5便の運行。荷物があればタクシーで市内へ。

　世界遺産、ケベック旧市街歴史地区は、迷路のような路地を歩くのが楽しい街だが、旧市街の内側を循環するエコロバスEcolobus URL www.rtcquebec.ca $ C$3.25）を利用すれば旧港のマルシェに行くのに便利だ。

旧市街を走るエコロバス

　街は城壁に囲まれた旧市街と崖下のロウワータウン、城壁の外に広がる新市街に分けられる。まず城壁内の上の町アッパータウンを巡り、フニキュラーで崖下のロウワータウンへと下りよう。ロワイヤル広場やプチ・シャンプラン通りを見学したら、翌日はモンモランシーの滝やオルレアン島へも行こう。

移動に便利なフニキュラー

プチ・シャンプラン通りで食事や買い物を

ケベック州観光局案内所　MAP p.269-D　場所 ダルム広場正面　住 12, Rue Ste-Anne　☎ 1-877-266-5687
開 夏期9:00〜18:00、夏期以外／9:00〜17:00　休 12月25日・1月1日　ケベックシティの市外局番 ☎ 418

見どころ

旧市街（アッパータウン）

城壁で囲まれたエリアで、ランドマークのフェアモント・ル・シャトー・フロントナックがそびえる。サン・ルイ通りと北側を走るサン・ジャン通りがメインストリート。❶で地図を入手したら、ダルム広場を起点に散策を始めよう。

ダルム広場
Place d'Armes MAP p.269-D

行き方 パレ駅から徒歩15分

旧市街で、観光の起点となる広場。シャトー・フロントナックの目の前にあり、正面にはケベック州政府の観光案内所や旧市街を巡るカレーシュ乗り場もある。元々は練兵場だった場所で、中央にイエズス会宣教師到来300年を記念した石碑もある。広場の東側、テラス・デュフランの端にはケベックの礎を築いたシャンプランの像や崖下に降りるフニキュラー（ケーブルカー）乗り場もある。

ノートルダム大聖堂
Basilique-cathédrale Notre-Dame de Québec MAP p.269-D

行き方 ダルム広場から徒歩2分

ケベックのカトリック教区の中枢となる教会。北米地区ではもっとも長い歴史をもち、創設は1647年のこと。現在の石造りの建物は、1922年以降の建築だ。外観も内部の天井や壁面に施された装飾、ステンドグラスも一見の価値がある。

⌂16 Rue de Buade ☎418-692-2533 営8:30～16:30（夏期～20:30)、季節により変動あり 休無休 ⑤無料（ガイドツアーは有料）

目を見張るばかりの大聖堂

ケベックシティ

要塞博物館
Musée du Fort MAP p.269-D

行き方 ダルム広場からすぐ

　小さな城のような外観で、ダルム広場の向かい側にある。この街はかつて英国・フランス両国の植民地となった経緯があり、それぞれの視点に立った歴史観をわかりやすく紹介している。30分ごとに英仏2カ国語の解説がある。

住 10 Rue Ste-Anne ☎418-692-2175 開 2・3・11月木～日曜11:00～16:00、4～10月10:00～17:00、クリスマス前後は11:00～16:00 休 11月下旬～1月と2～3月の月～水曜 料 おとなC$8、学生C$6、シニアC$7

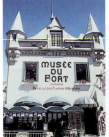
要塞博物館で町の歴史を学ぼう

北米・フランス博物館（旧ラバル大学）
Musée du L'Amerique Française (Séminaire) MAP p.269-B

行き方 ダルム広場から徒歩5分

　1663年に開校されたケベック神学校がラバル大学に発展。大学の移転に伴い旧校舎を博物館として公開。北米のフランス文化を紹介している。1階には教会がある。

住 2 côte de la Fabrique ☎418-692-2843 開 9:30～17:00（9月上旬～6月下旬は10:00～）休 9月上旬～6月下旬の月曜 料 おとなC$8、学生C$5.50、子どもC$2

いにしえをしのばせる校舎

ウルスラ派尼僧修道会・付属博物館
Couvent des Ursulines, Musée des Ursulines MAP p.269-C

行き方 ダルム広場から徒歩3分

　1639年の創建で、北米最古の女子教育機関。隣接する付属博物館には入植初期にフランスから来た女性たちの衣服や靴、修道女たちが使った家具などが展示されている。

住 12 Rue Donnacona ☎418-694-0694 開 5～9月10:00～17:00、10～4月13:00～17:00 休 月曜と12～1月 料 おとなC$8、子どもC$4

ケベックシティの市外局番 ☎418

フェアモント・ル・シャトー・フロントナック
Fairmont Le Château Frontenac MAP p.269-D

行き方 ダルム広場からすぐ

　旧市街のランドマーク的存在のホテル。カナダ太平洋鉄道によって1893～1924年にかけて本館が築かれ、1990年には増築された。国策で造られた古城を模したホテルは、カナダを代表するシャトーホテルとなった。ホテル名は、フランス植民地時代の総督フロントナック伯爵にあやかって命名された。すぐ脇の板張りの遊歩道テラス・デュフランからはオルレアン島も望める。

住 1 Rue des Carrieres ☎418-692-3861

崖下からも望める

旧市街（ロウワータウン）
　テラス・デュフランから箱形ケーブルカーのフニキュラーに乗るか、首折れ階段（MAP p.269-D Breakneck Stairs 仏語でカース・クー）を下って、崖下のロウワータウンへ。シャンプラン通りを散策したら、ケベックシティ発祥の地といわれるロワイヤル広場へ。

ロワイヤル広場
Place Royale MAP p.269-D

行き方 ダルム広場から徒歩5分、市バス1A番、エコロバス利用

　ロウワータウンで最大の見どころがここ。現在広場となっている場所は、1608年、ケベックに居留地「アビタシオン」を築いたシャンプラン屋敷の庭園だったところといわれている。その後は、市場などの商業地区となったもののやがて荒廃。1967年にロワイヤル広場の再開発が決まり、今あるフランス統治時代の姿に戻された。広場の一角には、1688年に創建された勝利のノートルダム教会や、1686年、総督シャンピニーによって設置されたルイ14世の胸像もある。広場の北側には、1999年に造られた巨大壁画、ケベコワの壁もあるのでお見逃しなく。

王の胸像がある広場

勝利のノートルダム教会
Église Notre-Dame-des-Victoires MAP p.269-D
行き方 ダルム広場から徒歩10分

ロワイヤル広場の一角に建つ教会。1688年、アッパータウンのノートルダム大聖堂の補助教会として創設された。「勝利」とつくのは、1690年と1711年の英国艦隊の攻撃から辛くも逃れたことを記念し、付けられたもの。天井からは1664年にフランス軍の指揮官が乗船してきた木造船Le Brezeのレプリカがつり下げられている。

住 32 Rue Sous-le-Fort ☎418-692-1650 開9:30～17:00（夏期～20:30）休無休 S 無料

幾多の戦禍をくぐり抜けた教会

テラス・デュフラン
Terrasse Dufferin MAP p.269-D・E・F
行き方 ダルム広場から徒歩2分

セント・ローレンス川沿いに延びる板張りの遊歩道は全長約700m。ここからの眺望はケベック屈指という。ケベックとはインディアンの言葉で川の狭まるところの意味。その名のとおり対岸のレヴィの街が肉眼ではっきりわかるほど川幅が狭くなっている。広いテラスには砲台や望遠鏡が置かれ、夏場は大道芸人がパフォーマンスを繰り広げる。板張りを南端まで歩き階段を上ると、シタデルの周りに造られた総督の散歩道へと出る。

砲台が置かれた遊歩道

文明博物館
Musée de la Civilisation MAP p.269-B
行き方 ダルム広場から徒歩10分、市バス1A番、エコロバス利用

古い町並みが続くケベックシティのなかでは、ガラス窓を多用したモダンな造りの博物館。展示内容はケベックの生活と歴史などを独自の視点からとらえた構成で、カナダの多様性を知る上でもおもしろい。通信、工芸など10のテーマに分けられ、なかでも歴史をテーマとするコーナーでは、17世紀半ばの植民地時代の明暗を正確に伝えようとする姿勢が貫かれており、興味深い。

住 85 Rue Dalhousie ☎418-643-2158 開10:00～17:00（6月下旬～9月上旬9:00～18:00）休9月中旬～6月中旬の月曜 S おとなC$16、65歳以上C$15、学生C$10、12～16歳C$5

斬新な造りが印象的な文明博物館

シタデルと第22連隊博物館
La Citadelle, La Musée du Royal 22e Régiment MAP p.269-E
行き方 ダルム広場から徒歩15分、市バス3、11番利用

1820年から12年の歳月をかけて英軍が造った星型要塞。当時アメリカとの緊張関係が高まっていて、強力な軍事施設の建設を迫られていたため、広い敷地に最強の軍隊を配備した。現在もれっきとした軍事施設で、カナダで唯一フランス語を公用語とする第22連隊が駐屯している。夏は雨の日を除き、毎日10時から衛兵交替式が行われる。マスコットに山羊を連れて行進するユニークなものだ。

付属の博物館は牢屋を利用したもので、17世紀以降のケベックの軍事資料が展示されている。なお軍事施設なので、見学は案内人が付くガイドツアーを利用する。

住 第22連隊博物館 1 Côte de La Citadelle C.P. 6020 ☎418-694-2815 開9:00～18:00（11～4月は10:00～16:00）休12月25日、1月1日 S おとなC$16、シニアC$13、7～17歳C$6。6歳以下無料

芝生の奥の要塞シタデル。今は戦いとは無縁

ケベックシティの市外局番 ☎418

総督の散歩道
Promenade des Gouverneurs MAP p.269-E・F
行き方 ダルム広場から徒歩3分

総督の散歩道はシタデル（要塞）の東側を取り囲むように続く小道のこと。セント・ローレンス川沿いに延びるこの道は、地元の人たちの散歩道でもある。川向こうに広がるレヴィの景観を眺め、そぞろ歩きを楽しもう。

シタデルの外側を歩く

戦場公園
Parc des Champs de Bataille MAP p.269-E
行き方 シタデルから徒歩10分

シタデルの西側にある芝生の丘陵で、アブラハムの平原とも呼ばれている。1759年の戦いで、英軍がここを守っていた仏軍を破り、以後ケベックは英国の植民地となる。この戦いは壮絶を極めたといわれている。現在、広々とした公園では市民がジョギングやサイクリングを楽しんでいる。グランダレ通り近くには花の咲き誇るジャンヌ・ダルク庭園がある。

プチ・シャンプラン通り
Rue du Petit Champlain MAP p.269-D
行き方 ダルム広場から徒歩5分

首折れ階段Escalier casse-couか、フニキュラーFuniculaireと呼ばれる箱形エレベーターで下りた通りは、北米最古のショッピング通り。首折れ階段の下から一直線に延びる通り沿いには、カフェやレストラン、アーティストの店や雑貨屋などユニークな店がズラリ。通りの最後にケベックらしいメープルシロップの店もある。詳細はURL www.quartierpetitchamplain.comで。

急な階段に注意！

新市街
城壁の西側に広がる地域で、メインストリートのグランダレ通りにケベック州議会議事堂や近代的なホテル、ショッピングモールなどが軒を連ねている。セント・ローレンス川沿いの戦場公園は英仏抗争の歴史の舞台だ。

州議会議事堂
Hôtel du Parliament MAP p.269-C
行き方 サン・ルイ門から徒歩5分

グランダレ通り沿いに建つ白い石造りの重厚な建物で、1877～1886年まで10年の歳月をかけて造られたルネッサンス様式の州議事堂。正面に26体のケベック出身の著名人の青銅像が並ぶ。ガイドツアーで豪華な内部を見学しよう。中央の塔からは街を一望でき、道路を挟んだ反対側には首相官邸が建つ。

住 Rue Grande Allée Est
☎ 418-643-7239
開 9:00～16:30（6月下旬～9月上旬の土・日曜は9:30～）
休 9月中旬～6月中旬の土・日曜
S 無料

グランダレ通りのランドマーク的存在

ケベックシティ郊外
ケベックシティからモントリオールを結ぶ360号線は「王の道Chemin du Roi」と呼ばれる、フランス人が開拓した旧道。その途中、ケベックシティから30分ほどのところには、モンモランシーの滝やオルレアン島といった見どころがある。

モンモランシーの滝
Parc de la Chute Montmorency MAP p.267-B
行き方 市バス800番利用、約30分

ケベック市内から「王の道」（360号線）を北東へ約12km、モンモランシー川がセント・ローレンス川に注ぐところにある滝。ケーブルカー（所要約10分、S 夏期片道18歳以上C$11.83、6～17歳C$6)、または階段で滝の上まで行くと、滝壺を見下ろすことができる。落差83m、ナイアガラの滝よりも30mも高い。冬には完全凍結する。崖の上に18世紀の邸宅を改築したレストランもある。帰りは滝壺を見ながら遊歩道を降りよう（所要約1時間）。
URL www.sepaq.com/ct/pcm/index.dot

Tour & Activity

■日本語ツアー

ケベックガイドサービス
Québec Guide Service
☎418-688-7729 URL quebecguideservice.web.fc2.com/qgs/QGS.html

　日本語ガイドによる日本語ツアー。ダルム広場やノートルダム大聖堂、ロウワータウンなどをまわる「ケベック市内徒歩観光」は、専用車利用にもアレンジ可能。郊外をまわるツアーなら、北米三大教会と讃えられるサンタンヌ・ド・ボーブレやオルレアン島、モンモランシーの滝を巡る「ケベック郊外観光」や、9～10月に催行される「紅葉スペシャル観光」、毎年1～3月に開設される「アイスホテル探訪ツアー」などがある。

ケベック市内徒歩観光 営通年、所要2時間 S C$70、専用車利用の場合C$155（所要3時間）**ケベック郊外観光** 営通年、所要3時間 S C$175 **紅葉スペシャル観光** 紅葉時期、所要3時間 S C$175 **アイスホテル探訪ツアー** 営1月～3月下旬、所要5時間 S C$265

氷のホテルは実にロマンチック

■市内&郊外の観光ツアー

オールド・ケベック・ツアー
Old Québec Tours
住2632, Louis-XIV Blvd. ☎418-664-0460／1-800-267-8687 URL www.toursvieuxquebec.com

　ダルム広場前の観光案内所から出発。ダブルデッカーバスで市内の主要スポットを巡るホップ・オン・ホップ・オフ・ツアー。英語だが料金は手頃。

営通年、夏期は9:30～16:30の間で30分おきに催行 S おとなC$35.95、6～12歳C$21.95

■セント・ローレンス・クルーズ

AMLクルーズ
AML Cruises
MAP p.269-D 住124, St-Pierre St. ☎418-692-1159、1-877-522-5346 URL www.croisieresaml.com

　ルイ・ジョリエ号でセント・ローレンス川を下る遊覧ツアー。出港地はロワイヤル広場正面のシュイナード埠頭。船はオルレアン島の橋の手前で引き返すが、船上からオルレアン島やモンモランシーの滝、ディアマン岬にそびえ立つシャトー・フロントナックの姿を眺められる極上ツアー。ブランチ・クルーズやエクスカーション・クルーズがある。

ブランチ・クルーズ 営5月中旬～10月中旬、所要1時間30分 S おとなC$50、シニアC$48、6～12歳C$30 **エクスカーション・クルーズ** 営5月～10月中旬 S おとなC$34.95、シニアC$32.95、6～12歳C$19.95

街角ワンショット

オルレアン島に残るのどかな田園風景

　ケベックシティから約12km、セント・ローレンス川に浮かぶオルレアン島（MAP p.267-B）。全長34km、島の周囲は64kmで、人口は約7000人。17世紀にフランス人が訪れてから入植が始まり、1935年に鉄橋が架けられるまでほとんど本土との交流がなかったことから、昔ながらの文化や生活といった入植当時の面影が色濃く残っている。

　16世紀にこの島を訪れたジャック・カルチエは、島にブドウの木が多かったことから「バッカスの島」と呼んだというほどに、土壌豊かな地だ。現在でも酪農や野菜、果樹栽培が盛んだ。メープルシロップを作るシュガーシャックもあり、ケベックシティからはシュガーシャック体験のツアーも行われている。

　また島には6つの集落があり、白壁の教会や石造りの農家、赤や白、緑に塗られた可愛らしい家々、風車といったのどかな農村風景が連なっている。レンタサイクルを借りて気ままに、ゆったりと島を巡ってみるのもいいだろう。道沿いでは摘んだばかりのイチゴやラズベリー、リンゴといった季節の果物や野菜を売っているので、つまみ食いをしながら、のどかな田園風景を楽しみたい。もちろん紅葉の時期は見事なまでに島も赤と黄色に彩られる。町の喧騒から離れ島のB&Bに滞在するのも楽しい。オルレアン島のB&Bや現地ツアーなどの情報は URL www.iledorleans.com

オルレアン島へはケベックシティから車でわずか15分ほど

店は旧市街アッパータウンのダルム広場周辺のほか、ロウワータウンのプチ・シャンプラン通りやロワイヤル広場周辺に集中している。みやげ物から日用品、絵皿、クラフト製品などさまざまだ。

Shops

▶VIA駅から徒歩5分、旧市街から徒歩20分／市場
マルシェ・デュ・ビュー・ポール　Marche du Vieux-Port

MAP p.269-B

地元の野菜、花、酒、メープル製品、総菜パン、ケーキなどを販売している市場。地元の人たちが通う市場だが、カフェなどもあり休憩にも最適。クリスマスシーズンはギフト用品なども販売される。港に面した場所なので散歩がてら、おみやげ探しができる。

- 160, Quai St-Andre
- 418-692-2517
- URL marchevieuxport.com/accueil.php
- 月～金曜9:00～18:00、土・日曜～17:00
- 休 冬は臨時休業あり

▶ダルム広場から徒歩8分／メープル製品
ラ・プティ・カバナスーク　La Petite cabane a sucre

MAP p.269-D

プチ・シャンプラン通りにあるメープル製品の店。シロップ、ジャム、お茶やキャンディ、クッキー、タフィーなどもあり、種類が豊富なのでおみやげ探しにピッタリ。一番人気は、メープルソースかシュガーをかけたソフトクリーム。ぜひ召し上がれ。

- 94 Rue du Petit-Champlain
- 418-692-5875
- URL www.petitcabaneasucre.com
- 5～10月／9:30～21:00、11～4月／9:30～17:30（金曜～21:00）
- 休 無休
- S メープルシロップC$2.95～、ソフトクリームC$4.25～

▶ダルム広場から徒歩8分／スカーフ
ラ・ソワリー・ウオ　La Soierie Huo

MAP p.269-D

プチ・シャンプラン通りにある店内には、シルクやイタリアン・ウールの生地に手作業で染め上げたスカーフの数々が並ぶ。ブルー系、ピンク系、オレンジ系など多彩な色合いから自分に合ったものを選びたい。おみやげにもちょうどよい。

- 91 Rue du Petit-Champlain
- 418-692-5920
- URL www.soieriehuo.com
- 9:30～17:00、夏期～21:00
- 休 無休
- S シルクスカーフC$30位～

▶ダルム広場から徒歩2分／クリスマス用品
ラ・ブティック・ドゥ・ノエル　La Boutique de Noël

MAP p.269-D

ここは1年中クリスマス用品だけを売っている。こうした専門店はカナダでは珍しくないが、品揃えは特筆もの。数種類のバリエーションの中から、色使いやデザイン、素材などによって、統一感のある飾りを選ぶことができる。

- 47 Rue Buade
- 418-692-2457
- 夏期8:00～23:00、冬期10:00～18:00、季節により時間変更あり
- 休 無休
- S 天使の鈴C$10～50、ツリーC$8～280、ローソクC$2～15

▶VIA駅から徒歩5分、旧市街から徒歩20分／貸し自転車
エコロ・シクロ　Ecolo Cyclo

MAP p.269-B

旧港市場にある貸し自転車店。1時間のレンタルからあるが、オルレアン島ツアーがおすすめ。島までの往復は車輌で送迎。島内はレンタサイクルで自由に観光する。10:00に店を出発し、帰りは17:00。ほかにモンモランシーの滝ツアーもある。要予約。

- Marche du Vieux-Port, 160 Quai St-Andre（店舗は市場の奥）
- 418-692-2517（内線301）
- URL www.ecolocyclo.net/index_en.html
- 9:00～18:00
- 休 10月上旬～5月下旬
- S 1時間C$16～、オルレアン島ツアーは送迎込みC$65。レンタル時ID提示

ケベックシティの市外局番 418

歴史ある町並みを守っているからか、旧市街には「昔ながらの味」を看板にしている店が多い。ケベック料理の代表である、ミートパイやメープルシロップを使った料理は一度は試したい。

料金ランク	
A	C$40以上
B	C$30～
C	C$20～
D	C$10～
E	C$10未満

Restaurants

ダルム広場から徒歩3分／ケベック料理 B
オーザンシャン・カナディアン　Aux Anciens Canadiens

MAP p.269-D

ケベック料理の伝統をかたくなに守る老舗。建物は、ケベック州の歴史的建造物に指定され、1966年にレストランとなった。レトロな店内で伝統のミートパイやカリブー、野ウサギのシチューを味わおう。デザートの絶品メープルタルトもお忘れなく。

- 34 Rue St.-Louis
- 418-692-1627
- www.auxancienscanadiens.qc.ca
- 12:00～21:30
- 12月25日と1月1日
- ケベックミートパイC$19.95、バイソンバーガーC$24.99

ダルム広場から徒歩7分／フランス料理 C
オーベルジュ・ルイ・エベール　Auberge Louis Hebert

MAP p.267-B

レストラン通りとして知られる、グランダレ通りの中の一軒。フランス料理のメニューだが、アジア系の味つけも取り入れている。味だけでなく盛り付けの美しさや、気配りのあるサービスが好評。常連になりたくなるような、そんな雰囲気が心地よい。

- 668 Grande-Allée Est
- 418-525-7812
- www.louishebert.com
- 7:00～14:00、17:00～23:00、土曜17:00～23:00、日曜17:00～22:00
- 無休
- 前菜C$15、主菜C$25～45

ダルム広場から徒歩6分／クレープ D
カッセ・クレープ・ブレトン　Casse-Crepe Breton

MAP p.269-A

観光シーズンは朝から行列ができるクレープの人気店。デザートや食事にもなるクレープのほか、サンドイッチ、スープ、ビール、ワインまである。食事のクレープはボリュームたっぷりで美味。生ジュースもおすすめ。早起きしてぜひお試しを。Wi-Fi利用可。

- 1136 Rue Saint-Jean
- 418-692-0438
- cassecrepebreton.com
- 日～木曜7:00～22:30、金・土曜～23:00
- 無休
- デザートクレープC$4.95～、トッピングにより加算、サンドイッチC$6.25～

ダルム広場から徒歩10分／カフェ E
パラード　Paillard

MAP p.269-A

サンジャン通りに面したオシャレなカフェ。この店のクロワッサンは市内で一番の味と賞賛されただけあって、バターたっぷりの濃厚な味。スイーツも豊富に揃い、休憩にも最適。朝食、昼食メニューもある。夏はカラフルなジェラートも販売される。

- 1097 Rue Saint-Jean
- 418-692-1221
- www.paillard.ca
- 日～木曜7:00～21:00、金・土曜～22:00
- 無休
- 朝食はクロワッサンとコーヒーセットC$5～、他にスープ、サラダ、サンドイッチ、ケーキなど

ダルム広場から徒歩5分／ケベック料理 C
ラ・ラパン・ソテー　La Lapin Saute

MAP p.269-D

プチ・シャンプラン通りにある小さなレストラン。ウサギ肉のパテ、鴨のスモークやソーセージなどを盛り合わせた前菜をつまみに、ケベック産のワインを傾けたい。値段もリーズナブルで、味もいい。パティオ席もあって気楽に入れる。

- 52 Rue du Petit Champlain
- 418-692-5325
- www.lapinsaute.com
- 11:00～22:00、金曜～23:00、土曜9:00～23:00、日曜9:00～22:00
- スープC$5～、前菜盛り合わせC$24～、主菜C$15～25

ケベックシティの市外局番 418

○本音でガイド○

ケベック料理を召し上がれ

開拓時代の狩猟料理

ケベック料理とは、一説には17世紀にこの地に入植したフランス人たちが、野ウサギやカリブー、イノシシ、バイソンなど狩りの獲物を使った料理で、そのベースは故国フランスの田舎料理といわれる。牛や豚など家畜が貴重な時代、狩猟で得た、いわばカナダの素材を使って母国の味を再現しようとしたのかもしれない。

その野ウサギやカリブーなど野獣の肉を使ったシチュー、あるいはローストは、今では代表的なケベック料理のひとつだ。木イチゴや黒スグリなど、それぞれの動物が好んで食べる木の実のソースで食べるのが一般的。オーベルジュなどではメープルシロップのソースで供されることもある。

オーザンシャン・カナディアン　p.274
すかんぽとカリブーのシチュー。独特の臭みがあるので、ワインやビールと共に

オーザンシャン・カナディアン　p.274
野ウサギのシチューとミートパイ。ミートパイこそがケベック料理の代表という人も

もうひとつ、代表的な料理がミートパイ。ケベックでは野ウサギのほか、今では牛肉や豚肉、鶏肉などをメープルシロップや野生のベリーとともに詰める。

付け合わせによく出るベイクド・ビーンズは豆とコマ切れの野菜やベーコンを壺に入れ、メープルシロップを加えてオーブンで焼いたもの。塩気の利いたシチューやミートパイとメープルシロップのほろ苦い甘さが絶妙。

また肉汁を煮込んだグレービーソースをジャガイモにかけて食べる「プーティン」もケベック料理のひとつだ。厳しい開拓時代、食材を余すところなく利用しようとした先人の知恵も感じられる。

ル・パトリアルシェ
Le Patriarche
シカ、イノシシ、バイソン（野牛）のロースト、ワインソースかけ。バイソンの肉は脂肪が少ないことで人気
MAP p.269-A

ル・コション・ダング
Le Cochon Dingue
フランスに限らずヨーロッパ人はマッスル（ムール貝）が大好き。本来のケベック料理にはなかったが、最近は仲間入りしている様子だ
MAP p.269-D

オーベルジュ・ルイ・エベール
クランベリーやブルーベリーをのせたフレンチトーストは週末の朝食
MAP p.267-B

上記レストランの一部についてはp.274参照

高級ホテルからB＆Bまで多彩に揃う。旧市街にはクラシックな外観の造りが多く、客室が少ないので夏期は込みあう。予約は早目に入れよう。新市街にある大型ホテルはその多くがシティホテルで使い勝手はよい。

料金ランク	
A	C$250以上
B	C$180〜
C	C$120〜
D	C$90〜
E	C$90未満

Hotels

ダルム広場から徒歩1分 A
フェアモント・ル・シャトー・フロントナック　Fairmont Le Château Frontnac

MAP p.269-D

古き良き時代のヨーロッパの格調の高さが存分に味わえる、堂々とした風格をたたえたホテルで、この街のシンボルにもなっている。ロビーのインテリアはすばらしく、フレンチスタイルのレストランや、ワイン＆チーズ・バー、川の眺めがよいビストロがある。

住 1 Rue des Carrières
☎ 418-692-3861
FAX 418-692-1751
URL www.fairmont.com
客 611室
料 夏／S D T C$248〜
他 インドアプール、フィットネスクラブ完備、ルームサービス6:30〜23:00

ダルム広場から徒歩15分 C
ホテル・シャトー・ローリエ　Hotel Chateau Laurier

MAP p.267-B

新市街のグランダレ通りにある4つ星ホテル。美しい中庭とアブラハム平原が眺められる。塩水を使ったインドアプール、フィットネスルーム、スパもあり、家族連れにも最適。客室はシンプルでアットホーム。車イスが利用できる客室も8室ある。レストラン完備。

住 1220 Place George-V Ouest
☎ 418-522-8108 / 1-877-522-8108
FAX 418-524-8768
URL hotelchateaulaurier.com
客 282室
料 C$149〜

ダルム広場から徒歩15分 B
パレ・ロワイヤル　Palace Royal

MAP p.267-B

新市街のコンベンションセンターすぐそばに建つ現代的な4つ星ホテル。大型ベッドが2つ並ぶ客室にはデスクもあり、ビジネス客にも便利。吹き抜けのロビー階は開放感いっぱいでリラックスできる。屋内プール、フィットネスセンター、ビジネスセンターも完備。

住 775 Ave. Honore-Mercier
☎ 418-694-2000
FAX 418-380-2553
URL www.hotelsjaro.com
客 234室
料 S D T C$200〜

ホテル名	料金ランク	地図位置	住所・電話（市外418）	部屋数・料金	URL www.
ル・キャピトル Le Capitole de Québec	B	p.269-C	972 Rue St.-Jean ☎418-694-4040	40室 S T C$199〜	lecapitole.com
マノワ・ビクトリア Manoir Victoria	B	p.269-A	44 Côte du Palais ☎418-692-1030	156室 S D T C$139〜450	manoir-victoria.com
ホテル・クラレンドン Hôtel Clarendon	C	p.269-D	57 Rue Saint-Anne ☎418-692-2480	143室 S T C$139〜259	hotelclarendon.com
ホテル・シャトー・ベルビュー Hôtel Château Bellevue	B	p.269-D	16 Rue de la Porte ☎418-692-2573	48室 S T C$169〜	vieux-quebec.com/bellevue
オーベルジュ・サン・ルイ Auberge Saint-Louis	D	p.269-C	48 Rue St-Louis ☎418-692-2424	27室 S T C$79〜	aubergestlouis.ca
オーベルジュ・サン・タントワーヌ Auberge Saint-Antoine	B	p.269-D	8 Rue Saint-Antoine ☎418-692-2211	95室 S T C$189〜549	saint-antoine.com
ヒルトン・ケベック Hilton Québec	B	p.269-C	1100 Blvd.René-Lévesque Est ☎418-647-2411	571室 S T C$161〜	hilton.com
ロテル・デュ・ビュー・ケベック L'Hotel du Vieux Quebec	C	p.269-A	1190 Rue Saint-Jean ☎418-692-1850	45室 S T C$140〜	www.hvq.com
ル・クロ・サン・ルイ Le Clos Saint-Louis	B	p.269-C	69 Rue Saint-Louise ☎418-694-1311	18室 S T C$200〜	clossaintlouis.com

ケベックシティの市外局番 ☎418

アトランティック・カナダ
Atlantic Canada

プリンス・エドワード・アイランド州
Prince Edward Island

ノバ・スコシア州
Nova Scotia

ニュー・ブランズウィック州
New Brunswick

ニューファンドランド＆ラブラドール州
Newfoundland & Labrador

アトランティック・カナダのアウトライン‥‥‥ 278
プリンス・エドワード島（PEI）‥‥‥‥‥‥ 280
シャーロットタウン（PEI）‥‥‥‥‥‥‥‥ 281
赤毛のアンの世界を訪ねる‥‥‥‥‥‥‥‥ 286
キャベンディッシュ（PEI）‥‥‥‥‥‥‥ 289
ハリファックス（NS）‥‥‥‥‥‥‥‥‥‥ 290
フレデリクトン（NB）‥‥‥‥‥‥‥‥‥‥ 294
セントジョン（NB）‥‥‥‥‥‥‥‥‥‥‥ 298
セントジョンズ（NF）‥‥‥‥‥‥‥‥‥‥ 301

プリンス・エドワード島で、紅葉を愛でながらハイキング
© Tourism PEI / John Sylvester

アトランティック・カナダのアウトライン

　カナダ東部に位置するノバ・スコシア、プリンス・エドワード・アイランド、ニュー・ブランズウィック、ニューファンドランド＆ラブラドールの4州はアトランティック・カナダと呼ばれている。いずれの州も海と深い関わりを持ち、ノバ・スコシア、プリンス・エドワード・アイランド、ニュー・ブランズウィックの3州は地理的にも近いことからマリタイム・プロビンス（沿海州）とも呼ばれている。

　この地域は地理的にもっとも欧州に近く、早くから開拓が始まった。とくに1864年、プリンス・エドワード島のシャーロットタウンに当時英国領だったカナダ各地の自治領の代表が集まり、連邦結成の討議を初めて行ったことから「カナダ発祥の地」ともいわれる。

　旅の目的地としてのアトランティック・カナダは、日本ではまずプリンス・エドワード島が『赤毛のアン』の舞台として有名だ。最近は映画『タイタニック』ゆかりの地としてノバ・スコシア州のハリファックスの知名度も高まり、映画の舞台やゆかりの地を訪ねる旅も行われている。ニューファンドランド島では雄大な大自然が体験できる。

　また、海の幸。海に囲まれた州だけに、ロブスターやサーモン、カキといった新鮮なシーフードはぜひ味わいたい。農作物も昨今では有機農法が定着し、自然の味覚が楽しめるようになった。

　交通機関は航空路線が比較的充実しているので、それにフェリー、鉄道、長距離バスを組み合わせて旅の計画を組むといい。なかでも、ハリファックスは他の都市からの航空路線も多く、交通のハブとして重要な町だ。時間に余裕があるなら、レンタカーで大西洋の荒海を望む海岸線をドライブしたり、タイムスリップしたような歴史ある町や小さな漁村に滞在し、自由気ままに旅してみよう。きっとカナダの奥深さがしみじみと伝わってくることだろう。

ノバ・スコシア州

ノバ・スコシアは、北部の一部が大陸のニュー・ブランズウィックとつながっているだけの、ほとんど島といってもよい立地。州内のどこからでも56km以内で海に達することができる。ノバ・スコシアとは「ニュー・スコットランド」の意味で、スコットランド系の民族が多い。正装はキルトで、色、柄の基調はロイヤル・ブルーのノバ・スコシア・タータン。このタータンの柄はさまざまなみやげ物に反映されている。

州都はハリファックスで、冬でも凍ることがない良港があることから、商業、軍事の中心地になっている。

ノバ・スコシアでは、7422kmにも及ぶ海岸沿いのドライブや、小さな漁村、美しい港町を訪ねる旅が楽しい。世界で一番美しいといわれるケープ・ブレトン島のカボット・トレイルのドライブや、世界遺産のルーネンバーグの港町など、旅人を魅了する場所はそこここにある。

ハリファックスのシンボル、古い時計台

プリンス・エドワード・アイランド州

プリンス・エドワード島はカナダ最小の州。島の東端のイースト・ポイントと北端のノース・ケープを結んだ距離は270kmほどしかない。1997年にニュー・ブランズウィックとコンフェデレーション橋で結ばれたことから、交通の便が非常に良くなった。これまでも赤土の土壌をもつ美しい島として、夏の海水浴客やゴルフ客の人気を得てきたが、保養地としての注目度はさらに増している。

日本人には『赤毛のアン』の舞台として有名だ。「アン」にこだわることなく、作者ルーシー・モード・モンゴメリの愛したのんびりとした島の風景に会いに行こう。青空に映える灯台、小さな漁船やカモメ、赤土の道とタンポポ畑など、何気ない風景が心を癒してくれるに違いない。

田園風景が美しいプリンス・エドワード島のフレンチリバー

ニュー・ブランズウィック州

ニュー・ブランズウィックは、西側部分の大半をアメリカ合衆国のメイン州と接し、ニューヨークやボストンまでは、車で10時間ほど。州の住民の3割以上の人がフランス語を話す州でもあり、街中でフランス語を耳にすることも多い。

木工業、鉱業、製造業、農業が主な産業。工芸も盛んで、質の高いクラフト製品を探すことができる。ノバ・スコシアとの間にあるファンディ湾は世界一干満の差が激しい海として知られ、それによって起きるセントジョン川の逆流現象はよく知られている。

ニューファンドランド＆ラブラドール州

ニューファンドランド＆ラブラドール州は北米の東端に位置する島と、北米大陸東端にあたるラブラドールを合わせて、ひとつの州を成している。北極圏に近いことから初夏には北極から流れ出した氷山が海岸線近くで見られることもある。またニューファンドランドにはムース（ヘラジカ）12万5000頭、ラブラドールにカリブー（トナカイ）が60万頭生息するといわれ、豊かな自然に出合えるのも大きな魅力だ。亜寒帯の針葉樹林や荒涼としたツンドラ地帯が続き、切り立った海岸線では400万羽以上という海鳥が壮大なコロニーを形成し、沖合にはクジラの姿も多く見られる。そんな大自然を見に行くツアーに参加したり、世界遺産にも指定されているグロス・モーン国立公園、フィヨルド海岸の景観の見られるテラ・ノバ国立公園などへ足を延ばす旅を計画してみたい。

プリンス・エドワード島

Prince Edward Island 🍁 プリンス・エドワード・アイランド州 🍁 市外局番902

MAP p.278-A

　日本人には『赤毛のアン』の島として知られているプリンスエドワード島（PEI）。先住民のミクマック族は、この島を海に浮かぶゆりかごという意味の「アベグウェイト」と呼んだ。島の面積は愛媛県とほぼ同じで、島自体がカナダ最小の州となっている。セント・ローレンス湾に浮かび、赤土の土壌が島全体を覆う。産業はジャガイモを中心とした農業のほか、ロブスターなどの漁業、そして観光も大きな割合を占めている。

　この島はアトランティック・カナダのなかでも海の美しさが格別で、ノバ・スコシアあたりに住む人が夏のコテージをもっていたりする。海水浴を楽しみつつ、あるいは大西洋を見ながら、心の底からのんびりできるような空気が流れており、島全体がゆったりとした農場のようだ。平坦な土地はゴルフ場にも向き、ゴルフを楽しみにくる観光客も多い。赤土の畑やタンポポが一面を覆うなみ打つ丘の向こうには、微妙に青色を変える大西洋が輝いている。ぽつんぽつんと点在する小さな農家を見ていると、本当に赤毛のアンの世界にまぎれこんでしまいそうだ。

　こんなにのんびりしているPEIも、コンフェデレーション橋で本土と結ばれ、ノバ・スコシア州やニュー・ブランズウィック州とのアクセスが便利になり、所要時間が大幅に短縮された。全長14km、通過するのに約12分かかる。年間通行可能だが、悪天候など、コンディションが悪い時は閉鎖される。

ルピナス群れ咲く島
©Tourism PEI / John Sylvester

シャーロットタウン

Charlottetown 🍁 プリンス・エドワード・アイランド州 🍁 市外局番902 MAP p.278-A

シャーロットタウンへの交通 ✈トロントから約2時間、ハリファックスから約40分。🚌ハリファックスからマリタイムバスで約5時間、1日2本運行。またはPEI Express Shuttleで約4時間30分。URL www.peishuttle.com ⛴ノバ・スコシアのウッドランド・アイランドへ1時間15分。

クルーズ船も就航　©Tourism PEI / John Sylvester

シャーロットタウンの歩き方のヒント▶見どころや古い町並みはグラフトン通り、リッチモンド通り、シドニー通りが中心。レストラン、ホテル、買い物はフィッツロイ通りと港の間。これらは半径1kmほどの範囲だ。

街を知る｜カナダ連邦発祥の地は『アン』巡りの起点

プリンス・エドワード・アイランド州の州都シャーロットタウンは、島中央部にある人口3万2000人の町。町の名はイギリスのシャーロット女王にちなんでつけられた。1864年、イギリス系の植民地の代表者がこの地に集まり、カナダ連邦をつくろうという会議が開かれた場所でもあり、「カナダ連邦発祥地」として知られている。港の東側、プリンス通りにある**ファウンダーズ・ホール**では、その歴史を分かりやすく説明する展示が人気。

町には古く壮大なカトリック系の教会がいくつもあり、1847年にできたプロビンス・ハウス、1888年建築のロマネスク様式の市庁舎、ビクトリア様式の住宅など、歴史ある美しい建物が数多く残され、趣にあふれている。

一方、再開発された港付近は、ボードウォークの遊歩道が続き、散歩に最適なエリア。レストラン、ギフトショップが並び、明るく開放的な雰囲気にあふれている。

シャーロットタウンからは、『赤毛のアン』の舞台になったキャベンディッシュやその周辺にある作者ルーシー・モード・モンゴメリのゆかりの地を訪れるツアーも数多く催行されている。バスなどの公共交通機関がないキャベンディッシュ周辺へは、ツアー利用が一番便利だが、運転に自信があればレンタカー利用も検討したい。

街歩き｜歴史の香りを感じつつのんびり散策を

シャーロットタウン空港はダウンタウンの北約8kmにある。空港バスなどのサービスはないので、タクシーを利用する。所要約10分、約C$10。

グラフトン通り（Grafton St.）には歴史の舞台となったPEIの州議事堂、プロビンス・ハウスがあり、その隣には毎年『赤毛のアン』のミュージカルが上演されるコンフェデレーション・センターが並ぶ。

クイーン通り（Queen St.）にはレンガ造りで三角屋根の塔がある市庁舎があり、港方面に向かった、リッチモンド通り（Richmond St.）の一画は19世紀末の町並みを生かしたビクトリア・ロウが続いている。❶（観光案内所）はプリンス通り（Prince St.）のファウンダーズ・ホール内にある。

散歩をするならば街の西側、ビクトリア公園に近いケント通り（Kent St.）やウエスト通り（West St.）がおすすめだ。このあたりは100年以上の歴史がある邸宅街で、とくに内部の見学もできるビーコンズフィールド・ヒストリック・ハウスやガバメント・ハウスが美しい。レンタサイクルでビクトリア公園まで足を延ばすのも楽しい。

ピークス・ワーフで休憩©Tourism PEI / John Sylvester

MAP p.282-B　☎902-368-4444　🕐7月～8月中旬／8:30～19:00、それ以外の時期は時間短縮　休11～4月
シャーロットタウンの市外局番☎902　※シャーロットタウンでは市内から市内にかける際も902からプッシュする

見どころ

プロビンス・ハウス
Province House MAP p.282-B

行き方 ❶から徒歩7分

　1847年に建てられたPEIの州議事堂で、国の史跡になっており、国立公園局が管理している。ここは1864年にカナダ連邦建国に向けて自治領の代表者が会議をした「カナダ連邦誕生の地」。カナダ国民にとっては重要な場所だ。建物内には当時の会議室がそのままに保存され、一般公開されている。プロビンス・ハウス前の青銅の像は戦没者記念碑。港のピークス・ワーフは建国の父たちである代表者が降り立った歴史的場所として知られている。

住165 Richmond St. ☎パークス・カナダ902-566-8287 URL www.pc.gc.ca/eng/lhn-nhs/pe/provincehouse/index.aspx ※2015年から3～5年かけて修復が行われているため、閉館中

コンフェデレーション・センター
Confederation Centre of the Arts MAP p.282-B

行き方 ❶から徒歩7分

　1964年、カナダの建国100周年を記念して建築された劇場、アートギャラリー、図書館が揃った総合文化施設。毎年夏期に劇場ではシャーロットタウン・フェスティバルが開かれる。40年以上ロングランを続ける『赤毛のアン』のミュージカルや芝居やコンサートなどが上演される。チケットはボックス・オフィス予約☎1-800-565-0278、または☎902-566-1267で購入できる。

住145 Richmond St. ☎902-628-1864 開アート・ギャラリー　5月中旬～10月中旬／9:00～17:00、10月中旬～5月中旬／水～土曜11:00～17:00、日曜13:00～ 休月・火曜 料無料（寄付金）

Tour & Activity

■『赤毛のアン』とモンゴメリゆかりの地

PEIセレクト・ツアーズ
PEI Select Tours
☎1-902-963-4000

　グリーン・ゲイブルス・ハウス、モンゴメリーの墓地、生家、グリーン・ゲイブルス博物館、銀の森屋敷、ケンジントン駅跡などを見学する。ホテルでピックアップあり。日本人スタッフが、日本語ツアーをセットしてくれる。所要約7時間。
URL www.peiselecttours.ca 営5～10月／9:00出発
$日本語ガイド・ロブスターランチ付き、おとなC$159、子どもC$129 他デルタ・プリンス・エドワード・ホテルのロビーにオフィスあり

■市内観光

ハーバー・ヒポ・ランド ＆ シー・ツアー
Harbour Hippo Land and Sea Tours
☎902-628-8687

　水陸両用車や2階建てバスで巡る市内ツアー。出発地はファウンダーズ・ホール隣。

URL www.harbourhippo.com 営6～9月 時間は問い合わせを。$おとなC$26、シニアC$24、子どもC$19、4歳以下C$5

これぞ水陸両用車

■レンタサイクル

スムース・サイクル・バイシクル・レンタル
Smooth Cycle Bicycle Rentals
☎902-569-5690 MAP p.282-A外

　15年以上営業しているレンタルバイク・ショップで、オフロード・バイクなどが充実している。
住330 University Ave. URL www.smoothcycle.com
営月～木曜9:00～17:30、金曜～18:00、土曜～17:00
休日曜

■ゴルフ

フォックス・メドゥ・ゴルフ・アンド・カントリークラブ
Fox Meadow Golf and Country Club
☎902-569-4653

　18ホール、パー72のパブリックコース。シャーロットタウンから車20分。
住167 Kinlock Rd., Stratford URL foxmeadow.pe.ca 営5～10月7:00～日没 $6月中旬～9月中旬C$79、その他の時期C$50

　主なショッピングエリアはグラフトン通りのコンフェデレーションコート・モール周辺、ビクトリア・ロウのあるリッチモンド通り、港のピークス・ワーフの3カ所だ。おみやげとして人気なのはやはり『赤毛のアン』グッズ。陶器の人形やTシャツ、チョコレートなどが評判だ。またおみやげ品から日用雑貨まで揃うのがショッピングモール。カナダらしいカントリー調のテーブルウェアやリネンなどが見つかるかも。

Shops

プロビンス・ハウスから徒歩1分／ショッピングセンター
コンフェデレーション・コート・モール　The Confederation Court Mall
MAP p.282-B

　町の中心にある便利なショッピング・モール。コンフェデレーション・センターの向かいにあり、店舗数は90軒にのぼる。キッチンストアには洒落たランチョンマットも。中央にはフードコーナーもあるので、ミュージカル見物の前に腹ごしらえもできる。

住Grafton St.とUniversity Ave.の角
☎902-894-9505
営月～水・土曜9:00～17:30 木・金曜～21:00
休12月以外の日曜

プロビンス・ハウスから徒歩5分／赤毛のアングッズ
アン・オブ・グリーン・ゲイブルス　The Anne of Green Gables
MAP p.282-B

　観光客が一度は必ず立ち寄るアン・グッズの店。19世紀の町並みが残るビクトリア・ロウにあり、趣も充分。店内には赤毛のアンのTシャツや人形、絵皿、モンゴメリの本やチョコレートなどアンやモンゴメリ関連の商品がずらりと並ぶ。

住110 Queen St. ＆ Richmond St.
☎902-368-2663
URL www.annestore.ca
営11:00～21:00、日曜～17:00、冬期短縮
休1月～3月31日
$アン人形C$6～

シャーロットタウンの市外局番☎902　※シャーロットタウンでは市内から市内にかける際も902からプッシュする

PEIでぜひとも味わいたいのは特産であるロブスター。旬は夏。観光にもベストシーズンなので、ぜひロブスター料理を堪能したい。このほか、カキ、サーモン、オヒョウなども島の味覚。新鮮な野菜とともに楽しもう。

料金ランク	
A	C$40以上
B	C$30〜
C	C$20〜
D	C$10〜
E	C$10未満

Restaurants

プロビンス・ハウスから徒歩5分／シーフード・肉料理 C　MAP p.282-B
パイロット・ハウス　The Pilot House

1896年に建てられたレンガ造りの建物を利用したパブ・レストランで、地元の人にも人気だ。店の入口は、グラフトン通りから1歩入った中庭に面してある。

メニューは肉料理からシーフード、パスタ、バーガーなどと幅広く、前菜の種類も豊富だ。ホタテ、エビ、サーモンとゴートチーズを合わせた温かくてスパイシーなケージョン・スパイシー・サラダや、ロブスターを挟んだサンドイッチなど、創作料理の数々が味わえる。

地元の常連客も多いので、夏期は予約したほうがいいだろう。カジュアルな雰囲気なので気軽に食事が楽しめる。

- 70 Grafton St.
- 902-894-4800
- www.thepilothouse.ca
- 11:30〜22:00
- 日曜
- サラダC$19、ロブスターサンドイッチC$18

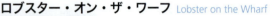

プロビンス・ハウスから徒歩10分／シーフード C　MAP p.282-B
ロブスター・オン・ザ・ワーフ　Lobster on the Wharf

ウォーターフロントのコンフェデレーション・ランディング・パークにあるシーフード専門店。入口にシーフードマーケットがあり、奥は海が見渡せる広いレストランになっている。ロブスター・ディナーは大ぶりのゆでたロブスターがまるごと出てくる。

- 2 Prince St., Wharf
- 902-368-2888
- 11:30〜22:00
- 11〜4月
- ロブスター・ディナー時価、生ガキC$16.99、マッスルのワイン蒸しC$10.99
- 週末は予約した方がいい

プロビンス・ハウスから徒歩3分／シーフード C　MAP p.282-B
クレダー・オイスター・ハウス　The Claddagh Oyster House

セント・ダンスタンズ大聖堂北側のレンガ造りのビルにあるレストラン。シャーロットタウン初のオイスター・バーで、PEIやノバ・スコシアでとれた新鮮なカキが味わえる。メニューはシーフード以外にもパスタやステーキ、チキンなどもある。

- 131 Sydney St.
- 902-892-9661
- claddaghoysterhouse.com
- 17:00〜22:00
- 日曜
- オイスター1個C$2.95〜
- 夏期は予約。オイスターは産地により値段が異なる

プロビンス・ハウスから徒歩10分／シーフード D　MAP p.282-B
ピークス・キー　Peakes Quay

セーリングボートが並ぶマリーナを見下ろす倉庫風の建物の2階にある。フィッシュ＆チップス、シーフードチャウダーなどのシーフードが中心。チキンウイング、ナッチョスなどおつまみの種類も豊富。海風に吹かれながら飲むビールの味は格別だ。

- 2 Great George St. at Peak's Wharf
- 902-368-1330
- 11:00〜1:00AM、金・土曜〜2:00AM
- 11〜4月休業
- フィッシュ＆チップスC$15.95、シーフードチャウダーC$10.95

シャーロットタウンの市外局番 902　※シャーロットタウンでは市内から市内にかける際も902からプッシュする

ホテルの数はそれほど多くなく、モーテルなどは町外れに多い。おすすめはB&B。築100年以上は経っているような邸宅を利用したものが多く、ホストのもてなしも温かみがあり、この島らしい宿といえよう。

料金ランク
A C$300以上
B C$200〜
C C$150〜
D C$100〜
E C$100未満

Hotels

プロビンス・ハウスから徒歩10分 B
デルタ・プリンス・エドワード Delta Prince Edward

MAP p.282-B

町で最も部屋数の多い、規模の大きなホテル。ピークス・ワーフのウォーターフロントに建ち、港の眺めもいい。設備も整っており、主要な観光スポットには徒歩で行くこともできて便利。日本人旅行者の利用が多く、日本語案内もある。

住 18 Queen St.
電 902-566-2222
Fax 902-566-2282
URL www.deltahotels.com
室 211室
料 S T C$169〜359

プロビンス・ハウスから徒歩5分 B
ロッド・シャーロットタウン Rodd Charlottetown

MAP p.282-A

市内中心部の市庁舎近くに建つ。20世紀前半から営業する老舗の1軒で、上品な赤レンガ造りの建物はカナダ国鉄が建てたものだ。ロビーやダイニングルームにはアンティークな調度品が並び、カナダ建国当初の香りを漂わせている。

住 75 Kent St. (Corner of Kent St. & Pownal St.)
電 902-894-7371
Fax 902-368-2178
URL www.roddvations.com
室 115室
料 S T C$145〜280、季節割引あり

プロビンス・ハウスから徒歩10分 C
ベスト・ウエスタン・シャーロットタウン Best Western Charlottetown

MAP p.282-B

ダウンタウン中心部のグラフトン通りに建つホテル。駐車場が広く、レンタカーなど車を利用している人には使いやすい。明るいカントリー風の建物で、室内は親しみやすい雰囲気。設備も整っている。主要な観光地も徒歩で無理なく回れる距離だ。

住 238 Grafton St.
電 902-892-2461
Fax 902-566-2979
URL www.bestwestern.com
室 144室
料 S T C$135〜210、季節割引あり
他 朝食付き、無料インターネット

プロビンス・ハウスから徒歩7分 C
シップライト・イン Shipwright Inn

MAP p.282-A

シャーロットタウンの中心、クイーン通りにほど近いところにある人気のB&B。1860年代に造船技師によって建てられたビクトリア風の邸宅で、内部には船に関するアンティークな調度品が飾られている。海と暮らしてきたPEIならではの雰囲気が感じられる。

住 51 Fitzroy St.
電 902-368-1905
Fax なし
URL www.shipwrightinn.com
室 9室
料 5月中旬〜10月中旬 S T D C$149〜299、10月中旬〜5月中旬 S T D C$99〜199
他 全室禁煙。朝食付き

プロビンス・ハウスから徒歩10分 C
ハーバー・ハウス Harbour House

MAP p.282-A

ダウンタウンからほど近い閑静な住宅街に建つB&B。1900年代に建てられた邸宅を改築した。すべての部屋にバスルームがあり、Wi-Fi、インターネットも完備している。コンフェデレーション・センターへは2ブロックと便利なロケーション。

住 9 Grafton St.
電 902-892-6633
Fax なし
URL www.hhhouse.net
室 17室
料 5月 S T D C$99〜169、6月と9・10月 S T D C$129〜209、7・8月 S T D C$139〜219、朝食付き
他 11〜4月は休業

Anne of Green Gables
赤毛のアンの世界を訪ねる

「お化けの森」

ルーシー・モード・モンゴメリ著の『赤毛のアン Anne of Green Gables』の舞台は、プリンス・エドワード島にある村。ここでは今も、アンの世界を間近に見ることができるのだ。…11歳の少女アンは、マシュウとマリラという、ともに独身の中年の兄妹の家に孤児院からひきとられる。自分の赤毛に劣等感を持つアンだが、孤児になってからの不幸な日々を、空想にふけることでひとり耐えてきた。マシュウはそんなアンの作り話に耳を傾け、マリラはその空想癖をたしなめつつ、しだいにアンへの理解を深める。

アンがもらわれてきた 緑の切り妻屋根の家

作中でアンが孤児院からマシュウとマリラの兄妹にもらわれてやってきたのが、アボンリー村。ここは、作者の母方の祖父母アレキサンダー・ルーシー・マクニール夫妻が住み、作者も母を亡くしてから36歳で結婚するまで暮らしたキャベンディッシュのこと。この村はPEIのほぼ中央の北海岸に面したのどかな村。『赤毛のアン』がヒットするまでは、たぶんPEIのどこにでもあるジャガイモ畑の赤土の斜面が続く、変哲もない村だったに違いない。

赤い髪の、そばかすだらけで鼻筋の通った女の子アン・シャーリーがもらわれていった先が緑の切り妻屋根の家、**グリーン・ゲイブルス・ハウス**。今では、ここは国立公園の管理するヘリテージパークになっている。一瞬、この家が作者の家かと勘違いする人がいるかもしれないが、実はここは作者の祖父のいとこであるマクニール夫妻の家だった。

グリーン・ゲイブルス・ハウスの内部は物語そのままの世界で、アンを育てたマリラやマシュウが実在の人物だったかのような錯覚にとらわれる。物語にある「**恋人の小道**」や「**お化けの森**」も庭先から続く。モミの林にカンバの木が混じった「お化けの森」には、整備された遊歩道が続いている。「お化けの森」の入口にある流れは今も澄み、生き生きとした緑が影を落とす。夏の暑い日に作者はここで足をそっと浸してみたかもしれない。そしてこの森をどんな風に描こうか、などと想像したかもしれない。

MAP p.280-B ☎902-963-7830 ⏰6月中旬〜9月上旬8:00〜21:00、その他の時期は時間短縮 休10月上旬〜5月中旬の土・日曜

左／パークコーナー近くにはジャガイモ畑が広がる
下／「銀の森屋敷」グリーン・ゲイブルス博物館

モンゴメリゆかりの郵便局

「銀の森屋敷」を守るキャンベル家の末裔（左）とケーキ作りの名人

モンゴメリが働きながら作品を送った郵便局

　キャベンディッシュには物語のモデルになった場所と、作者モンゴメリ自身に関わる場所が混在する。「お化けの森」を抜けると**墓地**の脇に出る（墓地の入口は6号線と13号線の交差点近く）。この墓地にモンゴメリは眠る。

　墓地の向かいにある**グリーン・ゲイブルス郵便局**は、モンゴメリが祖父の死後、祖母を助けて郵便業務を手伝ったことにちなみ、住居跡にあった当時の建物を再現したものだ。内部はミュージアムを兼ね、ここで投函された手紙にはグリーン・ゲイブルスの消印が押される。

　モンゴメリは出版社から出版を断られ送り返される自分の作品を誰にも知られることなく、当時の郵便局で受け取ることができた。そんな作家として不遇の時代のエピソードもある。

　モンゴメリが日曜学校で教えた教会を郵便局の並びに見て、右へ未舗装の車道を入る。モンゴメリが暮らし、『赤毛のアン』など多数の作品を書いた家があった場所だ（**キャベンディッシュ住居跡**）。家の跡はリンゴの木や美しい広葉樹に囲まれている。

お気に入りの場所「銀の森屋敷」と「輝く湖水」

　キャベンディッシュから車で35分ほどの**パークコーナー**には**グリーン・ゲイブルス博物館**がある。ここはモンゴメリの母方のいとこの家で、彼女のお気に入りの場所であった。幼い頃から何度となくこの家を訪れ、1911年7月5日、彼女はこの家の居間でユーアン・マクドナルド牧師と結婚式をあげた特別な場所でもある。

　「輝く湖水」と名付けた池のモデルは屋敷の窓から見下ろせる。屋敷の背後には白樺林が迫り、新緑の初夏、葉がレモンイエローに変わる秋、幹が銀色に輝く冬、四季折々にモンゴメリはこの林を見入ったに違いない。彼女はこの屋敷を著書の中で「銀の森屋敷」と呼んでいる。

　博物館となった今でもここを守るのは当時と同じキャンベル家の人々。モンゴメリの思い出の場所で結婚式を挙げに日本から若いカップルがやってくる。式のあと、馬車に乗ったふたりは「輝く湖水」の横を走る。白いウエディングケーキ（→p.288）はモンゴメリの結婚式の時とまったく同じ作り方で焼いたものだ。

　付近にはモンゴメリの父方の祖父の家を改造した**モンゴメリ記念博物館**もある。また6号線と20号線の交差するニューロンドンには**モンゴメリの生家**が保存公開されている。1874年11月30日に生まれ、母が亡くなり、祖父母に引き取られるまでの1年9カ月をここで暮らした。彼女の着たウエディングドレスなどが展示されている。

プリンス・エドワード島　287　赤毛のアンの世界を訪ねる

グリーン・ゲイブルス・ハウスとアン
© Tourism PEI / John Sylvester

PEIらしい風景が広がるケープ・トライオン灯台付近　©Tourism PEI / John Sylvester

アンが遊び、モンゴメリが愛した美しい風景

ニューロンドンやパークコーナー付近に広がる風景も忘れることはできない。赤土の畑や一面のタンポポの原っぱがうねうねと波打つローリング・ヒル。その向こうに微妙に色合いが変化するセント・ローレンス湾。ぽつんぽつんと点在する農家。アンが遊んだ世界が、そしてモンゴメリが愛した世界が今でも変わらずに息づいている。

このほか、アンの物語の舞台としては、**ケンジントン駅跡**（2号線と6号線の交差点）など。ここはアンが孤児院から連れてこられて初めてマシュウに会ったブライト・リバー駅のモデル。

キャベンディッシュ付近にはアン人気に便乗した観光アトラクションも少なくはない。**国立公園**として管理されているキャベンディッシュの海岸は、鮮やかな赤土の崖が延々と続き、盛夏には海水浴客でたいへんな賑わいを見せる。

アンの世界に浸ってみたいならちょっと時期をずらして、ゆったりと旅するのがいいようだ。レンタカーでも借りて、自分の「赤土の道」や「輝く湖水」を探す旅をしてみたい。

モンゴメリの生家

モンゴメリの結婚式の時と同様のウエディングケーキ

グリーン・ゲイブルス・ハウス　MAP p.280-B
Green Gables House

住 Cavendish, Route 6, west of Route 13　☎902-672-6350　URL www.pc.gc.ca/greengables/index.aspx　開 9:00～17:00　休 12月1日～4月14日（11月と4月15日～30日はグループ客のみ予約見学可）　おとなC$7.80、シニアC$6.55、子どもC$3.90、11月と4月15～30日はおとなC$6.30、シニアC$5.40、子どもC$3.15

モンゴメリのキャベンディッシュ住居跡　MAP p.280-B
Site of Lucy Maud Montgomery's Cavendish Home

住 Route 6, 500m east of Green Gables　☎902-963-2231　開 5月中旬～10月中旬／9:00～17:00、7・8月～18:00　休 冬期　$ おとなC$4、子どもC$2

グリーン・ゲイブルス博物館　MAP p.280-A
Anne of Green Gables Museum

住 Park Corner, 20km west of Cavendish on Route 20　☎1-800-665-2663（月～金曜）、902-886-2884（土・日曜）　開 6・9月／10:00～17:00、7・8月／9:00～　休 10月～5月　$ おとなC$5.50、子どもC$2

モンゴメリの生家　MAP p.280-B
Lucy Maud Montgomery Birthplace

住 New London, Route 20 & Route 6　☎902-886-2099　開 9:00～17:00　10月中旬～5月上旬　$ おとなC$4、子どもC$1

キャベンディッシュの市外局番☎902　※キャベンディッシュでは市内から市内にかける際も902からプッシュする

キャベンディッシュ

Cavendish 🍁 プリンス・エドワード・アイランド州 🍁 市外局番902　MAP p.278-A

キャベンディッシュへの交通 🚗シャーロットタウンから40分。🚌キャベンディッシュまでの公共の交通機関はなく、レンタカーかタクシーの利用となる。タクシーで約C$60。

グリーン・ゲイブルス・ハウス　©Tourism PEI / Ann MacNeill

キャベンディッシュの歩き方のヒント▶見どころは❶周辺に点在している。小さな町で、ホテルやショップは6号線沿いに、見どころは離れて点在しているのでレンタカーがあると便利。夏場はツアーを利用しよう。

街を知る　アボンリー村のモデルとなったモンゴメリゆかりの地

PEIの北海岸の中ほどにあり、『赤毛のアン』に登場する「アボンリー村」のモデルとなった村。❶(インフォメーション MAP p.280-B)のある6号線と13号線との交差点を中心にグリーン・ゲイブルス・ハウスやモンゴメリのキャベンディッシュ住居跡などがある。

街歩き　「アン」を訪ねつつのどかな田舎を散策

グリーン・ゲイブルスを中心とした地域だけなら徒歩や自転車で回れるが、モンゴメリの生家があるニューロンドンや「輝く湖水」があるパークコーナーへは、片道20kmほど。シャーロットタウンでレンタカーを借りるなど、足を確保しよう。シャーロットタウン発のツアーに参加するのも一案だ。

見どころ

『赤毛のアン』と作者モンゴメリにまつわる見どころ(→p.286)が、キャベンディッシュの❶周辺に集まっている。そのほか❶から海に続く遊歩道を歩くと美しい海岸に出られる。

6号線沿いにある**アボンリー・ビレッジ Avonlea Village**(MAP p.280-B ☎902-963-3050 營6月下旬〜9月中旬10:00〜20:00 $無料)は、『赤毛のアン』が執筆された時代の建物を移築したテーマパーク。随時イベントが開催され賑わっている。

❶ MAP p.280-B　☎902-963-7830　營6月中旬〜9月上旬8:00〜21:00、他は時間短縮　休10月上旬〜5月中旬の土・日曜　キャベンディッシュの市外局番☎902　※キャベンディッシュでは市内から市内にかける際も902からプッシュする

Shops

6号線沿いに小さなショッピング・モールがあり、その中にレストラン、スーパー、ギフトショップなどの店が並ぶ。6号線と20号線の交差するニューロンドン付近にはかわいらしいギフトショップがある。

Restaurants

レストランは少なく、どこも5月下旬〜10月の営業。教会前のレイチェルズ・リストランテ(Rachael's Ristorante MAP p.280-B ☎902-963-3227)はピザやパスタなど。東に8kmのノース・ラスティコは、ロブスターで有名。フィッシャーマンズ・ワーフ・ロブスター・サパー(Fisherman's Wharf Lobster Supper, Restaurant & Gift Shop MAP p.280-B ☎902-963-2669)などがある。

Hotels

❶を中心にモーテルやコテージ、B&Bがある。車がないと食事に行くのにも不便な場所もあるので、宿を決める時は立地をよく確認しよう。コテージは通常キッチン、バスルームなどがついた一戸建ての小さな建物だ。

モンゴメリの住居跡

ハリファックス

Halifax ノバ・スコシア州 市外局番902 MAP p.278-A

ハリファックスへの交通 エア・カナダ (AC) などでトロントから約2時間、オタワから約1時間30分、モントリオールから約1時間30分。モントリオールからVIA鉄道で約22時間、週6便。シャーロットタウンからマリタイム・バスで約5時間。

坂の多い、落ち着いた町並み

ハリファックスの歩き方のヒント▶町は、東に港、西にハリファックス・シタデル、北にコグズウェル通り、南をモリス通りに囲まれた地域で四方約1.5km。飲食店やショップなどもこの界隈に集中している。

街歩き カナダ建国当時の歴史を感じつつ散策を

ハリファックス港に臨み、港を中心に市街地が広がっている。市街北東約35kmのハリファックス国際空港から主要ホテルを結ぶマリタイム・バスのエアポート・シャトル（1-800-350-6945）は、片道C$22、往復C$40。市街中心部の南東側にVIA駅がある。港にあるフェリーターミナルから対岸のダートマスへフェリーが運航している。

主な見どころは、港とハリファックス・シタデルの間にあり、市バスや徒歩で回れる。港にある19世紀の倉庫街を保存再開発した**ヒストリック・プロパティーズ**にはショップやレストランがあり、では、地図やパンフレットが揃う。

街を知る カナダ最初の入植地 大西洋側の中心都市

ノバ・スコシア州の州都ハリファックスは、人口約12万人。1749年、イギリス軍が軍事拠点を置いたことが町の始まりで、カナダ最初の英語圏入植地となった。

冬でも凍結しない世界有数の良港をもち、カナダの大西洋側の中心都市として経済、軍事、文化をリードしてきた。坂の多い町中にはカナダ最初の教会や重厚な石造りの建物が残り、港町の活気とともに魅力ある町をつくりだしている。また『赤毛のアン』の作者ルーシー・モード・モンゴメリが学生時代を過ごした場所でもある。

余裕があればハリファックスから、美しい漁村と灯台で有名なペギーズ・コーブ、フランス系移住者「アカディアン」の村がある**グラン・プレ**や、ユネスコの世界遺産に登録された**ルーネンバーグ**などへ足を延ばそう。

近くに**ノバ・スコシア美術館**（902-424-5280、開10:00～17:00 木曜～21:00 休12月24日～26日・1月1日 おとなC$12、学生C$7）や**大西洋海洋博物館**（902-424-7490 開 5 ～10月／9:30～17:30、火曜～20:00、日曜13:00～、11～4月／9:30～17:00 休11～4月の月曜 $5～10月おとなC$9.55、それ以外の時期はおとなC$5.15）がある。

グランド・パレードの南側に**セント・ポール教会**、さらに西へ坂を上ると時計台**オールド・タウン・クロック**、軍事要塞**ハリファックス・シタデル**などがある。シタデルの南側には**パブリック・ガーデンズ**があり、その東側をこの町でもっとも賑わうショッピング街**スプリング・ガーデン通り**Spring Garden Rd.が走る。バーリントン通りBarrington St.との角あたりに、古い墓地の**オールド・バリング・グラウンド**、州総督公邸、モンゴメリの下宿跡がある。

ハリファックス湾には観光船も走る

MAP p.291-A 1655 Lower Water St. 902-424-4248 夏期9:00～20:00、冬期9:00～17:00
ハリファックスの市外局番902 ※ハリファックスでは市内から市内にかける際も902からプッシュする

見どころ

ダウンタウン周辺

ヒストリック・プロパティーズ
Historic Properties MAP p.291-A

行き方 フェリーターミナルから徒歩2分

19世紀の倉庫街を活かした場所に、レストランやショップが集まっている。西隣にはカジノ・ノバ・スコシアがある。夏には大型帆船ブルーノーズ2世号が係留され、涼しい海からの風を求めて散策する人で賑わう。対岸の町ダートマスへ定期フェリーが発着し、夏にはハリファックス湾のクルーズ船も運航される。

住 1869 Upper Water St.

石造りの重厚な建物が並ぶヒストリック・プロパティーズ

グランド・パレード
Grand Parade MAP p.291-A

行き方 フェリーターミナルから徒歩5分

1749年に造られた軍事演習場だが、今では市民が憩う広場になっている。

広場の南側には1750年に建てられたイギリス国教会のセント・ポール教会がある。カナダ最古の教会で、ハリファックスではもっとも長い歴史をもつ建物でもある。内部の見学ができる（月〜金曜9:00〜16:00）。北側のビクトリア様式の建物は1888年に建てられたもので、現在は市庁舎として利用されている。

グランド・パレードからジョージア通りを東へ行ったホリス通りにある州議事堂は1818年に建てられたもので、ジョージア様式の特徴がよく出ているといわれている。

場所 Prince St. & Barrington St.

セント・ポール教会

ハリファックス

291

ハリファックス・シタデル
Halifax Citadel MAP p.291-A

行き方 ❶から徒歩10分

港を見下ろす小高い丘にある星形をした要塞で、星形城郭ともいう。イギリスがここに砦を築いたのは1749年のこと。過去に4度改修工事が行われ、現在のシタデルは1856年に築城されたもので、1951年に国定史跡となった。陸と海の両方面からの攻撃に備えて造られているが、実戦には一度も使われていない。同じ星形城郭を持つ都市として、函館市とは姉妹都市提携を結んでいる。

毎日正午には午砲が鳴り、夏期には学生が扮するベンガル騎兵隊の警備の儀式が披露される。カナダの歴史や伝統が感じられるパフォーマンスだ。

また港側にある時計台、オールド・タウン・クロックはハリファックスのシンボル。ビクトリア女王の父であるケント公が寄贈したもので、1803年以来、時を刻み続けている。このシタデルはカナダでは重要な歴史建造物のひとつで、またカナダの英国系の人々のあいだでは、時計台と並び、心のふるさとの象徴のような存在でもある。

🏠Brunswick St. ☎902-426-5080 🕐$ 7～8月／9:00～18:00、おとなC$11.70、6～16歳C$5.80、65歳以上C$10.05。5月上旬～6月と9～10月／9:00～17:00、おとなC$7.80、6～16歳C$3.90、65歳以上C$6.55 ❌11月～5月上旬

星形の要塞、ハリファックス・シタデル

パブリック・ガーデンズ
Public Gardens MAP p.291-A

行き方 ハリファックス・シタデルから徒歩5分

1836年に造られたカナダで最初のビクトリア様式の庭園。池や噴水、フランス式の花壇など、手入れの行き届いた17エーカー（約0.7km²）の敷地に色とりどりの花が植えられている。表通りのざわめきとは対照的に園内は静かで、緑を見ながらほっとできる。
🕐5月～11月上旬／8:00～日没 ❌冬期

ヒストリック・プロパティーズ周辺の店ではクラフト商品やノバ・スコシア・タータンの小物など、みやげに良さそうなものが見つかる。スプリング・ガーデン通りでは服やアクセサリー、靴などが手に入る。カナダのサイズは大きめなのでサイズに注意したい。

Shops

フェリーターミナルから徒歩1分／クリスタルグラス
ノバ・スコシアン・クリスタル Nova Scotian Crystal

MAP p.291-A

高級クリスタルグラスのショールーム。今も18～19世紀の製法をそのまま受け継ぎ、ひとつひとつ宙吹きにし、ハンドカットして仕上げられている。隣に工場があり、ガラス越しに製作過程を見学できる。市価より安い値段でワイングラス、花瓶が手に入る。

🏠5080 George St.
☎1-888-977-2797
🕐月～金曜9:00～18:00、土・日曜10:00～17:00、冬期変更あり
❌12月25日と冬期の日曜
💰小さな置き時計C$68～、花瓶C$78～

フェリーターミナルから徒歩7分／ビール工場
アレキサンダー・キース・ノバ・スコシア・ブリュワリー Alexander Keith's Nova Scotia Brewery

MAP p.291-B

1820年に創立されたノバ・スコシア最古のビール醸造工場。ムースの描かれたグリーンと赤のラベルで知られたビールは爽やかな飲み口。工場内にはビールをはじめ、オリジナルTシャツなどを販売するショップがある。所要1時間の醸造所見学ツアー（試飲付き）も。

🏠1496 Lower Water St. Brewery Market
☎902-455-1474
🕐夏期／月～土曜12:00～20:00、日曜～17:00。冬期は時間短縮
💰ツアーおとなC$22.95、シニアC$19.95、TシャツC$25～
🕐ツアーは夏期は毎日30分おき、冬期は1時間おき

ℹ️（インフォメーション）ではノバ・スコシア州の宿泊を無料で紹介してくれる電話相談のシステム（☎1-800-565-0000 北米内から無料）がある。

観光、ビジネスに加え学生も多いハリファックスには、リーズナブルでしゃれた飲食店が多い。ヒストリック・プロパティーズは観光地らしいレストランが並ぶ。ナイトスポットならアーガイル通りやスプリング・ガーデン通り界隈に多い。ホタテやマッスル（ムール貝）など海の幸をつまみにグラスを傾けるのもいいだろう。

料金ランク	
A	C$40以上
B	C$30〜
C	C$20〜
D	C$10〜
E	C$10未満

Restaurants

フェリーターミナルから徒歩10分／シーフード C
ロット・シックス・バー＆レストラン　Lot Six Bar & Restaurant

歴史を感じさせるレンガ造りのビルの中にある、おしゃれでカジュアルな雰囲気のレストラン。世界各国の味を取り入れた創作メニューと、オリジナル・カクテルが人気。オイスター・バーもあり、生ガキは1個から注文できる。

MAP p.291-A

- 685 Argyle St.
- 902-428-7428
- lotsix.ca
- 16:00〜2:00AM
- 無休
- オイスター1個C$3〜、カクテルC$10〜

フェリーターミナルから徒歩7分／シーフード B
ファイブ・フィッシャーメン　The Five Fishermen

1817年に建てられたビルにある老舗のレストラン。地元産のロブスター、ホタテ、エビ、オイスター、オヒョウ、サーモンなどシーフードのメニューが揃い、魚が苦手という人のためにステーキもある。階下にはランチ時も営業している姉妹店がある。

MAP p.291-A

- 1740 Argyle St.
- 902-422-4421
- www.fivefishermen.com
- 17:00〜21:00
- 無休
- 前菜C$8〜、主菜C$24〜40

ホテルが集まるのはダウンタウン。カナダの高級ホテルチェーンであるフェアモント・ハリファックスからシェラトン、ウエスティンといったチェーン系のシティホテル、シックなプチホテルまでバリエーションは多彩だ。ダウンタウン付近に宿を取れば、どこへ行くにも何かと便利だろう。

料金ランク	
A	C$300以上
B	C$220〜
C	C$150〜
D	C$70〜
E	C$70未満

Hotels

フェリーターミナルから徒歩7分 C
フォー・ポインツ・バイ・シェラトン・ハリファックス　Four Points by Sheraton Halifax

レストランやショップなど人気店が並ぶヒストリック・プロパティーズやスプリング・ガーデン通りに隣接し、観光やビジネスに便利なホテル。設備が整い、空港バスも停車するので使い勝手がいい。全室禁煙。プールやジムもある。

MAP p.291-B

- 1496 Hollis St.
- 902-423-4444
- Fax 902-423-2327
- www.starwoodhotels.com/fourpoints
- 177室
- S T D C$160〜260
- 無料予約 1-866-444-9494

フェリーターミナルから車で5分 C
ハリバートン　The Halliburton

歴史ある建物を改造したエレガントなブティックホテル。内装や家具はすべてアンティークでまとめられ、バルコニーからは中庭が望める。ダイニングルームはエビ、ホタテ、ロブスターなど大西洋でとれた魚介類を使ったシーフード料理が味わえる。

MAP p.291-B

- 5184 Morris St.
- 902-420-0658
- Fax 902-423-2324
- www.thehalliburton.com
- 29室
- S SC$139〜、T DC$169〜、ひとり追加C$25、朝食付き

ハリファックスの市外局番 902　※ハリファックスでは市内から市内にかける際も902からプッシュする

フレデリクトン

Fredericton ★ ニュー・ブランズウィック州 ★ 市外局番506　MAP p.278-A

フレデリクトンへの交通 ✈ハリファックスから約1時間、モントリオールから約1時間30分、トロントから約2時間。🚌ハリファックスからマリタイム・バスで約7時間30分（モンクトンで乗換え）。

衛兵のパレードに遭遇

フレデリクトンの歩き方のヒント▶点在する主な見どころは東西約4km、南北約2kmの範囲にあり、徒歩で回ることができる。ギャラリーやクラフトの店もこの範囲にあるので散策がてらのぞいてみるのもいいだろう。

街を知る　ロイヤリストの伝統を持つアートの街

フレデリクトンはニュー・ブランズウィック州の州都で、セントジョン川沿いに広がる。100年以上の歴史を誇る教会、市庁舎、学校などの建物がいくつも残っている。アメリカ独立戦争から逃れてカナダに移住し、イギリスに忠誠を誓ったロイヤリストたちが町の礎を築いた。住宅街には彼らが暮らしたすばらしい邸宅の数々が、現在も美しい姿で残されている。古き良きものを大切にするこの町の人々は、手作りや創造性を尊ぶ。その精神は1938年にできたクラフトとデザイン専門の州立のカレッジや、サルバトール・ダリの代表作を所蔵するアートギャラリーにみることができる。「エルム（楡）の町」ともいわれ、セントジョン川の流れとともにアーティストたちを見守っている。

街歩き　ギャラリーを訪ねて川沿いをのんびり散歩

見どころは北はセントジョン川、南はブランズウィック通りBrunswick St.、東はユニバーシティ通りUniversity Ave.、西はヨーク通りYork St.の範囲にあり、歩いて回れる。

市街南東約16kmに位置するフレデリクトン空港から、市内までタクシーで約15分、C$25。空港バスはない。

フレデリクトンには、約10本の市バスが走っているが、見どころはほぼ徒歩圏内にあり、歩いて回れる。

クイーン通りQueen St.沿いの、時計塔が目印のレンガ造りの建物が、市庁舎。観光案内所❶（MAP p.295-A）もこの中にある。ここで地図やパンフレットを入手し、街歩きを始めよう。

クイーン通りを東へ向かうとNBカレッジ・オブ・クラフト＆デザイン、オフィサーズ・スクエア、裁判所、ビーバーブルック美術館、州議事堂などが次々に姿を現す。この通りからチャーチ通りChurch St.へ曲がるとクライストチャーチ大聖堂だ。クイーン通りをさらに道なりに進むとロイヤリストの邸宅が並ぶ地域で、ロイヤリストの墓地などがある。またキング通りKing St.を西に行くと築130年のツリー・ハウスもある。

市街西約37kmには**キングス・ランディング歴史公園**（MAP p.295-A外　☎506-363-4999　開6月上旬～10月中旬の開園10:00～17:00　$おとなC$16.81、学生と65歳以上C$14.68）がある。この歴史公園は州内の古い建物が移設された歴史村だ。建物は約30棟で、19世紀のロイヤリストの集落や町並み、生活の様子が再現されている。夏期の観光シーズンになると、当時の衣装を着たスタッフたちが園内で19世紀当時の農作業や製鉄作業などのデモンストレーションを行っており、楽しみながら学ぶこともできる。

日程に余裕があればセントジョン川沿いのトレイルの散策をしよう。1995年に廃線になった鉄道の鉄橋は、全長約600mのトレイル・ブリッジになっており、川向こうにも行ける。レンタサイクルはキング通りのサベージズ・バイシクル・センター（MAP p.295-A）で借りられる。

❶ MAP p.295-A　☎506-460-2129／1-888-888-4768　開6月下旬～8月下旬／10:00～20:00、5月中旬～6月下旬と8月下旬～10月中旬／10:00～17:00、10月中旬～末と4月下旬～5月中旬／10:00～16:30　休土・日曜、11月～4月上旬　フレデリクトンの市外局番☎506

見どころ

ダウンタウン

フレデリクトン地域博物館
Fredericton Region Museum MAP p.295-A

行き方 市庁舎から徒歩5分

州内各地から集められた歴史的な品々で、ロイヤリストの部屋などを再現するといった展示が行われている。博物館が建っているオフィサーズ・スクエアは、かつて陸軍の駐屯地だった場所で、夏にコンサートや衛兵に扮した学生たちの交替式が行われる。

住Officers' Square Queen St. ☎506-455-6041 開7〜9月/10:00〜17:00、6・10月/13:00〜16:00（要予約）休6・9・10月の日・月曜と11〜5月 料おとなC＄5、学生C＄2 他グループは要予約。衛兵交替式は7〜8月下旬10:00、16:00

州議事堂
Legislative Assembly Building MAP p.295-B

行き方 市庁舎から徒歩10分

1882年に建てられた威厳ある州議事堂。磨きこまれた螺旋階段、ベルベットを使った椅子、シャンデリアといった内装が、1世紀という歴史をひしひしと感じさせる。夏期には内部を案内してくれるガイドツアーがある。

住706 Queen St. ☎506-453-2527 開6月中旬〜8月下旬/9:00〜17:00、8月下旬〜6月中旬/8:30〜16:00 休土・日曜 他ガイドツアーは、グループのみ要予約 料無料

ビーバーブルック美術館
Beaverbrook Art Gallery MAP p.295-B

行き方 市庁舎から徒歩10分

ビーバーブルック卿が寄贈した美術品を収蔵・展示する。ビーバーブルック卿（1879〜1964）はオンタリオ州のメープルに生まれ、ニュー・ブランズウィック州に暮らし、1910年にイギリスに渡り、カナダ人初の閣僚にな

美しい州議事堂

フレデリクトン

295

った人物だ。
　収蔵品の目玉は玄関奥に展示されているサルバドール・ダリの大作「サンチアゴ・エル・グランデ」。このほかターナーやジョン・コンスタブル、ゲーンズボロなど英国を代表する風景画家の作品も見られる。また1920年代に活躍したカナダの風景画家集団「グループ・オブ・セブン」、トム・トムソン、エミリー・カーなど、カナダの代表的な画家の作品も展示されており、とくに19世紀以降の絵画が好きな人にはなかなか見応えのある内容だ。このほか家具など歴史的な調度品なども展示されている。

⟨住⟩703 Queen St. ⟨☎⟩506-458-2028 ⟨開⟩10:00〜17:00、木曜〜21:00、日曜12:00〜 ⟨休⟩12月25日、1月1日、夏期以外の月曜 ⟨S⟩おとなC$10、学生C$5、65歳以上C$8

クライストチャーチ大聖堂
Christ Church Cathedral MAP p.295-B
⟨行き方⟩市庁舎から徒歩12分

　ひときわ目立つ尖塔を持つ1853年建築のゴシック様式の教会。イギリスのスネッチハムにあるセント・マリー教会を模したもので、建築が始まったのは1845年のこと。東西の大きなステンドグラスのバラ窓は、イギリスの教会によく見られる様式だ。1912年に設置されたパイプオルガンは、火災に見舞われ、1950年代に新しくなった。
　夏期にはガイドによる見学ツアーがあるので興味があれば参加してみよう。

⟨住⟩168Church St. ⟨☎⟩506-450-8500 ⟨開⟩6月中旬〜8月／9:00〜18:00、土曜〜17:00、日曜14:00〜15:00。9月〜6月上旬／9:00〜15:00 ⟨休⟩不定期 ⟨S⟩無料

静かで落ち着いた美術館

天高くそびえる尖塔

クラフトの店、アーティストの店、カントリー雑貨の店が好きな人にとって、この町は宝の山だ。こうしたショップはクイーン通りとキング通りに挟まれたエリアに集まっている。自分だけの"オンリーワン"が見つかるかもしれない。

Shops

市庁舎から徒歩10分／ギャラリー
ギャラリー78　Gallery 78
MAP p.295-B

19世紀クイーン・アン様式の邸宅を利用した画廊。30年以上に渡り地元の人たちに親しまれている。大きな窓を設け、木の床の落ち着いた部屋には、州を代表するアーティストの抽象画や風景画が飾られている。ゆっくりと絵画鑑賞を楽しみたい。

⟨住⟩796 Queen St.
⟨☎⟩506-454-5192
⟨開⟩火〜金曜10:00〜17:00、土曜〜15:00、日曜13:00〜16:00
⟨休⟩月曜
⟨S⟩カード小C$5〜、壺C$50〜1万8000

市庁舎から徒歩3分／ピューター製品
エイトカンズ・ピューター　Aitkens Pewter
MAP p.295-A

ピューター製品を扱う老舗の専門店。ピューターとは、錫90％に銅などを混ぜた合金のことで、サビに強い金属。製品はピューターの特徴を活かした、深みのある銀色の光沢を放っており、なかなか味わい深い。スプーンや食器、写真立てなどを販売している。

⟨住⟩408 Queen St.
⟨☎⟩506-453-9474
⟨開⟩9:00〜17:30、木・金曜〜20:00、土曜〜17:00
⟨休⟩日曜
⟨S⟩キーホルダーC$7〜、クリスマス用のオーナメントC$19.50〜

フレデリクトンの市外局番☎506

ダウンタウンには30軒以上の飲食店があり、軽食や各国料理の店など、バリエーションもさまざま。気軽に入れる雰囲気の店も多い。クイーン通り、キング通りに集中している。ナイトスポットならパイパーズ通りへ。地ビールなどが味わえるパブが数軒並んでいる。

料金ランク
A C$40以上
B C$30〜
C C$20〜
D C$10〜
E C$10未満

Restaurants

市庁舎から徒歩5分／軽食、スナック E
コーヒー＆フレンズ　Coffee & Friends

MAP p.295-A

キングス・プレイスの向かい、ガラス張りの明るい構えの店。パニーニやスープ、ベーグル、チーズケーキなどのメニューがあり、地元の人たちが気軽に立ち寄り、賑わいを見せている。軽めのランチや軽食、お茶に利用するのもいいだろう。夏にはパティオ席も。

415 King St.
506-455-4554
10:00〜19:00、土曜〜18:00、日曜11:00〜16:00
無休
サンドイッチC$5〜、コーヒーC$2〜

市庁舎から徒歩3分／ギリシア料理 D
ディミトリーズ　Dimitri's

MAP p.295-A

楽しいお店が並ぶ路地のパイパーズ通りにあり、週末などは家族連れで賑うギリシア料理レストラン。フェタ・チーズ、トマト、キュウリ、オリーブなどが盛りだくさんのグリーク・サラダを試してみよう。ボリュームもたっぷりだ。

349 King St. Piper's Lane
506-452-8882
11:00〜21:00、金曜〜22:00
日・月曜
デラックス・グリーク・サラダC$10〜、チキンスブラキ・プレートC$14〜

町の中心には数軒のホテルしかなく、ほかのホテルやモーテルなどは2号線沿いに多く点在している。中心部にほど近いところには、ビクトリア調の邸宅を利用したB&Bもある。

料金ランク
A C$300以上
B C$200〜
C C$150〜
D C$100〜
E C$100未満

Hotels

市庁舎から徒歩7分 D
クラウン・プラザ・フレデリクトン・ロード・ビーバーブルック　Crowne Plaza Fredericton Lord Beaverbrook

MAP p.295-B

市街で最も便利な位置であるセントジョン川沿いのホテル。落ち着いた内装の歴史を感じさせるホテルで常連客も多いという。プール、サウナなども完備している。レストランのほかにアイリッシュ・パブもある。

659 Queen St.
506-455-3371
Fax 506-455-1441
www.cpfredericton.com
168室
S T C$157〜
他 プール、ビジネスセンターなどの施設が揃う。

市庁舎から車で3分 C
デルタ・フレデリクトン　Delta Fredericton

MAP p.295-A外

街の中心から少し外れているが、セントジョン川沿いに建ち、静かで眺めは最高。残照を受けた川面や樹木は昼間と違った趣を見せ、さながら絵画のようだ。ホテル内には朝食からディナーまで営業のキャッチ・アーバン・グリルのほか、気楽に飲めるラウンジもある。

225 Woodstock Rd.
506-457-7000
Fax 506-457-4000
www.deltahotels.com
222室
S T D C$139〜354
他 プール、ミーティングルーム、スパなどの施設がある

セントジョン

Saint John ★ ニュー・ブランズウィック州 ★ 市外局番506　MAP p.278-A

セントジョンへの交通 ✈ハリファックスから約45分、トロントから約2時間、モントリオールから約1時間40分。⛴ノバ・スコシアのディグビーから約3時間。🚌フレデリクトンからマリタイム・バスで約1時間30分。

煉瓦造りの建物が並ぶ港近く

セントジョンの歩き方のヒント▶中心部は港近くのマーケット・スクエアと、港から坂を上ったキングズ・スクエアの間にあり、直線距離で約1km弱とこぢんまりしている。買い物や食事もこのエリアで楽しめる。

街を知る　商工業の中心地　自然の驚異も楽しめる

ニュー・ブランズウィック州最大の町で、人口10万のセントジョン。天然の良港に恵まれ、州の工業、商業の中心都市として栄えてきた。アメリカ合衆国との国境に近く、アメリカ独立戦争後にはイギリスに忠誠を誓うロイヤリストが移住し、今でもその邸宅や古い町並みが残っている。川向こうのセントジョン川に架かる橋の下では川の逆流現象リバーシング・フォールズが見られる。世界一干満の差が激しい、ファンディ湾で起こるこの逆流現象は、世界的にも有名である。

街歩き　おだやかな風情が漂う　市内を、徒歩で散策

中心部の北東16kmに位置するセントジョン空港からダウンタウンへはタクシーを利用する。ひとりC$30。またはセントジョン空港からセントジョン・トランジットの市バス32番利用で、マックアリスター・プレイス（Mcallister Place）へ行き、市バス1番または3番に乗換えて、ダウンタウンに行くこともできる。市バス32番は、月〜金曜の7:08〜18:23の間、1日7本運行。料金はおとなC$2.75。市バスのスケジュールは、URL www.saintjohn.caでチェックできる。

港沿いのマーケット・スクエア内に、**ニュー・ブランズウィック博物館**（MAP p.299-A ☎506-643-2300 開9:00〜17:00、木曜〜21:00、土曜10:00〜、日曜12:00〜 休月曜 $おとなC$8）がある。その向かいの市庁舎内に❶があり、このあたりが町の中心。セントジョンの冬の寒さは厳しく、空中廊下や地下通路が整備され、防寒対策がなされている。マーケット・スクエア〜市庁舎〜ブランズウィック・スクエアには空中廊下が設置されている。

見どころ

マーケット・スクエア周辺

オールド・シティ・マーケット
Old City Market　MAP p.299-B
行き方 マーケット・スクエアから徒歩7分

キングズ・スクエアの向かいにある市場。天井は船の骨組みをイメージ。1876年にオープンし、新鮮でおいしいものを提供してきた。魚、野菜、焼きたてパンから、絵や壺を売るアーティストの店がずらりと並ぶ。アイスクリームやフィッシュ＆チップスを買って、市場の一角にあるガラス張りのコーナーで。
住47 Charlotte St. ☎506-658-2820 営月〜金曜7:30〜18:00、土曜〜17:00 休日曜

セントジョン川右岸

リバーシング・フォールズ
Reversing Falls　MAP p.299-A外
行き方 市街から1番のバス利用

ニュー・ブランズウィック州とノバ・スコシア州に挟まれたファンディ湾は世界でもっとも干満の激しい海で、そうした土地ならではの自然現象が見られる。

❶ MAP p.299-A ☎1-866-463-8639 開9:00〜17:00 休夏期以外の日曜　セントジョンの市外局番☎506

海の干満の差は満潮時には湾に流れこむセントジョン川の流れを押し戻し、100号線に架かる橋の下あたりで渦潮の逆流現象を引き起こす。引き潮の時は川の流れはもの凄い勢いで滝となり、海に流れこむのだ。橋のたもとのインフォメーションセンターに展望台がある。潮の満引きの時間は毎日違うので、❶で確認してから出かけたい。

⊕200 Bridge Rd., Route 100 at Reversing Falls Bridge ⊗5月中旬〜10月上旬8:00〜20:00

Tour & Activity

■バスツアー

セントジョン・トランジット
Saint John Transit
☎506-658-4700　URL www.saintjohn.ca
⑤おとなC$25、子どもC$10

　オールド・シティ・マーケットやリバーシング・フォールズなど、セントジョンの名所を訪れるツアー。催行は6月上旬〜10月上旬で、クルーズシップが着岸した日に運行。港にある3ヵ所のクルーズシップ・ターミナルの近くから出発する。出発時間は10:00、12:30。所要約2時間。

■アップタウン・ウォーキング・ツアー

アンコルクト・ツアーズ
Uncorked Tours
☎506-324-4644　URL www.uncorkednb.com
⊗6月〜11月上旬、所要約3時間　⑤ひとりC$49〜

　セントジョン・アップタウン・ウォーキング・ツアーは、セントジョンの歴史的なスポット、キングス・スクエア、シティ・マーケット、プリンス通り、プリンス・ウィリアム通りなどを歩いて回り、ワイン、ビールのテイスティングを楽しむというツアー。同社では、レストラン・ツアーやパブ・ツアーのほか、ワイナリー・ツアーなども随時企画し、催行している。ツアーは要予約、出発場所もツアーにより異なるので予約時に確認したい。

マーケット・スクエアとブランズウィック・スクエアでショッピングを楽しもう。
アイリッシュグッズやひと味違うものを探すならプリンス・ウイリアム通りへ。

Shops

マーケット・スクエアから徒歩3分／ショッピングセンター
ブランズウィック・スクエア Brunswick Square

MAP p.299-A

ダウンタウン最大のショッピングセンターで、吹き抜けのビル内に洋服、クラフト製品、ジュエリーショップなど約60店が並んでいる。市庁舎とはスカイウォークで、シティ・マーケットとはペドウェイ（地下通路）でつながっている。

住 39 King St.&Germain St.
☎ 506-658-1000
営 9:30～18:00
休 日曜
他 デルタホテルとも連結している

港に面したセントジョンではロブスター、アトランティック・サーモン、カキなどやっぱりシーフードがおいしい。マーケット・スクエアなどで、この土地ならではの味覚を存分に味わおう。

料金ランク
A C$40以上
B C$30～
C C$20～
D C$10～
E C$10未満

Restaurants

マーケット・スクエアから徒歩10分／シーフード料理 C
ビリーズ・シーフード・カンパニー Billy's Seafood Company

MAP p.299-B

オールド・シティ・マーケットのキングス・スクエア側の入口にあるシーフード専門店。サーモンやロブスターを売る魚屋を兼業しているだけあって、素材はピチピチでイキがいい。鮮度・量・味の三拍子が揃ったシーフードが楽しめる。

住 City Market 49-51 Charlotte St.
☎ 506-672-3474
URL www.billysseafood.com
営 月～木曜11:00～22:00、金・土曜～23:00、日曜16:00～
休 1～3月の日曜
S サーモンC$14～

ホテルは町の中心にヒルトン、デルタの2軒。徒歩15分ほどのところにケディズ、ハワード・ジョンソンなどがある。B&Bも多く、❶（→p.298 MAP p.299-A）で教えてくれる。

料金ランク
A C$300以上
B C$200～
C C$150～
D C$100～
E C$100未満

Hotels

マーケット・スクエアから徒歩1分 C
ヒルトン・セントジョン Hilton Saint John

MAP p.299-A

ウォーターフロントに建ち、眺望もいい。マーケット・スクエアと地下通路で結ばれており、買い物や食事に気軽に出かけられる。トレード＆コンベンションセンターにも直結し、ビジネスにも便利。ホテル内のヨークビストロでは、ステーキなどが味わえる。

住 One Market Square
☎ 506-693-8484
Fax 506-657-6610
URL www.hilton.com
客 197室
S D C$139～199

マーケット・スクエアから徒歩3分 C
デルタ・ブランズウィック Delta Brunswick

MAP p.299-B

ビジネス客が中心の都市型ホテル。マーケット・スクエアに近く、ショッピング・モールに連結している。ニュー・ブランズウィック博物館にも近く、観光客にとっても便利だ。パッケージ料金も設定されているのでチェックしたい。Wi-Fiも無料で使える。

住 39 King St.
☎ 506-648-1981
Fax 506-658-0914
URL www.deltahotels.com
客 254室
S D C$119～178
他 屋内プール、フィットネス・ジムあり

セントジョンの市外局番 ☎506

セントジョンズ

St. John's ニューファンドランド&ラブラドール州 市外局番709 MAP p.278-B

セントジョンズへの交通 ✈ハリファックスから約1時間30分、トロントから約3時間。🚌🚆ノバ・スコシア州ノース・シドニーからポート・オ・バスクPort-aux BasquesへMarine Atlanticが通年1日2〜3便運航。所要7時間。セントジョンズへDRL Coach Linesに乗り継ぎ、所要14時間。夏はアルジェンティアArgentia行きのフェリーも週3便運航。所要15時間。

カラフルな家が美しいセントジョンズ Ⓒ Newfoundland and Labrador Tourism

セントジョンズの歩き方のヒント▶ ウォーター通り、ダックワース通りを中心にしたエリアにレストラン、クラフトショップ、ホテルなどが集まっており、範囲は東西約2km、南北1kmのあたりだ。町の見どころは中心部から離れているのでタクシー利用が便利。

街を知る 良港として発展した漁業の町

セントジョンズはニューファンドランド島南東部のアバロン半島東端に位置する、ニューファンドランド&ラブラドール州の州都。

1497年に、イタリア生まれのジョン・カボットが英国のヘンリー7世の援助を受け大西洋を探検し、ニューファンドランド島を発見した。以後、カナダを含め、北米大陸の開拓が始まった歴史ある町といえる。

深い入り江の奥にあるセントジョンズは天然の良港として知られ、タラの漁業基地として発展した。英仏の抗争勃発後、1907年にイギリスの自治領となった。人口は21万1000人余り。漁業で潤ってきたが、近年は観光や大西洋沖で発見された油田景気で活力を取り戻しつつある。

市街地は港へ続く斜面に広がり、古い教会やパステルカラーに塗られた家々が、港と平行に並ぶ風景がかわいらしい。

町を離れれば背の低い針葉樹で覆われた大地が続き、北国ならではの景観が広がっている。切り立ったフィヨルドの海岸線にはパフィンやカツオドリのコロニーがあり、夏になると海にはザトウクジラが泳ぐ。5〜6月には北極から流れてきた氷山を見ることもでき、これらを観察するエコツアーも行われている。

街歩き 趣ある町を眺めたら郊外へ足を延ばそう

セントジョンズ国際空港は町の北西10kmに位置する。空港バスの運行はなく、タクシー利用で所要15分、約C$20〜。

町の中心部はウォーター通りWater St.、ダックワース通りDuckworth St.（西でニューゴーワー通りに合流）で、このあたりにショップやレストランが多い。ウォーター通りにセントジョンズ市観光局の観光案内所❶がある。港沿いのハーバー通りには、19世紀の半ばにできた魚の加工所で、1979年に再開発されたマレイ・プレミシスがある。内部には博物館や飲食店などがあり、中を抜けてウォーター通りに出られる。

町にはメトロバスMetrobusという市バスが走るが、古い町並み見学や買い物、食事ならば徒歩で充分回れる。スピア岬、シグナル・ヒル、小さな漁村キディ・ビディといった見どころは町から離れている。シグナル・ヒルとキディ・ビディは徒歩でも行けなくはないが、タクシーやバスの利用が便利だ。

セントジョンズは1846年、1892年の二度大火にあっているが、ウォーター通りの295番から301番は1846年の大火直後に建てられたレンガ造りの建物が並んでいる。

ウォーター通りの北側を走るジョージ通りGeorge St.は、酒場の集まる通りとして有名だ。ロック、フォーク、ブルースなどさまざまなライブが聴ける店が並んでいる。

ニューゴーワー通りに出ると市庁舎があり、その横にトランス・カナダ・ハイウェイの東の基点であるマイルゼロの標識がある。ボナベンチャー通りにある**ルームス博物館The Rooms Museum**をのぞくのもいい。

セントジョンズ市観光案内所❶ MAP p.302-A 🏠348 Water St. ☎709-576-8106 URL www.stjohns.ca 🕘9:00〜16:30（夏期の土・日曜10:30〜）休夏期以外の土・日曜 他キディ・ビディ・プランテーション内にも❶がある セントジョンズの市外局番☎709

見どころ

シグナル・ヒル国立歴史公園
Signal Hill National Historic Site [MAP] p.302-B外
[行き方] 市内からタクシー5分または徒歩40分

　セントジョン港の入口にそびえる高さ150mほどの丘。18世紀から港を見張る監視塔が置かれ、丘に建つカボットタワーは、1897年、ジョン・カボット上陸400年を記念して建てられた。また、1901年12月12日には、グリエルモ・マルコーニが大西洋を渡って英国から送られてきたモールス信号を初めて受信した場所でもある。丘からは絶景が広がり、ハイキングコースも整えられている。

[URL] www.pc.gc.ca [開] カボットタワー9:30～17:00、5月第4週～6月30日と9月初旬～中旬9:00～19:00、7月～9月初旬8:30～21:00 [休] 11月16日～3月 [S] おとなC$3.90、6～16歳C$1.90

19世紀の軍事訓練の再現タットゥー
©Newfoundland and Labrador Tourism

キディ・ビディ・ビレッジ
Quidi Vidi Village [MAP] p.302-B外
[行き方] 市バス#15で15分、終点下車。またはタクシー5分

　パステルカラーに塗られた19世紀の古い家が並ぶかつての漁村。近くのキディ・ビディ湖で8月に開催されるレガッタは、北米で一番長く続くスポーツ競技として知られている。

美しい漁村キディ・ビディ

セントジョンズ郊外

スピア岬
Cape Spear [MAP] p.302-A外
[行き方] 市内からタクシー20分

　北米の最東端ポイント。小高い丘の上の赤と白の建物は約160年前に建てられた灯台で、今は博物館になっている。第二次世界大戦時にドイツ軍の潜水艦を監視した基地の跡も残っている。

[URL] www.pc.gc.ca/eng/lhn-nhs/nl/spear/index/ [開] 10:00～18:00、6月中旬～9月初旬～20:00 [休] 10月中旬～5月中旬、5月21日～6月中旬の月・火曜、9月初旬～10月中旬の木・金曜 [S] おとなC$3.90、6～16歳C$1.90、65歳以上C$3.40

再建された灯台　©Newfoundland and Labrador Tourism

Tour & Activity

■日本語ガイドツアー

ミキ・エンタープライズ Miki Enterprises
[住] P.O.Box 1321, St. John's
[☎] 709-747-2233 [URL] www.mikieco.com

　セントジョンズ在住の石渡文子さんが案内する日本語ツアー。市内はもちろんニューファンドランド全域をカバーする。

■ホエール&バードウォッチング・ツアー

● オブライアン・ツアー [URL] www.obriensboattours.com
● ムロニーズ [URL] www.puffinswhales.com

工芸が盛んなニューファンドランドでは、美しい工芸品がかっこうのおみやげとなる。工芸品店巡りを楽しもう。食事は、ウォーター通りを中心にカジュアルから本格的な店まで並び、迷うほどだ。

料金ランク
A C$40以上
B C$30〜
C C$20〜
D C$10〜
E C$10未満

Shops & Restaurants

❶から車5分または徒歩30分／クラフト製品　　　　　　　　　　　　MAP p.302-B
クラフト・カウンシル・オブ・ニューファンドランド Craft Council of Newfoundland

19世紀後半に建てられたクイーン・アン様式のビル内にあり、ニューファンドランドの作家の陶芸、織物、編み物などのクラフト製品を展示販売している。材料にクジラの骨、ビーバーの毛皮などを取り入れたバッグやアクセサリーなど個性的な作品が多い。

- Devon House Craft Centre, 59 Duckworth St.
- 709-753-2749
- 月〜土曜10:00〜17:00、日曜12:00〜17:00
- 無休
- 手作りコーヒーカップC$15〜、セーターC$150位〜
- 日本への配送可能

❶から徒歩12分、シェラトンホテルから徒歩8分／クラフト製品　　　MAP p.302-A
ニューファンドランド・ウィーベリー Newfoundland Weavery

衣料品店として1972年に創業したが、後に地元アーティストのクラフトを置くようになって工芸品店に。それほど広いとはいえない店内に、地元作家の陶芸作品やクジラの骨で作った置物、ピューター（錫）製品、木彫りの工芸品やアクセサリーなどが並んでいる。

- 177 Water St.
- 709-753-0496
- FAX 709-753-4723
- 10:00〜18:00、木・金曜〜21:00、日曜12:00〜17:00
- 無休

セントジョンズ　見どころ／ツアー＆アクティビティ／ショップ

303

とっておき情報

グロス・モーン国立公園
Gros Morne National Park　MAP p.278-B

フィヨルド湖の絶景と地球の原風景を！

1987年に世界遺産に登録されたグロス・モーン国立公園は、ニューファンドランド島北西部にある1805km²の広大な自然公園。最大の見どころは、フィヨルドが内陸に取り残されてできた湖ウエスタン・ブルック・ポンドWestern Bluck Pond、プレートの衝突により地球内部のマントルが露出して成り立ったテーブルランドTablelandなど。また、この地域特有のランや食虫植物など貴重な動植物との遭遇も。公園内には、上級者向けのグロス・モーン山から初心者向けまで、20のハイキングコースがある。訪れるには6〜9月が適期で、気温も5〜20℃くらいだ。

起点となるディア・レイクDeer Lakeへは、セントジョンズからバスか飛行機で。ディア・レイクから公園の核心部への移動は車のみとなるので、現地ツアー利用がおすすめ。公園の詳細は下記へ問い合わせください。

●Gros Morne National Park of Canada
☎709-458-2417　URL www.pc.gc.ca/grosmorne

マントルが露出してできた褐色の大地、テーブルランド

●グロス・モーン世界遺産ツアー
テーブルランドなど、公園の主要なスポットを回る3泊4日の日本語現地ツアー。
1日目／午後ディア・レイクに到着後、宿泊先まで車で移動。（グロス・モーン付近で宿泊）
2日目／ウエスタン・ブルック・ポンドでのボート・クルーズとハイキング。（宿泊同）
3日目／テーブルランドと周辺のハイキング。（宿泊同）
4日目／ディア・レイク空港まで移動とチェックイン・サポート、見送り

■ミキ・エンタープライズ（→p.302）
OPEN 7月中旬〜9月下旬、各火曜出発　S 1人C$1490
＊4名より催行

＊ホエール＆バードウォッチング・ツアーは、セントジョンズから南に30kmのウィットレス湾の海鳥コロニー周辺を周遊する。オブライアン、ムロニーズ共に近くの港ベイバルBay Bullsから出港する（→p.27）。

シェラトンホテルから徒歩7分／カナダ創作料理 D

オリバーズ・レストラン O'livers Restaurant

ウォーター通りにあるランチからディナーまで楽しめるレストラン。グランドバンクスでとれた新鮮な魚介類を使ったシーフードや地元産の肉や野菜のグリルまで幅広く揃っている。小腹のすいた時はシーフードチャウダーでゆっくりするのはいかが？

MAP p.302-A

- 160 Water St.
- 709-754-6444
- 709-754-6454
- olivers-cafe.com
- 月〜金曜11:30〜22:00、土・日曜10:30〜22:00
- $グランドバンクス産ホタテC$17、シーフードチャウダーC$10
- ホームメイドのパンやパスタもおすすめ

デルタホテルから徒歩4分／カナダ創作料理 D

チンチェッド・ビストロ Chinched Bistro

オーナーシェフShaunさんとオーナー・パティシエMichelleさんのレストランは、地元でもおいしいと評判。近在の生産者とも連携し、新鮮な季節の食材を用いた創作料理が楽しめる。タラやエビ、マッスルを使ったシーフードがおすすめ。デザートも美味。

MAP p.302-A

- 7 Queen St.
- 709-722-3100
- www.chinchedbistro.com
- 17:30〜22:30
- 日曜
- $ニューファンドランド・マッスルC$15〜30、サラダC$13

セントジョンズのホテルがあるのは主にダウンタウン。世界的なチェーン系のホテルや、由緒ある古い家屋を利用したB&Bなどがあるので、予算や好みに応じて選びたい。

料金ランク
A C$300以上
B C$200〜
C C$150〜
D C$100〜
E C$100未満

Hotels

○から車5分または徒歩30分 B

シェラトン・ニューファンドランド Sheraton Newfoundland

ダックワース通りの東端、港を一望する高台に建つ高級ホテル。上品な雰囲気で、ロビーから緑豊かな中庭を望む。客室も趣味よく調えられ、居心地抜群。ダウンタウンへのアクセスもよく、Wi-Fiも無料で使用できる。ビジネスにも観光にも最適なホテル。

MAP p.302-B

- 115 Cavendish Square
- 709-726-4980
- 709-726-2025
- www.sheratonhotelnewfoundland.com
- 301室
- S T D C$169〜575

○から徒歩3分 C

デルタ・セントジョンズ・ホテル&カンファレンスセンター Delta St John's Hotel & Conference Centre

ビジネスや観光に利用できる全403室の4つ星ホテル。Wi-Fiも無料で使用できる。ビジネスセンターのほか、エクササイズルーム、室内プール、サウナ、スカッシュコートなど、スポーツ設備が充実している。ダウンタウンの中心部にある。

MAP p.302-A

- 120 New Gower St.
- 709-739-6404
- 709-570-1622
- www.deltahotels.com
- 403室
- S T D C$189〜

○から徒歩15分／B&B D

ザ・ナローズ・ベッド&ブレックファスト The Narrows Bed & Breakfast

ゴワー通りの古い建物を改装したB&B。ホストの人柄も温かく、食堂や客室も清潔に調えられている。すべての客室が専用バス付きで、石けん、タオル、シャンプー、ドライヤーも完備。Wi-Fiも無料。リネンの美しい快適なベッドとおいしい朝食が何より魅力。

MAP p.302-A

- 146 Gower St.
- 709-739-4850 / 1-866-739-4850
- 709-753-3140
- www.thenarrowsbb.com
- 6室
- S T D C$100〜175
- 通年営業

セントジョンズの市外局番 709

ボウ湖のほとりにたたずむ、ナム・タイジャ・ロッジ MAPp.158

トラベルインフォメーション
〈日本編〉

Travel Information

旅の準備
　旅のスタイル・・・・・・・・・・・・・・・・・ 306
　航空券の手配・・・・・・・・・・・・・・・・・ 307
　カナダ国内の交通手段・・・・・・・・ 308
　ホテルの予約・・・・・・・・・・・・・・・・・ 309
　出発日検討カレンダー・・・・・・・・ 310

旅の必需品
　パスポートとビザ・・・・・・・・・・・・ 312
　海外旅行傷害保険・・・・・・・・・・・・ 313
　旅のお金を準備する・・・・・・・・・・ 314

旅の持ち物
　服装/常備薬/手荷物 ・・・・・・・・ 316
　携帯電話・・・・・・・・・・・・・・・・・・・・ 318

　情報収集・・・・・・・・・・・・・・・・・・・・ 319

空港に行く
　成田国際空港・・・・・・・・・・・・・・・・ 320
　東京国際空港（羽田空港）・・・・ 322
　関西国際空港・・・・・・・・・・・・・・・・ 323
　中部国際空港（セントレア）・・ 324
　出国手続きの流れ・・・・・・・・・・・・ 325
　空港利用の裏ワザ・・・・・・・・・・・・ 326

旅の準備
旅のスタイル

旅の目的に応じてツアーを使いわけよう

	パッケージツアー（フルパック型）	フリータイム型パッケージツアー（半FIT）	個人手配旅行（FIT）
海外旅行は初めてで、ちょっぴり不安	◎	×	×
すべて旅行会社任せがいい	◎	×	×
子どもや年配者と一緒	◎	△	×
団体で行動するのは嫌い	×	◎	◎
できるだけ旅費を抑えたい	△	△	◎
2、3度来た街なので、行きたい場所に行く	×	◎	◎
アウトドアライフを楽しみ、国立公園を訪ねる	△	◎	◎
2～3都市を周遊する	△	◎	◎
現地に知人がいるので訪ねたい	×	◎	◎

■ ホテルでゆったり過ごす方法もある
　自由行動の時間をホテルで過ごすのもひとつの選択。あわただしいオプショナルツアーより、余裕をもった気分になれるかも。

■ カナダ関連の旅行会社
カナディアンネットワーク
URL www.canadiannetwork.co.jp
　カナダへの個人旅行、留学、ロングステイなど。ロッキー、チャーチル、PEI、鉄道に強い。

生涯感動株式会社ism（イズム）
URL shogai-kando.com
　カナダ、北米ツアーが専門。極北のシロクマ探訪、オーロラなど秘境や自然体験に強い。

アスクミーツアー
URL www.askmetour.com
　カナダへの個人旅行の手配、ツアーなど。

■ 時刻表の時間表示に注意
　カナダ国内は6つの標準時間帯に分かれており、時刻表に表示されている時間はすべて現地時間なので注意しよう（→p.11）。

ツアー or 個人旅行

　旅のスタイルはパッケージツアーと個人手配旅行（FIT）に大別される。パッケージツアーは旅行会社が設定し、基本的に往復航空券や滞在中のホテル、観光などがセットになっている。FIT（Free Individual Travel）は航空券購入やホテル予約などをすべて自分で行うもので、自由度の高い旅ができる。どのようなスタイルで旅をしたいか、何がしたいのか目的をはっきりさせたうえ、予算、日程なども併せて自分のスタイルに合った旅を選ぼう。

情報収集は現地の観光案内所で。モントリオールの観光案内所にて

個人旅行では地下鉄も乗りこなそう（モントリオールのジャンタロン駅）

パッケージツアー
　往復の航空券やホテル、空港とホテル間の送迎代や食事、観光などが組み込まれたもの。添乗員付き、または現地ガイドが付き、言葉に自信がない場合や初めての海外旅行、年配者、子どもがいる場合は心強い。価格はホテルのグレードやツアーの内容によって大幅に変わってくる。内容も一般的な名所旧跡巡りから「オーロラ観測」「登山」など特定の目的を持ったツアーまで多様だ。内容や付加価値をよく吟味して、自分の目的に合ったツアーを選ぼう。

フリータイム型パッケージツアー
　往復の航空券と滞在期間のホテル、空港とホテル間の送迎代がセットになった半FIT型パッケージツアーで、都市滞在型のものが多い。基本的に滞在時の観光などは自分で自由に組めるので、旅行会社のオプショナルツアーや現地発着ツアーなどを付け加え、自分なりの旅を作ることが可能だ。予算に応じて豪華にも格安にもできるので、個人手配旅行より比較的安い価格でFIT感覚の旅が楽しめる。

個人手配旅行（FIT）
　日程を立てることから航空券の購入、ホテルの予約、空港から市内への移動や現地での交通手段など、すべてを自分で計画する。とはいえすべての手配を自分でやる必要はないので、旅行会社に相談しながら自分の希望を伝え、プランニングや手配をしていこう。価格は場合によってはパッケージより割高になることもままあるが、FITは自分自身で計画した自由な旅が楽しめるのが最大のメリットだ。ただしその分、自身の行動には自分で責任を負わなければならない。海外旅行傷害保険に加入するなど、安全対策には十分気を配ろう。

ダイナミック・パッケージ
　インターネットで航空券やホテルの照会から予約、決済まで一気に行うのがダイナミック・パッケージ。組み合わせによって価格が動的に変化する点が、一般のフリータイム型パッケージツアーと違う。毎日宿泊するホテルを替えるなど、自分の思うように旅行を組み立てることができる点は個人手配旅行（FIT）に近いが、パッケージツアーと同じように旅行会社の企画商品なので、旅程保障の対象となり、いざという場合は安心だ。

航空券の手配

航空券の入手から旅は始まる

パッケージツアーと個人手配旅行の大きな違いは、前者は旅行会社などに任せるのに対し、後者は自分自身ですべてやるということ。航空券を含め旅のいろいろな知識を得ておきたい。

航空券の種類

●ノーマルチケット

IATA（国際航空運送協会）で定められた基本チケット。年間を通して同価格で販売され割引はされない。同じ路線であれば、IATA加盟のどの航空会社でも利用でき、1年前から予約可能。キャンセル料も必要ない。

●正規割引航空券（PEX/ペックス）

PEXはIATA PEXと航空会社が独自に設定するZONE PEX（ゾーン・ペックス）がある。IATA PEXは全航空会社共通の航空券で、行き帰りを別の航空会社にすることが可能。ZONE PEXは航空会社が独自に設定している運賃で、ノーマル運賃より安い。APEX（エーペックス）はZONE PEXよりさらに安い航空券で、事前購入期限のある、いわゆる早期割引運賃だ。キャンセル料は路線と航空会社によって異なる。

●格安航空券

団体用の割引チケットなどを旅行会社が独自に格安で販売している航空券。出発日が間近になるほどに料金が安くなる傾向がある。旅行会社やインターネットで購入できる。ルートや日時の変更不可などの利用制限があり、キャンセルの規定は旅行社により異なる。

マイレージを貯める

航空会社のサービスのひとつがマイレージプログラム。会員登録すれば、飛行機に乗った距離・運賃に応じたマイル数を貯めて、一定数に達すると航空券などの特典と交換できる。日本からカナダは遠距離なので、1回の旅行でもマイル数はかなりたまる。たとえば日本航空の場合、東京とカナダ・バンクーバーの間は片道約4681マイル（エコノミー普通運賃）。5万マイルためると東京～北米間の往復航空券（エコノミー）と交換できる。カナダへ6回往復すれば、7回目のカナダが無料で往復できる計算だ。ただし、マイルの積算率というのがあり、エコノミー普通運賃を100％として、ペックス運賃は70％、割引運賃は50％といったように換算される。また有効期限にも注意。格安航空券によっては加算されない場合もある。

航空会社同士のマイレージ提携が進み、提携会社のチケットの分をマイル数に積算できることもある。ちなみにエア・カナダと全日空、ユナイテッド航空などが提携。詳細は各航空会社のマイレージ事務局へ問い合わせを。

トラベルインフォメーション〈日本編〉

旅のスタイル／航空券の手配

■ワンストップでエア＆ホテルを予約

航空券、ホテル、海外ツアーをまとめて予約できるのが、総合旅行予約サイトのエクスペディア（www.expedia.co.jp）。出発地、目的地、日付を入力すれば、手配可能な航空券やホテルが価格表示付きで一覧できるので、予算に合わせた比較・検討に便利。

■早期購入でお得な旅を

航空券を安く買うには、航空会社からの直買いなら早めの購入（1年前から購入可）が鍵。旅行会社からならウエブサイトを頻繁にチェックし、格安航空券を見つけ出すことに尽きる。航空会社のPEXチケットは、時期や条件によっては格安航空券より安いものもあるが、搭乗日直前は正規料金となるため高い。旅行会社のウエブサイトには、期間限定のシートセールもアップされるので、出発日直前であれば、こちらをチェックしよう。

エア・カナダ（AC）
URL www.aircanada.com/jp
全日空（NH）
URL www.ana.co.jp
日本航空（JL）
URL www.jal.co.jp

■主な格安航空券限定店
H.I.S.新宿本社
☎03-5360-4891
ワールドエアシステム
東京☎03-3504-8900

■燃油サーチャージ

世界的な航空燃油価格の高騰により、各航空会社で燃油特別付加運賃（燃油サーチャージ）が設定されている。エア・カナダの日本～カナダ便で1片道につき1万500円（2015年12月1日～2016年1月31日航空券発券分まで）。航空運賃表の表示にこの燃油サーチャージが含まれているか確認したい。なお、エア・カナダの燃油サーチャージは、途中寄港、経由に関わらず日本出発から目的地まで一律同額。

旅の準備
カナダ国内の交通手段

カナダ国内の交通機関はVIA鉄道や長距離バス、レンタカー、飛行機などがある。特徴を把握し、効率よく移動しよう。

■VIA鉄道
URL wcs.ne.jp/via/（日本語）
URL www.viarail.ca

●人気ルート料金
バンクーバー～ジャスパー
バンクーバー発20:30／ジャスパー着翌16:00
出発日／火・金・日曜
ジャスパー発14:30／バンクーバー着9:42
出発日／火・金・日曜

運行期間　座席	寝台	個室
1/1～5/31、10/22～12/31	上521下612	784
6/1～10/21	上694下816	1045

＊料金はカナダドル（税別）。食事付き。

■グレイハウンド
URL www.greyhound.ca

■日本でのレンタカー予約先
エイビスレンタカー
☎0120-31-1911
URL www.avis-japan.com
ハーツレンタカー予約センター
URL www.hertz.com

●VIA鉄道
　大陸横断路線のカナディアン号と東部諸都市を結ぶ東部近距離特急（通称コリドー）が主な路線。運行は大陸横断路線が週3本、東部諸都市を結ぶ路線のモントリオール～ケベックシティ間で1日3～4本。カナディアン号のバンクーバー～ジャスパーの夏期乗車は早めの予約を。

●グレイハウンド
　カナダ最大の路線網を持つバス会社。鉄道より便数も多く予約なしで乗車できる。チケットは窓口でも購入できるが、ウエブサイトから直接購入できる。ルートはトロント、オタワ、バンクーバー、ケロウナ、カムループス、カルガリー、エドモントン、ウィニペグなど。

●レンタカー
　空港、主要都市などに営業所がある。現地でサインする契約書はすべて英語なので、車種も含め日本で予約しておく方がよい。日本の免許証と国外免許証の両方が必要となるので忘れないように。

●飛行機
　日本で国内線のチケットも買っておく方がよい。ローコストキャリアの航空券などもインターネットで申し込みができる。

カナダにある日系旅行会社
　フリータイムのオプショナルツアーは、出発前にインターネットなどで予約ができるほか、現地に到着してからも観光パンフレットでツアー会社を探したり、ホテルのツアーデスクで紹介してもらえる。日本人スタッフのいる旅行会社は現地事情にも詳しく、現地発のオリジナルツアーがあったり、オーダーメイドのツアーにも応じてくれる場合もあるので相談してみよう。

H.I.S.
URL www.his-canada.com
バンクーバー ☎604-685-3524
トロント ☎416-216-0937
日本旅行（Nippon Travel Agency Canada）
URL www.ntacanada.com
バンクーバー ☎604-662-8002
近畿日本ツーリスト（Kintetsu International Express）
URL canada.kiecan.com
バンクーバー ☎604-638-9300
トロント ☎905-670-8710
JTBラウンジ（JTB International）
URL www.jtb.ca
バンクーバー ☎604-683-3167
バンフ ☎403-762-8686
トロント ☎416-367-0024
ウィスラー ☎604-932-5883
ナビツアー（Navi Tour Canada）
URL www.navitourca.com
バンクーバー ☎604-682-5885
メープル・ファン・ツアーズ（Maple Fun Tours）
URL www.maplefun.com
バンクーバー ☎604-683-5244

バンフ ☎403-762-9306
トロント ☎416-861-1719
ノーマンツアーズ（Norman Tours）
URL www.normantours.com
ビクトリア ☎250-380-1400
バンフトップツアーズ（Banff Top Tours）
URL www.banfftoptours.com
バンフ ☎403-678-9345
ナイアガラ観光ツアーズ（Niagara Kanko Tours）
URL niagarakanko.on.ca
ナイアガラフォールズ ☎905-356-2025
トロント ☎905-671-2747
スカイランドツアーズ（Skyland tours Ltd）
URL www.skyland.com
バンクーバー ☎604-669-2521
トロント ☎416-545-1993
MYKエンタープライズ（MYK Enterprises）
URL www.mykjpn.co.jp
バンクーバー ☎604-681-2339
PEIセレクト・ツアーズ（PEI Select Tours）
URL www.peiselecttours.com
ノースラスティコ ☎902-963-4000

ホテルの予約

宿泊施設は充実しており、経済的なものから高級リゾートまで多彩に揃う。目的と予算に応じて使い分けよう。

ホテルもいいけどB&Bもおすすめ

ピーク時は早めに予約

宿泊施設は大型ホテルから小規模ホテル、リゾートホテル、古い邸宅を利用したB&B、シャトー風ホテルまで多彩に揃い、料金は季節料金制が多い。夏期の料金は東京の高級ホテルより高額なことも。また、人気の観光地では予約が取れない場合もあり、早めに予約を入れた方が安心だ。冬期は通常より20～30%安くなるなど予約も取りやすいが、閉鎖している所もある。

予約はインターネットで

ホテルはインターネットや電話、FAXなどで予約ができる。インターネットによるオンライン予約が主流。24時間対応なので自分の空いた時間にじっくりとホテルを検索することが可能だ。オンライン上のホテル予約専門サイトをはじめ、予約会社や旅行会社では各社ホームページからホテル予約ができる。海外の予約会社でも日本語のサポートを設けていたり、海外ホテルチェーンのサイトも、自動翻訳ながら、日本語表記のものが増えてきたので上手に利用したい。

■**エクスペディアは最低価格保証!**
p.307でも紹介したエクスペディアでは、ホテル予約もできる。エクスペディアで予約した価格よりも他の会社の方が安ければ、差額の2倍を返金してくれるサービスもある。Web予約が基本だが、24時間電話対応もしている。

主なホテルの予約事務所&日本語ホームページ

インターコンチネンタル・ホテルズ・グループ
0120-677-651
www.ichotelsgroup.com

ザ・リーディング・ホテルズ・オブ・ザ・ワールド
0120-086-230　jp.lhw.com

ジェイ エッチ シー　JHC
03-3543-7010　www2.jhc.jp

スターウッドホテル&リゾートワールドワイド
www.starwoodhotels.com
0120-92-5659

チョイスホテルズ・インターナショナル
0053-161-6337
www.choicehotels-jpdesk.seesaa.net

ハイアット・ワールドワイド・リザベーションセンター
03-3288-1234　0120-512-343(東京03以外)
www.hyatt.com

パン・パシフィック・ホテルズ&リゾーツ
0120-001-800
www.panpacific.com

ヒルトンHオナーズ
03-6679-7700
www.hiltonhotels.jp

フェアモントホテル
0120-951-096
www.fairmont.jp

ベストウェスタンホテルズ
0120-56-3200　www.bestwestern.jp

ホテルズドットコム
0120-993-386　jp.hotels.com

マリオット・インターナショナル
0120-142-536　www.marriott.co.jp

ルレ・エ・シャトー
0800-888-3326　www.relaischateaux.jp

ケッベクシティ郊外には、1月～3月下旬頃まで氷で造られた「アイスホテル」がオープンする

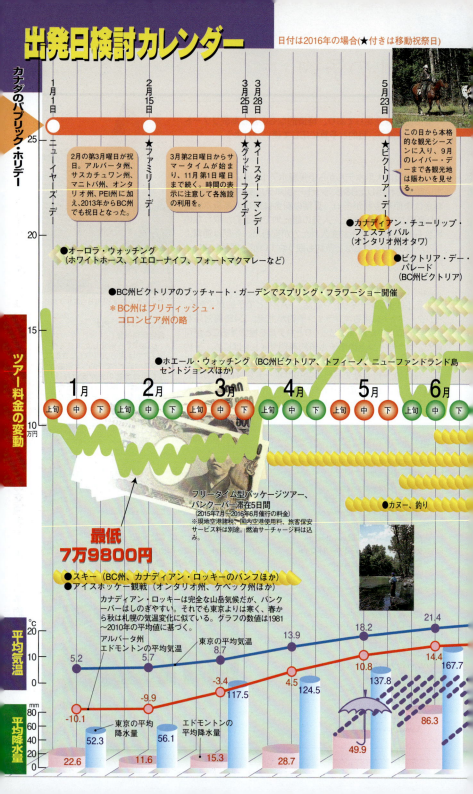

最高
29万4800円

トラベルインフォメーション《日本編》

311

出発日検討カレンダー

7月1日	9月5日	10月10日	11月11日	12月25日	12月26日
カナダ・デー	（9月第1月曜日）レイバー・デー	（10月第2月曜日）★サンクスギビング・デー	リメンブランス・デー	クリスマス	ボクシング・デー

レイバー・デーの翌日から学校が始まる。バケーションシーズンの終わり。

各都市ではクリスマスの飾り付けが行われ、イルミネーションの輝く街並みが楽しめる。

●オタワ・インターナショナル・ジャズ・フェスティバル（オンタリオ州オタワ）

●モントリオール・インターナショナル・ジャズ・フェスティバル（ケベック州モントリオール）

●モントリオール・ワールド・フィルム・フェスティバル（ケベック州）

●キャベンディッシュでルーシー・M・モンゴメリ・フェスティバル（プリンス・エドワード・アイランド州）

●オカナガン・ワイン・フェスティバル（BC州ケロウナ）

●オーロラ・ウォッチング

●シャーロットタウンで赤毛のアンのミュージカル（プリンス・エドワード・アイランド州）

●メープル街道の紅葉（オンタリオ州〜ケベック州）

●ナイアガラでホーンブロワー・ナイアガラ・クルーズ運航（オンタリオ州ナイアガラ）

●クリスマス・ライトアップ（カナダ各地）

7月	8月	9月	10月	11月	12月
上旬 中 下	上旬 中 下	上旬 中 下	上旬 中 下	上旬 中 下	上旬 中 下

●ハイキング（カナディアン・ロッキー）

●ゴルフ（バンクーバー、トロントほか）

●ラフティング（バンクーバー、ウィスラー、オタワ、モントリオール）

●スキー、アイスホッケー

	7月	8月	9月	10月	11月	12月
（青）	25.0	26.4	22.8	17.5	12.1	7.6
（赤）	16.3	15.3	9.8	4.6	-6.8	-9.9
（降水量）	153.5 99.3	168.2 60.1	209.9 46.0	197.8 23.2	92.5 19.5	51.0 13.3

旅の必需品
パスポートとビザ

パスポート（旅券）

パスポートは外国にいる日本人の身柄を日本国政府が保証する公文書で、海外滞在中の身分証明書だ。有効期限が5年間（表紙が紺色）と10年間（表紙が赤色）の2種類があり好きな方を選択できるが、20歳未満は5年間パスポートのみ。パスポートの残存有効期間を確認しておこう。

5年用（左）と10年用。中央下部はIC旅券のマーク

パスポートの申請方法
●**新規申請**
　必要な書類を揃えて、住民登録をしている都道府県の旅券課で申請する。取得までは休日を除いて10〜14日間かかる。
●**有効期間内の切り替え**
　パスポートを持っている場合は、残存有効期間が1年以下になったら更新の申請ができる。カナダへの入国には、残存有効期間が滞在日数＋1日以上が必要。滞在が延びることもあるかもしれないので、余裕をもたせて切り替え申請をしよう。
●**その他の変更申請**
　結婚による姓名、本籍地の変更などによる訂正申請、各国のビザや出入国印で余白がなくなった場合の増補申請、住民登録地以外での申請、代理人申請、紛失による新規発行などは、旅行会社や各都道府県の旅券課へ問い合わせを。

eTA（電子渡航認証）の取得

　2016年3月15日以降、カナダに入国する際に米国と同様、eTA（電子渡航認証）が必要となった。申請はオンラインのみ。申込先は URL cic.gc.ca/english/visit/eta-start.aspへ（"Apply for an eTA"をクリックして始める）。申請時に必要なものは、パスポート、クレジットカードとEメールアドレス。手数料はC$7で、有効期間は最長5年間もしくはパスポートの有効期限内。なお、陸路または海路での入国時は不要。

ナイアガラの滝でアメリカ滝側へ入国する方法
　ナイアガラの滝では、レインボー橋を渡ってアメリカ滝側へ入国できる（→p.229）。通常米国への入国（90日以内、ビザ不要）にはICパスポートの他に、2009年に導入された電子渡航認証システムESTA（エスタ）を取得しておく必要（$ 1人US$14）があるが、陸路での米国入国にESTAは対応していないため、従来通り、橋の通行料50¢を払い、ICパスポートを携え、米国側入国窓口で入国税US$6と入国カードI-94Wへの記入が必要となる。

■**パスポート申請の必要書類**
1. 一般旅券発給申請書1通（各都道府県旅券課で入手可能）
2. 戸籍抄（謄）本1通（6カ月以内に発行されたもの）
＊有効期限が1年を切ったパスポートの書き換え申請なら抄（謄）本に変更がない限り不要。
3. 本人確認の書類（コピーは不可）
　マイナンバーカード、運転免許証など、官公庁が発行した写真付きの証明書なら、ひとつだけでOK。健康保険証、年金手帳などならふたつ用意する。これらは窓口で見せるだけ。
4. 写真（縦4.5cm×横3.5cm。顔の位置等、規制が多いので、詳細は旅券課にある資料参照）
5. 以前取得したパスポート（ある人のみ）
※現住所に住民票を移していない場合は住民票を取り寄せる必要がある。

●**手数料**
5年は1万1000円、12歳未満は6000円、10年は1万6000円で、受領時に収入印紙等で支払う。受取りは本人のみ。代理は不可。

●**問合せ先**
各都道府県パスポート担当窓口。外務省ホームページを参照。URL www.mofa.go.jp/mofaj
在フィリピン カナダ大使館査証部（ビザ取得の場合）
URL www.canadainternational.gc.ca/philippines/visas/faq_res_jpn2.aspx?lang=eng&view=d#faq01

■**ESTAでアメリカへ**
　空路アメリカ経由でカナダへ入国した場合、ESTAを取得しているので入国税US$6もI-94Wへの記入も必要ない。なお、米国経由でカナダにワーキングホリデーで入国した長期滞在者が、ビザなし滞在の90日を越えてアメリカを再訪する場合は、I-94Wへの記入が必要となる。

■**ESTAの取得**
在日本の米国大使館ホームページから簡単に取得できる。
URL esta.cbp.dhs.gov/esta/

■**ビザ（査証）**　相手国政府が発行する入国許可証。通常はパスポートの査証欄にスタンプが押される形で発行される。カナダは観光を目的とした6カ月以内の滞在ならビザ不要。詳細は在フィリピンカナダ大使館HPへ（上記）。

海外旅行傷害保険

海外旅行中の不慮の事故、病気、けが、盗難などに備える掛け捨ての任意保険。万一旅行中に入院でもしたら莫大な医療費がかかる。また各保険会社では、加入者への救急医療機関の紹介・手配などのサービスを行っている。忘れずに加入しておきたい。

保険の種類と内容

保険料は、旅行の日数、契約の種類により異なる。保険会社が代表的な例をパックにした商品は必要事項を網羅し、加入しやすい。自分には携帯品盗難の保険は不要だとか、基本契約部分の金額を高くしたい、安くしたいなど、好みに応じて選択もできる。また特約契約に自動車運転者賠償もある。その選択のしかたによって、加入料金も変わってくる。家族や夫婦で申し込めば割安になることもある。

海外で医師にかかると多額の出費になったりするので、旅行保険は必須だ。

保険があれば安心！

申し込み方法

保険の加入は、各旅行会社を通して申し込みができる。どこで申し込んでも料金的には大差ないが、航空券やホテルの予約をした旅行会社での加入が手間もかからないだろう。とくにパッケージツアーで旅行するなら、ツアーを申し込んだ旅行会社で加入することをすすめる。何かトラブルが起きた時の処理は、旅行会社の事務に関係する事柄でもあり、責任ある対処が期待できるためである。成田や関空など各国際空港の出発ロビーにも窓口があるので、そこでの加入も簡単にできる。

海外旅行傷害保険の概要

	補償項目		概要
基本契約	傷害	死亡・後遺障害	旅行中の事故によるけがが原因で、事故の日から180日以内に死亡、あるいは後遺障害が残った場合
		治療費用	旅行中の事故によるけがのため、医師の治療を受けた場合
特約	傷害：後遺傷害の追加支払 疾病：治療費用、死亡 その他：携行品、救援者費用、賠償責任、自動車運転者損害賠償責任、旅行取消費用、旅行短縮費用		

（特約だけの加入はできない）

■国外運転免許証
International Driving Permit

カナダで車を運転する時は、国外運転免許証と併せて日本の運転免許証を携帯しなければならない。（→p.338）

国外運転免許証の取得は、日本の運転免許証を持っていれば簡単。現住所のある各都道府県の運転免許試験場などで、通常だと1時間程度で交付される。国外運転免許証の有効期間は1年間。日本の運転免許証の残存有効期間が1年未満になっている場合は、日本の運転免許証の期限前更新をする必要がある（例外もある）。

必要書類
1. 申請書
2. 日本の運転免許証
3. パスポート
4. 写真（縦5cm×横4cm）1枚
5. 手数料2400円

■国際学生証
International Student Identity Card

国際的に通用する学生身分証明書。中・高・短大・大学院・専門学校・専修学校生に発行されるもの。国によって差があるが、このカードを提示すると博物館、美術館、交通機関などで割引されることがある。申し込みは各大学生協、日本ユースホステル協会などへ。カナダの美術館、博物館などでは学生料金を設定している施設が多いので、利用価値が大きい。

必要書類
1. 学生証のコピーまたは在学証明書、または休学証明書1通
2. 写真（縦3.3cm×横2.8cm）1枚
3. 申請書
4. 手数料1750円（郵送の場合2300円）

URL www.isicjapan.jp

トロントに登場したレンタルバイク

主な保険会社：損保ジャパン日本興亜 URL www.sjnk.co.jp　AIU保険会社 URL www.aiu.co.jp　ジェイアイ傷害火災保険 URL www.jihoken.co.jp　エイチ・エス損保 URL www.hs-sonpo.co.jp

旅の必需品
旅のお金を準備する

■日本でカナダ・ドルを購入するには?
外貨は、「外貨両替取扱」の表示が出ている日本国内の銀行や両替所で両替、購入しよう。カナダ・ドルを揃えている銀行や両替所は限られているので、あらかじめウェブサイトなどで確認しておこう。成田国際空港や関西国際空港、中部国際空港などの銀行・両替所で、当日、両替するという方法もある。

■為替レートをチェック
日本円をカナダ・ドルに両替する際に参考になるのが、日々変動する為替レートSpot Rateだ。インターネットや新聞、あるいは銀行や両替商の店頭で確認できるので、必ず確認しておこう。ちなみに、カナダ・ドルCADのレートは、CASH S.の値を見る。

■カナダの銀行での両替
銀行での現金の両替にはパスポートなど、身分証明書の提示が必要となる。最近、銀行によっては口座をもっていない客の両替を断るケースもあり、その場合は、両替所で両替してもらおう。

■バンクーバーの両替所
VBCA (Vancouver Bullion & Currency Exchange)
住#120-800 West Pender St., Vancouver TEL604-685-1008 営月〜金曜9:00〜17:00 休土・日曜、祝日

カナダ旅行では、カナダ・ドルの現金か、ID(身分証明)代わりとなるクレジットカード、カナダの金融機関からカナダ・ドルで現金が引き出せる国際キャッシュカードなどを用意するといい。旅のスタイルにあわせて、それぞれの機能を上手に利用した、安全かつ効率的な旅行費用を組み立ててみよう。

現金はカナダ・ドルで少額を用意
現金は、日本でカナダ・ドルに両替しておくと便利だ。カナダでは、銀行で日本円も無料でカナダ・ドルに両替できるが、近年断られるケースも発生しており、日本であらかじめ1〜3万円ぐらい両替しておくと安心だ。カナダの銀行での両替には、パスポートなどIDの提示が求められる。

旅行中、高額の現金を持ち歩くのは危険なので、現金は、カードが使えないタクシーや公共交通機関の支払い、チップなどに利用し、食事代や宿泊費、ツアー料金など、カードで支払えるものはカード払いにすると、大金を持つ必要はない。なお、両替所での換金は問題なくできる。カナダ旅行の後、アメリカへ向かう人は、米ドルも用意しておくと便利だろう。

クレジットカードは必携だが、注意も必要
多額の現金を持ち歩かずに済み、ID代わりにもなるクレジットカードは、海外旅行の必需品。ホテルに宿泊する際、またレンタカーを借りる時、クレジットカードの提示を求められる。さらに、旅の途中で現金が足りなくなった時、街中のATMから現金を引き出すこともできる。

カナダは少額でもクレジットカードで買い物をする、カード社会。クレジットカードは必携といえよう。カナダで広く使えるカードはVISA、MASTERなど。日本人が多く住むバンクーバーやトロントでは、JCBもよく通用する。

とはいえ、注意は必要だ。紛失はもってのほか、伝票にサ

カナダの通貨

左上から、C$100、50、20、10、5の紙幣。同じ大きさなので間違えないように。新札も旧札も流通している

コインは左上から右へ、C$2、1、¢25。下段左から¢10、5の5種類がある。

◇カナダドル換算レート(2016年2月現在)

C$1	94円	C$50	4,700円
C$3	282円	C$70	6,580円
C$5	470円	C$100	9,400円
C$7	658円	C$150	14,100円
C$10	940円	C$700	65,800円
C$15	1,410円	C$1,000	94,000円

C$1=94円

■トロントの両替所　Calforex Foreign Exchange　住290 Queen St. W., Toronto　TEL416-921-4872
営8:30〜19:00 (10〜3月9:00〜)、土曜9:00〜19:00、日曜10:00〜17:00

インをする際は必ず金額を確かめ、間違っている場合はその場で訂正し、伝票を書き換えてもらう。伝票の控えも必ずもらっておこう。最近は決済の際、サインではなく暗証番号を入力するのが一般的。自分のクレジットカードの暗証番号を必ず覚えておこう。暗証番号を忘れると、カードが使えないという事態にも陥る。

国際キャッシュカード

日本の自分の銀行口座から、海外のATM（国際ATMネットワークである「PLUS」か「Cirrus」）を利用して現地通貨を引き出すことができるキャッシュカード。

現在、新規に国際キャッシュカードをつくることができるのは新生銀行だけ。

VISAデビットカード

クレジットカードと違い、即時に銀行口座から引き落とされるVISAカード。銀行口座の残高範囲内であれば、クレジットカードとして利用できるほか、海外においては国際キャッシュカードとしてPLUSのマークのATMから現金を引き出すことができる。

プリペイドカード

プリペイドタイプのトラベルマネーカードは、国際キャッシュカードとトラベラーズチェックの特徴をあわせもつ。出発前に日本で入金しておき、渡航先のATMで現地通貨を引き出す。銀行口座を開設する必要がなく、そのために銀行口座とリンクしていない点が安全。また、ショッピング時にはデビットカードとしても利用できる。

トラベラーズ・チェック（T/C）

最大の利点は安全性で、本人がサインしないと使えないし、紛失や盗難時にも再発行が可能。日本国内での販売は終了しているが、すでに発行済みのものはこれまで同様に海外で使える。ただし、最近はカナダでも使用できる店やレストランは少なくなっているので、いったん銀行などで両替する必要がある。その場合2％程度の手数料が取られる。
●使い方／購入時にホルダー欄に書いたのと同様のサインを、使用時に受け取る人の前で、カウンター欄にサインする。

何を持っていけばいいか

手数料や金利を比較すると、クレジットカードのキャッシングが最もお得という調査結果が出ている。条件のいいレートを望む人、プラスチックマネーをシンプルにしたい人はクレジットカードのみ持っていけば充分。それ以外のカードは特性から判断を。

■クレジットカード会社

カード会社には、紛失や事故に対応するホットラインや現地トラベルデスクがあるので、その連絡先も控えておこう。
JCB
URL www.jcb.jp
VISAカード
URL www.visa.co.jp/ap/jp/personal/cards/getacard.shtml
マスターカード
URL www.mastercard.co.jp/personal/jp/applycard
アメリカン・エキスプレス
URL www.americanexpress.com/japan
ダイナースクラブカード
URL www.diners.co.jp

■国際キャッシュカードを取り扱う銀行

●新生銀行
URL www.shinseibank.com
PowerFlexインターナショナルキャッシュサービス

■VISAデビットカード

りそな銀行、スルガ銀行、楽天銀行、三菱東京UFJ銀行など9社で発行している。
URL www.visa-news.jp/debit/application.html

■プリペイドカード

●マルチカレンシーキャッシュパスポート
日本円、USドル、ユーロ、カナダドルなど、7つの通貨に対応。Master CardのATMで利用でき、マスターカードのデビットカードとして利用できる。
URL www.jpcashpassport.jp
●Visaトラベルプリペイドカード
PLUSとVISAのATMで利用できるほか、VISAデビットカードとしても使える。海外プリペイドカードGAICAなど4社で発行。
URL www.visa-news.jp/travelprepaid/index.html
●海外プリペイドカード GAICA
URL www.gaica.jp
●マネーティーグローバル
URL www.jtbmoneyt.com
●ネオマネー
URL www.neomoney.jp

旅の持ち物
服装／常備薬／手荷物

夏のトロント。トロントニアンの夏の格好はとてもカジュアル

■**電気製品は海外旅行対応製品を**
カナダ国内の電圧は110ボルト・60ヘルツ。コンセントも日本のプラグがそのまま差し込めるので、アダプターを購入する必要はない。日本の電気製品はほとんどがそのまま使えるが、心配なら変圧器を用意しよう。ノートパソコンのACアダプターは100～240ボルトに対応していれば大丈夫だ。デジカメ用のバッテリー・チャージャーも海外対応になっているかを確かめておこう。海外対応の携帯電話（→p.318）は、付属のアダプターで充電できる。ヘアドライヤーは現地のホテルに備えられていることが多い。

■**液体類の機内持ち込みは要注意**
2007年3月から、日本発の国際線で、客室内に持ち込む手荷物において、液体物（ジェル及びエアゾールを含む）に関する制限がされている。具体的には、あらゆる液体物（歯磨きや化粧品なども）は、100mℓ以下の容器に入れる。それらの容器を再封可能な容量1ℓ以下の透明袋に入れる、など。
詳しくは国土交通省ホームページを参照。URL www.mlit.go.jp

身軽に出かけるのが旅の基本
荷物は現地で調達できるものもあるので、最小限にとどめよう。荷物が少なければ少ないほど荷作りや移動が楽。荷物にふり回されることがないように、安全かつ行動しやすい服装で、履き慣れた靴をはいて旅をしよう。

地域に応じた服装を
カナダは実に広大。行き先や行く時期によって、服装も変わってくる。地区別の服装について紹介しよう。

カナダ西海岸は、夏はからっと暑いが早朝や夜間は冷え込み、涼しくなる。秋もまた朝夕は寒暖の差が大きい。夏や秋でもサマージャケットなどを持って行きたい。ウィスラーなどでハイキングを予定しているなら、ウインドブレーカーやレインスーツ（雨衣）を持参しよう。

バンフやジャスパーなどのロッキーの春の訪れは5月半ば。10月上旬から春までの間は冬の服装で旅しよう。山岳地域なので、夏でも早朝と夕方から夜にかけては冷え込みが厳しい。防寒着が必要となる。

トロントやモントリオールなど五大湖周辺の冬の寒さは予想以上に厳しく、気温はマイナスが当たり前。降雪量は少ないが、暮らしを守るために巨大な地下街が発達しているのはそのためだ。春の訪れは遅く、5月頃でもコートや厚手のセーターが必要。夏は湿度が高く、Tシャツなどの軽装で大丈夫だ。

北緯45度以北に位置するプリンス・エドワード島は、春の訪れは遅い。5月の平均最高気温は摂氏14度だが、平均最低気温は4度。夏は湿度が低く爽やかだが、朝晩は冷える。秋も春同様に気温差がある。上着などを用意して行こう。

常備薬は持参する
日用品は、ほとんどのものが現地で手に入る。化粧品やサングラスなど、何か忘れ物があったら、地元のスーパーマーケットなどで調達しよう。現地で手に入らないものは常備薬。なかでもかかりつけの医者に処方してもらっている薬は手に入らないので、持病のある人は忘れないようにしよう。

手荷物
手荷物には、自分で機内に持ち込む手荷物（ハンドキャリー）と、スーツケースなど搭乗手続き時に空港カウンターに預ける受託手荷物（チェックバゲージ）がある。アメリカ・カナダ方面の飛行機を利用する場合、どちらの荷物にも、個数、大きさ、重さに決められた制限がある。

日本で買ったおみやげは受託手荷物へ

●機内持ち込み手荷物の許容量

エア・カナダでは、機内に持ち込める手荷物は手荷物1個と身の回り品1個の2個まで。手荷物のサイズは、23㎝×40㎝×55㎝（キャスター、ハンドル部分も含む）以内のもので最大重量10kgまで。また身の回り品のサイズは、16㎝×33㎝×43㎝以内で最大重量10kg以内のものを指す。手荷物、身の回り品とは、キャリーバッグ、バックパック、ブリーフケース、ノートパソコン、ラケット、カメラケースなどをいう。また、これら2個とは別に、コートやジャケット、バッグ（25㎝×30㎝×14㎝以内）、ベビーカーやチャイルドシートなどの持ち込みは許可されている。詳しくは、エア・カナダのホームページを参照。URL www.aircanada.com/jp

●国際線受託手荷物の無料許容量

エア・カナダのエコノミークラスでは、個数は2個までで、1個につき3辺（縦・横・高さ）の長さの合計が158cm以内、重量が23kg以内。日本航空のエコノミークラスでは、個数は2個までで、1個につき3辺（縦・横・高さ）の長さの合計が203cmを超えないこと。重量23kg以内。

無料手荷物許容量を超えた場合には、超過手荷物料金を支払う。料金は、手荷物が1個増えるごとに支払うことになる。値段は行き先により異なり、ちなみに日本航空では、バンクーバーまでなら2万円。大きさや重さによっては高くなる場合もある。詳しくは各航空会社に問い合わせを。

■機内へ持ち込めないもの

刃物類、先端が著しくとがっているもの、強打することにより凶器となるものなどは、すべて機内への持ち込みが禁止されている。持ち込むと航空法違反となり、50万円以下の罰金が課せられる場合がある。キャンプ用ナイフやワインオープナー、ハサミ、カメラの三脚、スプレー等缶類なども対象となるので、受託手荷物として搭乗前に預けよう。また、液体物も制限されている。

■エア・カナダ国内線荷物

日本発着の国際線から国内線に乗り継ぐ際の国内線受託手荷物は、2個まで。機内持ち込みは2個まで。詳しくは URL www.aircanada.com/jpをチェック！

メープルシロップやハチミツは帰国便の受託手荷物へ

旅じたくチェックリスト

荷物は少なければ少ないほど、かさばらず、移動も楽だが、最小限必要なものはある。現地で調達、あるいはレンタルできるとしても、使い慣れたものがいい場合もある。季節や目的地によって、防寒衣が必要になる。夏にバンクーバーに行く場合、ジャケットやカーディガンが荷物になるからといって持参しないとカゼをひくかも。

■機内持ち込み手荷物（ハンドキャリー）
- □パスポート
- □お金（現金）
- □eチケット控え
- □海外旅行傷害保険契約証
- □クレジットカード
- □国外運転免許証
- □予備の本人写真
- □筆記用具類
- □旅程表
- □ホテル予約確認証
- □ガイドブック（わがまま歩き）
- □スマホ、携帯電話
- □洗面用具（歯ブラシセットほか）
- □ハンカチ・ティッシュペーパー
- □スキンケア用品・化粧品
- □常備薬
- □デジカメ・メモリーカードなど
- □（　　　　　　　　　　　　）

■受託手荷物（チェックトバゲージ）
- □パスポートのコピー（本人写真が載っているページ）
- □下着
- □シャツ・靴下
- □上着・カーディガンほか防寒着
- □コート
- □変圧器・充電器
- □雨具
- □サングラス
- □予備バッテリー・電池
- □懐中電灯
- □マッチ・ライター
- □ポケットナイフ
- □防虫スプレー
- □生理用品
- □スポーツをする人は、その装備
- □（　　　　　　　　　　　　）
- □（　　　　　　　　　　　　）

トラベルインフォメーション〈日本編〉　服装／常備薬／手荷物

旅の持ち物
携帯電話

10月のレイクルイーズ湖畔。チンクフォイルフラワーの花が美しい

カナダでも携帯電話を使おう

カナダで携帯電話を使う場合、日本の海外対応機種を使用するほかに、日本で海外用携帯電話を借りる、カナダで現地の携帯電話を借りる方法などがある。頻繁に海外に行くなら海外対応機種を用意するのもいいが、たまに行くのであればレンタルする方が合理的。最近ではレンタル携帯電話もレンタル料100円のプランもあるので、用途、使用頻度を考慮して借りるようにしよう。また料金などは変わるので、事前に確認をすること。

会社名／受け渡し方法	レンタル料金／カナダ−日本通話料金	カナダ内通話料金	問い合わせ先
■バンクーバーで携帯電話をレンタル（カナダ内通話はこちらが割安）				
Cellomobile／滞在先のホテルに配送	1日US$2.99〜／1分US$0.39／SMS受信US$0.20、SMS送信US$0.50	ローカル1分US$0.39／SMS受信US$0.20、SMS送信US$0.50	☎1-877-602-2999 URL www.cellomobile.com
■日本で携帯電話をレンタル				
JALエービーシー／空港	1日250円／1分220円（発・着信）	1分220円（発・着信）	0120-086-072 URL www.jalabc.com
テレコムスクエア／空港、宅配、店頭	1日648円／1分240円（発・着信）	1分240円（発・着信）	0120-388-212 URL www.biz.telecomsquare.co.jp
グローバルセルラー／空港、宅配、店頭	1日100円〜（税抜）／1分250円（発・着信）	1分250円（発・着信）	0120-800-540 URL www.globalcellular.jp
docomoワールドケータイ／空港、店頭、宅配	1日286円／発信1分252円、着信1分315円、SMS180円	1分225円（発・着信）	0120-081-080 URL www.worldke-tai.com
KDDI au／空港、宅配（グローバルパスポート端末レンタルサービス）	1日300円(31日以降は1260円/週)／日本あて1分140円、着信1分165円	1分120円（発・着信）	0077-7-111（auの携帯からは☎157） URL www.au.kddi.com
ソフトバンク グローバルレンタル／空港、宅配、店頭	1日260円（ウェブ予約）／発信1分300円、着信1分300円	1分300円（発・着信）	☎03-3560-7730 URL www.softbank-rental.jp
■海外対応機種を持参				
NTTドコモ（WORLD WING）	発信1分140円、着信1分175円、SMS100円	1分125円（発・着信）	0120-800-000（ドコモの携帯からは☎151） URL www.nttdocomo.co.jp
au（グローバルパスポート）	発信1分140円、着信1分165円、SMS100円	1分120円（発・着信）	0077-7-111（auの携帯からは☎157） URL www.au.kddi.com
ソフトバンクモバイル	発信1分195円、着信1分195円、SMS100円	1分185円（発・着信）	0800-919-0157（ソフトバンクの携帯からは☎157） URL www.softbank.jp/mobile

＊SMS＝ショートメッセージサービス
＊料金など変動もあるので、手配前にウェブなどで確認を。

カナディアン・ロッキーのバンフ郊外に広がるサンシャイン・メドウをハイキング。山中のトレイルでは携帯は通じないが、町やハイウェイ沿いではたいてい使える

情報収集

出発前に情報収集を
カナダのどこに何があるのか、目的地の見どころといった情報収集は効率のよい旅をする上でも大切だ。インターネットやガイドブックなどには有益な情報があるので活用したい。

●観光局のホームページ
カナダ観光局はホームページ上でカナダの旅の基本情報やイベントなどその時ならではの情報を発信している。観光局が認定したカナダのスペシャリストがいる旅行会社も都道府県別に紹介されている。

●旅行会社のホームページや資料
カナダ専門の旅行会社をはじめ、各旅行会社ではホームページ上にツアーや現地情報を掲載。旅行会社によっては店舗で書籍やパンフレットなど資料が閲覧できるので利用したい。

●海外安全情報の確認
治安がいいといわれるカナダだが、世界状況は変化の連続。外務省海外安全ホームページ（URL www.anzen.mofa.go.jp）を確認しておこう。

10月、黄葉の季節を迎えたバンフの町は、すでに冬の気配に包まれている

カナダの観光局、交通機関などのホームページ
◎は日本語サイト

観光局
- カナダ観光局◎
  URL jp-keepexploring.canada.travel
- バンクーバー
  URL www.tourismvancouver.com
- トロント
  URL www.seetorontonow.jp
- ブリティッシュ・コロンビア州◎
  URL www.hellobc.jp
- アルバータ州
  URL travelalberta.jp
- サスカチュワン州
  URL www.sasktourism.com
- マニトバ州
  URL www.travelmanitoba.com
- オンタリオ州◎
  URL www.ontariotravel.jp
- ケベック州
  URL www.bonjourquebec.com
- ノバ・スコシア州
  URL www.novascotia.com
- プリンス・エドワード・アイランド州
  URL www.tourismpei.com
- ニュー・ブランズウィック州
  URL www.tourismnewbrunswick.ca
- ニューファンドランド州＆ラブラドール地方
  URL www.newfoundlandlabrador.com
- ユーコン準州◎
  URL www.yukonjapan.jp
- ノースウエスト準州◎
  URL www.spectacularnwt.jp
- ヌナブト準州
  URL nunavuttourism.com

交通
- エア・カナダ◎
  URL www.aircanada.com/jp
- バンクーバー国際空港
  URL www.yvr.ca
- トロント・ピアソン国際空港
  URL torontopeason.com
- カルガリー国際空港
  URL www.yyc.com
- VIA鉄道◎
  URL wcs.ne.jp/via/
- グレイハウンド
  URL www.greyhound.ca
- BCフェリー
  URL www.bcferries.com
- ブリュースター
  URL www.brewster.ca

現地の旅行会社
- H.I.S.カナダ（トロント、バンクーバーほか）◎
  URL www.his-canada.com
- ケベックガイドサービス（ケベックシティ）◎
  URL quebecguideservice.web.fc2.com/qgs/QGS.html
- ミキ・エンタープライズ（セントジョンズ）◎
  URL www.mikieco.com

●外務省の「海外安全アプリ」　App StoreやGoogle playで無料でダウンロードできる。スマートフォンのGPS機能を利用して、今いる旅先の安全情報が入手できる

空港に行く 成田国際空港

成田国際空港インフォメーション
☎0476-34-8000
ウェブサイト…http://www.narita-airport.jp/

日本最大の国際線就航数を誇る空港で、東京都心から60kmの千葉県成田市にある。第1～3の3つのターミナルからなり、鉄道もバスも下車駅が異なる。東京寄りが第2ターミナルビル駅で、第1ターミナルへは終点の成田空港駅へ。両ターミナル間は無料連絡バスが日中約7分おきに運行。

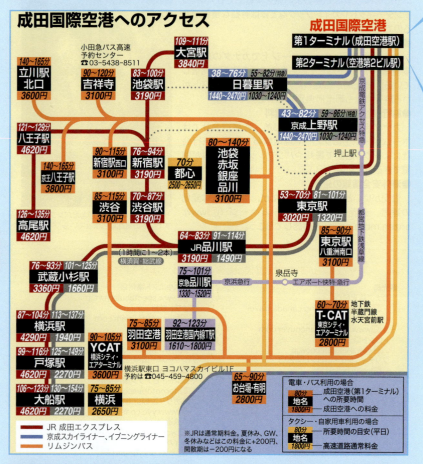

成田エクスプレス
時間に正確、大きな荷物も安心！

東京、神奈川、埼玉の主要駅と成田空港を結ぶJRの特急で、荷物を置くスペースも完備。1日27便。八王子や大宮からは少なく1日2本のみ。夏期には横須賀、鎌倉からの臨時便も運行。従来の「立席特急券」は廃止。かわりに乗車日と乗車区間のみ指定の「座席未指定特急券」を導入。料金は指定特急券と同額。

横須賀・総武線でも

特急にくらべ時間はかかるが、JRの普通列車でも成田空港に行ける。横須賀線・総武線直通運転の快速エアポート成田は、日中ほぼ1時間に1～2本の運行。特急券は不要で、乗車券のみで利用できる。ただし車両は普通の通勤用なので、大きな荷物があると不便。
JR東日本お問い合わせセンター………………
☎050-2016-1600

 鉄道ダイヤの乱れや道路渋滞で遅れて飛行機に乗れなかったとしても、航空券の弁償はしてもらえない。ツアーの場合は旅行会社、個人旅行の場合も利用航空会社の緊急連絡先は控えておき、すぐに連絡をして善後策を相談。

Airport Guide

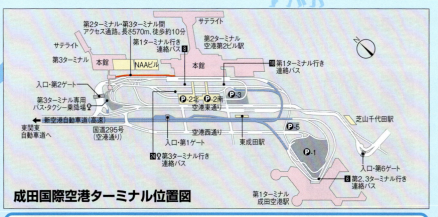

成田国際空港ターミナル位置図

第1ターミナルのエアライン

南ウィング

- エア・カナダ
- ユナイテッド航空
- 全日空

IBEXエアラインズ／エバー航空／ターキッシュ エアラインズ
アシアナ航空／LOTポーランド航空／タイ国際航空
ヴァージン・オーストラリア／オーストリア航空／中国国際航空
ウズベキスタン国営航空／山東航空／ニキ航空
エアージャパン／ジェットエアウェイズ／ニュージーランド航空
エアプサン／シンガポール航空／Peach
エアベルリン／深圳航空／MIATモンゴル航空
エジプト航空／スイスインターナショナルエアラインズ／南アフリカ航空
エチオピア航空／スカンジナビア航空／ルフトハンザ ドイツ航空
エティハド航空

オーロラ航空／ケニア航空／チェコ航空
ガルーダインドネシア航空／四川航空／中国南方航空
KLMオランダ航空／大韓航空／ベトナム航空

第2ターミナルのエアライン

- 日本航空
- アメリカン航空

イースター航空／スクート／バンコク・エアウェイズ
エア インディア／スリランカ航空／パキスタン国際航空
エア タヒチ ヌイ／セブパシフィック航空／フィリピン航空
S7航空／タイ・エアアジアX／フィンランド航空
エミレーツ航空／タイガーエア台湾／ブリティッシュ・エアウェイズ
海南航空／TAM航空／香港エクスプレス
カタール航空／チャイナエアライン／マカオ航空
カンタス航空／中国東方航空／マレーシア航空
キャセイパシフィック航空／トランスアジア航空／ラン航空
ジェットアジア・エアウェイズ／ニューギニア航空

北ウィング

- デルタ航空

アエロフロート・ロシア航空／厦門航空／エア・カレドニア・インターナショナル
アエロメヒコ航空／アリタリア−イタリア航空／エールフランス航空

第3ターミナルのエアライン

ジェットスター航空／Spring Japan／バニラエア
ジェットスター・ジャパン／チェジュ航空

空港に行く　成田国際空港

スカイライナー
世界標準のアクセスタイムを実現

　成田スカイアクセス線経由のスカイライナーは、日暮里と成田空港駅（第1ターミナル）間を最速38分で結ぶ。料金は2470円。18時以降は京成本線経由のイブニングライナーが1440円と安くて便利。特急料金不要のアクセス特急は青砥から所要約45〜50分、1120円。上野からだと京成本線経由の特急が1時間2〜3本運行、1030円。
京成電鉄上野案内所 …………☎03-3831-0131
京急線、都営地下鉄からでも
　京浜急行、都営浅草線からも直通のエアポート快特特急とエアポート急行などが成田スカイアクセス線及び京成本線経由で毎日17〜18本運行。20分近く時間短縮となり便利。
京急ご案内センター …………☎03-5789-8686

リムジンバス
乗り換えなしでラクチン

　JRや京成電鉄の駅に出るのが面倒なら、自宅近くからリムジンバスや高速バスが出ていないか要チェック。都心や都下の主要ポイントを運行する東京空港交通（リムジンバス）のほかに、京王、小田急、神奈川中央バス、京成バスなどが関東や静岡などの主要都市から数多く運行している。
リムジンバス予約・案内センター…☎03-3665-7220
　…… http://www.limousinebus.co.jp/
京王バス高速予約センター（聖蹟ヶ丘、多摩センター、調布など）………☎03-5376-2222
小田急バス高速予約センター（たまプラーザ、新百合ヶ丘など）…………☎03-5438-8511
神奈中高速バス予約センター（茅ヶ崎、相模大野、町田など）…………☎0463-21-1212

 東京駅八重洲口や銀座から成田空港まで900円〜2000円（深夜早朝便）で格安の連絡バスが運行。詳細は京成バス「東京シャトル」[HP]www.keiseibus.co.jp、平和・あすか交通・JRバス「THEアクセス成田」[HP]accessnarita.jpへ。

空港に行く 東京国際空港（羽田空港）

東京国際空港ターミナル
インフォメーション
☎03-6428-0888
ウェブサイト…http://www.haneda-airport.jp/inter/

リムジンバス利用の場合
- 80分 地名 — 東京空港への所要時間
- 1800円 — 東京空港への通常料金

タクシー・自家用車利用の場合
- 80分 地名 — 所要時間の目安（平日）
- 1800円 — 高速道路通常料金

凡例：
- 京急エアポート快特・急行
- 東京モノレール
- リムジンバス

東京空港交通　www.limousinebus.co.jp
京浜急行バス　www.keikyu-bus.co.jp

主な駅・エリアと所要時間・料金：
- 八王子駅北口 90〜130分 1750円
- 立川駅北口 69〜104分 1550円
- 吉祥寺駅 54〜89分 1230円
- 池袋駅西口 35〜65分 1230円
- 大宮駅西口 75〜105分 1540円
- 多摩センター 80〜130分 1540円
- 新宿駅西口 25〜65分 1230円
- 新宿駅 30分 930円
- 渋谷駅西口 48〜77分 1030円
- 赤坂 35〜75分 1130円
- たまプラーザ 50〜70分 1130円
- 品川 快特・エアポート急行 11〜23分 410円
- 新橋 快特・エアポート急行 22〜34分 530円
- 浅草 快特・エアポート急行 32〜49分 620円
- 浜松町 空港快速 13〜14分 490円
- 東京駅 25〜30分 930円
- 京急蒲田 快特・エアポート急行 5〜9分 300円
- 天王洲アイル 区間快速 10〜11分 340円
- 汐留 35〜60分 930円
- お台場・有明 20〜65分 620円
- 京急川崎 快特・エアポート急行 9〜16分 370円
- 横浜 快特・エアポート急行 16〜31分 450円
- 横浜駅(YCAT) 32〜39分 580円
- 横浜駅 25分 930円

東京国際（羽田）空港

就航中のエアライン：
アシアナ航空／アメリカン航空／エアアジアX／エア・カナダ／エールフランス航空／エバー航空／エミレーツ航空／カタール航空／ガルーダインドネシア航空／カンタス航空／吉祥航空／キャセイパシフィック航空／上海航空／春秋航空／シンガポール航空／全日空／タイガーエア台／湾航空／大韓航空／タイ国際航空／チャイナエアライン／中国国際航空／中国東方航空／中国南方航空／デルタ航空／天津航空／日本航空／海南航空／ハワイアン航空／ピーチ・アビエーション／フィリピン航空／ブリティッシュ・エアウェイズ／ベトナム航空／香港エクスプレス航空／香港ドラゴン航空／ユナイテッド航空／ルフトハンザ ドイツ航空

羽田空港へのアクセス

●電車

京浜急行と東京モノレールを利用。京浜急行の場合は品川から快特・エアポート急行で11〜23分、410円。横浜駅から16〜31分、450円。新橋から都営浅草線直通の快特・エアポート急行で22〜34分、530円。

モノレールの場合、山手線浜松町駅から13〜21分、490円。日中は3〜5分間隔で運行。

京急ご案内センター ☎03-5789-8686
東京モノレールお客さまセンター ☎03-3374-4303

●空港バス

都内各方面、神奈川・埼玉県など各地からリムジンバスが運行している。新宿・渋谷・横浜などでは深夜・早朝便を割増料金で運行。

リムジンバス予約・案内センター ☎03-3665-7220
京浜急行バス運輸部運輸課 ☎03-3280-9177

東京国際空港位置図

クルマ

首都高速湾岸線湾岸環八出口から国際線ターミナルまで約5分。国際線ターミナルの南側に国際線駐車場（24時間2100円。以後24時間ごと2100円、72時間超えた場合は1日の上限1500円）がある。ハイシーズンは満車の場合が多いので予約がベター。予約料1400円。

国際線駐車場 ☎03-6428-0121

Airport Guide

空港に行く 関西国際空港

関西国際空港総合案内所
☎072-455-2500
ウェブサイト…http://www.kansai-airport.or.jp/

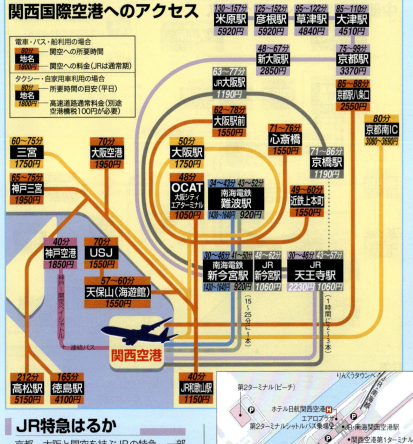

■ JR特急はるか

京都、大阪と関空を結ぶJRの特急。一部米原、草津始発の列車もあるが、ほとんどは京都駅が始発。日中ほぼ30分に1本の間隔で運行。急いでいなければ京橋または天王寺始発の関空快速もおすすめ。所要時間は特急より+15分くらいだが、普通料金で利用できる。
JR西日本お客様センター…………☎0570-00-2486

■ 南海電鉄ラピートα・β

難波から新今宮、天下茶屋、泉佐野、りんくうタウン停車で関空に行くのがラピートα、平日早朝4本運行。ラピートβは堺、岸和田にも停車し、合わせて31本運行。
南海テレホンセンター…………☎06-6643-1005

関西国際空港ターミナル位置図

■ 空港バス

関西から一部四国まで路線が充実しており、上図以外にも、JR・阪神尼崎駅、京阪守口市駅、JR・近鉄奈良駅発などがある。2週間有効の往復乗車券が割引料金でよくおすすめ。予約が必要な便もあるので、要問い合わせ。
関西空港交通……………………☎072-461-1374
http://www.kate.co.jp/

京都・神戸・芦屋エリアから関空まで乗合タクシーが走っている。料金は京都から1人3500〜3600円、神戸・芦屋2000〜4000円など。予約は、MKスカイゲイトシャトル（京都）☎075-778-5489／神戸・芦屋☎078-302-0489）、ヤサカ関空シャトル（京都☎075-803-4800）へ。

空港に行く 中部国際空港（セントレア）

セントレアテレホンセンター
☎0569-38-1195
ウェブサイト…http://www.centrair.jp/

中部国際空港へのアクセス

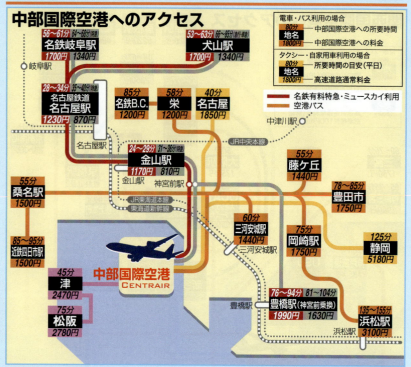

鉄道
名古屋、岐阜、犬山などと中部国際空港間は名鉄を利用。快速特急（ミュースカイ）を使えば名古屋からだと最速で28分で空港に。料金はミューチケット360円込みの1230円。
名鉄お客さまセンター………☎052-582-5151
http://top.meitetsu.co.jp/

空港バス
名古屋市内や近郊、愛知県各所、四日市、桑名、浜松、掛川ICなどから高速バスが運行している。乗り換えしなくてすむのが便利だ。

名鉄お客さまセンター………☎052-582-5151
三重交通四日市営業所………☎059-323-0808
　　　　　桑名営業所………☎0594-22-0595
知多乗合お客様センター………☎0569-21-5234
遠州鉄道空港バス係………☎053-451-1595

船
三重県の津、松阪から高速艇が中部国際空港まで運航。津から1日13便。松阪から津経由・乗継便が1日4便の運航。夏期増便あり。
津エアポートライン…☎059-213-4111（津）、
　　　　　　　　　☎0598-50-1102（松阪）

空港に行く 福岡空港
福岡空港国際線案内………☎092-621-0303
http://www.fuk-ab.co.jp/

空港に行く 仙台空港
仙台空港総合案内所………☎022-382-0080
http://www.sendai-airport.co.jp

空港に行く 新千歳空港
新千歳空港総合案内………☎0123-23-0111
http://www.new-chitose-airport.jp/ja/

出国手続きの流れ

空港に着いてから飛行機に乗るまでの所要時間は約2時間。Webチェックインの場合は1時間。

チェックイン 10〜20分

利用航空会社のカウンターに行き、パスポートとeチケット等を示して、搭乗券と預けた荷物の預かり証(クレーム・タグ)をもらう。込んでいる時は自動チェックイン機を利用しよう。座席指定も可能だ。

> スーツケースはここで預ける。貴重品、壊れ物は入れないこと。ハサミ等の危険物はスーツケースに入れる

荷物検査

成田をはじめ、中部、関空などでは、チェックインカウンター前での受託手荷物検査がなくなり、チェックイン後に検査する高性能のインライン検査方式に代わった。このため荷物検査の時間が省略された。ただし、荷物の重量オーバーには気をつけたい。

> ノートパソコンはあらかじめ出しておく。持ち込み制限対象の化粧品類は、あらかじめスーツケースに

両替、買い物、旅行保険 15〜30分

時間に余裕があれば、現地通貨に両替したり、レストランやショップへ。夏休みやGWなどは、この後の手続きにも時間がかかるので、早め早めに行動しよう。

> 空港でも、海外旅行傷害保険に加入できる。掛け捨てになるが、もしもの時のために必要

セキュリティチェック 10〜15分

機内持ち込み手荷物のX線検査と、金属探知器での身体検査がある。コインや時計、ベルトのバックルが反応することもある。

> セキュリティチェックを受けた後は、出発フロアに戻ることができない。ショップやカフェは出国審査場の先にもあるが、店数は多くはない

税関申告 10〜15分

100万円を超える現金や小切手などを持ち出す場合は「支払手段等の携帯輸出・輸入申告書」、時計など高価な外国製品を所持の場合は「外国製品持出し届」を提出すること。未申告だと帰国時に免税範囲の超過分に関税が課せられる。

> 高額の現金や外国製品を持っていない人には必要のない申告なので、出国の人の流れにそのままついて行くと忘れがち

出国審査 10〜20分

出国審査場の窓口にパスポートと搭乗券を提出しチェックを受ける。夏休みなどの旅行シーズンは自動化ゲートを利用すると出国審査が迅速にすむ。

> 空いている時期ならあっという間にすむが、夏休みなど混雑期には長蛇の列になる。こんな時は自動化ゲートがおすすめ。利用のための事前登録も簡単に当日空港内でできる

搭乗ゲートへ 10〜20分

出国審査が終わったら、搭乗券に記されている搭乗ゲート番号と時刻を確認する。ゲートの案内板が出ているので、利用するゲートに向かおう。なお搭乗ゲートでもパスポートチェックがある。

> 利用するゲートによっては移動に時間がかかることも。買い物やトイレなどは、利用するゲートの場所を確認してからにしよう

空港利用の裏ワザ

Airport Guide

スーツケースは宅配便で

　スーツケースなど重い荷物を空港まで運ぶのは大変。宅配便利用なら、そんな苦労もしなくてすむし、帰りも空港から自宅に荷物を送ることができる。距離、重さによって異なるが、スーツケース1個（20kg以内）で成田、羽田、関空、中部とも2160円から。2〜8日前までに予約して、自宅等で集荷してもらう。

●主要空港宅配便連絡先

JAL ABC（成田・羽田・中部・関空）
☎0120-919-120　☎03-3545-1131（携帯から）
www.jalabc.com/airport/（ネット予約可）

ANA手ぶら・空港宅配サービス（成田・羽田・関空）
☎0570-029-333
www.ana.co.jp/int/ground/baggage.html

GPA（成田のみ）
☎0120-728-029　☎0476-32-4755（携帯から）
www.gpa-net.co.jp（ネット予約なし）

関西エアポートバゲージサービス（関空のみ）
☎072-456-8701
www.konoike-aps.net（ネット予約可）

セブンイレブン（関空第2ターミナル）
☎072-456-8751

Webチェックインで時間を有効活用

　自宅のパソコンやスマートフォンを利用してチェックインが手軽にできるサービスがWebチェックイン。eチケットがあれば誰でも可能。出発の72時間前からでき、座席指定も可能。パソコンで搭乗券を印刷するかモバイル搭乗券をスマートフォンで受け取れば完了。その代表例がANAの「オンラインチェックイン」や日本航空の「QuiC」など。当日預ける手荷物がなければそのまま保安検査場へ。ある場合は手荷物専用カウンターで預けてから。空港には搭乗60分前までに着けばいいので楽だ。詳細は各航空会社のHPで。

手ぶらサービスを利用して、らくらく海外へ

　日本航空と全日空は、成田・羽田・関空・中部（日本航空のみ）発の国際線（グアム・ハワイを含む米国路線、米国経由便、共同運航便は除く）の利用者に対して、自宅で預けた宅配便スーツケースを渡航先の空港で受けとれるサービスを行っている。前述のWebチェックインと併用すれば、空港での手続きも不要で大変便利。料金は、日本航空が従来の空港宅配便と同額、全日空がプラス324円。申し込みは日本航空http://www.jalabc.com/checkin/または☎0120-981-250、919-120。全日空https://www.ana.co.jp/int/ground/baggage.html。

定番みやげは予約宅配で

　旅先で限られた時間を、義理みやげや定番アイテムを探すことに使うのはもったいない。そんな場合に活用したいのが、海外旅行みやげの予約宅配システム。成田にある海外おみやげ予約受付（第1北4F）では、チョコレートやお酒など、世界各国の定番のおみやげを豊富に揃えており、全国一律972円で指定の日に配達してくれる。出発前に商品カタログを自宅に取り寄せて（☎0120-988-275）申し込むか、空港の受付で注文しておけば、身軽に海外旅行が楽しめる。羽田、中部、関空にも同様のサービスがある。

成田空港までマイカーで行くなら

　成田空港までのアクセスに車を使う場合、問題になるのが駐車場。空港周辺の民間駐車場をネット予約すれば、空港までの送迎タイプで4日間2000円、7日間で3500円くらい。高速代を加味しても、複数なら成田エクスプレス利用よりは安くなるが、時間がかかる。

　成田空港の駐車場を利用すると利便性は高まるが、民間より料金は高くなる。第1ターミナルならP1かP5駐車場、第2、3ターミナル利用ならP2・P3駐車場が近くて便利。このうち予約ができるのはP2とP5のみ。料金はP1、P2駐車場の場合、5日駐車で1万300円。それ以降は1日につき520円加算となる。GWや夏休みは混むので、予約は早めに。

成田空港駐車場ガイド（民間）
http://www.narita-park.jp/

成田国際空港駐車場案内
http://www.narita-airport.jp/jp/access/

VIA鉄道カナディアン号で思い出に残る鉄道旅行を！

トラベルインフォメーション
〈カナダ編〉
Travel Information

カナダ入国・・・・・・・・・・・・・・・・・328	郵便事情・・・・・・・・・・・・・・・・・342
カナダ出国・・・・・・・・・・・・・・・・・330	カナダでの買い物・・・・・・・・・・・343
カナダの国内交通・・・・・・・・・・・333	カナダでの食事・・・・・・・・・・・・・344
飛行機・・・・・・・・・・・・・・・・・・334	カナダの宿泊事情・・・・・・・・・・・346
鉄道・・・・・・・・・・・・・・・・・・・・336	カナダの習慣とマナー・・・・・・・347
長距離バス・・・・・・・・・・・・・・337	旅の安全と健康管理・・・・・・・・348
レンタカー・・・・・・・・・・・・・・・338	カナダの歴史・・・・・・・・・・・・・・350
旅行中の服装と生活様式・・・・・・・340	カナダの文化と経済・・・・・・・・・352
電話とWi-Fi事情・・・・・・・・・・・341	旅行会話・・・・・・・・・・・・・・・・・354

カナダ入国

バンクーバー国際空港にある観光案内所。わからないことはここで質問！

■税関申告書は入国カードの役目も兼ねている
　カナダへ日本人が入国する場合、入国審査ではパスポートと税関申告書を提出し、審査後に両方返してもらう。その後、税関にその申告書を渡す。出国の際には、チェックイン時にパスポートを提示するだけだ。

■入国の英会話
旅行の目的は何ですか？／観光です／商用です
What is the purpose of your trip? / Sightseeing / Business.
申告するものはありますか？
Do you have anything to declare?
このバッグを開けてください
Please open this bag.
私の荷物が見つかりません。
I can't find my baggage.

■荷物が出てこない！
　もし荷物が出てこなかったら、クレーム・タグ（荷物受取証）を航空会社の係員に見せ、書類に滞在先など必要事項を記入。その日に荷物が出てくることもあるが、数日かかることが多い。

■乗り継ぎアドバイス
バンクーバー国際空港
　ターンテーブルで荷物を受け取り、税関で申告書を渡すと、すぐのところに国内線乗り継ぎの荷物を預ける場所がある。行き先のタグが付いているかを確認し、荷物を預ける。国内線への連絡通路があるので、搭乗ゲート手前でX線検査を受け、搭乗口に向かう（→p.51）。

西の玄関、バンクーバー
入国の手順

入国審査	Immigration

パスポート＋税関申告書 (Declaration Card)

　入国の際もっとも重要なのがパスポートと税関申告書。飛行機内で配られた税関申告書に必要事項を記入しておく。入国審査へ向かい、審査官のブースが並ぶ場所に出たら非居住者 (Non Residents) または観光客 (Visitors) に並ぼう。順番が来たらパスポートと税関申告書を審査官に提出する。入国の目的、滞在日数などを質問されるので正直に答えれば問題ない。日本人観光客の審査はほとんど簡単に済む。

荷物受取り	Baggage Claim

バゲージ・クレーム

　入国審査が済んだらパスポートと税関申告書を返してもらい、自分が乗ってきた便名が表示されたターンテーブルの前で荷物が出てくるのを待つ。荷物はクレーム・タグで確認する。カートは自分で取りに行くこと。

税関	Customs

税関申告書

　ピックアップした荷物を持って、出口に向かう。出口の手前で税関係員に税関申告書を渡す。ほとんどの場合これでOKだ。カナダ国内に住む人への高価な贈答品を持っている場合などは課税されることもある。

機内預け荷物が出てくるバゲージ・クレーム

日本からはバンクーバー、トロント、カルガリーへ直行便が運航されている。カナダへの入国はこの3都市でそれぞれ行われる。フライト時間は成田～バンクーバーは約9時間、成田～トロントは約12時間、成田～カルガリーは約10時間。2014年から羽田空港、関西空港からも直行便が飛ぶようになった。

東の玄関口、トロント

入国の手順は基本的にバンクーバー国際空港と同じ。トロント・ピアソン国際空港はターミナル1と3の2つのターミナルで構成されているが、日本からの国際便はターミナル1に到着。エア・カナダは国際線と国内線はターミナル1に、ウエスト・ジェットは国際線・国内線ともターミナル3に到着する。各ターミナル間はリンク・トレインでつながれている。

エア・カナダのチェックイン・カウンター

■乗り継ぎアドバイス
トロント・ピアソン国際空港
入国手続きと税関審査を済ませた後、荷物を乗り継ぎ荷物用ベルトコンベアーに載せてから、国内線出発ゲートに向かうことになる。

■羽田からのトロント直行便
エア・カナダ (AC) が2014年から羽田〜トロント直行便を毎日運航している。また関西空港からのバンクーバー直行便は週5日に増えた。詳しいスケジュールはエア・カナダのウエブサイトで確認を。
エア・カナダ（日本語）
URL www.aircanada.com/jp

■税関申告書の書き方
申告書は、表が英語、裏はフランス語で、同じ内容。どちらかの面を記入する。
part A、B、D部分について記入する。①名字、②名前、③生年月日（年、月、日にちの順に記入）、④国籍、⑤住所、都道府県名、国名、郵便番号、⑥到着便の航空会社名と便名、⑦旅行の目的、⑧米国経由か否かの確認欄（米国から、他の国から直接、他の国から米国経由で）のいずれかにチェックマークをつける、⑨持ち込み荷物に動物、植物、武器などがないか、カナダで農場を2週間以内に訪れるか、などの質問に答える。何もなければNoにチェックマークを付ける、⑩滞在日数など、⑪カナダからの出発日、⑫署名（パスポートと同じ）、⑬日付。

税関申告書

冬晴れのケベックシティ。堂々とそびえ立つシャトー・フロントナック・ホテル
©Naoko Imamura

カナダ出国

トロント・ピアソン国際空港
©www.torontowide.com,
Photographer:Doug Brown

カナダでの楽しい旅を終えて、いよいよ日本へ帰国。荷造り、空港や機内でのさまざまな手続きや用紙の記入など、注意すべきことは多い。無事に自宅に帰り着くまで気を抜かず、最後の締めくくりをきちんとして、楽しかった旅を終えよう。

前日までの準備

空港への行き方を検討

　空港までのルート確認は前日までに済ませておこう。ホテルやバス・ディポからバスを使って空港へ行く場合は、乗り場の確認やバスの発着時刻、所要時間、チケット購入などの確認をしておく。列車を使う場合は、大きなスーツケースなどを持ち歩くことを考慮し、時間には充分な余裕を持っておきたい。バスやタクシー、列車の場合は通勤時など混雑することも考えられるので、いずれにしても早めに出発するのが安心だ。空港には少なくとも2時間前には着いておきたい。

荷造りをする

　慌ただしくホテルを出ると忘れ物をしがちなので、ゆとりを持って空港へ向かうためにも、荷造りは帰国前夜までに済ませておこう。
　荷物はスーツケースなど機内に預ける荷物と、機内に持ち込む手荷物に分けて荷造りしよう。分類方法は日本出国時の荷造りと同じだ（→p.317）。パスポート、eチケット控え、お金、カメラなどの壊れ物や貴重品類は手荷物にして自分で機内へ持ち込むこと。なお、観光途中で購入したメープルシロップ、ワインやビール、香水などの液体類は機内への持ち込みができない。手荷物にすると出国審査時に没収されてしまうので、厳重に包んでスーツケースに入れるようにしよう（→p.316）。

■Webチェックイン

　エア・カナダは出発の24時間前から、日本航空では72時間前からWebチェックインができる。ホームページにアクセスし、チェックイン手続きを行うもので、シートマップでの座席指定のほか、荷物の個数などが入力できる。自宅で搭乗券のプリントアウトも可能。プリンターがない場合は、搭乗券を空港でプリントアウトすることもでき、また携帯に搭乗券を送ることもできる。
　日本航空では航空券購入時以降、座席指定・パスポート番号など必要情報を入力すれば、出発予定時刻の72時間前に自動的にWebチェックインを行い、指定のEメールアドレスに搭乗券を送付するサービスも行っている。なおチケットによってはWebチェックインできないものもある。詳しくは、各エアラインのホームページで確認を。

楽しい思い出を胸に、バンクーバー国際空港から帰路へ

出発地の空港ですること

余裕をもって空港へ行く

　空港へは余裕をみて出発時間の2時間前には到着しておきたい。空港へのアクセスはエアポートバスやタクシー、列車などがあるが、時間帯により混雑することも予想されるので注意しよう。なお、ドメスティック（国内線）とインターナショナル（国際線）のターミナルを間違えないように。

バンクーバー国際空港の2階には、様々な店やレストラン、免税店が並ぶ

搭乗手続き

　チェックインは、出発の約2時間前から各航空会社のチェックインカウンターで受け付けている。
　自分が利用する航空会社のチェックインカウンターに並び、パスポートとeチケット控えを提示して、窓側か通路側かなど、座席の希望を伝える。続いて係員が機内に預ける荷物を計量し、搭乗券と荷物受取証（クレーム・タグ）を渡してくれる。搭乗時間と搭乗ゲート番号を確認しておこう。

搭乗手続きを行うチェックインカウンター。トロント・ピアソン国際空港ターミナル1

出国審査

　空港利用料（空港により異なる。バンクーバー国際空港、カルガリー国際空港、トロント・ピアソン国際空港は航空券に含まれている）を支払う。成田・羽田への直行便の場合、出国審査はなく、X線によるボディチェックと手荷物検査のあと、搭乗口へ向かう。搭乗時にパスポートの提示を求められる。アメリカ経由の場合は、アメリカへの入国審査、つづいてボディチェックと手荷物検査を受ける。

■機内は絶対禁煙
　国際線、国内線を問わず飛行機の機内は全面禁煙になっている。とくにカナダでは法律で機内の禁煙が定められているので、違反すると刑法により罰せられる。

免税店でショッピング

　出国審査が済み、搭乗まで時間があれば空港内の免税店で買い物をすることができる。化粧品や香水、酒、タバコ、各種工芸品などの店が並び、ワインやメープルシロップなどの液体類も免税店で購入すれば機内への持ち込みが可能。街中で買い損ねた場合はここで購入するのもいいだろう。会計時にはパスポートと搭乗券の提示を求められる。

搭乗ゲート

　搭乗券には、搭乗時間とゲート番号が記載されているので、自分の乗る飛行機の搭乗ゲートまで早めに行っておいた方が安心だ。空港内の免税店で免税品を購入した人は、搭乗ゲート近くのカウンターで受け取る。搭乗ゲートの待合室で、搭乗案内のアナウンスがあるまで待つ。スナックコーナーや公衆電話があるので、飛行機に搭乗するまで軽く食事をしたり、お茶を飲んだりして過ごしていよう。

搭乗ゲートにある待合室

機内で、携行品・別送品申告書を記入

　日本到着が近づくと、客室乗務員が税関に提出する携帯品・別送品申告書を配布する。以前は免税範囲を超えた買い物をした人のみが提出を義務づけられていたが、現在は別送品がある場合は2通、それ以外の場合は1通の提出が全員に義務づけられている。家族は代表者が1通提出する。

日本到着後

入国審査
　飛行機を降り空港の建物に入ると、検疫のカウンターがある。旅行中に病気になった人はここで申し出る。さらに進むと、入国審査のカウンターがあるのでパスポートを提示する。

荷物受け取り
　自分が搭乗した航空便の荷物受取りのターンテーブルへ行き、預けた荷物を受け取る。もし見つからなければ、航空券に添付された荷物受取証（クレーム・タグ）を持って遺失物取扱い所へ。荷物が壊れている場合は、航空会社事務所に申し出る。

税関検査
　免税範囲を超えて買い物した場合、別送品がある場合などは、赤表示の検査台に行き、荷物と税関申告書を提出する。申告が必要ない時は、緑表示の検査台で荷物のチェックを受ける。いずれもパスポートの提示が必要。

じっくり選んだおみやげは大切に持って帰りたい
©Caroline West

■荷物が行方不明になったら
ターンテーブルでいくら待っていても、自分の荷物が出てこない…。そんな時には、内容物を記入して別送品申告を。スーツケースのカギを航空会社に預けておき、代理通関を依頼しておく。宅配便の手配なども頼んでおこう。

日本国内に持ち込む品物が免税範囲を超えた場合は、簡易税率（消費税込み）による課税額を支払うことになる。税額は下記表の通り。

●簡易税率が適用される物

品名		税率
酒類	ウィスキー、ブランデー	1ℓにつき600円
	ラム、ジン、ウォッカ	1ℓにつき400円
	リキュール、焼酎など	1ℓにつき300円
	ワイン、ビールなど	1ℓにつき200円
腕時計、貴金属製の万年筆、貴石（裸石）、ゴルフクラブなど関税がかからない品物		15％（消費税および地方消費税）
その他のもの		15％
紙巻タバコ		1本につき11.5円

●日本の免税範囲

品名		数量／価格	備考
酒類		3本	1本760ml程度のもの。950mlビンなど容量の大きなものは1.25本として計算される。
タバコ	紙巻タバコ	200本（日本製）200本（外国製）	海外居住者は免税範囲が2倍となる。
	葉巻タバコ	50本	
	その他のタバコ	250g	
香水		2オンス	約50g（1オンス＝約28ml）
その他の品物	その他の品物	20万円（海外市価の合計）	●合計額が20万円を超える場合は20万円以内に収まる品物が免税になり、その残りの品物に課税される。 ●1個で20万円を超える物は全額が課税対象になる。 ●1品目の合計が1万円以下の場合は免税になる。たとえば、1足5000円の靴2足の場合課税されない。

カナダの国内交通

日本の約27倍という広い国土のカナダ。飛行機、バス、鉄道、車がおもな移動手段だ。しかし、大都市間の移動でも日本とはまるでスケールが違うほど距離が長く、時間がかかることを認識しておきたい。バンクーバー〜トロントは直行便の飛行機でも5時間近く、鉄道やバスなら3〜4日がかりだ。

目的地の位置や距離をきちんと確認し、スケジュールや予算を考えて効率的な移動手段を選択しよう。

都市間の移動は、飛行機

バンクーバー〜トロントのような長距離はもちろん、バンクーバー〜カルガリー、トロント〜モントリオールなどの中距離の移動も飛行機が効率的。それなりの運賃はかかるが、時間を節約して旅行日程を有効に使うにはいちばんの移動手段だ。

ただし、空港と市内中心部とが離れていることが多く、市内へのアクセスに時間と交通費がかかる。フライトの1〜2時間前に空港に行く必要がある。

近距離の移動は、バス

長距離バスの代表格であるグレイハウンドをはじめ、西海岸のパシフィック・コーチ・ライン、オンタリオ州とケベック州を走るメガバスやオルレアン・エクスプレスなどのバス交通網が、カナダ全土に発達している。バスでの長距離移動には時間がかかるが、バンクーバー〜ビクトリア、オタワ〜モントリオール、モントリオール〜ケベックシティなどはバスで4時間以内の距離なので、低運賃であることを考えると利用価値が高い。バスの発着場所が市内中心部に近いことが多いのも便利な点だ。

カナダの鉄道旅行は、観光色満載

西部から東部までVIA鉄道の路線があるが、運行本数が少ない。のんびりと鉄道の旅を楽しみたい人には魅力的だが、時間がかかることは覚えておこう。東部近距離特急はVIA鉄道の中でも運行本数が多く、モントリオール〜オタワが2時間ほど、モントリオール〜ケベックシティが3時間ほど。車両も快適だ。

ドライブ旅行に挑戦！

郊外の観光ポイントを巡ったり、バス路線が整備されていないエリアを旅するにはレンタカーが便利だ。道路がよく整備され、交通量もそれほど多くないので運転しやすい。ただし、カナダでは車は右側通行、左ハンドルなので、注意したい。

■ 飛行機vsバスvs鉄道

＊バンクーバー〜ビクトリア

飛行機	約25分
バス	約3時間30分

＊オタワ〜モントリオール

飛行機	約40分
バス	約2時間30分
鉄道	約2時間

＊モントリオール〜ケベックシティ

飛行機	約50分
バス	約3時間20分
鉄道	約3時間

■ レンタカーを活用したいエリア

＊カナディアン・ロッキー周辺
ジャスパー、レイクルイーズ、バンフなど、ロッキーの町を起点に郊外の見どころを巡るにはレンタカーが便利だ。カルガリーからドライブするか、バンフあるいはジャスパーでレンタルするといい。特に、ジャスパー〜レイクルイーズのアイスフィールド・パークウェイは、湖、滝、氷河などの見どころが満載。

＊プリンス・エドワード島
シャーロットタウンやキャベンディッシュの「赤毛のアン」の世界を訪れるにはツアーに参加する方法もあるが、車を利用した方が効率的だ。レンタルはシャーロットタウン空港でしよう。

＊トランス・カナダ・ハイウェイ
1号線を中心としたカナダ大陸横断道路をトランス・カナダ・ハイウェイと呼ぶ。基点のバンクーバー島・ビクトリアから終点のニューファンドランド島・セントジョンズまでは約8500kmの距離。ドライブ好きなら、その一部分でも走ってみれば広大なカナダを実感できるだろう。ロッキーの景観が楽しめるカムループス〜バンフ（約500km）などがおすすめ。

ドライブでアルゴンキン州立公園へ

カナダの国内交通

短距離便は小型機が多く使われている

飛行機
都市を結ぶ足

　カナダ西部や中部はバンクーバーあるいはカルガリーが、東部はトロントが国内線の要の都市になる。

　国内線はエア・カナダ（AC）がほとんどの都市間をつなぐ。ハリファックスから大西洋諸州の主要都市へはACの子会社エア・カナダ・ジャズが就航している。またウエスト・ジェット（WS）に代表される、サービスなどを省いたローコストキャリア（LCC．格安航空会社）の進出もめざましく、カナダ全土で路線や便数を伸ばしている。インターネットで予約ができるので活用してみるのもいい。

出発地	行き先	所要時間	ACの便数	WSの便数
バンクーバー	カルガリー エドモントン トロント モントリオール	1時間25分 1時間30分 4時間30分 4時間50分	1日16便 1日9便 1日12便 1日5便	1日12〜14便 1日7〜9便 1日6〜7便 1日1〜2便
トロント	オタワ モントリオール ケベックシティ ハリファックス	1時間 1時間10分 1時間30分 2時間	1時間に1便 30分〜1時間に1便 1日6便 1日10便	1日9便 1日10便 1日2便 1日4〜5便

■カナダ国内で格安チケットを

　国内線の運賃を普通運賃で購入するとかなり高い。割引システムを利用して、日本国内で購入するか、時間に余裕のある人なら、カナダに到着後、旅行会社に相談し、格安航空券を購入することもできる。各航空会社はその時々にシートセールといって格安のチケットを売り出している。ただし、このチケットは2週間前に購入しなければならないとか、朝と夜の便に限られる、平日のみなど、いろいろな規定があるので、自分のスタイルに合ったものを選ぼう。

■インターネットでお得なチケットを

　国内線の定期便を運行するエア・カナダ、ウエスト・ジェットなどのチケットをインターネットで予約すればわずかではあるが、料金の割引が受けられることがある。また、チケットは同じ出発日でも便によって値段が違っていたり、1〜2日ずらすだけで安いチケットがある場合も多いので、時間にゆとりがあるなら、インターネットでチェックするのがおすすめ。エア・カナダでは、タンゴ、フレックス、ラティテュードと名付けられた値段の違うチケットが設定されている。

ケベックシティのジャン・ルサージュ国際空港

■エア・カナダでは機械でチェックイン

　主要空港ではエクスプレス・チェックインという機械で、チェックイン。タッチパネル式の画面に従って操作すればよい。預ける荷物の個数を入れて、搭乗券をプリントアウトしたあと、荷物のタグをつけてもらうために係員のいるカウンターに並ぶ。

広い国土のカナダを旅行するには、飛行機での移動が欠かせない。主要都市間はもちろんのこと、便数は少ないもののかなり小さな都市へも便があり、空のネットワークはよく整備されている。エア・カナダ（AC）とその子会社が主な航空路線を占め、アメリカからも各航空会社が乗り入れている。

国内線の利用方法

エアチケットの購入

現地の旅行会社または空港の各航空会社のチケット・パーチェスTicket Purchaseで。インターネットでも購入できる。

↓

Webチェックイン

時間に余裕があったり、また可能であれば、インターネットからWebチェックインをしておこう。Webチェックイン（→p.330）は、出発の24時間前から可能だ。

↓

チェックイン

国内線の場合、1時間前までに利用航空会社のカウンターでチェックインを済ませたい。荷物を預け、搭乗券をもらう。手荷物だけなら30分前までチェックインを受け付けてくれるが、早めに行っておいた方が無難だ。小さな飛行場では、フライトの直前にならないとX線検査は行われない場合がある。

■航空会社の電話番号（カナダ）とHPアドレス
- ●エア・カナダ（AC）
  - ☎1-888-247-2262
  - URL www.aircanada.com
- ●エア・カナダ・ジャズ（AC）
  - ☎1-888-247-2262
  - URL www.flyjazz.ca
- ●ウエスト・ジェット（WS）
  - ☎1-888-937-8538
  - URL www.westjet.com
- ●カナディアン・ノース航空（CN）
  - ☎1-800-661-1505
  - URL www.canadiannorth.com
- ●エア・ノース（AN）
  - ☎1-800-661-0407
  - URL www.flyairnorth.com
- ●ファースト・エア（FA）
  - ☎1-800-267-1247
  - URL www.firstair.ca

トラベルインフォメーション〈カナダ編〉

335

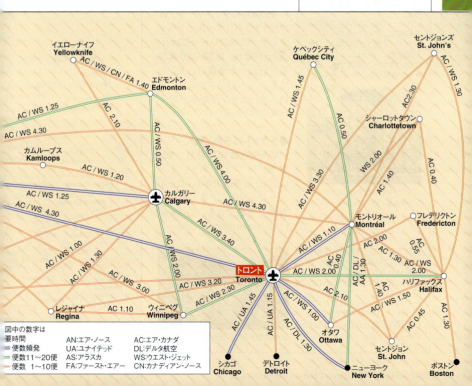

カナダの国内交通

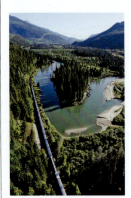

ゆっくりと景色を楽しもう
©VIA Rail

鉄道

VIA鉄道で旅の思い出を

カナダの鉄道といえばVIA鉄道が有名。食事やカナダの雄大な展望を楽しみながらのんびりと車窓の旅を楽しめる観光列車だ(→p.28)。バンクーバー〜トロントを結ぶ大陸横断鉄道「カナディアン号」のほか、東部ではモントリオール〜ハリファックス、ウィンザー〜ケベックシティを走る列車もある。夏期にはバンクーバー〜ジャスパー、またはバンクーバー〜レイクルイズ＆バンフをつなぐ「ロッキー・マウンテニア号」が運行される。

●人気の列車と便数・料金

VIAの大陸横断鉄道「カナディアン号」と、観光列車の「ロッキー・マウンテニア号」が人気。

列車名	ルート	全行程の料金
大陸横断鉄道「カナディアン号」The Canadian	バンクーバー〜トロント バンクーバー発は火・金・日曜(10月中旬〜4月下旬は火・金曜)。 トロント発は火・木・土曜(10月中旬〜4月下旬に運行、火・土曜)	座席C$422〜 寝台C$976〜
「ロッキー・マウンテニア号」Rocky Mountaineer	バンクーバー〜カムループス〜レイクルイズ＆バンフまたはバンクーバー〜カムループス〜ジャスパー、またはバンクーバー〜ウィスラー〜ジャスパー (一部米国シアトル発着) 1泊2日(または2泊3日)。4月中旬〜10月中旬に運行。週1〜2便程度	C$1699〜 宿泊、朝食2、昼食2含む

そのほかにウィンザー〜トロント〜モントリオール〜ケベックシティ間はコリドー Corridorと呼ばれ、区間により異なるが1日3〜6便運行。モントリオール〜ハリファックス間は、オーシャン号が水・金・日曜の週3便運行している。

●チケットの予約と購入

VIA鉄道は旅行会社、駅、電話、インターネット(→p.308)で予約できる。ロッキー・マウンテニア号も同様の方法で予約できる。URL www.rockymountaineer.com

■VIAカナディアン号の座席

エコノミー・クラス(自由席の座席車、通常は予約不要)と、スリーパー・プラス・クラス(寝台車)、さらに豪華なプレステージ・スリーパー・クラス(トイレ・シャワー付き寝台車)の3種類がある。
スリーパー・プラス・クラスは予約制で、アッパー＆ローワー・バース(2段ベッドになるソファー型座席)、キャビン・フォー・ワン、同ツー、同スリー、同フォーから選べる。

バンクーバーのパシフィック・セントラル駅

■鉄道の予約アドバイス

乗車日の331日前から予約を受け付けている。カナディアン号は夏はかなり人気があるので、早めに予約したほうがいい。ロッキー・マウンテニア号とレンタカーやバスなどを組み合わせたパッケージ・ツアーも各種あるので、日本国内の旅行会社に相談してみよう。

駅構内のチケット売場

■ロッキー・マウンテニア号の日本の問合せ先：㈱カナディアンネットワーク
☎03-3593-8090 URL www.canadiannetwork.co.jp/

長距離バス
整備されている路線網

ハイウェイが整備されているカナダでは、鉄道に代わる交通機関として長距離バス路線網が整っている。

エリア	主な長距離バス
バンクーバー〜トロント	グレイハウンド社
トロント、モントリオール、ケベックシティ周辺	メガバス社、オルレアン・エキスプレス社
ノバ・スコシア州	マリタイム・バス社
プリンス・エドワード・アイランド州、ニュー・ブランズウィック州	マリタイム・バス社

●チケットの購入とバス旅行

バスのチケットはバス・ディポ（バスターミナル）のチケット売場で購入する。小さな町では食料品店やガソリンスタンドが兼業している場合もある。予約の必要はなく、座席も全席自由だ。荷物を預ける場合はタグをつけて、運転手に渡す。バスにはトイレが完備され、途中ランチ休憩、トイレ休憩などがある。車内は禁煙、禁酒。

バス・ディポ

■グレイハウンドのお得な割引

インターネットでのみ購入できるWeb Only Fare、14日前購入割引、7日前購入割引などのほか、客が2名の場合、2人目の乗車券が50％割引で購入できるサービスもある（ただし出発日から換算して3日以上前に購入）。62歳以上の場合は10％割引。学生割引やホステリング割引もある。
URL www.greyhound.ca

■バス会社の電話番号とHPアドレス
●グレイハウンド
☎1-800-661-8747
URL www.greyhound.ca
●メガバス
☎1-866-488-4452
URL ca.megabus.com
●オルレアン・エキスプレス
☎1-888-999-3977
URL www.orleansexpress.com
●マリタイム・バス
☎1-800-575-1807
URL maritimebus.com

トラベルインフォメーション〈カナダ編〉

337

大陸横断鉄道

国内主要鉄道・バス路線

カナダの国内交通

■ガソリン補給はこまめに
　カナダの郊外や山中を走るハイウェイなどではガソリンスタンドの数は極端に少なく、次のスタンドまで100km以上という場合も珍しくない。ガソリンが半分くらいまで減ったら補給しておきたい。

■日本の免許証も必要
　レンタカーを借りるには、クレジットカードと国外運転免許証があれば通常はOK。ただし、長期の場合や乗り捨ての場合、会社によっては日本の免許証の提示を求められることがある。国外免許証と一緒に日本の免許証も常時携行しておこう。

■昼間もヘッドライトを
　ハイウェイを走っていると、昼間なのにヘッドライトをつけている車が多いのに気付く。これは車の視認性を高め、安全を確保するための方法だ。日中の市街地でもヘッドライトを点灯した車が目立つ。レンタカーの中には、スターターキーを回すと自動的にヘッドライトが点灯するようになっている車もある。

■レンタカー会社の予約先
※日本での予約先（→p.308）
●エイビスAvis
　カナダ☎1-800-879-2847
　URL www.avis.ca
●バジェットBudget
　カナダ☎1-800-268-8900
　URL www.budget.ca
●ハーツHertz
　北米（ノースアメリカ）☎1-800-654-3131
　URL www.hertz.ca
●ナショナル・カーレンタル
　National Car Rental
　カナダ＆USA☎1-888-273-5262
　URL www.nationalcar.ca
●スリフティThrifty
　カナダ＆USA☎1-800-847-4389
　URL www.thrifty.com

レンタカー

レンタカーは空港で借りるのが便利

受付カウンター

　レンタカーは空港や街にあるレンタカー会社で借りられる。大きな空港の到着ロビーにはレンタカー会社のカウンターが並び、その場で申し込みができる。ただし、地方の空港や小さな町だと台数や車種が限られているので、日本で予約を入れておく方が確実だ。カナダにある代表的なレンタカー会社は、エイビスAvis、バジェットBudget、ハーツHertz、スリフティThrifty、ナショナルNationalなど。車を借りる際にはクレジットカードと国外運転免許証（会社により日本の免許証も）が必要。また会社によって違うが、原則的に車が借りられるのは年齢25歳以上、運転歴1年以上の人。

料金は季節や車種によって異なる

　レンタカーの料金はレンタカー会社、シーズン、借りる期間、車種などによってかなり違いがある。レンタルの1日とは24時間のことで、午前9時に借りた場合翌日の9時までに返却すれば1日料金となる。料金は走行距離に関係なく一定（フリーマイレージ）の場合もあるが、ある一定の走行距離からは1km走るごとに追加料金を加算される（マイレージ料金）システムも多いので、よく確認して借りること。マイレージ料金は長距離を走ることの多いカナダではバカにならないので、基本料金が安くても結局高くつくこともあるので注意しよう。

レンタカーの借り方

　日本で予約した場合は、バウチャーをレンタカー会社のカウンターに提出して手続きを行う。現地で借りる場合は、インターネットや電話、またはレンタカー会社のカウンターで申し込みをする。車種、借りる期間、保険、乗り捨てをする場合は、どこに乗り捨てるかなどを伝える。電話の場合は、何時にどこの支店で「ピックアップ」するのかを聞かれる。言われた予約番号（コンフメーション・ナンバー）を控えておくこと。
　オフィスで書類にサインをし、キーを受け取る。乗車する前にボディにキズやへこみがないかを確認し、もし気になることがあればオフィスに申し出よう。走り出す前にミラーの位置、ライトやウィンカーなどの操作を一応確認しよう。

自動車保険を必ず付ける

レンタカーの場合、一般的には一定額の対人および対物保険（日本の強制保険にあたるもの）はレンタル料金に含まれているが、実際に事故を起こした際にはそれだけではカバーしきれないことが多い。そこで、任意の搭乗者傷害保険（P. A. I）や自車両損害支払免除制度（L. D. W）にも入っておくと安心。車を借りる際にレンタカー会社の係員が「保険はどうしますか？」と必ず聞いてくるので、すすめられた保険についてはすべて入っておいた方が無難だ。

ガソリンは満タンで返却しよう

レンタカーを返却する際にはガソリンを満タンにしておくのが原則。もちろん、ガソリンが減ったまま返してもよいのだが、その場合は燃料メーターの目盛りから使ったガソリンを概算され、しかもガソリンの単価も市中より2〜3割高い金額で計算されてしまうので要注意。なお、車を借りた場所と返却の場所が異なる場合もあるので、これにも注意。借りる時に返却場所を確認しよう。

■レンタカーの車種

小さい順に、コンパクト、ミディアム、フルサイズ。このほかミニバン、4WD、コンパーチブルなどもあるが、会社により車種やランク分けが異なる。料金はコンパクトで1日C$70くらい、フルサイズで1日C$90くらいから。
キャンピングカーは専門の会社が多く、ミニバンタイプで1日C$80くらい（ローシーズン）。

セルフサービスの給油機

フルサービスの給油機

■セルフサービスが割安

従業員がガソリンを入れてくれるFull Serveと、自分で入れるSelf Serveの2種ある。セルフサービス、フルサービスともBC州では前払いが原則。

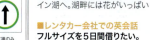
ドライブでロッキーの初夏のモレイン湖へ。湖畔には花がいっぱい

■レンタカー会社での英会話

フルサイズを5日間借りたい。
I want to rent a fullsize car for 5 days.
全部の保険に加入します。
Full coverage, please.
明日の9時に空港で借ります。
I will pick it up at the airport tomorrow at 9a.m.
カルガリーで8月9日に返却します。
I will drop it off at Calgary on August 9th.

カナダの主な道路標識

 追越し車線
 左折禁止
 右折禁止
 赤信号時右折禁止
 駐車禁止
 駐・停車禁止
 追越禁止（併走不可）

一時停止　前方優先道路　進入禁止　前方に最高速度制限50km/hあり　最高速度80km/h　30分駐車可　一時停止あり

踏切あり　スノーモービル横断あり　シカに注意　給油所　旅行案内所　キャンプ場　病院

トランス・カナダ・ハイウェイ標識　ハイウェイ出口　レストラン有　宿泊施設（ホテル、モーテル）有　電話あり　一方通行　直進のみ

Uターン禁止　注意して追越可　横断歩道（歩行者がいたら必ず止まること）　遊び場あり（子供とび出し注意）　前方に見通しの悪い交差点あり　路面凸凹あり　中央分離帯のあるハイウェイ始まり

中央分離帯のあるハイウェイ終り　前方信号機あり　車線減少　降雨降雪時スリップ注意　前方工事中　前方急カーブ　前方対面通行あり

旅行中の服装と生活様式

バンクーバーの盛夏ならTシャツでもOK

ロッキー周辺では防寒対策を

動きやすい服装が基本

　動きやすくて脱ぎ着が楽な服装というのが旅の基本だが、これにカナダの場合、寒さに備えるというのを忘れないでほしい。特に、ロッキーを旅する時は日中と夜間や朝方の気温差がかなり激しいので、夏でもジャケットは必携品。防水性のあるものならなおいい。とはいえ、ホテルの中は冬でも半袖で大丈夫なほど暖かいので、重ね着できる組み合せを考えて服選びをしたい。ドレスコードのあるレストランに行く予定なら、スーツやワンピース、革靴も忘れないように。

■服装アドバイス

春
4～6月は長袖シャツにジャケットや軽めのコートを。ロッキーに行くなら冬用のジャケットを持って行く方がいい。気温に応じて毛糸の帽子や手袋、マフラーなどで防寒する。

夏
7～8月、バンクーバーでは9月中旬ぐらいまで夏の感じ。半袖と長袖の両方あっていい。ロッキーは夏でも朝晩の気温差が激しいので軽めのジャケットを。コロンビア大氷原では8月でも雪が降ることがある。寒がりの人は冬用のジャケットが必要。

秋
9～11月、年によってかなり気候に差がある。バンクーバーやトロントなどでは、春と同じ感じ。10月に入るとバンクーバーではよく雨が降るようになるので、レインコートや防水性のある靴を用意したい。ロッキーでは10月に入ると日本でいえば完全な冬。防寒に備えたい。

冬
12～3月、バンクーバーやビクトリアでは雨の季節。服装は日本の冬の格好とほぼ同じでいいが、雨に備えたい。内陸部では−10～30℃といった、かなりの寒波にみまわれることもあるので、暖かい服装を。滑りにくい、暖かい靴の用意も忘れずに。3月に入ると日中の時間が長くなり、ずっと過ごしやすくなる。

水道の水は飲める

　水資源の豊富なカナダでは、水道水も冷たくておいしい地域が多い。ただし、場所によってはミネラル分が強かったり、水道管が古いために水がまずく感じられることもある。キャンプ場などでは、水は沸かしてから飲むように書かれている場合もあるので、標識や注意の確認を。ミネラルウォーターも売られているので、気になる人はそれを飲用しよう。全体的に湿度の低いカナダ、とくにホテルの乾燥はかなり激しいので水分を頻繁にとるように心がけたい。

トイレは清潔

　トイレはウォッシュルーム、レストルームなどと呼ばれる。ホテルやレストラン、空港のトイレはだいたいどこも清潔。
　トイレのドアは日本より短く、足元がちらりと外から確認できるくらい開いている。これは安全対策で、慣れれば気にならない。トイレの順番待ちは入口の近くに一列に並び、空いたところから順に入るのがマナー。
　車で旅している場合は、ガソリンスタンドで借りたり、ピクニック・エリアやレスト・エリアの公衆トイレを利用。

日本の電化製品が使える

　カナダ国内の電圧は110ボルトで60ヘルツ。コンセントの形も日本と同じ。日本の電気製品はほとんどそのまま使えるが、変圧器や海外旅行対応製品を使用すればさらに安心だ。変圧器は空港や街で購入できる。
　ヘアドライヤーは、ホテルの部屋に備え付けられていたり、なくても貸してもらえることが多い。パソコンや携帯電話の充電器なども、普段通りコンセントにさして使っても特別問題は起きない。

電話とWi-Fi事情

空港では公衆電話も健在
公衆電話は¢5、10、25（セント）の硬貨が使え、C$1硬貨が使えるものやクレジットカードが使える機種もある。市内通話は¢50で時間制限はない。スマートフォンの普及により、町中ではあまり見かけなくなった。

電話のかけ方
市内電話
BC州とアルバータ州、サスカチュワン州、マニトバ州、PEI州、ノバ・スコシア州内全域、およびオンタリオ州とケベック州の一部エリアでは、市内から市内への通話でも市外局番が必要。

市外電話（カナダ国内）

※1 オペレーターが料金をいうので指定された料金を投入する。
※2 相手とつながり通話開始。制限時間がくるとオペレーターがあといくら入れれば何分話せるかをいうのでその指示に従う。

クレジットカード公衆電話（市内、市外、海外）

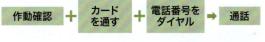

1. 受話器を取り、プーという音を確認。2. カード読み取り部分にカードを通す。3. 「プリーズ・ダイヤル」のアナウンスを聞いたらダイヤルする。4. 相手に直接つながる。

日本への国際電話

日本への電話のかけ方は上記のとおり。クレジットカード公衆電話からそのままかけられる。ホテルの客室からなら、最初に外線番号をダイヤルし、後は上記どおり。ケベック州などのフランス語圏では仏語のアナウンス。

カナダはWi-Fi先進国
カナダは、無線LANでインターネットに接続できるWi-Fi環境が整備されており、空港やホテル、鉄道、バス内で無料でインターネットやメールを利用できる。国際空港には無料Wi-Fiが完備し、ホテルでもパブリックエリアのほか客室も大半がWi-Fi。高級ホテルは有料の場合が多いが、中級ホテルやモーテルは大半が無料。ホテルによっては客室は有線、パブリックエリアはWi-Fiというところもある。VIA鉄道の車内もほぼWi-Fi完備だ。

■クレジットカードで電話をかける
クレジットカードで下記の日本の国際電話会社を利用して電話をかけることもできる。
スーパージャパンダイレクト（KDDI）
☎ 1-800-663-4816
URL www.001.kddi.com
アクセス番号に電話をしたのち日本語のガイダンスが流れるのでそれに従って操作する。一般的にクレジットカード番号（#）＋暗証番号（#）＋市外局番＋相手先電話番号（#）をプッシュする。電話会社によって割引となる時間があるので、事前にホームページなどで調べておくのもいい。

■トールフリーとは？
日本でいうフリーダイヤルのことで、カナダ国内もしくは米国内から無料で電話がかけられる。航空会社、ホテルの予約電話はたいていこれで、「1-800」や「1-888」などで始まる電話番号がトールフリーの番号。

■FAX
ほとんどのホテルにはFAXがあり、受信、送信のサービスが受けられる。受信は無料のことがほとんどだが、送信は1枚C$5ぐらい。

■ホテル客室の電話は高い
客室から電話する場合、外線番号を押してツーッという音を確認してから相手の電話番号をプッシュする。ただし、客室からかける電話は、通話料とは別に回線使用料が加算されることが多く、高くつくので用心を。

郵便事情

日本へ手紙やハガキを送る

①自分の名前 住所
②相手の住所
③相手の名前

切手は郵便局、ホテル、スーパーで。ドラッグストアやショッピングセンターに小さな郵便局のカウンターがある場合も。

投函は郵便局のカウンター、街にある赤いポストへ。ホテルのフロントに頼むこともできる。

ハガキも封書も同一料金で、日本に送る航空便は、一般的な大きさで30gまでならC$2.50。カナダ国内なら30gまでは¢80。

■記念切手
郵便局ではC$2.60、¢85などいつも同じデザインの切手が売られている。その他にその都度、発行されるデザインのきれいな記念切手もある。郵便局のカウンターで。「Do you have any special stamps?」と聞いてみるとよい。

■郵便局の営業時間
主に9:00～17:00で土・日曜休み。ドラッグストアなどにある郵便業務カウンターは9:00～19:00ぐらいで、日曜はほとんどの郵便局が休み。

■カナダにある日本の運送会社
ヤマト運輸
バンクーバー
☎604-273-9625
トロント
☎905-677-2022
URL www.yamatoamerica.com
日本通運
バンクーバー
☎604-278-2824
トロント
☎905-565-7527
URL www.nipponexpress.ca/jpn/

こんなかわいらしい郵便局もある

日本への航空便の宛名の書き方は、日本語でもOKだが、最後に「JAPAN」と明記。さらにその横に「Air Mail」または「Par Avion」と記入するか、郵便局にある「Air Mail Par Avion」と書かれた青いステッカーを貼って投函する。一般的なハガキや封書以外のものは郵便局で料金をたしかめよう。カナダから日本へは通常5～7日ぐらいで届く。

郵便小包や宅配便を利用する

荷物を郵便局から小包として送る方法としては、1週間ぐらいで届く航空便と、格安だが1カ月半から2カ月かかる船便とがある。いずれの場合も小包の内容を記入した税関票符（郵便局にある）を貼り投函する。

郵便小包 （30kgまで）★	エクスプレスポスト（航空便）	C$157.70（5kg）
	スモールパック（航空便）	C$59.23（2kgまで）
	サーフェス（船便）	C$125.05（10kg）
ヤマト運輸※	5kg C$80～、10kg C$110～	
日本通運※	10kgまでC$130～（大きさにより多少異なる）	

※バンクーバーからの航空便の場合
★1辺の長さ600ミリ以内、3辺合計900ミリ以内
＊荷物の料金にはそれぞれ別途サーチャージがプラスされる。

フェデラル・エクスプレス、ピュウレーター、DHLといった民間の国際宅配便もある。もっと大きな荷物を送る場合は、トロントやバンクーバーならばヤマト運輸や日本通運などの運送会社の支店があるので、そこを利用することもできる。

別送品を送る

荷物が多くなりすぎて、自分で持って帰れない場合、余分な荷物は自分の乗る航空機とは別の便（別送品）で送ることになる。帰りの機内で別送品申告書をもらい、2通同じものを作成する。税関で1通を提出し、もう1通はスタンプを押してもらって返してもらう。それを利用した運送会社の特定する輸送会社のカウンターに提出（日本通運で成田着ならABCへ）。数日後、別送品が通関して届けられる。なお、荷物には必ず「別送品Unaccompanied Baggage」と明記しておくこと。

カナダでの買い物

ショッピングのアドバイス

カナダの物価は日本より安い

マーサーの「2015年世界生計費調査―都市ランキング」によると、11位の東京に比べて、バンクーバー119位、トロント126位、モントリオール140位と、生活に必要な物価はかなり安い。とくに食料品の安さが目立つ。（マーサー MERCERは世界最大級の人事・組織コンサルティング会社）

日本では消費税のみだが、カナダでは連邦消費税（GST。物品と一部のサービスにかかる）と州税（PST。商品、食事、宿泊料金にかかる）のふたつが料金に加算される。

州名	物品・消費税	宿泊税
ノースウエスト準州、ヌナブト準州	-	-
ユーコン準州	-	-
ブリティッシュ・コロンビア州	7%	8%～
アルバータ州	-	4%～
サスカチュワン州	5%	5%～
マニトバ州	8%	5%～
△オンタリオ州	13%	13%
ケベック州	9.975%	3%～
△ニュー・ブランズウィック州	13%	13%
△プリンス・エドワード・アイランド州	14%	14%
△ノバ・スコシア州	15%	15%
△ニューファンドランド＆ラブラドール州	13%	13%

※連邦消費税（GST）は、物品、宿泊料、食事、サービスなどに一律5%課税される。
△の州は、GSTと州税を合わせたHSTを採用している。宿泊税もHSTに加算。都市によってはさらに別の税を加算される場合もある。

どこで何を買うか

バンクーバーやトロントなどの大都市ではブランド品から生活小物まで、各社の商品が揃っており、免税店やデパートも多い。一方、地方の中小都市では店舗の数は少ないものの、地元の民芸品の店などで特色のある品を買えることもある。

●有名ブランド品

日本で人気の有名ブランド店は、カナダの大都市に出店している。価格は日本とほとんど同じ。ただ、日本で未入荷の製品があるかもしれない。

●衣服

よく見かけるのがNHL（ナショナル・ホッケー・リーグ）のユニホーム。ファンには絶対に喜ばれるギフトになるはず。ただし、スポーツウエアはほとんどがアメリカブランドだ。

寒い国だけに、冬物の防寒衣料は充実している。とくにスノーブーツや防寒ジャケットはいろいろな品が揃っている。

●カナダみやげ

カナダみやげの定番はスモークサーモンとメープルシロップ。帰国する時に空港の免税店で買うのが手軽だが、市中のスーパーマーケットやドラッグストア、市場を見てみるとよい。

予算があれば、BC州のジェイド、アルバータ州のアンモライトなど宝石や貴石類を。ネイティブ・カナディアンの工芸品や手作りのモカシンなど革製品、手作りのラグ、素朴なニット製品などもいい。

市場巡りは楽しい（モントリオール、ジャンタロン・マーケット）

■クレジットカード

店で広く通用するのは、JCB、VISA、MASTER、AMEXの4種。ただし、市場の小さな店だと現金販売のみの場合がまれにある。

■買い物はアルバータ州で

アルバータ州では、物品に対して州税が課税されないので、買い物をするならこの州内で。商品が豊富な都市は、カルガリーとエドモントンだ。

■アウトドア用品を買うなら

バンクーバーのダウンタウンからは少し離れるが、ブロードウェイBroadwayのマウンテン・エクイップメント・コープ（→p.80）の周辺にアウトドアショップが10店近く集中している。日本に比べるとかなり安い物もあるし、日本では手に入らない商品なども扱っている。アウトドア好きなら一見の価値あり。

ニューファンドランド島セントジョンズは工芸品の宝庫

カナダみやげの定番、メープルシロップ

カナダでの食事

■レストランでの英会話
7月14日の19時に2名、予約をお願いします
I would like to make a reservation for dinner for two people at 7p.m. on July 14th.

向こうであの人たちが食べているのと同じものをください
I would like the same dish as those people over there.

■料理はボリュームたっぷり
　レストランで出される料理は日本に比べるとボリュームたっぷりだ。とくに付け合わせのサラダやポテトなどは量が多い。日本人だと、前菜、主菜、デザートと食べるのは、無理なことが多いだろう。
　2人以上なら、品数を少なめに注文しておいて分けるという方法もある。

■クレジットカード
　レストランで広く通用しているのはVISAとMASTERで、次にAMEX。バンクーバーやトロントではJCBも使えることが多い。

カナダの中国料理はおいしい

レストラン利用のアドバイス
営業時間と予約
　一般のレストランの営業時間は、ランチタイムが11時過ぎから14時過ぎくらい、ディナータイムが17時ごろから22時くらいまで。無休の店が多く、月曜日から金曜日まではランチタイムも営業しているが、土・日曜日はディナータイムのみの営業という店が多い。早朝から深夜まで営業しているレストランはファストフード店くらいだ。
　22時を過ぎても営業している店はパブやバーを兼ねた店が多い。昼はランチ、夜は食事もやっているが、アルコール類の方がメインになるという店だ。なお、純然たるバーやパブは、バンクーバーなどの大都会を除いては、たいへん少ない。夜はホテルのバーでゆったりと過ごせばいいだろう。
　予約は、一部の高級なレストラン以外はまず不要。ただし、週末に込み合う人気レストランは予約しておいた方がいい。
　カジュアルな雰囲気のレストランが多いカナダでは、ドレスコード（服装の規定）を設けている店はごく限られているが、高級ホテルのダイニングや高級レストランへは、それなりの装いで出かけよう。

屋外のパティオでゆっくり食事を（トロント）

各国料理を楽しもう
　多民族国家のカナダは食文化も多様だ。「カナダ料理」といえるものはとくにないが、世界中の食文化がこの地でミックスされているといっても過言ではない。日本、中国、韓国、ベトナム、タイ、アメリカ、フランス、イタリア……と挙げればかなりの数になってしまう。なかでも注目したいのが、バンクーバーとトロントのチャイナタウンでの中国料理、ケベックのフランス料理など。また、日本料理の店も大都市を中心に、かなり増えてきており、地元の人にも人気があるようだ。

ローカルフードを味わおう

新鮮なシーフードが美味
　とくに「カナダ料理」というのはないものの、地元でとれた新鮮な食材を使った料理は「カナダの味」がするはずだ。
　カナダの食材の代表格がサーモン。サーモンにも種類があり、キング・サーモンとソッカイ・サーモン（紅鮭）とが主に使われている。季節や捕れた場所によって味は異なるが、生のサーモンは本当に美味。日本人としては、刺し身やにぎり寿司で味わいたい。BCロールもぜひ一度食べてみる価値がある。サーモン以外にも、新鮮なシーフードはバンクーバーをはじめ、西海岸や東海岸など海沿いで味わえる。ロブスター、カニ、カキをはじめ貝類がおすすめだ。

夏はテラス席で食事を
©Tourism BC/Dannielle Hayes

肉汁たっぷりのステーキを味わう
　カナディアン・ロッキーの東側、アルバータ州の東部には大平原が続いており、多くの牛が放牧されている。ここがアルバータ牛の産地。上品な味のフィレ、豪快なニューヨークステーキやTボーンステーキなど、ボリュームたっぷりのステーキを味わおう。

飽きのこない本場の中国料理
　チャイナタウンは世界中の多くの都市に存在するが、カナダではバンクーバーとトロントのチャイナタウンがよく知られている。いずれも香港から一流のシェフが移民してきていることが多く、とくに広東系の料理のバリエーションが豊富だ。一部の高級中国料理店を除いては、料金が比較的安いのも魅力のひとつ。とくにロブスターやカニなどは日本よりもかなり安く食べられる。もちろん美味。

五大湖周辺ではフランス料理を
　モントリオールやケベックシティはフランスの影響が色濃く残っているエリアだけに、伝統的なフランス料理が味わえる。地元の味と融合した「フレンチ・カナディアン料理」や「ケベック料理」（→p.275）も試してみる価値がある。

■レストランでの予算に注意
　一般的なレストランで食事する場合の予算は、朝食のファストフードでC$ 8～10くらい。ランチでC$15、ディナーでC$25以上といったところが目安。これに税金が場合によっては15％以上、さらにチップを15％ほど払うことを考えると、かなり割高になる。また、バンクーバーや観光地だと、料金そのものがさらに割高になっている。（税金→p.343、チップ→p.9）

■カナダのワインとビール
　カナダのウィスキー「カナディアン・クラブ」などは日本でも有名だが、最近はワインやビールも知名度が高い。
　特にカナダのワインはアイスワインをはじめ品質も年々向上し、世界的にも評価を上げている。主な産地はBC州オカナガン周辺、オンタリオ州のナイアガラ周辺、ケベック州のイースタン・タウンシップスなどで、ワイナリー巡りのツアーも行われている。ビールは「ラバッツ」が代表格だが、BC州では「コカニー」が人気。

サーモンの寿司、焼き魚など和食の店はカナダに多い
アルバータ牛を使った、ボリュームたっぷりのステーキ
カナダらしいスモークサーモンのバーガー

飲み口がさわやかなカナダのビール
カナダのワインもなかなかの味

カナダの宿泊事情

ホテル利用のアドバイス

ホテルのランクとクオリティ

カナダのホテルはフェアモント、ハイアットなど世界チェーンの高級ホテルから、エコノミータイプやB&B、モーテル、YWCAやユースホステルまでさまざま。料金はエリアによって差が大きく、バンクーバーやトロントなどの大都市、バンフなどの観光地はやはり高め。それに比べ、エドモントンなどの政治・経済都市はビジネス客が多いため、高級ホテルも安くなっている場合が多い。また、観光地以外の中小都市のホテルはリーズナブルだ。

また、シーズンによってホテルの料金は大きく異なる。特に、冬期のオフシーズンにはハイシーズンの半額くらいにまで割引される場合もある。月や曜日によっても料金は変わるので、旅行会社のホテル料金表やインターネットでこまめにチェックしておこう。

料金変化が少ないのが、市の中心部からちょっと外れたモーテルや中小ホテル。場所が離れていても公共交通機関が整っているので、バンクーバーなら、スカイトレインに乗ってニュー・ウエストミンスター方面に足を延ばすとか、トロントならTTCに乗って、市の外れでホテルを探すと経済的だ。

スタイルに応じてホテルを選ぼう
©Ontario Tourism

予約は必要か

ハイシーズンは日本で予約をしておいた方が確実だ。もし現地で探すなら、空港のホテル案内コーナーから直接電話予約するか、❶（インフォメーション）で探してもらうとよい。

ホテルの利用法と設備

中級～高級ホテルはTV、冷蔵庫、コーヒーメイカー、アイロン、金庫などが揃っているところが多い。最近ではハイスピードインターネット・ジャック（差し込み口）やWi-Fiが使えるホテルがほとんどだ。ノートパソコンを持参している人には便利。エコノミーホテルやモーテルだと、電話とTV以外は置いていないこともある。また、格安の部屋は窓がなかったり、窓が開けられる状況でない場合もあるので、宿泊を決める前に確認したい。

チェックアウトの時間は前もって確認しておこう。また、ホテルではレセプションは24時間オープンしているのが原則だが、モーテルなどでは夜間はオフィスがクローズしてしまうこともあるので注意が必要だ。早朝に出発する場合は前日にその旨を伝え、場合によっては料金を精算しておくとよい。

■ 値下げ交渉が可能な場合も

飛び込みでホテルを探す際は、まず外観を確かめてからレセプションで相談する。表にVACANCY（空室有り）と出ていても、空いているのは料金の高い部屋のみの場合もある。規模の小さなホテルやモーテルの場合は、値段の交渉に応じてくれることもあるので、試そう。

また、タクシーに乗ってドライバーに情報を聞くのも手だ。親切なドライバーなら、心当たりのホテルをいろいろ案内してくれる。また、ホテルと契約しているドライバーもいるので、そこへ連れて行ってくれる場合もある。ただし、この場合にはホテルの料金などをレセプションできちんと確認しておくことが大切だ。

清潔なバスルーム

■ クレジットカード

ホテルや店で広く通用するのは、レストランと同様にVISA、MASTER、AMEX、JCB。なお、ホテルではチェックインの際にクレジットカードの呈示が必要な場合が多い。

ホテルのベッドルーム

カナダの習慣とマナー

マナーを守ることが旅の基本

習慣やマナーの基本は、「ありがとうThank you」と「すみませんExcuse me」をはっきりと言うことだ。意思表示は言葉に出すというのがカナダのお国柄。また「こんにちはHello」「ごきげんいかがですかHow are you?」などのあいさつも人との交流をなめらかに進める重要なカギ。ちょっとした習慣の違いやマナーを知らなかったために不快な思いを人にさせたりといった、小さな摩擦を避けるためにも覚えておきたいことがいくつかある。ひとりひとりが小さな外交官であるのを忘れずに旅をしたい。

●**喫煙** 禁煙先進国のカナダでは喫煙に対する規制は厳しい。各州の条例により異なるが、公共の建物内は指定された場所以外での喫煙は禁止。屋外や国立公園などの観光地や、レストラン、バーなども禁煙、あるいは指定された場所以外での喫煙は禁止されており、違反者には罰金が科せられる。ホテル内も全館禁煙が増えている。

●**飲酒** 公園やビーチなどでお酒を飲むことは法律で禁止されている。公共交通機関の中でもだめ。お酒の売られている場所は州によって多少違うが、通常は州営のリカーストア(酒屋)だ。営業時間は一般的に10〜18時だが、近年都市部では21時くらいまで開いているところも増え、日曜営業の店もある。最近は民間のコールド・ビア&ワイン・ストアと呼ばれる店がモーテルの横にあったりする。この店は営業時間も多少長く、日曜もやっている場合がある。カナダには酔うことは恥ずかしいと考えている人が多い。旅の恥はかき捨てというような態度での飲酒は控えたい。

●**ドアの開け閉め** カナダでは、ホテルやレストランでドアを押して出入りする時、後から続いて来る人がいる時はその人のためにドアを押さえておいてあげるのがマナー。

●**順番待ち** チケットを買う時、レジで清算を待つ時、トイレでも、列に並び順番を待とう。駅のエスカレーターなどでは、急いでいる人に片側(たいてい左側)をあけるのがマナー。ゆっくり行きたい時は反対側に立っていれば邪魔にならない。

●**ひと声かけよう** バスや電車の中などで人込みを割って出たい時、「エクスキューズ・ミー Excuse me」の言葉を忘れずに。人にぶつかった時も同じ。

ホテルのロビーなどでグループで話しこみ、人の歩く場所をふさいでいることがある。ちょっとした配慮を心がけたい。込んでいる歩道では広がって歩くのはマナー違反。

●**エサをやらない** 国立公園内はもちろんのこと、たとえ都市公園であっても、野生動物にエサをやるのは禁止されている。たとえばスタンレー公園のアライグマなども野生動物。違反すると罰金をとられることもある。

■**チップ**
日本人にわかりにくいチップの習慣。受けたサービスに対して払うお金で、異国の社会慣習のひとつだ(→p.9)。

■**レディーファースト**
レディーファーストが常識で、レストランやエレベーターの入口で男性は女性に道を譲る。「お先にどうぞAfter you」「どうぞPlease」などの言葉とともに。女性はサンキューの言葉を返そう。

■**レストランで**
ウェイターやウェイトレスを呼ぶ時は「エクスキューズ・ミー」ということ。「ヘイヘイ」とか「ヘイ、ウェイター」などというのはとても失礼だ。

Hello!から会話は始まる
©Canadian Tourism Commission

旅の安全と健康管理

■緊急時の英会話
クレジットカードをなくしました。
I have lost my credit card.

カバンを取られました。
My bag was stolen.

パスポートの紛失証明書をください。
Please give me a report of the loss of my passport.

救急車を呼んでください。
Please call an ambulance.

医者にかかりたい。
I would like to see a doctor.

日本語ができる人はいませんか。
Is there anybody here who can speak Japanese?

助けて。
Help me!

■クレジットカードを紛失
　すぐにクレジットカード会社のサービス・デスクに連絡し、カードの使用を止める。その際、カード番号と有効期限が必要。

■クレジットカードの緊急連絡先
●**JCB**
011-800-00090009
●**VISAカード**
1-866-639-1911
●**マスターカード**
1-800-307-7309
●**アメリカン・エキスプレス**
1-800-766-0106
●**ダイナースクラブカード**
81-45-523-1196（コレクトコール）

■在カナダ大使館・領事館
在カナダ日本大使館（オタワ）
613-241-8541
在モントリオール総領事館
514-866-3429
在トロント総領事館
416-363-7038
在バンクーバー総領事館
604-684-5868
在カルガリー総領事館
403-294-0782

あわてずに落ち着いた行動を
　カナダの治安は比較的良いが、バンクーバーやトロントなどの都市部を中心に、旅行者を狙う犯罪率が高くなってきている。犯罪発生率は日本の約3.1倍となっている。ホテルの部屋に貴重品を置いて出かけることはタブーだし、駐車した車のガラス窓を割って内部が物色され、カメラ等が盗まれたという話もよくある。
　人気の少ない通りや治安の悪いといわれているエリアを歩かない、夜のひとり歩きは避ける、などの配慮は必要だ。

持ち物の安全対策
●貴重品
　場合にもよるが、パスポートや予備の現金などの貴重品はできるだけ持ち歩かず、客室の金庫あるいはフロントに聞いてホテルのセーフティーボックスに預けよう。

●現金やカードなど
　現金はひとつの財布にまとめておかず、数カ所に分散しておくとよい。カード類も一緒にまとめておくと、紛失した時に大変だ。クレジットカードは必需品ともいえるが、持ち歩きには充分に注意しよう。銀行のキャッシュカードは現金を引き出す時だけ持参するように。
　トラベラーズチェックは、「購入者控え」をホテルに置いておき、カウンターサイン欄に記入していない未使用部分のみを持ち歩くように。使った分のナンバーと金額は早めに記録しておこう。

●高級カメラ
　デジタル一眼レフなどの持ち歩きには注意したい。テーブルや椅子の上などに置きっぱなしにしないこと。

●バッグやデイパック
　ブランド品の高級バッグは、バッグ自体が狙われやすいので、ひったくりに用心しよう。デイパックは背負っているので安全に思いがちだが、人込みなどでは背後から狙われやすい。デイパックのポケットに貴重品を入れないように。また、食事中などに荷物を足元に置いたり椅子の背にかけておくと、置き引きに遭いやすいので注意しよう。車の中の見えるところにバッグなどを入れたまま降りるのも、盗んでくれといっているようなものだ。荷物はトランクに入れよう。

●ホテルで
　ホテルの客室内でも絶対に安全とは限らないので、貴重品を室内に出しっぱなしにして出かけてしまうなど、不用心なことはしないように。

●事前に外務省の海外安全情報を確認しよう（p.349参照）

紛失、盗難の場合は！

●パスポート（旅券）をなくしたら

　警察に届け、紛失（盗難）証明書を発行してもらう。次に日本大使館か日本領事館に出向き、手続きを行う。まずは「紛失一般旅券等届出」を提出する。紛失等の届出には以下のものが必要。①写真1枚、②警察発行の紛失（盗難）証明書（焼失の場合、消防署の出火証明）。この手続きで旅券は無効となる。同時に旅券の新規発給を申請する。

　新規旅券申請には以下のものが必要。①一般旅券発給申請書1通（大使館、領事館にある）、②写真1枚（不具合、破損の可能性があるので、2枚持っていくほうがよい）、③戸籍謄（抄）本1通（提出日前日6カ月以内に作成されたもの、日本の家族等に連絡して送付してもらう）、④手数料。10年旅券C$162（20歳以上の場合のみ申請可能）、5年旅券C$111、12歳未満の場合C$61。発行は約1週間後。

●帰国のための渡航書

　現実的には、新規旅券発給の時間的余裕がなく、日本に帰国しなければならない場合の緊急の措置として、「帰国のための渡航書」の発給を受けることができる。

　その場合の申請には以下のものが必要。①渡航書発給申請書、②紛失・焼失届出あるいは盗難届出書、③写真2枚、④本人であることおよび日本国籍の確認ができる文書（例：日本の運転免許証、戸籍謄本、住民票など）、⑤eチケット控え、⑥手数料C$30

●現金・持ち物をなくしたら

　街中での盗難や紛失は、直ちに警察に連絡する。ホテルで盗難に遭った時は、まずホテルのフロントから保安係に連絡し、ホテルから警察に連絡をしてもらう。駅や空港などの公共機関での紛失は遺失物係、盗難は保安係に連絡する。現金は戻ってこなくても、物品なら戻ってくる可能性がある。いずれの場合も、出てこない時は警察で紛失（盗難）証明書を作成してもらう。携行品を旅行傷害保険の対象にしておけば、あとで保険金を受け取ることができる場合が多い。

病気になったり、けがをしたら

　緊急を要する場合ならすぐに救急車を呼ぶ（☎911）。カナダの病院は緊急病院以外は予約制。治療費はとても高いので（救急車も有料）、出発前に海外旅行傷害保険に必ず加入しておきたい。保険会社のアシスタンスサービスに電話すれば指定病院を手配してくれるので、電話番号を控えておこう。ホテルで相談して緊急病院に行くか、往診してもらうこともできる。薬は医師の処方箋がないと買えないものが多いので、日本から常備薬を持参したい。なお、保険会社に治療費を請求する時に診断書やレシートが必要になるので必ずもらっておくこと。

■海外安全情報

　外務省領事サービスセンター（海外安全相談班）では、渡航先の国で暴動・テロ事件が発生していないか、日本人が被害に遭っている強盗や窃盗犯罪の手口と防ぎ方、流行している伝染病はあるかなど、海外の安全問題に関する情報をインターネットなどで公開している。

外務省領事サービスセンター（海外安全相談班）
☎03-5501-8162
外務省海外安全ホームページ
URL www.anzen.mofa.go.jp

■保険会社の緊急相談窓口

●損保ジャパン日本興亜
☎0120-08-1572
●AIU保険会社
☎1-800-8740-119
●ジェイアイ傷害火災保険
バンクーバー ☎1-800-799-3041
トロント ☎1-877-554-1677
●エイチ・エス損保
（連絡先は契約確認書で通知）
※連絡先は念のため契約時にもらう資料で再確認すること。

トロント市内を巡回する騎馬警官

カナダの歴史

■**イヌイットとネイティブ・カナディアン**

　カナダの歴史が文字で記録される以前に、カナダには先住民族としてイヌイットとネイティブ・カナディアンが生活していたことは確かなのだが、彼らがいつごろからカナダで生きてきたのかは定かではない。イヌイットは主に北米大陸の北端沿岸に住んでいたのに対し、ネイティブ・カナディアンはその数こそ多くはなかったが、北米大陸の各地で部族ごとにそれぞれの環境に応じた生活習慣を守って暮らしていた。彼等が北アジアに住む黄色人種の血を引く人々であることはすでに知られている。カムチャッカ半島からベーリング海峡を経て、北米大陸に渡ってきたに違いないといわれている。

■**まずバイキングがやってきた**

　ニューファンドランド島やラブラドールには、ヨーロッパ人が到着するはるか以前に、何者かが住んでいたことを物語る住居跡が残されている。この住居形式は先住民族のものとは異なるとのこと。11世紀初頭に建てられたバイキングの集落跡であることは、ほぼ間違いないようだ。

■**「カナダ」という地名**

　1536年に、カルチエの発見した土地を、初めて地図上に「カナダ」として記載した。カルチエは先住していたイロコワ・インディアンのとうもろこし畑に関する「カナッタ」という言葉を聞いて、そのあたり一帯の地名と誤解したようだが、「カナッタ」の意味やどの部族の言葉であるかは諸説ある。

近代国家になる以前には狩猟が盛んに行われた

開拓時代の銃や容器が博物館に展示されている

英仏植民地抗争の激化

　1497年、当時の英国王につかえていたイタリア人、ジョン・カボットがニューファンドランド島に到着したことが、カナダへの植民の幕開けといっていいだろう。実際の植民は、1534年にセント・ローレンス川を溯り、現在のケベック市あたりに上陸したフランス人ジャック・カルチエにはじまる。彼はその地域一帯をフランス領と宣言し、「ヌーベル・フランス」と命名した。それからおよそ50年後、イギリス人ハンフリー・ギルバートが、ニューファンドランド島をイギリス領と宣言。カボットによって「新大陸発見」の報がヨーロッパにもたらされてから、何人もの航海者や探検家たちがカナダへとやってきては調査、探検を繰り返していた。1608年にフランス人のサミュエル・ド・シャンプランがヌーベル・フランスの拠点としてケベック市を建設し、フランスの本格的な植民地経営が開始された。そして、イギリスも競うように植民地開拓に乗り出した。

　英仏間で勃発した大規模な軍事衝突の末、1763年、パリ条約締結。フランスが北米大陸の大部分をイギリスに割譲し、英国領カナダが誕生したのである。しかし、これで英仏間の小競り合いが終結したわけではなかった。パリ条約後、イギリスは仏領時代の慣行や制度を一掃しようとしたがうまくいかなかった。そこでケベック法によりフランス法の慣行をはじめ、フランス系住民の信仰や言語の自由を認める方針が打ち出された。そしてケベックを、英語圏のアッパー・カナダ（現在のトロント市を中心とするエリア）と、フランス語圏のロウワー・カナダ（現在のケベック）のふたつの植民地に分けたのである。

西部開拓と大陸横断鉄道

　北米大陸の開拓に大きな変化をもたらしたのが、西部での金鉱脈発見と大陸横断鉄道の開通だった。1858年、現在のブリティッシュ・コロンビア州にあたるフレーザー川渓谷で金鉱が見つかったのをきっかけに、一攫千金の夢を抱く人々が幾多の苦難を経て西へ西へと向かった。1867年、北米の英植民地が自治領として統合され、カナダ連邦が成立した。しかし、自治領の生活は開拓時代とさほど変わらなかった。各

地で町が発達したとはいえ、それぞれの地域が独自に細々と産業をのばしていったにすぎない。西部との行き来も移住も簡単なことではなかった。それを容易にしたのが大陸横断鉄道である。1885年のカナダ太平洋鉄道の開通によって、東部のトロント、モントリオールなどの主要都市が復興し、西部の玄関口となる都市バンクーバーが生まれ、カナダ中央部に広大な新しい穀倉地帯が誕生した。

多民族国家の抱える諸問題

　カナダ連邦が成立するまでの歴史は、英仏間の植民地獲得競争の歴史であったのと同時に、入植者とネイティブ・カナディアンとの戦いの歴史でもあったことを忘れてはならない。ドイツやポーランド、ロシアをはじめとする多数の移民の流入は、20世紀初頭まで後を断たなかったし、フランス系のケベック州に独立運動が起こったこともある。さまざまな生活様式や異なった言語をもつ多民族が雑居する国家ゆえの問題はあるものの、それぞれの民族意識を尊重しながらひとつの個性をもった大きな共同体として前進することが、この国の指針となっている。

■カナダ初めて物語

1615年	ケベック市を建設したサミュエル・ド・シャンプランが、ヒューロン湖に到達した
1616年	先住民のためのカトリック学校開設
1635年	ケベックにイエズス会によるカレッジ創設
1700年	ケベックに小学校開校
1750年	ノバ・スコシアに初のドイツ人移民300人が到着
1755年	ハリファックスにカナダで初めての郵便局開局
1809年	蒸気船第1号のアコモデーション号が、モントリオール〜ケベックを66時間で航行。
1871年	第1回国勢調査で人口368万9257人と判明（英系221万502名、仏系108万2940名）
1877年	初の日本人移民到着

トラベルインフォメーション《カナダ編》

351

カナダの歴史

1534	フランス人ジャック・カルチエ、東海岸を探索。セント・ローレンス川上流域に上陸し、仏領（ヌーベル・フランス）を宣言
1583	イギリス人ハンフリー・ギルバート、ニューファンドランド島を英領と宣言。英国初の海外植民地を樹立
1608	フランス人サミュエル・ド・シャンプラン、ケベックシティを建設
1610	イギリス人ヘンリー・ハドソン、ハドソン湾に到達
1642	フランス人メゾヌーブ、モントリオールを建設
1663	ヌーベル・フランス、仏国王の直轄地になる
1702	英仏間にアン女王戦争開始
1713	アン女王戦争終結。ニューファンドランド島、ハドソン湾岸などが英領になる
1756	英仏間に7年戦争開始
1763	7年戦争終結。パリ条約により、サンピエール・ミケロン両島とミシシッピ川以西を除く北米全領土を、仏が英に割譲
1774	ケベック法制定により、仏系カナダ復権
1812	英米間に戦争勃発（〜1814）。米軍カナダに進攻
1829	エリー湖とオンタリオ湖を結ぶウェランド運河開通
1832	オンタリオ湖とオタワ川をキングストンで結ぶリドー運河開通
1841	前年裁可された連合法実施。アッパー・ロウワー両カナダが統合。連合植民地が成立した
1858	ブリティッシュ・コロンビアで金鉱発見。
1865	首都、オタワに移る。現在の国旗が制定
1867	英連邦内の自治領としてカナダ連邦成立
1881	カナダ太平洋鉄道会社設立。カナダ太平洋鉄道の建設を開始
1885	カナダ太平洋鉄道完成
1889	日本、バンクーバーに領事館開設
1896	ユーコンで金鉱発見
1905	ニューファンドランドを除く北米全英領土、カナダ連邦に併合
1906	日加通商条約調印。正式な貿易関係が成立
1914	第一次世界大戦勃発、参戦
1918	第一次世界大戦終了。婦人参政権法成立
1928	日本、オタワに公使館開設
1931	カナダを含む英連邦諸国の独立
1939	対独宣戦布告、第二次世界大戦に参戦
1945	第二次世界大戦終了
1949	ニューファンドランド州、連邦に加入
1952	東京に大使館開設
1959	五大湖と大西洋を結ぶセント・ローレンス水路開通
1960	カナダに住む先住民に参政権付与
1962	トランス・カナダ・ハイウェイ開通
1967	モントリオールで万国博覧会開催
1976	モントリオールでオリンピック開催
1982	憲法公布
1988	カルガリーで冬季オリンピック開催
1992	北米自由貿易協定（NAFTA）調印
1999	ヌナブト準州誕生
2010	バンクーバーで冬季オリンピック開催
2015	TPPの政府間交渉合意

カナダの文化と経済

昔の衣装を着た
博物館のガイド員

カナダの多文化主義

人々の生活様式や宗教、伝承、伝統芸能、文芸美術の総体を文化と定義するならば、カナダの文化は連邦に居住する民族の数だけ存在するといっても過言ではない。この国の多様な文化は、前項のカナダの歴史とも密接に関わっているが、忘れてならないのがカナダ国家がとった政策である。

●**明文化された民族文化の保護**　カナダ憲法には「自由と権利の憲章」がある。この項目はすべての民族の平等の権利を保障するもので、1988年にカナダ連邦政府は、憲法にのっとって民族差別の排除を徹底する政策を打ち出した。

この政策は、言語、教育をはじめとする独自の文化を尊重し、保護を促すものである。民族意識の高揚から「ケベック州独立運動」が起きているのも現実だが、カナダが選んだ「多文化主義」の道の行く末は、世界人類の注目と期待を集めている。

●**宗教**　宗派別人口を見ると、新教よりもカトリックが多数を占める。地域による信者数の偏りはあるものの、キリスト教以外にも、イスラム教、ユダヤ教、仏教など、挙げていったらきりがないほど。また、ネイティブ・カナディアンも各部族ごとに独自の宗教観を持ち、今なお移民の流入の続くカナダは、世界の宗教のモザイクといえよう。

このように個々の信仰生活を尊重するとなると、ときにやっかいな問題が生じる。シーク教徒が連邦警察官の制帽のかわりに、ターバンの着用を主張した問題は、裁判にまで発展した。結局、ターバンの着用は認められたものの、今なお議論は続く。

お互いの宗教的慣例を尊重することは、カナダでは大切なマナーのひとつである。いずこの国でも同じだが、観光で教会などを訪れる際は、常にマナーに気を配りたい。

●**教育**　教育制度は州により異なる。たとえば、オンタリオ州では義務教育は6歳から16歳まで。義務教育課程は小・中級学校からなり、大学進学志望者は、さらに上級学校に進む。小・中級学校の12年を就学すれば、いつでも上級学校への進学は可能だ。

しかし、広い国土を有するために、地域格差もでてくる。カナダでは、通信教育で義務課程を修められる制度も選択できるが、格差の克服は、やはり親の熱心さにゆだねられているといったところだろうか。

●**食文化**　広い国土をもち、多くの民族が暮らすカナダの代表的な料理を特定するのはたいへん難しい。しいていえばカナダ人が好んで食べるのは牛肉であるが、牛肉以外の肉もよく食べる。肉の年間摂取量は、日本人の2倍以上にのぼる。日本人旅行者には、豪快でリーズナブルな牛肉料理と、サーモンやロブスターなどの海の幸がおすすめメニューだろう。

■**カナダの豆知識①**

イギリスによる領有の後も、フランス系カナダ人の信教、言語の自由を全面的に保障するために発布された「ケベック法」からも、ケベック州におけるフランス系勢力の大きさがうかがえる。

大学はカナダ各地にあるが、トロント大学、マギル大学、ブリティッシュ・コロンビア大学などの人気が高い。

■**カナダを知る図書館**

カナダ大使館E・H・ノーマン図書館（住東京都港区赤坂7-3-38　☎03-5412-6200）にはカナダ関連の図書、雑誌、新聞、定期刊行物、統計、ビデオ、音楽CDなどが揃っている。

カナダ経済と産業

●**経済** カナダはアメリカ、西ヨーロッパ諸国、オーストラリア、日本などと同じく、経済協力機構（OECD）の加盟国である。カナダの主要輸出国はアメリカ合衆国で、その額は総輸出額の約8割。お隣の国の景気が、カナダ経済に与える影響は大きい。

1人あたりのGNI（名目値）はUS$51,570（2014）、GDP（国民総生産、名目値、2014）はUS$1兆7,796億で、世界11位のカナダは、経済大国の部類に入るといっていいだろう。夫婦平等という考え方が浸透するカナダでは、女性が仕事を持つことに対する理解が深い。共働きの家庭も多く、女性も大切な経済の担い手となっているようだ。また、カナダの人口は約3574万人で、人口密度は、1㎞あたりほぼ3.5人である。経済活動の中心は、トロント、モントリオールなど人口の集中する大都市となる。

●**農業** カナダにおける主要穀物の自給率はオーストラリアに次いで2位。カナダ中部の穀倉地帯では、国内の需要の4倍を越える小麦が生産されている。日本の小麦輸入高約576万トン（2014年）のうち、カナダからのものは約30%を超えており、アメリカに次ぎ第2位である。

産業別人口比率をみると、第1次産業に従事する人口の割合は一桁に過ぎないが、小麦のほかトウモロコシなど、ひとつの畑の規模が桁違いに大きい。カナダは、世界で最も機械化の進んだ農業国のひとつといえよう。

●**林業** 日本でも有名なのが、2×4（ツーバイフォー）住宅建材。ベイマツなどの針葉樹を中心とした林業が、とくに西部で盛んに行われている。最近は、カナダ産ログハウスキットなどの話題も多い。

カナダは世界有数の森林国であるが、政府が木材を原木の状態で輸出する量を制限しているので、生産量は世界第5位前後。これは、森林資源の流出を避けるだけでなく、製紙工業など国内工業の発展による経済の活性化につながっている。

●**漁業** 日本ではカナダからの輸入額の最も多いのが魚介類である。大西洋岸のタラ、太平洋岸のサケなど、日本人は昔からカナダの水産資源の恩恵を受けてきた。しかし、現在は乱獲により海の幸は減少気味。漁業の衰退はますます深刻化し、厳しい漁獲制限などの措置が取られている。

●**鉱業** 19世紀半ば、ゴールドラッシュを経験したカナダだが、現在も採掘が行われており、その量も世界上位にくいこんでいる。カナダは金以外の鉱物資源にも恵まれており、鉄鉱石、天然ガス、原油、石炭、銅、ニッケル、ダイヤモンドも産出されている。ウラニウムにいたっては、世界第1位の生産量を誇り、特に、寒さが厳しく農業に適さない北部地域においては、大きな経済活動の原動力となっている。

■**カナダの豆知識②**

所得税はじめ、社会保険料率、消費税は、日本に比べるとかなり高い。しかし、医療、福祉関連の制度は、充実しており「重税高福祉」の傾向がうかがえる。

カナダでも大都市における居住費は上昇傾向にある。郊外に住む人のなかには、日本同様1時間半以上の通勤時間を割く勤め人もめずらしくない。

アルバータ州から延びるパイプラインは、隣国アメリカのデトロイトなど、五大湖沿岸の工業地帯へ原油を供給している。

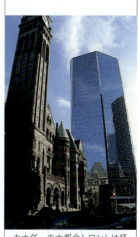

カナダーの大都会トロントは経済の中心でもある

英語・フランス語 旅行会話

英語とフランス語、2つの公用語をもつ国、カナダ。ケベック州ではフランス語がメインで使われている。英語が通じないわけではないが、フランス語のあいさつや簡単な単語だけでも覚えて、現地の言葉に合わせて使い分けしてみよう。みんな笑顔で答えてくれるに違いない。

〈スーパーベーシック〉

日本語	英	仏	日本語	英	仏
おはよう	Good morning	Bonjour	すみません	Excuse me	Excusez-moi
こんにちは	Hello	Bonjour	ごめんなさい	I'm sorry	Pardon
こんばんは	Good evening	Bonsoir	私（私たち）	I (we)	je (nous)
さようなら	Good bye	Au revoir	あなた（あなたたち）	you (you)	vous (vous)
はい	Yes	Oui	彼（彼たち）	he (they)	il (ils)
いいえ	No	Non	彼女（彼女たち）	she (they)	elle (elles)
ありがとう	Thank you	Merci	男性（男性たち）	man (men)	homme (hommes)
どういたしまして	You're welcome	Je vous en prie	女性（女性たち）	woman (women)	femme (femmes)

〈旅行基本単語〉

日本語	英	仏	日本語	英	仏
押す	push	pousser	指定席	reserved (seat)	réservé
引く	pull	tirer	故障中	out of order	en panne
閉店（閉館）	closed	fermé	トイレ	rest room (toilet)	toilettes
開店（開館）	open	ouvert	使用中	occupied	occupé
出口	exit	sortie	空き	vacant	libre
入口	entrance	entrée	予約	reservation	réservation
立ち入り禁止	no entry	défense d'entrer	お金を払う	pay	payer
空席（室）	vacancies	libre	良い	good	bon
空席なし	no vacancies	complet	悪い	bad	mauvais

〈基本数字〉

英	zero	one	two	three	four	five	six	seven	eight	nine	ten
	0	1	2	3	4	5	6	7	8	9	10
仏	zéro	un	deux	trois	quatre	cinq	six	sept	huit	neuf	dix

〈旅行基本会話〉

いくらですか
英 ハウ　マッチ　イズ　イット
How much is　it?
仏 セ　　コンビヤン
C'est combien?

助けて！
英 ヘルプ
Help!
仏 オー　スクール
Au　secours!

私は日本人です
英 アイアム　ア　ジャパニーズ
I am　a　Japanese.
仏 ジュ　スウィ　ジャポネー(ズ)
Je　suis　japonais(e).

わかりません
英 アイ　ドント　アンダスタンド
I　　don't understand.
仏 ジュ　ヌ　コンプラン　　パ
Je　ne comprends pas.

私の名前は〜です
英 マイ　ネイム　イズ
My　name is　〜.
仏 ジュ　マペル
Je　m'appelle....

〜の仕方をおしえてください
英 プリーズ　テル　ミー　ハウ　トゥ
Please tell　me　how to　〜.
仏 プリエ　　　ヴー　ム ディール コマン
Pourriez-vouz me dire　comment....

あなたのお名前は？
英 ウァッツ　ユア　　ネイム
What's your name?
仏 コマン　　ヴ　ザプレ　ヴー
Comment vous appellez-vous?

〜していただけませんか
英 ウッジュー
Would you 〜.
仏 ヴドリエ　　　ヴー
Voudriez-vous....

カナダの会話事情

レファレンス

355

旅行会話

　カナダは一般的には、英語圏だと思っている人が多いようだ。ところが、本書のガイドページでも紹介しているように、一部の州、とくに五大湖以東の州では事情が異なっており、英語が公用語とは限らない。ケベック州では公用語がフランス語であり、ヌナブト準州ではイヌイット語も公用語だ。特にケベック州では日常会話のほとんどがフランス語で交されている。看板や地下鉄の駅名などもフランス語表記だ。そのため、多くの日本人は、英語が通じないのではという不安を感じる。

　事実、看板や標識などの表示は英語と併記されていても、フランス語が優先的に使われている。街を歩いていても、ドアの開閉の表示がPOUSSER（押す）、TIRER（引く）と書かれているのには一瞬とまどってしまう。また、レンタカーを使って旅をしていると、英語の交通標識でさえ視認が遅れるのに、フランス語だとさらにむずかしくなってしまう。

　しかし標識が読みづらいことを除けば、英語圏で旅をするのと、ほとんど変わらないといっていい。それというのも、高齢者を別にして、フランス系カナダ人のほとんどは英語が非常に上手だし、ましてや、モントリオールやケベックシティのような観光地では、レストランやショップで英語は普通に通じる。メニューや観光案内所のガイドブックのほとんどはフランス語と英語の両方で書かれている。

　というのもカナダでは、実生活においても英語を話せないと不自由することがあるため、自然と英語も身に付くのだ。

　カナダの英語は、アメリカの隣国でありながら、発音はアメリカよりはイギリスに近い。「a」の発音は「ア」に近いし、単語同士をくっつけて発音することは少ない。ただし近年の傾向としては、やはりアメリカの影響から、スラングを含めてアメリカ的になりつつあるようで、それを嘆く声もしきりだ。

　いずれにせよ多民族国家であるカナダは、言葉の通じない者同士でコミュニケーションを取ることに慣れているので、旅行者はさほど心配しなくても大丈夫だ。むしろ、フランス語を一言でも覚えて帰ろうという気持ちで、カナダらしく大らかにコミュニケーションを楽しもう。

基礎会話

〈機内で〉

ライトが壊れています
英 マイ ライト イズント ワーキング
My light isn't working.
仏 マ リュミエール ヌ マルシュ パ
Ma lumière ne marche pas.

毛布を貸してください
英 プリーズ レンド ミー ア ブランケット
Please lend me a blanket.
仏 ピュイ ジュ アヴォワール ユンヌ クーヴェルチュール
Puis-je avoir une couverture.

座席を倒してもいいですか
英 メイ アイ プット マイ スィート バック
May I put my seat back?
仏 ピュイ ジュ アベッセ ル ドスィエ ドゥ モン スィエージュ
Puis-je abaisser le dossier de mon siège?

お魚とビーフはどちらがいいですか
英 ウィッチ ウジュー ライク フィッシュ オア ビーフ
Which would you like, fish or beef?
仏 ク プレフェレ ヴー デュ ポワッソン ウー デュ ブッフ
Que préférez-vous : du poisson ou du boeuf?

何かお飲み物はいかがですか ➡
英 ウジューライク エニィスィング トゥ ドリンク
Would you like anything to drink?
仏 ヴレ ヴー ボワール ケルク ショーズ
Voulez-vous boire quelque chose?

コーヒーをください
英 イエス コフィ プリーズ
Yes, coffee please.
仏 デュ カフェ スィルヴプレ
Du café, SVP.

〈空港で〉

旅行の目的は何ですか ➡
英 ウァット イズ ザ パーパス オブ ユア トリップ
What is the purpose of your trip?
仏 ケレ ル ビュ ドゥ ヴォトル ヴィズィットゥ
Quel est le but de votre visite?

観光です
英 サイトスィーイング
Sightseeing.
仏 トゥーリスム
Tourisme.

スーツケースが見当たりません
英 アイ キャント ファインド マイ ラギジ
I can't find my luggage.
仏 ジュ ヌ トゥルーヴ パ メ バガージュ
Je ne trouve pas mes bagages.

両替したいのですが
英 アイ ウド ライク トゥ チェンジ サム マニィ
I would like to change some money.
仏 ジュ ヴドレ シャンジェ ドゥ ラルジャン スィルヴプレ
Je voudrais changer de l'argent, SVP.

リコンファームをしたいのですが
英 メイ アイ リコンファーム マイ フライト
May I reconfirm my flight?
仏 ジュ ヴドレ ルコンフィルメ モン ヴォル
Je voudrais reconfirmer mon vol.

タクシー乗場はどこですか
英 クジュー テルミー ウェア ザ タクスィスタンド イズ
Could you tell me where the taxi stand is?
仏 プリエ ヴー マンディケ ラ スタスィオン ドゥ タクスィ スィルヴプレ
Pourriez-vous m'indiquer la station de taxis, SVP.

〈タクシーで〉

○○ホテルまで行ってください
英 プリーズ テイクミー トゥ ザ ○○ ホウテル
Please take me to the ○○ hotel.
仏 ヴドリエ ヴーム コンデュイール ア ロテル ○○ スィルヴプレ
Voudriez-vous me conduire à l'hôtel ○○, SVP.

ここで止まってください
英 ストップ ヒア プリーズ
Stop here, please.
仏 アレテ イスィ スィルヴプレ
Arrêtez ici, SVP.

〈ホテルで〉

予約している山田です
英 アイ ハヴ ア リザヴェイション フォー ヤマダ
I have a reservation for Yamada.
仏 ジェ ユンヌ レゼルヴァスイオン オ ノム ドゥ ヤマダ
J'ai une réservation au nom de Yamada.

チェックインをお願いします
英 キャナイ チェック イン
Can I check in?
仏 ジュ ヴドレ マンスクリール スィルヴプレ
Je voudrais m'inscrire, SVP.

私に伝言はありませんか

英 Do you have any messages for me?

仏 Est-ce qu'il y a des messages pour moi?

貸し金庫を使いたいのですが

英 Could you put this in the safety deposit box?

仏 Pourriez-vous me mettre ceci dans le coffre, SVP?

貸し金庫を開けたいのですが

英 Could you open the safety box?

仏 Pourriez-vous m'ouvrir le coffre, SVP?

クリーニングを頼みたいのですが

英 I would like to use your laundry service.

仏 Je voudrais faire nettoyer des vêtements.

[電話で] 123号室の山田です

英 This is Yamada speaking in room 123.

仏 C'est Monsieur Yamada, chambre 123.

100号室の鍵をください

英 Can I have the key to room 100?

仏 La clé de la chambre 100, SVP.

コーヒーとトーストを持ってきてください

英 Please bring me coffee and toast.

仏 Pourriez-vous m'apporter du café et des toasts, SVP?

タクシーを呼んでください

英 Please call a taxi for me.

仏 Appelez-moi un taxi, SVP.

部屋に鍵を置き忘れました

英 I have left my key in my room.

仏 J'ai laissé ma clé dans la chambre.

荷物をとりに来て下さい

英 Please take down my luggage.

仏 Voudriez-vous descendre mes bagages, SVP?

テレビがつきません

英 The TV doesn't work.

仏 La télévision ne marche pas.

バスルームでお湯があふれました

英 My bathroom has flooded.

仏 Ma salle de bains est inondée.

このクレジットカードは使えますか

英 Can I use this credit card?

仏 Puis-je utiliser cette carte de crédit?

チェックアウトをお願いします

英 I would like to check out, please.

仏 Je voudrais régler ma note, SVP.

[計算書を見て] これは何の金額ですか

英 What is this charge for?

仏 Et ces frais, c'est pourquoi?

ミニバーは使っていません

英 I didnt use the mini-bar.

仏 Je n'ai pas utiliser le mini-bar.

〈街歩き〉

観光案内所はどこですか

英 Where is the tourist information office?

仏 Pourriez-vous m'indiquer la situation du bureau de tourisme, SVP?

このバスは○○行きのバスですか

英 Is this bus going to ○○?

仏 Est-ce que cet autobus va à......?

ここで降ろして下さい

英 I'll get off here.

仏 Je voudrais descendre ici.

このツアーに参加したいのですが

英 I would like to take part in this tour.

仏 J'aimerais participer à cette excursion.

レファレンス

357

旅行会話

日本語のガイドツアーはありますか

英 ドゥ ユー ハヴ ア トゥアー ウィズ ア ジャパニーズ ガイド
Do you have a tour with a Japanese guide?

仏 アヴェ ヴー デ ヴィズィットゥ ギデ アン ジャポネ
Avez-vous des visites guidées en japonais?

日本まで手紙を送りたいのですが

英 アイ ウッド ライク トゥ メイル ディス レター トゥ ジャパン
I would like to mail this letter to Japan.

仏 ジュ ヴドレ アンヴォワイエ ユンヌ レットル オー ジャポン パール ラ ポストゥ
Je voudrais envoyer une lettre au Japon, par la poste.

写真を撮ってもいいですか

英 キャナイ テイク ア ピクチュア
Can I take a picture?

仏 ビュイ ジュ プランドル ユンヌ フォト
Puis-je prendre une photo?

シャッターを押していただけますか

英 キャン ユー テイク ア ピクチュア
Can you take a picture?

仏 プリエ ヴー プランドル ユンヌ フォト スィルヴプレ
Pourriez-vous prendre une photo, SVP?

〈ショッピングで〉

何かお探しですか

英 メイ アイ ヘルプ ユー
May I help you?

仏 ク デズィレ ヴー
Que désirez-vous?

見ているだけです

英 ノウ サンクス ジャスト ルッキング
No, thanks. Just looking.

仏 ジュ ルガルドゥ スールマン メルスィ
Je regarde seulement, merci.

もっと安くなりませんか

英 キャン ユー ギブ ミー ア ディスカウント
Can you give me a discount?

仏 プリエ ヴー ベッセ アン プー ヴォトル プリ スィルヴプレ
Pourriez-vous baisser un peu votre prix, SVP?

試着してもいいですか

英 キャナイ トライ ディス ワン オン
Can I try this one on?

仏 ビュイ ジュ レッセイエ
Puis-je l'essayer?

あの腕時計を見せてください

英 クジュー ショウ ミー ザット ウォッチ
Could you show me that watch?

仏 モントレ モア セット モントル ラ スィルヴプレ
Montrez-moi cette montre là, SVP.

ちょっと小さい（大きい）のですが

英 イッツ リル スモール（ビッグ）
It's little small (big).

仏 セ アン プー トロ プティ ラルジュ
C'est un peu trop petit (large).

これをください

英 ディス ワン プリーズ
This one please.

仏 ジュ ヴドレ ススィ スィルヴプレ
Je voudrais ceci, SVP.

このクレジットカードは使えますか

英 キュナイ ユーズ ディス クレディット カード
Can I use this credit card?

仏 ビュイ ジュ ユーティリゼ セットゥ カルトゥ ドゥ クレディッツ
Puis-je utiliser cette carte de crédit?

税金の払い戻しはうけられますか

英 キャナイ ゲット タックス リファンド
Can I get tax refund?

仏 ビュイ ジュ オブトゥニール ラ デタックス
Puis-je obtenir la détaxe?

ホテルまで届けてもらえますか

英 キャン ユー デリヴァー イット トゥ マイ ホウテル
Can you deliver it to my hotel?

仏 プヴェ ヴー ル リヴレ ア モノテル
Pouvez-vous le livrer à mon hôtel.

〈レストランで〉

予約をしたいのですが

英 ウッジュー メイク ア リザヴェイション フォー ミー
Would you make a reservation for me.

仏 ジュ ヴドレ フェール ユンヌ レゼルヴァスイオン
Je voudrais faire une réservation.

今夜の午後8時に2名です

英 フォー トゥー ピープル アット エイトピィエム トゥナイト
For two people at 8p.m. tonight.

仏 プール ドゥー ベルソンヌ ア ユイットゥール ス ソワール
Pour deux personnes, à 8 heures ce soir.

何がおすすめですか

英 ウァット ディッシュ ドゥ ユー レコメンド
What dish do you recommend?

仏 ク ルコマンデ ヴー
Que recommandez-vous?

あの人が食べているものと同じものをください

英 アイ ウッド ライク ザ セイム ディッシュ アズ ゾーズ ピープル
I would like the same dish as those people.

仏 ジェームレ ラ メーム ショーズ ク レ ベルソンヌ ラバ スィルヴプレ
J'aimerais la même chose que les personnes là-bas, SVP?

358

この料理に合うワインを選んでください

英 Please select a good wine for this meal?
（プリーズ セレクト ア グッド ワイン フォー ディス ミール）

仏 Pouvez-vous choisir un vin qui va bien avec ce plat.
（プヴェ ヴー ショワズィール アン ヴァン キ ヴァ ビヤン アヴェック ス プラ）

これは注文したものと違います

英 This is not what I ordered.
（ディス イズ ノット ワット アイ オーダード）

仏 Ce n'est pas ce que j'ai commandé.
（ス ネ パ ス ク ジェ コマンデ）

とてもおいしいです

英 It was very delicious.
（イット ワズ ヴェリー デリシャス）

仏 C'est très bon.
（セ トレ ボン）

会計をしてください

英 Check, please.
（チェック プリーズ）

仏 L'addition, SVP.
（ラディスィオン スィルヴプレ）

〈エンターテイメント〉

今晩は何をやっていますか

英 What is showing tonight?
（ウァット イズ ショウイング トゥナイト）

仏 Quel est le spectacle de ce soir?
（ケレ ル スペクタークル ドゥ ス ソワール）

入場料はいくらですか

英 How much is the ticket?
（ハウ マッチ イズ ザ ティキト）

仏 Combien ça coûte?
（コンビャン サ クートゥ）

〈トラブル〉

日本語ができる人はいませんか

英 Is there anybody here who can speak Japanese?
（イズ ゼア エニバディ ヒア フー キャン スピーク ジャパニーズ）

仏 Y a-t-il quelqu'un ici qui parle japonais?
（イ アテ イル ケルカン イスィ キ パルル ジャポネ）

カバンを盗まれました

英 My bag has been stolen.
（マイ バッグ ハズ ビン ストゥルン）

仏 On m'a volé mon sac.
（オン マ ヴォレ モン サック）

サイフをタクシーに置き忘れました

英 I have left my wallet in the taxi.
（アイ ハヴ レフト マイ ウォレット イン ザ タクスィ）

仏 J'ai oublié mon portefeuille dans le taxi.
（ジェ ウーブリエ モン ポルトフェイユ ダン ル タクスィ）

カードを無効にしてください

英 Please cancel my credit card.
（プリーズ キャンセル マイ クレディット カード）

仏 Voudriez-vous faire opposition à ma carte de crédit, SVP?
（ヴドリエ ヴー フェール オポズィスィオン ア マ カルトゥ ドゥ クレディ スィルヴプレ）

新しいカードを発行してください

英 Please issue a new card.
（プリーズ イッシュー ア ニュー カード）

仏 Voudriez-vous me délivrer une autre carte, SVP?
（ヴドリエ ヴー ム デリヴレ ユン ノートル カルトゥ スィルヴプレ）

東京行きの便に乗り遅れました

英 I have missed the flight to Tokyo.
（アイ ハヴ ミスト ザ フライト トゥ トウキョウ）

仏 J'ai raté mon avion pour Tokyo.
（ジェ ラテ モン ナヴィオン プール トーキョー）

別の東京行きの便に乗れませんか

英 Can I take another Tokyo flight.
（キャナイ テイク アナザ トウキョウ フライト）

仏 Puis-je prendre un autre vol pour Tokyo?
（ピュイ ジュ プランドル アン ノートル ヴォル プール トーキョー）

旅行傷害保険に入っています

英 I have a travel insurance.
（アイ ハヴ ア トラベル インシュアランス）

仏 J'ai une assurance-voyage.
（ジェ ユン ナスュランス ヴォワイアージュ）

救急車を呼んでください

英 Please call an ambulance.
（プリーズ コール アン アンビュランス）

仏 Appelez une ambulance, SVP.
（アプレ ユン ナンビュランス スィルヴプレ）

医者にかかりたいのですが

英 I would like to see a doctor.
（アイ ウッド ライク トゥ スィー ア ドクター）

仏 Je voudrais voir un médecin.
（ジュ ヴドリエ ヴォワール アン メドゥサン）

熱があります

英 I have a fever.
（アイ ハヴ ア フィーバー）

仏 J'ai de la fièvre.
（ジェ ドゥ ラ フィエーヴル）

お腹がいたいです

英 I have a pain in my stomach.
（アイ ハヴ ア ペイン イン マイ ストマック）

仏 J'ai mal au ventre.
（ジェ マル オー ヴァントル）

レファレンス

359

旅行会話

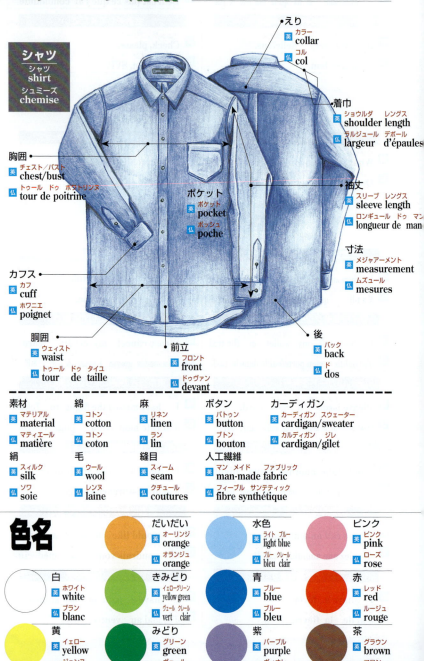

さくいん—目的別

見どころ

あ

R.C.M.P.ヘリテージ・センター	192
アイス・ハウス・ワイナリー	234
アイスフィールド・センター	159,161
アイスフィールド・パークウェイ	158
アイマックス・シアター	228
アガシーズ	78
アクアバス・フェリー	64
アグネス・イザリントン美術館	238
アグネス湖とビッグ・ビーハイブ	14,176
アサバスカ滝	159
アサバスカ氷河	159
アシニボイン川	194
アシニボイン州立公園	133
アッパー・ホット・スプリングス	143
アトランティック・カナダ	277,278
アメリカ滝とブライダル・ベール滝	23
アルゴンキン・アウトフィッターズ・オペオンゴ・ストア	23
アルゴンキン・アートセンター	23
アルゴンキン州立公園	18,22
アルゴンキン・ビジターセンター	23
アルゴンキン・ロギング博物館	23
アルバータ州	37,41
アルバータ州議事堂	127
アンフルサイド公園	71
イェールタウン	44,67,75
イエローナイフ	184,186
イニスキリン・ワインズ	234
イングリッシュ・ベイ	61
インナー・ハーバー	101
VIA鉄道	28,308,336
ウィスラー	92,94
ウィスラー山	92,95
ウィスラー山とロープウェイ（ジャスパー）	163
ウィスラー・シー・トゥー・スカイ・クライム	72
ウィスラー・ビレッジ	94
ウィットレス湾自然保護区	27
ウィニペグ	194
ウィニペグ美術館	196
ウエスト・エドモントン・モール	128
ウエスト・バンクーバー	71
ウォータートン・レイク国立公園	133
ウクライナ文化センター	195
ウルスラ派尼僧修道会・付属博物館	268
エディス湖とアンネット湖	164
エドモントン	126
エドモントン砦公園	128
エミリー・カー・ハウス	102
エメラルド湖	153
オールド・シティ・クオーター	111
オールド・シティ・マーケット	298
オールド・ストラスコナ	128
オールド・フォート・ポイント	177
オカナガン湖	114
オカナガンバレー	114
オタワ	224,239
オリンピック公園	258
オルレアン島	272
オンタリオ州	199,200
オンタリオ州議会議事堂	210
オンタリオ美術館	210
オンタリオ・プレイス	215

か

ガーディナー陶磁器美術館	213
カサ・ロマ	215
カスケード・ロック・ガーデン	142
カナダ西部	37
カナダ中部	187
カナダ東部Ⅰ	199
カナダ東部Ⅱ	249
カナダ・プレイス	62
カナディアン号	28,336
カナディアン・ロッキー	131
カナディアン・ロッキー山脈自然公園群	34,132
カナナスキス	136
カナナスキス・ビレッジ	136
カムループス	92,112
カムループス博物館	112
カルガリー	117
カルガリー・タワー	121
カルガリー動物園	121
キツラノ	44,67,74
キディ・ビディ・ビレッジ	302
ギャスタウン	45,62
キャピラノ吊橋	45,69
キャベンディッシュ	289
キャンモア	138
キャンモア・ノルディック・センター	139
極北	179
キングストン	223,236
クイーン・エリザベス公園	45,69,77
クイーンストン・ハイツ公園	230
クイーン・ビクトリア公園	229
クートニー国立公園	132
クエイルズ・ゲイト・エステート・ワイナリー	115
クライストチャーチ大聖堂	296
グラウス山	70
グラッシー・レイクス	178
グランド・パレード	291
グランビルアイランド	44,64
グランビルアイランド・ビール工場	64
グリーン・ゲイブルス・ハウス	286,288
グリーン・ゲイブルス博物館	287,288
クリフトン・ヒル	229
クレイダーロック城	103
グレイシャー国立公園	133
グレンボウ博物館	121
クロウフット氷河	159
グロス・モーン国立公園	303
ケイブ＆ベイスン国立史跡	142
ケベック旧市街歴史地区	34
ケベックシティ	225,266
ケベック州	249,250
ケロウナ	92,114
国立自然博物館（オタワ）	242
国立美術館（オタワ）	243
国立歴史博物館（ガティノー）	244
五大湖	202
五大湖博物館とアレクサンダー・ヘンリー博物船	237
コーンウォール・センター	190,192
コロンビア大氷原	159,160
コロンビア大氷原グレイシャー・アドベンチャー	145,161,166
コンゼルマン・エステート・ワイナリー	234
コンフェデレーション・センター	282

さ

サイプレス山	93
サイプレス州立公園	71
サウス・バンクーバー	71
サスカチュワン州	187,188
サスカチュワン州議会議事堂	191
サスカトゥーン	189
ザ・フォークス	196
サマーヒル・ピラミッド・ワイナリー	115
サルファー山ゴンドラ	143
サンシャイン・メドウ・トレイル	16,175

サン・ジョセフ礼拝堂	258
サンタンヌ・ド・ボープレ	225
サン・ボニファス聖堂	196
サン・ボニファス博物館	196
サンワプタ滝	159
サン・ヤット・セン中国庭園	63
CNタワー	214
Cトレイン	119,120
シーニック・マリン・ドライブ	105
シーバス	45,57
シーモア山	93
シーレベル・サーク	174
シグナル・ヒル国立歴史公園	302
シタデルと第22連隊博物館	270
市庁舎（キングストン）	236
市庁舎（モントリオール）	257
シャーロットタウン	281
ジャスパー	162
ジャスパー・イエローヘッド博物館	163
ジャスパー国立公園	132,162
ジャスパー・パーク・ロッジ・ゴルフ・コース	167
ジャック・カルチエ広場	257
シャトー・ラムゼイ博物館	257
ジャンタロン・マーケット	259
州議会議事堂（ケベックシティ）	271
州議事堂（ビクトリア）	101
州議事堂（フレデリクトン）	295
勝利のノートルダム教会	270
ジョージ砦	233
スカイトレイン	55,60,63
スカイロン・タワー	228
スタンレー公園	45,66,73
スパイラル・トンネル	152
スピア岬	302
世界遺産	32
雪上車ツアー	161
戦場公園	271
セントジョン	298
セントジョンズ	26,301
セント・メアリーズ岬自然保護区	27
総督の散歩道	271

た	
ダイナソー州立公園	33,124
ダウンタウン（バンクーバー）	61
ダウンタウン（モントリオール）	254
タカカウ滝	153
ダルム広場（ケベックシティ）	267
ダルム広場（モントリオール）	257
チャーチル	189
チャイナタウン（バンクーバー）	63
チューリップフェスティバル（アガシーズ）	78
テーブル・ロックとカナダ滝	228
ディープ・コーブ・カヌー＆カヤック・センター	72
テュリアス・ワイナリー	234
テラス・デュフラン	270
ドーソンシティ	183
ドーソンシティ歴史建物	183
トーテムポール公園	66
ドチェスター・スクエア	254
ドラムヘラー	124
トランブラン山	264
トロワ・リビエール	225
トロント	204,223
トロント・アイランズ	215
トロント・イートン・センター	217
トロント市庁舎	210
トロント大学	214
トンネル山	144

な	
ナイアガラ・オンザレイク	233
ナイアガラ公園蝶温室保護館	230
ナイアガラフォールズ	223,226
ナイアガラ薬局博物館	234
ナイアガラ歴史協会博物館	234

ナキスカ・スキー場	93,136
ナチュラル・ブリッジ	153
ナナイモ	110
ナナイモ博物館	111
新渡戸記念庭園	68
ニューキャッスル島	111
ニューファンドランド＆ラブラドール州	277,279
ニュー・ブランズウィック州	277,279
ヌナブト準州	179,181,185
ノーケイ山	144
ノーザン・ヘリテージ・センター	184
ノースウエスト準州	179,180
ノース・バンクーバー	69
ノートルダム大聖堂（オタワ）	244
ノートルダム大聖堂（ケベックシティ）	267
ノートルダム大聖堂（モントリオール）	257
ノバ・スコシア州	277,279

は	
バータ靴博物館	213
ハーバーフロント	214
バーミリオン湖	143
パーラメント・ヒルと国会議事堂	241
バイタウン博物館	242
パス・オブ・ザ・グレイシャー・トレイル	178
バスチョン	111
バッドランド	124
バッファロー・ネーションズ・ラックストン博物館	142
パトリシア湖	165
パブリック・ガーデンズ	292
パブリック・マーケット	64
ハリファックス	290
ハリファックス・シタデル	292
バンクーバー	42
バンクーバー・オリンピック聖火台	62
バンクーバー・クルーズ	72
バンクーバー水族館	66
バンクーバー美術館	61
バンクーバー・ルックアウト	62
バン・デューセン植物園	45,69,76
バンフ	92,140
バンフ公園博物館	141
バンフ国立公園	132
バンフ・スプリングス・ゴルフコース	145
ピーク・2・ピーク・ゴンドラ	96
ビーコン・ヒル公園	102
ビーバー街道	116
ビーバーブルック美術館	295
ヒーリー・パス（峠）	175
ビクトリア	100
ヒストリック・プロパティーズ	291
ピラミッド湖とパトリシア湖	165
ビル・リード・ギャラリー・オブ・ノースウエスト・ コースト・アート	63
フードゥース（バッドランド）	124
フードゥース（バンフ）	144
フィールド	151
フェアモント・エンプレス・ホテル	101,109
フェアモント・シャトー・レイクルイーズ	152,156
フェアモント・バンフ・スプリングス	143,148
フェアモント・ル・シャトー・フロントナック	268,276
フォート・マクマレー	186
フォルス・クリーク・フェリー	64
副総督公邸	103
プチ・シャンプラン通り	271
ブッチャート・ガーデン	77,104
プラス・ビル・マリー	254
ブラッコム山	92,95
ブリティッシュ・コロンビア州	37,41
ブリティッシュ・コロンビア大学	68
プリンス・エドワード・アイランド州	277,279
プリンス・エドワード島	280
プリンセス・アイランド公園＆ボウ川	121
フレイザー渓谷	78
フレデリクトン	294

フレデリクトン地域博物館‥‥‥‥‥‥‥‥‥295
フレンチ・クォーター‥‥‥‥‥‥‥‥‥194,196
プロスペクト・ポイント‥‥‥‥‥‥‥‥‥‥67
ブロックトン・ポイント‥‥‥‥‥‥‥‥‥‥67
プロビンス・ハウス‥‥‥‥‥‥‥‥‥‥‥282
文明博物館（ケベックシティ）‥‥‥‥‥‥270
ベイトー湖‥‥‥‥‥‥‥‥‥‥‥‥‥‥‥159
ベルビュー・ハウス‥‥‥‥‥‥‥‥‥‥‥238
ヘンリー砦‥‥‥‥‥‥‥‥‥‥‥‥‥‥‥238
ボウ川（カルガリー）‥‥‥‥‥‥‥‥120,121
ボウ湖‥‥‥‥‥‥‥‥‥‥‥‥‥‥‥‥‥159
ボウ滝とボウ川‥‥‥‥‥‥‥‥‥‥‥‥‥142
ボウ峠‥‥‥‥‥‥‥‥‥‥‥‥‥‥‥‥‥159
ホースシーフ・キャニオン展望台‥‥‥‥‥124
ホースシュー・フォールズ‥‥‥‥‥‥‥‥226
ホースシュー・ベイ‥‥‥‥‥‥‥‥‥‥‥71
ポーテージ・ストア‥‥‥‥‥‥‥‥‥‥‥23
ボーベール湖‥‥‥‥‥‥‥‥‥‥‥‥‥‥164
ホーンブロワー・ナイアガラ・クルーズ‥‥229
北米・フランス博物館（旧ラバル大学）‥‥268
ボタニカル・ガーデンズ‥‥‥‥‥‥‥‥‥230
ホッケーの殿堂‥‥‥‥‥‥‥‥‥‥‥‥214
ホワイト・ウォーター・ウォーク‥‥‥‥‥230
ホワイト博物館‥‥‥‥‥‥‥‥‥‥‥‥‥141
ホワイトホース‥‥‥‥‥‥‥‥‥‥182,186
ポンプ・ハウス蒸気博物館‥‥‥‥‥‥‥‥237

ま

マーニー・タワー‥‥‥‥‥‥‥‥‥‥‥‥238
マウント・シーモア州立公園‥‥‥‥‥‥‥70
マウント・ロブソン州立公園‥‥‥‥‥‥‥133
マクファーランド邸‥‥‥‥‥‥‥‥‥‥‥231
マッケンジー美術館‥‥‥‥‥‥‥‥‥‥‥191
メティ・カナダ歴史博物館‥‥‥‥‥‥‥‥255
マニトバ州‥‥‥‥‥‥‥‥‥‥‥‥187,188
マニトバ州議会議事堂‥‥‥‥‥‥‥‥‥196
マニトバ博物館‥‥‥‥‥‥‥‥‥‥‥‥195
マリーン湖‥‥‥‥‥‥‥‥‥‥‥‥164,167
マリーン渓谷‥‥‥‥‥‥‥‥‥‥‥164,166
ミエッテ温泉‥‥‥‥‥‥‥‥‥‥‥‥‥166
ミッション・ヒル・ファミリー・エステート‥‥‥115
ミネワンカ湖‥‥‥‥‥‥‥‥‥‥‥‥‥145
ミラー湖‥‥‥‥‥‥‥‥‥‥‥‥‥15,176
ムタート植物園‥‥‥‥‥‥‥‥‥‥‥‥127
メープル街道‥‥‥‥‥‥‥‥‥‥‥‥‥222
メディシン湖‥‥‥‥‥‥‥‥‥‥‥‥‥164
モレイン湖‥‥‥‥‥‥‥‥‥‥‥‥‥‥152
モンゴメリ記念博物館‥‥‥‥‥‥‥‥‥287
モンゴメリのキャベンディッシュ住居跡‥‥‥283
モンゴメリの生家‥‥‥‥‥‥‥‥‥287,288
モンテベロ‥‥‥‥‥‥‥‥‥‥‥‥‥‥224
モン・トランブラン‥‥‥‥‥‥‥‥‥‥‥264
モントリオール‥‥‥‥‥‥‥‥‥‥225,252
モントリオール現代美術館‥‥‥‥‥‥‥‥255
モントリオール・タワー‥‥‥‥‥‥‥‥‥258
モントリオール・バイオゲーム‥‥‥‥‥‥258
モントリオール美術館‥‥‥‥‥‥‥‥‥255
モンモランシーの滝‥‥‥‥‥‥‥‥‥‥271
モン・ロワイヤル公園‥‥‥‥‥‥‥‥‥258

や

UBC植物園‥‥‥‥‥‥‥‥‥‥‥‥‥‥68
UBC人類学博物館‥‥‥‥‥‥‥‥‥44,68
ユーコン準州‥‥‥‥‥‥‥‥‥‥179,180
ヨーク砦‥‥‥‥‥‥‥‥‥‥‥‥‥‥‥214
ヨーホー渓谷‥‥‥‥‥‥‥‥‥‥‥‥‥153
ヨーホー国立公園‥‥‥‥‥‥‥‥133,151
要塞博物館‥‥‥‥‥‥‥‥‥‥‥‥‥‥268

ら

ライオンズ・ゲート橋‥‥‥‥‥‥‥‥‥‥67
ライトハウス公園‥‥‥‥‥‥‥‥‥‥‥71
ランコート・ワイナリー‥‥‥‥‥‥‥‥‥234
リーン渓谷と吊橋‥‥‥‥‥‥‥‥‥‥‥70
リドー運河‥‥‥‥‥‥‥‥‥‥‥‥‥‥241
リドー滝‥‥‥‥‥‥‥‥‥‥‥‥‥‥‥244
リドー・ホール（総督公邸）‥‥‥‥‥‥‥244

リバーシング・フォールズ‥‥‥‥‥‥‥‥298
ルイーズ湖‥‥‥‥‥‥‥‥‥‥‥‥150,152
レイク・ミネワンカ・ボートツアーズ‥‥‥‥145
レイクルイーズ‥‥‥‥‥‥‥‥‥14,92,150
レイクルイーズ・ビレッジ‥‥‥‥‥‥150,151
レインボー橋‥‥‥‥‥‥‥‥‥‥‥‥‥229
レジャイナ‥‥‥‥‥‥‥‥‥‥‥‥‥‥190
レッド・ディア川‥‥‥‥‥‥‥‥‥‥‥124
ロイヤル・アルバータ博物館‥‥‥‥‥‥‥128
ロイヤル・オンタリオ博物館‥‥‥‥‥‥‥213
ロイヤル・ティレル博物館‥‥‥‥‥‥‥‥125
ロイヤル・ブリティッシュ・コロンビア博物館‥‥101
ロジャーズ・センター‥‥‥‥‥‥‥‥‥‥214
ロスト・ラグーン‥‥‥‥‥‥‥‥‥‥‥‥66
ロブソン通り‥‥‥‥‥‥‥‥‥‥‥‥‥61
ロレンシャン‥‥‥‥‥‥‥‥‥‥‥224,264
ロワイヤル広場‥‥‥‥‥‥‥‥‥‥‥‥268
ロンズデール・キー・マーケット‥‥‥‥‥69

わ

ワールプール・エアロ・カー‥‥‥‥‥‥‥230
ワイナリー巡り（ケロウナ）‥‥‥‥‥‥‥115
ワイナリー巡り（ナイアガラ・オンザレイク）‥‥234
ワスカナ湖‥‥‥‥‥‥‥‥‥‥‥‥‥‥190
ワスカナ・センター‥‥‥‥‥‥‥‥‥‥191

ショップ

あ

アーバン・フェア‥‥‥‥‥‥‥‥‥‥‥‥80
アストロレイブ・ギャラリー‥‥‥‥‥‥‥245
アレキサンダー・キース・ノバ・スコシア・
　ブリュワリー‥‥‥‥‥‥‥‥‥‥‥‥292
アワ・ネイティブ・ランド‥‥‥‥‥‥‥‥168
アン・オブ・グリーン・ゲイブルス‥‥‥‥‥283
ウィスラー・ハット・ギャラリー‥‥‥‥‥97
ウィルソン・マウンテン・スポーツ‥‥‥‥154
ウメボシ‥‥‥‥‥‥‥‥‥‥‥‥‥‥‥80
エイトカンズ・ピューター‥‥‥‥‥‥‥‥296
エコロ・シクロ‥‥‥‥‥‥‥‥‥‥‥‥273
エッセンツ‥‥‥‥‥‥‥‥‥‥‥‥‥‥80
エドモントン・シティ・センター‥‥‥‥‥129
オギルビー‥‥‥‥‥‥‥‥‥‥‥‥‥‥260

か

カスケード・プラザ・モール‥‥‥‥‥‥‥146
カナダズ・フォー・コーナーズ‥‥‥‥‥‥246
カナックス・チーム・ストア‥‥‥‥‥‥‥79
カナディアン・ナチュラリー‥‥‥‥‥‥‥154
カナディアン・メープル・ディライツ‥‥‥‥260
ギャラリー78‥‥‥‥‥‥‥‥‥‥‥‥‥296
クラブツリー＆イヴリン‥‥‥‥‥‥‥‥234
クラフト・カウンシル・オブ・ニューファンドランド
　‥‥‥‥‥‥‥‥‥‥‥‥‥‥‥‥‥‥303
グランビル・アイランド・ハット・ショップ‥‥‥‥81
コア・ショッピングセンター‥‥‥‥‥‥‥122
コーンウォール・センター‥‥‥‥‥‥‥‥192
コレクター・スタジオ‥‥‥‥‥‥‥‥‥‥217
コンフェデレーション・コート・モール‥‥‥‥283

さ

サークル・クラフト‥‥‥‥‥‥‥‥‥‥‥81
サープラス・ハービース‥‥‥‥‥‥‥‥‥113
サイモンズ‥‥‥‥‥‥‥‥‥‥‥‥‥‥260
ザ・クロス‥‥‥‥‥‥‥‥‥‥‥‥‥‥75
ジャスパー・ロック＆ジェイド‥‥‥‥‥‥168
ジャック・カルチエ・クロージャー‥‥‥‥146
シャトー・マウンテン・スポーツ‥‥‥‥‥154
シルク・ウィーヴィング・スタジオ‥‥‥‥81
スケッチ‥‥‥‥‥‥‥‥‥‥‥‥‥‥‥97
スノー・グース‥‥‥‥‥‥‥‥‥‥‥‥246
セント・ローレンス・マーケット‥‥‥‥‥216
ゾーン‥‥‥‥‥‥‥‥‥‥‥‥‥‥‥‥245

た

ディスティラリー歴史地区‥‥‥‥‥‥‥‥217
デイビッズ・ティー‥‥‥‥‥‥‥‥‥‥‥74
トロント・イートン・センター‥‥‥‥‥‥217

な	
ニューファンドランド・ウィーベリー ……………… 303	
ノバ・スコシアン・クリスタル ……………………… 292	

は	
バーキング・ベイビーズ ……………………………… 75	
バイワード・マーケット・スクエア ……………… 245	
パシフィック・アングラー ……………………………… 81	
パシフィック・センター ………………………………… 79	
パシフィック・ボーダー ………………………………… 80	
パタゴニア・ストア …………………………………… 146	
ハニービュー・ファーム ……………………………… 78	
ハング・アウト・ブレイス ……………………………… 81	
バンフ・インディアン・トレーディング・ポスト … 146	
ヒルズ・ネイティブ・アート …………………………… 79	
ファーム・ハウス・ナチュラルチーズ ……………… 78	
フォークス・マーケット ……………………………… 197	
ブラス・モントリオール・トラスト ………………… 260	
ブランズウィック・スクエア ………………………… 300	
フリーウィール ………………………………………… 168	
ペーパー・パピエ ……………………………………… 245	
ヘンプ＆カンパニー …………………………………… 106	
ヘンリー・シンガー …………………………………… 129	
ホール・フーズ・マーケット ………………………… 79	
ポーティアル・ブレイス ……………………………… 197	
ボンスクール・マーケット …………………………… 260	

ま	
マーケット・スクエア ………………………………… 106	
マーチーズ ……………………………………………… 106	
マウンテン・エクイップメント・コープ …………… 80	
マルシェ・デュ・ビュー・ポール …………………… 273	
メトロポリス …………………………………………… 79	

ら	
ラ・ソワリー・ウオ …………………………………… 273	
ラ・プティ・カバナスーク …………………………… 273	
ラ・ブティック・ドゥ・ノエル ……………………… 273	
ラムルス ………………………………………………… 122	
ロイヤル・カナディアン・ミント・ブティック … 245	
ロイヤル・ブリティッシュ・コロンビア博物館ショップ	
………………………………………………………… 106	
ロクシタン ……………………………………………… 217	
ロジャーズ・チョコレート …………………………… 106	
ロッキー・マウンテン・ソープ ……………………… 146	
ロッキー・マウンテン・チョコレート・ファクトリー	
………………………………………………………… 234	

わ	
ワイルド・マウンテン ………………………………… 168	

ホテル

あ	
アーウィンズ・マウンテン・イン …………………… 149	
アーク …………………………………………………… 248	
アーバ・ウィスラー …………………………………… 99	
アルパイン・ビレッジ ………………………………… 171	
アロウホン・パインズ ………………………………… 23	
イン・アット・ローレル・ポイント ………………… 109	
インターコンチネンタル・トロント・ヨークビル … 220	
インターコンチネンタル・モントリオール・	
ホテル＆リゾート …………………………………… 263	
インターナショナル …………………………………… 123	
ウィスラーズ・イン …………………………………… 171	
ウェスティン・エドモントン ………………………… 130	
ウェスティン・オタワ ………………………………… 248	
ウェスティン・カルガリー …………………………… 123	
ウェスティン・グランド・バンクーバー …………… 91	
ウェスティン・ハーバー・キャッスル ……………… 221	
ウェスティン・ベイショア・バンクーバー ………… 89	
ウェスティン・リゾート＆スパ ……………………… 99	
ウェッジウッド ………………………………………… 91	
HI・モントリオール・ホステル ……………………… 263	
エクスプローラー ……………………………………… 185	
エルクホーン・ロッジ ………………………………… 149	
エンバシー・ホテル＆スイート ……………………… 248	
エンパイア・ランドマーク …………………………… 90	

オーベルジュ・サン・タントワーヌ ………………… 276	
オーベルジュ・サン・ルイ …………………………… 276	
オタワ・インターナショナル・ホステル …………… 248	

か	
カルガリー・マリオット ……………………………… 123	
カルチエ・ブレイス・スイート ……………………… 248	
キング・エドワード …………………………………… 148	
クラウン・プラザ・フレデリクトン・ロード・	
ビーバーブルック …………………………………… 297	
グランビル・アイランド ……………………………… 91	
クリスタル・ロッジ …………………………………… 99	
グレイシャー・ロッジ＆スイート …………………… 99	
ゲート・ハウス ………………………………………… 235	
コースト・カプリ ……………………………………… 116	
コースト・キャンモア・ホテル ……………………… 139	
コースト・プラザ・ホテル＆スイート・バンクーバー	
………………………………………………………… 91	
コンフォート・イン・ダウンタウン ………………… 91	

さ	
ザ・クリムゾン・ジャスパー ………………………… 171	
サットン・ブレイス …………………………………… 89	
ザ・ナローズ・ベッド＆ブレックファスト ………… 304	
サンセット・イン＆スイート ………………………… 91	
サンディアル・ブティック …………………………… 99	
サンドマン・カルガリー・シティセンター ………… 123	
サンドマン・バンクーバー・シティ・センター …… 91	
シェラトン・オタワ …………………………………… 248	
シェラトン・スイート・カルガリー・オー・クレア	
………………………………………………………… 123	
シェラトン・センター・トロント …………………… 221	
シェラトン・ニューファンドランド ………………… 304	
シェラトン・バンクーバー・ウォール・センター … 90	
シップライト・イン …………………………………… 285	
ジャービス・ハウス …………………………………… 221	
シャトー・ジャスパー ………………………………… 170	
シャトー・ビクトリア ………………………………… 109	
シャトー・ベルサイユ ………………………………… 263	
シャトー・ラコンブ …………………………………… 130	
シャングリ・ラ・バンクーバー ……………………… 91	
ジョージアン・コート ………………………………… 91	
シルビア ………………………………………………… 91	
スイートハートB&B …………………………………… 221	
ストラスコナ（トロント） …………………………… 221	
ストラスコナ（ビクトリア） ………………………… 109	
センター・シェラトン・モントリオール …………… 263	
センチュリー・プラザ・ホテル＆スパ ……………… 91	

た	
ダグラス・ファー・リゾート ………………………… 149	
ダブルツリー・トロント・ダウンタウン …………… 221	
ダブルツリー・バイ・ヒルトン・ホテル＆	
コンファレンス・センター・レジャイナ ………… 193	
チェルシー・ホテル・トロント ……………………… 221	
ディア・ロッジ ………………………………………… 157	
デイズ・イン・オン・ザ・ハーバー ………………… 109	
デイズ・イン・バンクーバー・ダウンタウン ……… 91	
デイズ・イン・モントリオール・ダウンタウン …… 263	
デルタ・ウィニペグ …………………………………… 198	
デルタ・オタワ・シティセンター …………………… 248	
デルタ・カルガリー・エアポート …………………… 123	
デルタ・グランド・オカナガン・リゾート ………… 116	
デルタ・セントジョンズ・ホテル＆	
カンファレンスセンター …………………………… 304	
デルタ・バンクーバー・スイート …………………… 91	
デルタ・ビクトリア・オーシャン・ポイント・	
リゾート＆スパ ……………………………………… 109	
デルタ・ブランズウィック …………………………… 300	
デルタ・プリンス・エドワード ……………………… 285	
デルタ・フレデリクトン ……………………………… 297	
デルタ・ボウ・バレー ………………………………… 123	
デルタ・モントリオール ……………………………… 263	
デルタ・レジャイナ …………………………………… 193	
デルタ・ロッジ・アット・カナナスキス …………… 137	
トランプ・インターナショナル・ホテル＆タワー・	
トロント ……………………………………………… 220	

トンキン・イン ……………………………… 171

な

ノボテル・オタワ ………………………………… 248
ノボテル・トロント・センター ………………… 221

は

バークレー …………………………………… 89,91
バートレット・ロッジ …………………………… 23
パーセル・マウンテン・ロッジ ………………… 93
ハーバー・タワーズ・ホテル＆スイート … 109
ハーバー・ハウス ……………………………… 285
ハイアット・リージェンシー・カルガリー … 123
ハイアット・リージェンシー・バンクーバー … 88
ハイアット・リージェンシー・モントリオール …… 263
ハイ・カントリー・イン ………………………… 149
パッカン ………………………………………… 91
ハリバートン …………………………………… 293
パレ・ロワイヤル ……………………………… 276
バンクーバー・マリオット・ピナクル ………… 91
ハンティンドン・マナー ……………………… 109
パン・パシフィック・ウィスラー・ビレッジ・センター
…………………………………………………… 99
パン・パシフィック・バンクーバー …………… 90
バンフ・アルパイン・センター ……………… 149
バンフ・イン …………………………………… 149
バンフ・インターナショナル ………………… 149
バンフ・カリブー・ロッジ …………………… 149
バンフ・ターミガン・イン …………………… 149
バンフ・パーク・ロッジ ……………………… 148
ハンプトン・イン＆スイート・ダウンタウン・
　バンクーバー ………………………………… 91
ハンプトン・イン・バイ・ヒルトン・カムブルース
…………………………………………………… 113
ビクトリア ……………………………………… 221
ビジネス・イン ………………………………… 248
ピナクル・ホテル・ハーバーフロント ………… 90
ピラミッド・レイク・リゾート ……………… 171
ヒルトン・ウィスラー・リゾート＆スパ ……… 99
ヒルトン・ケベック …………………………… 276
ヒルトン・スイーツ・ウィニペグ・エアポート …… 198
ヒルトン・セントジョン ……………………… 300
ヒルトン・トロント …………………………… 221
フェアモント・ウィニペグ …………………… 198
フェアモント・ウォーターフロント …………… 88
フェアモント・エンプレス・ホテル …… 101,109
フェアモント・ザ・クイーン・エリザベス …… 263
フェアモント・ジャスパー・パーク・ロッジ … 170
フェアモント・シャトー・ウィスラー ………… 99
フェアモント・シャトー・レイクルイーズ … 152,156
フェアモント・シャトー・ローリエ ………… 248
フェアモント・トランブラン ………………… 265
フェアモント・パリザー ……………………… 123
フェアモント・バンフ・スプリングス …… 143,148
フェアモント・ホテル・バンクーバー ………… 88
フェアモント・ホテル・マクドナルド ………… 130
フェアモント・ル・シャトー・フロントナック … 268,276
フェアモント・ロイヤル・ヨーク …………… 220
フォー・シーズンズ・ホテル・トロント ……… 220
フォー・シーズンズ・ホテル・バンクーバー … 89
フォー・シーズンズ・リゾート・ウィスラー … 99
フォー・ポイント・バイ・シェラトン ………… 232
フォー・ポイント・バイ・シェラトン・
　ケロウナ・エアポート ……………………… 116
フォー・ポインツ・バイ・シェラトン・ハリファックス
…………………………………………………… 293
ブリュースター・マウンテン・ロッジ ……… 148
ブルー・ホライズン ……………………………… 91
ベアー・ヒル・ロッジ ………………………… 171
ベスト・ウエスタン・エアポート・イン ……… 123
ベスト・ウエスタン・カールトン・プラザ …… 109
ベスト・ウエスタン・サンズ …………………… 91
ベスト・ウエスタン・シャーロットタウン …… 285
ベスト・ウエスタン・ジャスパー・イン ……… 171
ベスト・ウエスタン・シャトー・グランビル …… 91
ベスト・ウエスタン・ダウンタウン …………… 91

ホステリング・インターナショナル・ウィスラー …… 99
ホステリング・インターナショナル・トロント・
　ユースホテル ……………………………… 221
ホステリング・インターナショナル・バンクーバー・
　ジェリコ・ビーチ …………………………… 91
ホステリング・インターナショナル・バンクーバー・
　ダウンタウン ………………………………… 91
ホステリング・インターナショナル・ビクトリア … 109
ポスト・ホテル＆スパ・レイクルイーズ …… 157
ホテル・オムニ・モン・ロワイヤル ………… 263
ホテル・クラレンドン …………………………… 276
ホテル・サスカチュワン ……………………… 193
ホテル・シャトー・ベルビュー ……………… 276
ホテル・シャトー・ローリエ ………………… 276
ボナバンチュール・モントリオール ………… 263
ホリデイ・イン・ウィニペグ・ダウンタウン …… 198
ホリデイ・イン・エクスプレス ……………… 123
ホリデイ・イン・トロント・ダウンタウン・センター
…………………………………………………… 221
ホリデイ・イン・バンクーバー・ダウンタウン …… 90

ま

マウンテニア・ロッジ ………………………… 157
マウンテンサイド・ロッジ ……………………… 99
マウント・ロイヤル …………………………… 148
マウント・ロブソン・イン …………………… 171
マグノリア・ホテル＆スパ …………………… 109
マノワ・ビクトリア …………………………… 276
マリオット・コートヤード …………………… 248
マリオット・ナイアガラフォールズ・
　フォールズビュー＆スパ ………………… 232
マリオット・レジデンス・イン ……………… 265
ミスタヤ・ロッジ ………………………………… 93
メイトリックス・ホテル ……………………… 130
メトロポリタン・ホテル・バンクーバー ……… 91
モーファット・イン …………………………… 235
モレイン・レイク・ロッジ …………………… 157
モントリオール・マリオット・シャトー・シャンプラン
…………………………………………………… 263

ら

ラディソン・ホテル・ウィニペグ・ダウンタウン … 198
ラマダ・イン＆スイート・バンクーバー・ダウンタウン
…………………………………………………… 91
ラマダ・ホテル・ダウンタウン ……………… 123
リアルト ………………………………………… 109
リージェンシー・ディスカバリー・イン ……… 185
リステル・ウィスラー …………………………… 99
リステル・バンクーバー ………………………… 88
リッツ・カールトン・トロント ……………… 220
リッツ・カールトン・モントリオール ……… 263
リビエラ …………………………………………… 91
リムロック・リゾート ………………………… 149
ル・キャピトル ………………………………… 276
ル・クロ・サン・ルイ ………………………… 276
ル・ソレイユ ……………………………………… 91
レイクルイーズ・イン ………………………… 157
ローズウッド・ホテル・ジョージア …………… 91
ローズデール・オン・ロブソン・スイート …… 91
ロード・エルジン ……………………………… 248
ロッド・シャーロットタウン ………………… 285
ロテル・デュ・ビュー・ケベック …………… 276
ロブスティック・ロッジ ……………………… 171

わ

YWCAバンフ・マウンテン・ロッジ ………… 149
YWCAホテル＆レジデンス …………………… 91

追っかけ最新情報

■スコーミッシュの ゴンドラが人気上昇中

　2014年5月にオープンしたスコーミッシュSquamishのシー・トゥー・スカイ・ゴンドラSea To Sky Gondola。バンクーバーから車で約1時間、海と山の素晴らしい景色を堪能できるゴンドラとして人気上昇中。ゴンドラに乗って着いた頂上にはサミット・ロッジSummit Lodgeがあり、中に絶景が堪能できるカフェ、サミット・ティーハウスSummit Tea Houseがある。ロッジから空中に浮く展望台や吊橋、ハイキング・トレイルが整備されている。隣には、多くのクライマーを魅了するスコーミッシュ・チーフSquamish Chiefの岩壁がそそり立つ。夏にはハイキング、冬にはスノーシューイングなどのアクティビティが楽しめる。スコーミッシュの郊外にはスキー場建設の話も起きており、今後も目が離せないエリアだ。ゴンドラはメンテナンス期間を除き、年中無休。詳細はURL www.seatoskygondola.comへ。

ゴンドラ駅から遊歩道を歩いてたどり着く展望台

■国立公園のキャンプ場やシャトルバスの オンライン予約が可能になった

　夏などシーズン中は非常に人気のあるカナダの国立公園のキャンプ場が、2016年1月からオンラインや電話で予約できるようになった。また、今までは電話のみの受付だったパシフィック・リム国立公園のウエストコースト・トレイルやヨーホー国立公園のオハラ湖のシャトルバスなどもオンライン予約ができるようになった。オンラインの予約の場合、予約金C$11（電話の場合はC$13.50）がキャンプ場使用料以外にかかり、キャンセルした場合には戻ってこない。また、キャンプ場使用料以外に、国立公園の入場料も必要だ。詳細はURL reservation.pc.gc.caへ。

ジャスパー国立公園の美しい景観

■カナダのLCC（ローコストキャリア）、 ニューリーフに注目!!

　カナダの格安航空会社ニューリーフNewLeafが、サスカチュワン州のレジャイナからオンタリオ州のハミルトン、ブリティッシュ・コロンビア州のケロウナ、アボッツフォードを結び、2016年2月に就航した。価格は片道C$89～149くらいとのこと。予約はURL newleafweb.intelisys.ca/からできる。席の指定、荷物預けなどには別料金がかかる。同社では今後、ハリファックスやウィニペグなどにも路線を拡張する予定。

■日本にもある カナダワインの専門店

　日本ではなかなか味わうことのできないカナダ産ワインを直輸入する店、ヘブンリー・ヴァインズHeavenly Vinesが東京・恵比寿にある。ワインが大好きな夫妻が経営する店で、カナダ最大の生産地ナイアガラ地方や、ブリティッシュ・コロンビア州のオカナガン、シミルカミーン渓谷の、数多くの高品質なワインが200種類以上揃う。詳しくはホームページで。東京都渋谷区恵比寿南2-29-5 ブルーローズガーデン1F 03-5773-5033 15:00～20:00（土・日曜・祝日14:00～）月曜（祝日の場合は火曜）URL canadawine.yi.shopserve.jp/

Staff

Producer	㈱千秋社 Sensyu-sya	Editorial Cooperation	今村直子 Naoko IMAMURA
Editors	森野馨 Kaoru MORINO		西尾知子 Tomoko NISHIO
	永野晴子 Haruko NAGANO		林弥太郎 Yataro HAYASHI
	㈲ハイフォン HYFONG		サッチ益田 Satch MASUDA
	高砂雄吾 Yugo TAKASAGO		芹澤健一 Kenichi Serizawa
Writers	永野晴子 Haruko NAGANO		渡辺輝乃 Teruno WATANABE
	阿久津正恵 Masae Akutsu		㈱カナディアンネットワーク Canadian Network Inc.
	小林由奈 Yuna Kobayashi		ケベックガイドサービス Québec Guide Service
	佐久間克宏 Katsu Sakuma		ミキ・エンタープライズ Miki Enterprises Inc.
	山縣さとみ Satomi Yamagata		
Photographers	永野晴子 Haruko NAGANO	Special Thanks to	
	阿久津正恵 Masae Akutsu		カナダ観光局 Canadian Tourism Commission
	石渡文子 Fumiko ISHIWATA		ブリティッシュ・コロンビア州観光局 Tourism British Columbia
	今村直子 Naoko IMAMURA		アルバータ州観光公社 Travel Alberta
	小林由奈 Yuna Kobayashi		サスカチュワン州観光局 Tourism Saskachewan
	佐久間克宏 Katsu Sakuma		マニトバ州観光局 Travel Manitoba
	高橋浩也 Co-ya TAKAHASHI		オンタリオ州観光局 Ontario Tourism
	山縣さとみ Satomi Yamagata		ケベック州政府観光局 Tourisme Québec
Designer	ササキマサキ Masaki SASAKI		プリンスエドワード島州政府観光局 Tourism PEI
Illustrator	根津修一 Shuuichi NEZU		ニューファンドランド&ラブラドール観光局 Newfoundland and Labrador Tourism
Cover Designer	鳥居満智栄 Machie TORII		ユーコン準州観光局 Tourism Yukon
Map Design	㈱チューブグラフィックス TUBE		トロント観光局 Tourism Toronto
	木村博之 Hiroyuki KIMURA		オタワ観光局 Ottawa Tourism
	萩原佐知子 Sachiko HAGIWARA		エア・カナダ Air Canada
Map Production	㈱千秋社 Sensyu-sya		
	清水寿江 Hisae SHIMIZU		
Desktop Publishing	㈱千秋社 Sensyu-sya		
	北原菜美子 Namiko KITAHARA		

わがまま歩き…⑦「カナダ」
2016年4月1日　第10版第1刷発行

編　集……ブルーガイド海外版編集部
発行者……増田義和
ＤＴＰ……㈱千秋社
印刷所……大日本印刷㈱
製本所……㈱ブックアート

発行所……実業之日本社　http://www.j-n.co.jp/
　〒104-8233　東京都中央区京橋3-7-5 京橋スクエア　振替　00110-6-326
　電話　編集☎03-3535-5411　販売☎03-3535-4441　広告☎03-3535-5415

本書に掲載の記事・写真・地図・図版等の一部あるいは全部を無断で複写・複製（コピー、スキャン、デジタル化等）・転載することは、法律で認められた場合を除き、禁じられています。また、購入者以外の第三者による本書のいかなる電子複製も一切認められておりません。
実業之日本社のプライバシーポリシーは、上記のウェブサイトをご覧ください。
©JITSUGYO NO NIHON SHA, LTD. 2016　ISBN978-4-408-06015-6　Printed in Japan